김대중 저작 목록집

Catalog of Kim Dae-jung's Works

연세대학교 김대중도서관 편

연세대학교 대학출판문화원

| 편저자 소개 |

1. 류상영 : 대표편저자
연세대학교 국제학대학원 교수
연세대학교 김대중도서관 전 관장(2004~2009)

2. 장신기 : 공동편저자
연세대학교 김대중도서관 연구원, 사회학 박사

3. 정효은 : 공동편저자
연세대학교 김대중도서관 기록연구사

4. 임진영 : 공동편저자
연세대학교 강사, 문학 박사

김대중 저작 목록집

Catalog of kim Dae-jung's Works

연세대학교 김대중도서관 편

발 행 연세대학교 대학출판문화원
주 소 서울시 서대문구 연세로 50
전 화 02)2123-3380~2
팩 스 02)2123-8673
http://press.yonsei.ac.kr
ysup@yonsei.ac.kr
등 록 1955년 10월 13일 제9-60호
인 쇄 (주)네오프린텍

2015년 10월 26일 1판 1쇄
ISBN 978-89-6850-125-8 (93020)

정가 20,000원

본 연구저작물은 행정자치부가 주관하는 '김대중 전 대통령 기념사업' 지원에 의해 수행, 발간되었다.

서문

김대중의 저작들은 그가 살아온 격동의 한국 사회와 현대사, 그리고 그의 생애, 사상, 전략을 응축해서 보여주고 있는 개인의 기록임과 동시에 사회적 산물이자 역사적 증거들이다. 김대중 자신이 독서를 즐겨하고 글쓰기를 좋아하여 직접 남긴 글이나 자료가 많은데다, 그가 걸어온 시간적 궤적이 길기 때문에 그와 관련된 자료는 대단히 방대하고 다양하다. 그는 한국 현대사의 주요 역사적 사건과 현상의 한복판에 있었던 적이 많기 때문에 그가 직접 남긴 기록이 아닐지라도 그와 연관된 자료들이 무수히 존재한다. 또한 대통령 재임기간에 생산된 대통령기록물 등 공식적인 자료도 핵심 공공기록물로서 큰 의미를 차지하고 있다.

이번에 연세대학교 김대중도서관은 개관 이래 지속되어온 사료사업의 한 결과물로서 『김대중 저작 목록집』을 출간하게 되었다. 김대중도서관은 그동안 김대중이 직접 작성한 기록은 물론, 김대중의 생애 및 정치활동과 관련된 각종 국내외 자료를 수집, 정리, 보관, 전시, 연구, 출판하여 왔다. 2011년 출간된 『김대중연보, 1924-2009』는 김대중도서관 사료사업의 중간 결과물이라 할 수 있고, 2012년부터 국문과 일문으로 출간된 『김대중과 한일관계: 민주주의와 평화의 한일현대사』를 시작으로 2013년에 각각 국문과 영문으로 출간된 『김대중과 대중경제론』, 『김대중과 한국야당사』는 사료사업의 성과를 바탕으로 김대중을 한국현대사와 한국학 연구의 영역으로 끌어들이는 디딤돌이 될 것으로 생각한다. 현재 작업 중으로 가까운 미래에

완간을 목표로 하고 있는 『김대중전집』은 김대중도서관 사료사업의 또 하나의 성과가 될 수 있을 것으로 보인다. 『김대중 저작 목록집』은 『김대중전집』 출간을 위한 준비작업의 일환이다. 하지만 일반적으로 전집이라면 모두 수록해야 할 것으로 간주되는 기록물 중 일부 중복되거나 반복된 문건 등은 제외하였다는 점에서, 이번 목록집의 이름을 『김대중 저작 목록집』으로 달리 명명하였다. 따라서 목록의 건수도 일부 차이가 나거나 줄어 있다는 점을 밝혀둔다. 예를 들면, 김대중이 직접 작성하였더라도 그의 생각이 본격적으로 투영되지 않은 단순하고 의례적인 서신류, 회의록, 발언 등은 이 목록에서 제외되었다.

『김대중 저작 목록집』에서 말하는 김대중 저작은 "김대중이 자신의 생각과 말을 글이나 영상 등의 다양한 형태로 직접 작성 또는 표현하였거나, 그의 생각이 중심 내용으로 담긴 인터뷰나 회견 등의 자료들"을 의미한다. 이 목록에는 총 3,181개의 김대중 저작이 목록화되어 있는데, 이 중 연설문이 1,140건(36%)으로 가장 높은 비중을 차지하고 있고, 그 다음으로 서신류, 대담, 국회회의록, 기고문, 성명서, 기자회견문, 대화록 등이 존재한다. 한편 시기별로 분석해 보면, 공식기록이 많은 대통령 재임기를 제외하면 이 목록집에서 제 2시기로 분류된 1972년 10월부터~1987년 시기에 생산된 저작물이 총 720건(23%)으로 두번째로 많다. 이 시기에 김대중은 두 번의 망명 생활에도 적극적인 민주화운동을 전개하였는데, 한국의 암울한 정치현실과 민주화의 필요성을 역설하는 서신류와 연설문이 주종을 이루었다. 그리고 청년기의 자료는 건수는 많지 않지만 김대중의 사유가 형성되는 과정과 시대적 상황을 이해하는데 크게 도움이 되며, 김대중의 생각이 그의 전 생애에 걸쳐 놀랍도록 일관되고 지속적으로 유지되어 왔다는 점에서 역사적 의미가 크다.

이 책의 본문은 아래와 같이 구성되어 있다. 우선 제1장에서는 김대중이 살아온 시대와 역사 그리고 저작의 특징과 목록에 관하여 독자들이나 연구자들이 큰 그림을 그릴 수 있도록 두 편의 연구논문을 배치하였다. 류상영의 논문 ("주요 저작을 통해 본 김대중의 생애, 사상, 전략 – 김대중 저작의 사회성과 역사성을 찾아서")은 김대중의 주요 저작에 나타난 주요 개념이나 사건을 개괄적으로 분석 및 소개하고, 그의 저작에 나타난 생애, 사상, 그리고 전략의 사회성 및 역사성을 강조하고 있다. 임진영의 논문 ("희망의 논리, 화해의 수사학 – 김대중 글쓰기의 변화과정과 연설문의 수사적 특징 분석")은 김대중의 글쓰기의 특징을 시기별 변화양상과 수사학의 관점에서 분석하면서, 김대중의 글쓰기에 나타난 희망의 로고스, 한의 파토스, 스승의 에토스를 강조하고 있다. 이 두 글은 김대중이 평생 추구하였던 가치들과 그것을 위하여 그가 만들어낸 저작들을 다양한 시각에서 이해하고 해석하는데 좋은 길라잡이 역할을 할 수 있을 것으로 기대된다.

제2장에서는 특정 사건이나 형태별 혹은 기증자별로 역사적 가치가 높고 흥미롭다고 생각되는 사료들을 선별하여 연구자나 독자들을 위한 사료해제를 싣고 있다. 원래 이 작업은 2005년 사료사업이 본격화되면서 도서관 방문객이나 언론용 소개자료 내지는 사료기증자에 대한 감사의 뜻을 전달하기 위하여 작성되기 시작한 것들인데, 목록집 출간을 계기로 최근 수집된 자료 중 일부를 추가 선별하여 사료해제를 확대 정리한 것이다. 총 13편의 사료해제는 역사사료를 어렵게 느끼는 많은 방문객이나 독자들에게 사료를 보다 이해하기 쉽고 친근하게 접할 수 있도록 하는 소통자료이자 현대인이 역사를 만나는 생생한 현장이 될 수 있을 것이다. 김대중도서관의 가장 큰 가치가 사료에 있는 만큼, 이 같은 시도들은 객관적인 연구기관으로서의 연세대학교 김대중도서관의 국내외 저변과 위상을 넓히고 미래 유사한 대통령도서관의 선진사례가 되는 데도 크게 기여할 수 있을 것으로 기대된다.

제3장은 이 목록집의 가장 핵심적인 내용인 목록을 소개하고 있다. 총

3,181개의 목록이 제목, 행적일, 언어, 저작유형별로 일련번호 및 시기구분과 함께 분류 정리되어 있다. 청년기에서 퇴임기까지 총 다섯 개의 시기로 나누어져 분류되어 있으며 각 시기의 저작의 특성에 대한 간략한 소개를 덧붙이고 있다. 1950년 4월 1일 김대중이 당시 동양운수주식회사 전무 자격으로 『호남평론』이라는 잡지에 발표한 "목포해운계의 실상과 그 발전책"이라는 기고문이 현재까지 발견된 것 중 최초의 글이고, 2009년 7월 14일, 주한 유럽연합 상공회의소 주최 회의에서 초청인사로 발표할 예정으로 준비하였던 미발표 원고 "9·19로 돌아가자"가 그의 생애 최후의 저작에 해당한다. 1948년 5월에 민주독립당 당원 자격으로 김대중이 서재필 박사에게 보낸 대통령 출마 요청서는 김대중이 서명한 자료이지만, 그의 생각이 고유하게 반영되었다고 보기는 힘들고 저자에 대한 이견이 없지 않아 공식 목록에서는 제외하였다.

부록으로서 (1) 김대중 축약 연보, (2) 시기별·유형별 저작 구성표, (3) 김대중 저작도서의 목록을 첨부하였다. 이 부록은 김대중 저작의 전체 목록을 이해하는데 도움이 될 수 있을 것으로 판단된다.

이 책이 나오기까지 많은 분들의 협력과 노력이 있었다. 이 책과 사료사업을 위하여 재정적 지원과 행정적 협력을 아끼지 않으신 문정인 관장님과 이헌묵 팀장께 감사드린다. 오랫동안 사료사업에 전념하고 목록을 완성하기 위하여 노력해 주신 사료팀의 장신기 박사와 정효은 기록연구사, 초창기 팀원으로서 김대중도서관 사료사업에 큰 역할을 해준 이충은 사서와 김이정 팀원, 그리고 사료 분류와 보존 등을 위하여 많이 노력한 모든 분들께 감사드린다. 이 목록집이 세상에 나올 수 있었던 가장 중요한 출발점은 고 김대중 대통령님과 이희호 여사님의 사료기증이었다. 이 자리를 빌려 다시 한번 감사드리고, 고 김대중 대통령 유가족 이외에 김대중도서관에 자료를 기증해 주시고 사료 사업에 협력해 주신 모든 기증자분들과 후원자분들께 감사드린다. 마지막으로 이 책의 출판을 위해 수고해 주신 연세대학교 대학출판문화원 관계자 분들께도 깊은 감사의 말씀을 올린다. 이 책이 현대를 살고 있는 우리들이 김대중시대의 역사를 기행하는 데 좋은 안내 자료가 되고, 계속 이어질 김대중과 한국학 연구에 귀중한 자료가 될 수 있을 것으로 기대해 본다.

2015년 10월

류상영

연세대학교 국제학대학원 교수

연세대학교 김대중도서관 전 관장

차례

제3장 김대중 저작 목록 / 185

부록 / 447

제1장

김대중 저작 해석

주요 저작을 통해 본 김대중의 생애, 사상, 전략
– 김대중 저작의 사회성과 역사성을 찾아서

류 상영 | 연세대학교 국제학대학원 교수

1. 김대중의 저작: 치열함, 사회성, 역사성의 기록들

김대중은 수많은 기록과 자료, 그리고 말과 행동을 남겼다. 그는 누구보다도 독서에 심취하였고 깊이 있는 생각을 많이 하였으며 끊임없이 이를 자신의 말과 글로 남겼다. 그가 작성한 글은 곧 그의 이상과 사상을 가다듬고 널리 국민에게 알리는 주요 매체였으며, 그가 선택하고 실천한 정치전략을 논리적으로 뒷받침하고 정교화하며 스스로의 행동에 책임감을 심어주는 약속이었다고 할 수 있다. 김대중의 말과 글은 한 인간의 지식의 양이나 문학적 상상력을 표현한 것에 그치는 것이 아니라, 치열한 사고와 불굴의 의지로 격동의 한국 현대사를 헤쳐나간 한 정치인의 발자취이자 역사적 사회적 산물이며 증표라고 할 수 있을 것이다.

민족주의와 시대정신을 스스로 체득하고 실천하였던 열혈 청년이자 소장 정치인으로서, 집권자의 철저한 탄압 속에서도 민주주의에 대한 의지를 굽히지 않았던 민주투사이자 야당 정치지도자로서, 외환위기의 소용돌이

속에서 나라를 구해야 하였던 절박한 시기의 대통령이자 국제적인 기대와 책무를 수행해야 할 노벨평화상 수상자로서, 그리고 민주주의와 평화라는 역사적 소명을 위하여 결코 편히 쉴 수 없었던 전직 대통령이자 한 시대의 스승으로서, 김대중은 그의 생애 마지막 강연 원고에까지 혼신을 다하였고, 그의 글과 말은 이를 대하는 많은 이들에게 역사적 현장과 시대적 무게를 느끼게 하기에 충분하였다. 그의 저작들은 하루아침에 완성되거나 쉽게 변화되는 것이 아니었고, 청년시절인 1940년대부터 그가 겪었던 많은 경험들과 그가 고민하였던 많은 이상과 좌절, 그리고 생각들이 시대를 거듭하면서 누적되고 진화되어 만들어진 것들이라 할 수 있다.

어린 시절 목포 앞바다에서 접하게 된 일본 군함에서 느낀 국력과 심리적 위압감, 해방의 소용돌이와 국내 정치세력의 이합집단 속에서 느꼈던 좌절감과 국가구상, 한국전쟁 중에 죽을 고비를 넘기면서 형성된 공산주의에 대한 반감, 이승만 정부 시절에 겪었던 부패와 무능력 및 독재에 대한 비판, 5·16 군사쿠테타 이후 독재자의 정적으로 살아가면서 군부독재에 대하여 가졌던 저항과 민주주의에 대한 불굴의 신념과 이상, 데탕트와 닉슨독트린 이후 갖게 된 국제정세에 대한 현실주의적 사고, 박정희의 삼선개헌과 유신선포 이후 더욱 강렬해진 반독재 민주화투쟁과 정치경제적 노선 경쟁, 1980년 사형선고가 그의 생애와 사상에 남긴 깊은 흔적들, 사회주의 붕괴와 탈냉전을 계기로 자본, 노동, 한미관계, 남북관계 등에 대한 변화된 인식들, 1992년 북핵위기의 대두로 급증한 남북관계 언급들, 경제위기 이후 한국경제 재건을 위한 각종 정책과 제도의 구상 및 집행, 퇴임 후 불안한 평화와 민주주의에 대한 절박한 호소와 소망 등에서 알 수 있듯이, 김대중의 사상과 전략이 구상되고 구체화된 데에는 다양한 역사적 사건과 개인적 계기들이 작용하였다. 우리는 김대중이 저작에서 사용한 단어나 개념 및 사용 횟수 그리고 주장의 내용이나 방향 등의 변화에서 역사적 사건과 개인적 계기들이 그에게 남긴 영향을 어렵지 않게 찾아볼 수 있다. 하지만, 이러한 다양한 변화의 계기들에도 불구하고 그가 주장한 민주주의, 평화, 경제, 인권 등 주요 개념이나 정책들은 계기별로 단절되는 것이 아니라, 그의 전 생애를 통하여 놀랄 정도로 연속성을 갖고 진화해 나갔다고 볼 수 있다.

2. 청년 김대중의 활동과 시대적 고민

1) 해방 직후 김대중의 정치활동[1]

김대중의 정치활동은 1945년 해방 직후부터 시작된다. 실제로 해방 직후부터 그가 소속되었던 정치조직이나 정치활동에 대하여는 차분히 분석된 자료가 별로 없다. 그는 1945년 해방 직후 건국준비위원회 목포지부에 참여하였다가 1946년 초 조선신민당에 참여하였다. 하지만 1946년 중반 조선신민당내 일부 좌파 지도부와 이념갈등을 겪은 후 탈당하여 1947년 중반 당시 한민당의 목포시당 간부였던 장인 차보륜의 권유로 한민당에 입당하게 된다. 이로 인해 강원룡은 김대중의 정치활동과 이념의 뿌리를 한민당에서 찾고 있다.[2] 그리고 브루스 커밍스도 김대중의 초기 정치 활동에 관해서 한민당 가입을 언급하고 있다.[3] 하지만 이 당시 김대중의 정치활동은 본격적인

---

1 이 논문의 일부는 류상영, "김대중의 아이디어와 사료", 류상영 편, 『국내 해외 민주화 운동과 한국사회: 사료와 한국학』(서울: 연세대 출판부, 2007), pp. 148-167의 내용을 수정 보완한 것임을 밝힌다.

2 강원룡은 김대중의 정치 이력과 그에 대한 색깔론에 대하여 다음과 같이 언급하였다. "그가 속한 정치계보는 철저한 보수와 지주재벌을 기반으로 했던 한국민주당 계통이었다. 4·19 전후 그는 민주당 국회의원이었고 민주당 내에서 신파의 소장파 지도자였다. 바로 이 점, 민주당 신파에 속한 사람이라는 점 때문에 정적들이 그에게 색깔론을 뒤집어씌웠는데, 이는 근본적으로 잘못된 판단에서 나온 것이었다." 강원룡, 『역사의 언덕에서 5』, (서울: 한길사, 2003), p. 205.

3 브루스 커밍스(Bruce Cumings), "냉전구조들과 한반도의 지역적·전지구적 안보", 『창작과

것이 아니었고 해방 직후의 격동기 속에서 우후죽순처럼 등장하고 이합집산한 정치조직에 관심을 갖기 시작한 정도로 이해된다. 예를 들면 건국준비위원회의 경우도 당시 한민당과 우익청년단체, 그리고 친일파를 제외한 거의 모든 사회세력이 참여한 연합조직체였다. 따라서 건국준비위원회를 이데올로기적으로 분류하는 것은 해방 직후의 한국사회의 실상을 전혀 알지 못한 평가라 할 수 있다.[4]

김대중의 해방 직후의 정치활동에 대하여는 미국 정보기관의 분석에서도 확인되고 있다.

> 세부사항에 관해서는 보고내용이 엇갈린다. 하지만 CAS에 의하면 김대중은, 1940년대 후반 일부 간부가 친공산당 계열이었던 조직인 가디언스 리그(Guidance league)를 상대로 반공산주의 연설을 하였다. 이는 그가 초기에 잠시 좌파에 끌린 적이 있음을 확인해 주는 것이지만, 이는 동시에 그가 금방 반공으로 돌아섰음을 말해주고 있다. (중략) 김대중은 미국 대사관 관리에게 1950년 공산주의자들이 목포를 점령하였을 당시 공산주의자들에게 투옥되고 사형이 선고되었다고 말하였다. 그러나 1950년 공산주의자들이 패주하는 틈을 타 탈출하였다. 최근 미군 정보국(U.S. Army G-2)은, 한국의 정보기관 관계자가 이 이야기는 한국 정보기관 내에서도 대체로 그 신빙성이 인정되고 있다고 말하였다고 전하였다. (U.S Embassy Seoul, "Biography of Kim Tae-chung," Airgram, Department of State, Pol. A-506, December 17, 1970, pp. 6-7)[5]

비평』 29집 2호 (2001), p. 20.

4 김대중의 목포상고 동창생인 정진태와의 인터뷰(목포, 2005년 9월 28일): " 당시 목포 상고 출신들은 해방된 조국에서 자신들이 신국가 건설에 관한 선도적인 활동을 해야만 한다는 일종의 당위감을 가졌었다." (장신기, "정진태 인터뷰", 김대중도서관 구술사 자료)

5 미국 국무성은 해방 직후 김대중이 건국준비위원회에 참여하였던 사실을 두고 그가 초기에 잠시 좌파에 경도되었다고 판단하였다. 하지만 건국준비위원회 등 해방공간에서의 주요 정치조직의 이데올로기적 위상은 긴 식민지 지배에 대한 반작용으로서 매우 민족주의적이고 사회민

결국 김대중의 해방 직후 및 한국전쟁기 정치활동[6]은 당시 한국의 정치현실을 그대로 보여주고 있다. 근대 민족국가 건설을 위한 다양한 정치노선과 국가구상이 경쟁한 바 있다. 식민지 시기와 해방 직후의 소용돌이를 경험한 김대중은 민족주의, 민주주의, 근대 국민국가 등에 대해 보다 체계적으로 접근하고 고민하기 시작한 것으로 이해된다.

2) 해방 직후 김대중의 국가구상과 정치노선

해방 직후 김대중의 국가구상을 읽을 수 있는 자료는 별로 없다. 그 당시 김대중은 아직 청년기였고 정치의 중심에도 있지 않았기 때문에 그의 정치이념을 발견하기는 쉽지 않다. 하지만 1947년 서재필 박사에게 대통령 출마를 요청하는 문건에서 청년 김대중의 정치이념과 구상의 일단을 읽을 수 있다.

> 三千萬의 우리 겨레가 가장 尊敬하는 老大革命家이신 徐載弼 先生에 건

주주의적인 것이었다. 소수의 친일세력을 제외하고 대부분은 일제식민지 시대 항일운동의 연장선상에서 저항적, 진보적 민족주의를 표방하였다.

6 김대중은 한국전쟁 중 9·28수복 이후 목포에서 해운업에 종사하다가 목포경비사령부의 지휘하에 군 보조 역할을 수행한 해상방위대 전남지구본부의 부대장으로 임명되어 공비토벌군경 수송, 수복도서 정비, 정보연락 등을 자신의 선박과 함께 지휘한 것으로 알려졌다(당시 목포경비사령부 송인명 사령관의 증언, 한겨레신문 정치부, 『김대중 집권비사』(서울: 한겨레신문사, 1998), p. 169) 이 같은 역사적 진실에도 불구하고 김대중은 집권세력에 의한 의도적인 색깔 공세와 정치적 경쟁세력에 시달리게 되는데, 이 같은 색깔 공세는 김대중이 1971년 대선에서 박정희에게 위협적인 존재로 부각되면서부터 본격화되었다고 할 수 있다. 대선공약에서 김대중이 제시한 '4대국 안전보장론'과 '예비군 폐지' 등이 악용의 빌미를 제공하였지만, 김대중에 대한 색깔 공세는 1948년 10월 여순사건 이후 숙군과정에서 군부내 좌익활동이 적발되어 사형선고까지 받았다가 군부내 좌익조직에 대한 정보 제공 공로와 백선엽의 구명으로 기사회생하였던 박정희의 개인적 콤플렉스와 정적 제거를 위한 정치적 전술의 결과였다고 할 수 있다. 박정희의 좌익활동과 관련한 사실과 그것에 대한 본인의 컴플렉스에 관해서는 중앙일보가 2010년 1월부터 연재한 백선엽의 "남기고 싶은 이야기–내가 겪은 6·25와 대한민국"과 2015년 3월부터 연재하고 있는 김종필의 "김종필 회고록: 소이부답"에 각각 상세히 기록되어 있다.

강을 축복하옵고 兼하야 선생에게 우리의 懇曲한 要請을 드리나이다. 선생은 近代朝鮮의 先覺者로서 조국에 大改革運動을 推進시키신 赫赫한 經歷者이시라. 이제 조국강토가 美蘇에 의하여 分斷되고 민족이 三八線에 의하여 分裂되었으며 民生의 苦難이 극심할 뿐 아니라 무의미한 紛爭으로 동포간의 相殘이 日甚하여 도처에서 流血劇을 보는 이 때이니, 위대하신 선생이 조선 민족의 最高指導者로 나서지 않고서는 민족 今日의 混亂과 慘虐을 收拾할 수 없을까 하나이다. 바라건대 저들 連命者들의 微衷을 저바림이 없으사 위대한 決意로써 大指導에 역량을 조속히 發해 주심을 바라나이다. 오직 애국애족의 一念으로서 선생을 推戴하옵고 선생의 뒤를 따르고자 盟誓하나이다. (檀紀 4281년 5월, 所屬政黨團體 民主獨立黨, 金大中, 이 문건의 원본은 독립기념관에 소장되어 있다)

이 문건이 작성될 시기는 이미 이승만을 중심으로 분단이 기정사실화되어 가는 시기라 할 수 있다. 극좌와 극우의 정치적 군사적 대립이 격화되고, 미군정의 지지를 받는 이승만의 집권이 강화되는 시기였다. 중도 민족주의 계열은 분단국가 수립을 반대하며 좌우합작을 주장하지만 이미 중도파의 정치적 공간은 점점 좁아지는 형국이었다. 서재필 박사는 이승만의 정적 중의 하나로 민족주의적 중도파에 속했다고 볼 수 있다. 그는 성장배경이나 미국과의 긴밀한 관계 등으로 볼 때 극우나 극좌보다는 합리적인 중도노선을 선호하였던 인물로 분류될 수 있다. 김대중이 민족주의 계열인 민주독립당 소속으로 서재필을 대통령으로 추대하는 대열에 참여하였다는 것은 그의 민족주의적 정치이념을 보여주는 좋은 근거라 할 수 있다. 그리고 한편으로는 당시 정치권력으로부터 점점 소외되어 가는 중도 민족주의 세력의 운명을 반영하는 것이었다고 해석 가능하다.

3. 정치: 민주주의, 국민, 행동

1) 대중민주체제론

김대중은 대중 혹은 국민이 주체가 되는 민주주의를 지향하였다. 그의 이 같은 민주주의론이 구체적으로 발표되기 시작한 것은 1970년대 초이다. 1970년 사상계 신년호[7]에서 김대중은 "이 나라의 근대화를 가장 올바르게 추진하고 우리 국민대중을 사이비 민주시민으로부터 진정한 민주시민으로 전환, 발전시킬 수 있는 유일한 현실의 대안이 대중민주체제라고 확신한다" 라고 주장하였다(p. 83). 이는 박정희 정부에 의해 3선개헌이 이루어지고 개발독재 체제가 강화되는 시점에서 박정희의 '한국적 민주주의'에 대한 대안으로 주장되었다고 할 수 있다. 그는 개발독재를 경제개발 없이는 민주주의가 있을 수 없다는 그릇된 가설에 기초하고 있다고 비판하였다(p. 77). 그는 자유롭고 책임있는 국민대중이 참여하는 대중의 정치를 보장하는 체제가 역사의 흐름과 보조를 같이하는 것이라고 확신하였다(p. 80). 이어 1975년 동아일보 기고문에서는 "오늘의 시점은 비로소 국민적 민주혁명을 성취할 수 있느냐 없느냐의 과제가 주어진 시대라고 본다"[8]고 주장한 바 있다.

김대중의 대중민주체제론은 엘리트주의를 거부하고 자율과 책임있는 대중의 참여를 중시한다. 이는 진보적인 역사발전에 대한 그의 신념과 4·19 혁명을 성공시킨 한국의 국민에 대한 신뢰에 기초하여 나온 개념이라 할 수 있다. 이는 박정희의 한국적 민주주의론 및 개발독재론에 대비되는 개념으로서 1970년대 이래 한국의 민주화 운동을 이끄는 정치이념의 하나가 되었다고 할 수 있다.

---

7 김대중, "70년대의 비진: 대중민주체제의 구현,"『사상계』18권 1호 (1970), 김삼웅,『인동초가 피기까지: 대통령 김대중의 정치철학』(서울: 도서출판 한울, 1998), pp. 77-96.

8 김대중, "평화적 민주혁명이 우리의 과제,"『동아일보』, 1975년 1월 1일자. 3면

김대중의 대중민주체제론은 민주화의 실천 방식에 관해서도 독특한 노선으로 연결된다. 예를 들면 김대중은 김재규에 의한 박정희 암살이 민주화를 가져오기는커녕 오히려 국민에 의한 민주화를 방해하는 계기로 작용할 것이라는 판단을 하고 있었다. 이 점은 국민의 힘에 의하지 않은 민주화는 지속되기 힘들다는 그의 생각을 반영하는 것인데, 결국 김재규의 폭력에 의한 잠깐 동안의 서울의 봄은 신군부에 의한 더 폭력적인 군사정부를 불러오는 계기가 되었던 것이다.[9]

> 민주주의는 국민의 힘으로 쟁취되어야 하는 것이지 암살이나 쿠데타에 의해 이루어질 수는 없는 법이었다. 그게 내 신념이었고 또 그렇게 주장해왔던 것이다. 조금 뒤의 일이었지만 〈뉴스위크〉와 인터뷰 할 때도 나는 마찬가지였다. 항간에는 김재규 부장이야말로 이 나라에 민주주의 길을 다시 연 영웅이라고들 하는데 어떻게 생각하느냐는 질문이었다. 나는 당치도 않은 말이라고 단언했다. 사람을 함부로 죽이고 영웅이 될 수는 없다고도 했다. 그리고 나서 암살로 얻은 민주주의는 참된 민주주의가 아니라고 했다. 그런 소신 때문에 나는 재야(在野) 일부 진영에게도 대단한 비판을 받았다. 그들은 김재규에 대해서 독재정권을 무너뜨린 영웅으로 훌륭한 사람이라는 평가를 내리고 있었다. 그러나 나는 내 소신을 바꾸지는 않았다. 우리는 국민의 힘으로 박 정권을 무너뜨리지 못하고 또 다른 군인의 총탄에 의해 잠시 민주

---

9 김재규의 박정희 암살이 민주화에 기여했다는 주장이 나왔는데 이는 김대중의 해석과 대비된다는 점에서 주목할 가치가 있다. 성균관대 서중석 교수(역사학)는 26일 김재규 전 중앙정보부장이 박 전 대통령을 살해한 '10·26사태' 26년을 맞아 '10·26 재평가와 김재규 장군 명예회복추진위원회'가 주최한 기념강연회에서 "김재규의 '거사'가 없었다면 유신체제는 일정 기간 연장될 수 있었고, 엄청난 희생을 수반한 피해가 뒤따랐을 가능성이 크다"고 주장했다. 그는 또한 "이런 상황에서 대규모 민주화 운동이 벌어졌더라면 신군부의 광주진압보다 더 참혹한 사태가 벌어졌을 수도 있다는 가정을 여러모로 분석할 필요가 있다"고 주장했다. 그는 "유신체제 붕괴는 '서울의 봄'을 가져왔고, 광범위한 민주화 운동을 활성화 방향으로 진전시켰다"고 10·26의 의의를 평가하였다. 「한겨레신문」, 2005년 10월 27일자, 6면

주의를 얻는 듯했다. 그러나 바로 그 때문에 그로부터 다시 10년이라는 기나긴 세월을 허송해야 했던 것이다. (김대중, 『나의 삶 나의 길』(서울: 산하, 1997), pp. 223-224)

김대중은 민주화를 가져온 가장 중요한 동력으로서 국민의 역할을 평생 강조하였고, 민주주의를 지키고 공고화하며 지속적으로 역사발전을 이끌어낼 민주적 국민의 역할에 대한 희망과 기대를 포기하지 않았다. 수많은 역사적 퇴행과 개인적 고통, 그리고 실망스러운 정치적 현실이 있었음에도 불구하고, 김대중은 우직스럽고 때로는 비현실적이라는 비판을 들으면서도 민주적 국민의 역할에 대한 희망과 기대, 그리고 믿음을 꺾지 않았던 것이다. 생애 마지막 공개 강연이 되어 버린 6·15 남북공동선언 9주년 기념 연설(2009년 6월 11일, 63빌딩에서 개최)은 김대중의 민주주의에 대한 소명과 행동하는 양심에 대한 간절한 기대를 보여주고 있다.

민주주의는 나라의 기본입니다. 얼마나 많은 국민들이 민주주의를 이룩하기 위해 죽었습니까. 광주에서, 인혁당 사건 등으로 많이 죽었습니다. 우리는 과거에 이승만, 박정희, 전두환 세 독재정권을 국민의 힘으로 극복했습니다. 그래서 여야 정권교체를 통해서 '국민의 정부'가 출범했습니다. 노무현 대통령이 당선되면서 그 모든 민주주의적 정치가 계속됐습니다. 우리 국민은 독재자가 나왔을 때 반드시 이를 극복하고 민주주의를 회복했다는 것을 우리는 명심해야 합니다 (중략). 더불어 여러분께도 간곡히 피맺힌 마음으로 말씀드립니다. '행동하는 양심'이 됩시다. 행동하지 않는 양심은 악의 편입니다. 독재정권이 과거에 얼마나 많은 사람들을 죽였습니까. 그분들의 죽음에 보답하기 위해, 우리 국민이 피땀으로 이룬 민주주의를 지키기 위해서, 우리가 할 일을 다 해야 합니다. 사람들의 마음속에는 누구든지 양심이 있습니다. 그것이 옳은 일인 줄을 알면서도 행동하면 무서우니까, 시끄러우니까, 손해 보니까 회피하는 일도 많습니다. 그런 국민의 태도 때문에 의롭게 싸운 사람들이 죄 없이 세상을 뜨고 여러 가지 수난을 받아야 합니다. 그러면서 의롭게 싸운 사람들이 이룩한 민주주의를 우리는 누리고 있습니다. 이것이 과연 우리 양심에 합당한 일입니까.

2) 제도적 민주주의론

김대중은 한국과 아시아의 민주주의를 분석하면서 문화보다는 제도를 더 중시하였다. 포린 어페어즈에 기고한 1994년의 글에서, 김대중은 아시아적 가치(Asian Value)를 거부하고, 아시아 문화가 운명적으로 권위주의적이라는 싱가포르 전 수상 리콴유(李光耀)의 지적을 반박하였다. 아시아는 오래전부터 민주주의의 전통과 문화를 가지고 있었는데, 권위주의 정부들이 자신들의 독재를 위하여 비민주주의적 제도를 강화함으로써 민주주의가 발전되지 못하였다고 주장한다.[10] 한마디로 문화는 주어지는 것이 아니라 창조되는 것이라는 인식 아래, 한국과 아시아의 민주주의는 잠시 중단되었을 뿐이고 왜곡된 제도를 개혁하면 다시 발전할 것이라고 주장하였다.

그는 특히 서구에서 바라보는 아시아관에 대하여 정면으로 반박하고 있다. 일부 서구인들이 아시아에서의 민주주의는 시기상조이며 과도기적으로 독재가 필요하다고 주장한 점을 반박하면서, 이는 한국인들이 결정할 일이며 동학 등에서 볼 수 있듯이 한국에는 훌륭한 민주주의의 역사가 있다고 강조하였다.[11] 김대중의 민주주의론은 당시 아시아를 지배하고 있었던 '아시아의 비민주적 문화와 정치적 독재의 친화성' 논리를 비판하면서, 일부 독재자들이 자신들이 만들어 놓은 비민주적 정치제도를 문화의 탓으로 돌리는 것

---

10 Kim Dae-jung, "Is Culture Destiny?" *Foreign Affairs* (November/ December 1994).

11 金大中, 安江良介 對談, "韓國民主化への道,"『世界』(1973年 9月), p. 113.

이라고 지적하였다. 이는 민주주의를 정착하고 아시아의 민주적 역사와 문화를 회복하기 위하여 비민주적 정치제도와 독재 권력을 약화시키는 것이 민주화의 핵심임을 말해주고 있다.

이 같은 김대중의 민주주의론은 권위주의와 근대화에 대한 그의 비판적 인식으로 연결되었다. 그는 "이론적으로는 근대화가 반드시 민주주의와 병행되어야 할 필요는 없다"[12]는 점을 인정한다. 다만 민주주의를 수용하느냐의 여부에 따라 영국과 프랑스의 길이 있고 일본과 러시아의 길이 있었다고 한다. 이와 함께 김대중은 한국에서는 권위주의적 독재자가 평생 자신의 의지대로 집권한 사례는 없으며 "독재자는 실패하게 되어 있다"[13]는 역사적 낙관론을 갖고 있었던 것으로 이해된다.

3) 민주화 노선과 방법론

(1) 삼비(三非)노선

김대중의 민주화 노선은 삼비노선으로 규정될 수 있다. 비용공, 비폭력, 비반미가 그것이다. 국내외에서 공산주의 및 북한의 노선과는 확실히 선을 그으려는 그의 원칙과 노력이 여러 곳에서 쉽게 발견된다. 그는 국내에서는 물론 미국, 유럽, 일본 등 해외에서 공산주의 및 북한을 지지하는 운동세력과의 연결을 철저히 배격하였다. 조직을 구성하는 과정에서나 운동의 방향을 정하는데 있어 이 원칙은 매번 반복되어 강조된 부분임을 알 수 있다. 예를 들어 1960년대부터 일본내 민주화 운동의 동지인 김종충에게 1975년 12월 20일에 보낸 서간을 보면 김대중의 비용공 노선을 읽을 수 있다.

---

12 김대중, 『김대중 옥중서신』 (서울: 연세대학교, 2000), p. 311.

13 金大中, 安江良介 對談, "韓國現代史の問うもの," 『世界』 (1983年 9月), p. 49.

(중략) 제가 日本 있을 때 屢屢히 말한대로 「韓民統」은 大韓民國의 立場을 뚜렷이 하고 共産主義와의 一線을 明白히 그어가는 姿勢를 언제나 堅持해나가야 합니다. (중략) 萬一 本意 아니게라도 日本서의 努力이 反大韓民國으로 國民에게 烙印찍이면 모처럼의 애쓴 것이 逆으로 되어버릴 것입니다. (중략) 제가 너무 자주 이런 말을 해서 或 짜증스러울는지 모르오나 이 点은 우리의 豫測에서 보나 實際現實에서 보나 너무도 重要하기 때문에 또 危險性이 至大하기 때문에 거듭 强調합니다. 지금 저들은 여기서 「韓民統」을 完全히 容共勢力으로 몰고 있는 것입니다.("김대중·김종충 서간집", 김대중도서관 소장 자료)

한편, 김대중은 민주화 운동의 방법으로서 비폭력을 일관되게 주장하였고 실천하여 왔다. 그에게 있어서 비폭력은 용서와 화해로 연결되며 평화를 이루기 위한 필수요건으로 인식되었다. 폭력은 폭력을 낳고 보복은 또 다른 보복을 낳는다는 것이 김대중의 인식이었다. 김대중은 1976년 12월 13일 3·1 민주구국선언 사건 제2심 법정진술에서 아래와 같이 비폭력 주의를 강조한 바 있다.

나는 비폭력적주의자인 것을 원칙으로 합니다. 게다가 전략적으로 생각하더라도 비폭력주의야말로 유리하다고 생각하고 있습니다. 왜냐하면 오늘의 정부는 가장 폭력적인 정권이고, 그 폭력적인 정권에 대해서 폭력을 갖고 대항하려고 하는 것은 어리석은 짓입니다.(『후광 김대중대전집』7, (서울: 중심서원, 1993), p. 311)

비반미는 1980년 광주항쟁 이후 반미감정이 확산되기 시작한 사회적 분위기에 대한 반명제로서 등장한 노선이라 할 수 있다. 무엇보다도 전통적인 한미 우호관계를 중시하고 현실주의적 국제정치관을 갖고 있는 김대중으로서는 반미가 국익에 도움이 안 된다는 판단을 하고 있었다. 그리고 미국의 1980년 김대중 구명운동, 2회에 걸친 미국에서의 망명생활 등 미국과의 개인적인 인연도 있었고, 민주화와 국익의 관점에서 반미란 있을 수 없는 운동이었다. 권위주의시절 미국의 역할에 있어서도 이견이 있고 김대중 스스로도 보다 적극적인 미국의 역할을 강조한 적이 많지만, 한국에 있어서 미국이 가장 중요한 우방이라는 점에서 반미는 바람직하지 않은 노선이었던 것이다. 1984년 11월 4일, 김대중이 워싱턴에서 한국기자단들과의 행한 인터뷰에서 비반미에 대한 그의 생각을 읽을 수 있다.

> 가령 용공적이라든가 반미적이라든가 이런 것이 그 심정은 이해하지만 그것은 결국 독재정권이 우리를 분쇄하는, 가장 절호의 구실이 될 뿐만 아니라, 또 그 자체가 우리 민족의 이익이 못 되고, 누가 남한에서 정권을 잡더라도 용공정권은 해나갈 수가 없는 것이고, 또 미국이나 일본하고 등져가지고는 해 나갈 수 없는 것입니다. 또 우리가 아다시피 현재 미국에는 독재를 지지하는 사람도 많지만 우리 민주주의를 지지하는 사람이 얼마나 많으냐 이겁니다.(『후광 김대중 대전집』4, (서울: 중심서원, 1993))

(2) 정당 및 재야 연합론

김대중의 민주화 운동은 기본적으로 온건파들의 타협을 통한 평화적 이행으로 결실을 맺었다. 1987년 민주화이행은 국민적 힘을 바탕으로 하면서 제도적 틀 내에서 이루어진 점진적이고 평화적인 방식이었다고 할 수 있다. 이 점이 민주화 이론에서 한국이 평화적, 점진적 민주화이행의 성공적인 사례로 평가되는 이유 중의 하나이다. 하지만 김대중은 재야 및 일반 국민들과의 연대를 통하여 정당이 가질 수 있는 약점과 한계를 극복하고 민주화 운동의 외연을 넓히려는 노력을 꾸준히 해왔다. 한국의 민주화 운동사에 있어서 정당을 통한 운동은 점진적 타협노선으로 분류된다.[14] 1980년대의 경우 재야의 급진적이거나 감상적이고 일부 폭력적인 노선은 오히려 신군부 지도자에게 계엄령을 연장하는 빌미만을 주어 파괴적인 결과를 가져온다는 인식 아래 투쟁의 강도를 조절해 갔다.

김대중은 정당과 재야의 구분 없이 독재와의 투쟁을 위하여 외연을 넓히는 데에 집중하였다. 실제로 김대중은 재야의 많은 비판에도 불구하고 김영삼과의 협력을 중시하였고 이는 '국민민주혁명'을 위한 전략적 선택의 결과라 할 수 있다. 그는 1979년 5월 29일 아서원에서 열린 신민당 당원들에 대한 연설에서 다음과 같이 피력한 바 있다.

> 오늘 아까 김영삼 동지가 나에게 찾아와 이야기했지만 "김영삼 동지와 내가 둘이 합치면 민주회복은 된다. 저 사람들이 제일 싫어하는 것이 우리들이 합치는 것이다. 그러니 제일 싫어하는 대로 민주회복을 하자. 나는 감옥이 아니라 죽을 자신이 있다. 내 주위에서 무슨 이야길 하든, 당신 주위에서 무슨 이야길 하든 우리가 뭉치자"이렇게 말했습니다. 김영삼 총재의 주위에서도 말이 있겠지만 내가 있는 반체제 재야에서는 더 많은 나에 대한 말이 있습니다. "왜 그런 신민당 같은 거하고, 왜 거기에 가려고 하느냐?"하고 있습니다. 그러나 나는 그렇게 생각하지 않습니다. 이번 총선에 나타난 국민의 힘이, 내가 신세를 지고 사랑하던 신민당이 마지막으로 사느냐 죽느냐 기로에 서 있을 때 나는 국민의 충성심에서, 신민당에 대한 동지된 애정에서 오늘날 민권의 선두에서, 반독재의 선두에서 박 정권뿐만 아니라 당권파로부터 온갖 박해를 받고 있는 김영삼 동지가 이번 당수 경쟁에서 반드시 당선되어야 한다는 것이 내가 신민당을 살리는 길이요, 국민을 살리는 길이기 때문에 나는 김 동지를 지지하는 것입니다.(『후광 김대중대전집』11 (서울: 중심서원,

14 이 점에 대하여는 류상영, 김삼웅, 심지연 편저, 『김대중과 한국야당사』(서울: 연세대학교 대학출판문화원, 2013) 참조.

1993), p. 88)

위의 연설문에서 확인할 수 있듯이 범민주세력의 연합과 협력은 한국 민주화 운동의 대명제였다. 김대중에게도 이 원칙이 그의 민주화 운동사에서 제일 중시되는 원칙이었다. 하지만 정치권력을 둘러싼 현실적인 정치과정과 정당정치에서는 사안별로 다양한 형태의 협력과 갈등이 연출되었다.

(3) 국제정치적 실용주의 노선

김대중은 한국의 민주화를 국제정치적 시각에서 접근하였다. 특히 동아시아에 형성된 냉전구조가 한국의 권위주의를 지지하고 있다는 인식 아래, 민주화 운동 역시 국제적 시각에서 접근되어야 하며 미국, 일본 등의 민주세력과 국제적인 연대를 추구해야 함을 강조하였다. 이 점은 김대중이 미국 망명 시 주력하였던 미국 내 한인 민주화 운동의 사례에서 충분히 읽을 수 있다. 한국의 권위주의 정부를 압박하고 한국의 민주화 운동을 알리기 위하여 미국 내 정계나 관계에 한국을 알리는 협력을 요구하는 것이 효과적이라는 현실적 판단을 오래전부터 하고, 이들을 상대로 한 민간외교에 주력하였다. 미국 내에서도 진보진영은 물론이고 미국사회를 지배하고 있는 보수적인 진영에 네트워크를 구축하기 위하여 치밀한 전략을 구사하였던 것이다. 이 점은 미국 체류 시절 '한국인권문제연구소'에서 김대중이 만난 사람이나 활동을 보면 확실히 나타난다. 그리고 이를 통하여 한국 민주화 운동의 해외에서의 외연을 확대하는 데 성공하게 되었다. 이 점은 일본 내 민주화 운동에서도 그대로 실천되었다. 특히 국제적인 가톨릭과 기독교 단체 및 국제사면위원회 등 국제기구나 시민단체 등과의 연대는 김대중 개인은 물론 한국민주화 운동에 국제적인 우군을 얻는 데 매우 효과적이었다.

하지만 미국 및 일본과의 관계에서 김대중은 외국에 의한 내정간섭이 아니라 민주주의의 원칙을 보다 강력히 지지해 줄 것을 요구한다는 점을 여러 번 강조한 바 있다. 이는 외세에 의존한 민주화 운동은 성공적일 수 없다는 점을 강조하기 위한 것으로 소위 자주적 민주화론을 피력하는 것이었다.[15] 또한 이는 냉전구도하에서 자국민에 의한 민주화역량을 축적하지 못한 채, 외국에 지원을 요청하는 것은 가능하지 않다는 냉철한 현실주의적 국제정세 인식을 반영한 것으로 해석 가능하다.

(4) 선(先)민주 후(後)통일론

민주화 운동에 있어서 민주화와 통일의 관계 및 우선순위를 어떻게 설정해야 할 것인지는 민주화노선이나 운동방법에 매우 중요한 변수의 하나였다. 북한과의 극한 대립 구도 속에서 진행될 수밖에 없었던 한국의 민주화 운동에서 북한 문제와 남북 통일 문제는 항상 권위주의적 집권세력이 민주화세력을 탄압하는 좋은 소재가 되었던 것이다. 누구보다 김대중은 냉전적 대립구도에서 가장 큰 피해를 받은 사람 중의 하나라 할 수 있다. 어쨌든 김대중은 국내와 해외의 민주화 운동에서 항상 선민주 후통일의 원칙을 주장하고 실천하였다. 이 논리는 민주주의가 이루어지지 않으면 통일이 될 수 없다는 김대중의 현실 인식에 기인한다. 그는 이 같은 인식하에 당시에 급진적인 통일론을 제기하는 세력에 대하여 독재정부와 동일하게 민주화를 방해하는 세력이라고 비판한 바 있다.

그는 해외 민주화 운동에 있어서도 통일보다 민주주의가 우선되어야 두 목표를 실현할 수 있다고 주장하였다. 미국 내 한민통 조직 내에서 이루어진 민주화노선에 대한 논쟁은 김대중의 민주화 노선을 보여주는 좋은 근거

---

15 金大中, 安江良介 對談, "韓國民主化への道,"『世界』(1973年 9月), p. 112.

가 될 수 있을 것이다.[16]

우리의 해외활동에는 두 가지 원칙이 반드시 준수되어야 한다. 하나는 우리가 반대하는 것은 박 정권이지 대한민국이 아니라는 점이다. 그러므로 대한민국에 해가 되는 일은 절대 해서는 안 되며 우리는 대한민국의 절대 지지 태도를 분명히 해야 한다. 또 하나는 지금 통일을 위해 국내에서 남북조절위원회가 빈번히 서울·평양 간 왕래하고 있지만 사상과 이념을 초월해서 시급히 통일한다는 그런 합의가 쉽게 이루어지리라고는 안 본다. 그것보다는 국민의 지지를 얻지 못하는 독재정부 가지고는 자신있게 공산당과 통일을 추진할 역량이 없다. 또 통일문제를 개인의 영구집권에 악용하는 박 정권에게 통일에의 양심이 있다고는 볼 수 없다. 그러므로 해외교포들은 통일의 감상에 빠지지 말고 냉철한 눈으로 통일문제를 보아야 한다. 통일을 위해서는 먼저 이를 해낼 수 있는 민주정부가 서야 한다. 선민주회복 후통일촉진의 원칙을 명심해야 한다.(1980년 5월 25일 작성된 김대중 진술서)[17]

4. 경제: 대중경제, 시장, 복지

1) 대중(참여)경제론

김대중의 경제관은 대중(참여)경제론으로 요약될 수 있다. 김대중은 박정희 정부와 전두환 정부의 경제정책에 대한 비판적 대안으로 대중참여경

16 예를 들면 1972년 남북 공동성명이 발표되었을 당시 김대중은 7·4 공동성명이 통일을 촉진하기보다는 민주주의를 탄압하는 계기가 될 것이라고 인식하고 국내외 민주화조직이 경각심을 가져줄 것을 호소한 바 있다. 1972년 7월 13일 외신기자클럽에서의 연설문에는 위와 같은 김대중의 인식이 잘 나타나 있다. 김대중의 연설문은 김대중, 『공화국 연합제』(서울: 학민사, 1991), pp. 149-155 참조.

17 위의 내용은 이도성, 『남산의 부장들』3 (서울: 동아일보사, 1993), p. 371에 수록되어 있음.

제론을 제시하였다. 김대중이 밝힌 대중경제론의 핵심은 '부의 집중과 노동자 수탈이 없고 정의가 살아있는 자유경제'로 규정될 수 있다.[18] 그에게 있어서 당시의 한국경제는 "진정한 의미의 자유경제 사회가 아니었고 관권지배하의 특권경제 체제"였다. 이 점을 개선하기 위하여 성장, 균등배분, 가격안정의 3대 목표가 적정한 균형을 유지해야 한다고 제언하였다. 김대중의 이 같은 경제관은 이미 1960년대부터 형성되어 왔는데, 1969년 신동아 기고문에도 매우 논리정연하게 제시된 바 있다.[19]

김대중의 대중경제론의 기원은 1960년대 중반부터 형성되기 시작한 반박정희 지식인 그룹에서 찾을 수 있다. 1963년 이래 김대중은 [내외문제연구소]를 설립하여 경제현안, 노동문제, 한국의 진로 등에 대하여 활발한 소규모 세미나를 진행하였고 이 결과를 민주화 운동과 정책 대안 제시에 반영하였다. 이 과정에는 박현채 등 당시의 진보적 경제학자들이 많이 참여하였고 박현채의 경제관이 김대중에게도 많은 영향을 준 것으로 기록되어 있다.[20] 하지만 김대중의 경제관이 시장여건에 따라 진화하면서 대중경제론도 변화되어 갔고, 이는 1987년 경제위기 이후 김대중 정부의 외환위기 극복 전략과 주요 개혁정책에 반영되었다.

1970년 대선후보가 된 김대중의 경제관을 분석한 미국 국무성의 사료는 김대중의 대중참여경제론의 핵심을 다음과 같이 요약하고 있다.

① 개인적인 특혜와 정부에 의한 다른 형태의 경제왜곡을 제거함으로써 창의적인 "진정한 자유기업"을 육성

② 좀 더 많은 정부 투자예산을 농업부문 지원에 할당

---

18 김대중, 『대중경제론』(서울: 청사, 1986), pp. 5-11.

19 김대중, "대중경제를 주창한다," 『신동아』, (1969년 11월호) 참조.

20 프레시안, 2005년 4월 30일자, http://www.pressian.com/news/article.html?no=30213; 2005년 7월 12일자, http://www.pressian.com/news/article.html?no=2

③ 대기업보다는 중소기업을 지원하는 데 정부의 노력을 증대
④ 합작회사들을 보다 많이 설립하도록 노력
⑤ 생산성을 증대하고 수익과 소득을 보다 균등하게 배분하기 위한 제도로서 노사위원회를 설립 (US Embassy Seoul, "Kim Tae-chung's Personal Inclinations Concerning Policy" Airgram, Department of State, Pol, A-503, December 10, 1970, p. 4)

이 문건에서 볼 수 있듯이 김대중의 대중경제론은 기업을 최우선시하는 자유경제가 핵심이었고 이 점에 대하여 미국 국무성이나 정보기관에서도 이미 정확히 파악하고 있었다. 자유기업을 제1조건으로 강조한 김대중의 기업관은 경제위기 이후에 보여진 김대중 정부의 경제개혁 노선에도 연속성을 보이고 있다. 이는 청년시절부터 선박회사와 신문사를 경영한 경험이 있는 김대중의 개인 이력도 많은 영향을 주었을 것으로 생각된다.[21]

2) 농업 중시의 경제개발론

김대중의 대중경제론의 핵심 중의 하나는 농민중시 경제개발론이다. 그는 "농업에 관한 연구개발 투자와 자본형성을 위하여 농업생산성 증대에 중점을 두어야 한다"고 분석하고 농업보다 공업에 우선 순위를 두는 박정희 정부의 투자배분 정책을 시정해야 한다고 제언한 바 있다. 달리 말하면 공업기반이 너무 약하기 때문에 농촌의 구매력을 증진시킨 후 그곳에서 얻어진 자본으로 공업에 투자하자는 논리이다. 그런데 이 논리는 박정희 정부가 1962년에 작성한 경제개발 5개년 계획의 원안에 나타난 농업우선론 및 내포적 경제발전론과 대단히 유사한 논리이다. 박정희 정부는 1964년에 미국

21 이 점에 대하여는 류상영, 김동노 편, 『김대중과 대중경제론』(서울: 연세대학교 김대중도서관, 2013)을 참조

의 외압과 국내 자본 고갈로 더 이상 이를 지속하지 못하고 5개년 계획을 수정하여 수출지향형 산업화 전략으로 전환하게 된다.[22] 1960년대 중반 이전부터 나타난 이 같은 유사성은 상당히 흥미롭다. 박정희의 제1차 5개년 계획이 민주당 정부의 경제개발 계획안을 그대로 채택하였고, 김대중 역시 민주당 신파에 소속된 점이 어떤 영향을 남겼을 수도 있을 것으로 추측된다.

3) 세계화와 경제위기 극복에 대한 정책이념

(1) 해외자본과 세계화에 대한 시각

국내저축이 충분하지 않았던 한국은 한국전쟁 이후부터 외자유치를 어떻게 할 것인가가 주요 국가적 과제가 되었다. 이는 1950년대 이승만 정부하에서도 예외가 아니었다. 미국으로부터의 원조는 일시적으로 해외자본의 역할을 해주기도 하였다. 한국정치사에서 해외자본의 유입은 경제발전을 위하여도 필수적이었고, 정치적으로도 매우 중요하였다. 예를 들면 박정희 시대의 한일 국교정상화나 월남파병으로 유입된 외국자본과 달러, 그리고 전두환 시대에 일본으로부터 유입된 안보경협 자금 등은 경제성장을 촉진하고 정치권력을 강화하는 경제적 기반이 되었음은 주지의 사실이다. 해외에서 유입된 자금은 한국의 개발국가가 국내의 대기업에 대하여 상대적인 자율성을 갖게 해주는 물질적 기반이 되어 정부-기업관계의 성격에 많은 영향을 주었던 것이다.

세계화가 진행되고 아시아 경제위기를 경험하면서 해외자본을 어떻게 볼 것인가는 경제정책의 핵심적인 사항이 되어 버렸다. 사실 김대중 정부에게도 경제위기를 극복하는 데 있어 해외자본의 유입은 필수적인 것이었

---

22 류상영, "박정희정권의 산업화전략 선택과 국제정치경제적 맥락,"『한국정치학회보』, 30집 1호 (1996)을 참조

다. 김대중이 당선자 시절 조지 소로스를 일산 자택으로 초빙하여 경제위기 극복방안을 논의한 것은 상징적인 장면이라 하지 않을 수 없다. 김대중은 1960년대 이래로 한국경제에서 외자도입의 중요성을 강조해 왔다. 국제경쟁에서 한국의 국가경쟁력을 제고하기 위하여 해외자본을 적극적으로 활용해야 한다는 실용적인 입장을 갖고 있었다. 하지만, 해외자본의 부정적 효과도 있기 때문에 이를 감시하기 위하여 효과적인 국가역할이 필요하고 국내기업이 역량을 강화하여 경쟁할 수 있어야 함을 동시에 강조하였다. 이 같은 인식은 경제위기 이후 제시된 다양한 정책과 경제제도에 반영되었던 것이다.

(2) 민주주의와 시장경제의 병행발전론

민주주의와 시장경제의 병행발전론은 김대중 정부의 경제전략의 철학적 기초가 되었다. 민주주의가 완성되기 위해서는 시장경제가 확립되어야 하고, 시장경제의 발전은 민주주의 없이는 불가능하기 때문에 병행발전 되어야 한다는 논리이다. 이 논리는 1987년 경제위기의 원인을 과도한 국가개입과 정치적 권위주의에서 찾고 있다. 관치금융과 과도한 국가개입이 시장왜곡을 가져왔고, 이는 권위주의가 지속되면서 한국 시장의 경쟁력을 저하해 왔기 때문이라는 것이다. 권위주의 국가가 부패나 경제 비효율을 제대로 감시하지 못하고 많은 정책실패를 누적해 왔기 때문에 결국에는 경제위기를 겪게 되었다는 것이다. 경제위기 발발 직후 김대중 정부 내에는 '민주적 시장경제론'과 '민주주의와 시장경제론의 병행발전론' 사이에서 긴 토론이 있었다. 이는 대통령 취임사를 작성하는 과정에서도 표출된 바 있다. 단순화하면 '민주적 시장경제론'은 독일식의 질서자본주의에 기초하여 강한 국가역할로 시장실패를 바로잡아야 한다는 논리이고, '병행발전론'은 시장의 우수성을 중시하는 미국형에 가까운 논리이다. 물론 자유기업과 시장을 우선시한다는 점에서 대중경제론에서 병행발전론에 이르기까지 김대중의 경제관은 1960년대 이래 상당한 연속성을 가진 것으로 보여진다.

하지만, '병행발전론'은 김대중의 초기 대중경제론과는 다소 차이가 있다. 대중경제론은 '민주적 시장경제론'에 더 가깝다. 김대중의 대중경제론이 자유기업을 최우선으로 하지만 분배정의와 노동계급의 역할을 강조한 점에 있어서 '병행발전론'과는 약간 거리가 있는 것으로 평가되고 있다. 이는 경제위기가 한창 진행되고 국제통화기금 등 외압이 거센 가운데 대통령으로 당선된 김대중은 자신의 경제관을 유지하면서도 현실적인 요구를 무시할 수 없는 상태에서 신자유주의에 가까운 정책을 도입할 수밖에 없었던 것으로 이해된다. 김대중 정부 시절의 경제정책의 기조를 분석해 보면 취임초기부터 후기까지 끊임없이 위의 두 노선이 혼재되어 실시되었음을 알 수 있다. 생산적 복지론, 제3의 길, 노사정위원회 설립 등은 모두 민주적 시장경제론에서 병행발전론으로의 진화과정에서 등장한 경제제도 및 정책이라 할 수 있다.

김대중은 외환위기와 외압에 의한 신자유주의적 개혁을 수용하면서도 이것이 초래할 수 있는 부정적인 부작용을 최소화하기 위하여 생산적 복지제도를 도입하였다. 한국은 당장 외환시장을 안정화시키고 국가부도와 모라토리움의 위기를 막기 위하여 파이어 세일(fire sale)을 할 수밖에 없는 상황에서, 국제통화기금과 외국자본의 요구를 수용하지 않을 수 없었다. 김대중은 이 같은 불가피성을 국민들에게 설득하고 고통분담과 합의도출을 위하여 최선의 노력을 하였던 것이다. 그는 몰아치는 외압과 국가부도의 벼랑끝에서 대중경제론의 일부 원칙을 일시적으로 유보할 수밖에 없었다. 이 상황을 김대중은 다음과 같이 언급하였다.

> 민주주의와 시장경제 하면 신자유주의 쪽으로 갈 우려가 있는 것은 사실

인데. 그것을 막기 위해서 생산적 복지를 거기다 붙인 거여. 그런데 처음부터 안 붙인 것은 2가지 이유인데. 하나는 그때 우리 경제가 곧 망하게 돼서 거기다가 그런 것 붙여 놓으면 말하자면 혹을 붙인 격이 되어가지고 그래 갖고는 아주 부담이 된단 말이여. 그때는 어떻게 해서든지 넘어가는 경제의 숨통을 허덕이는 속을 되살리냐 하는 건데 거기다가 짐까지 지우는 일은 할 수 없는 것이고. 또 하나는 그런 것을 하면은 IMF나 미국이나 이런 데서 말하자면 사회주의 아니냐. 이런 식으로 또 의심을 할 것 같아서 그것은 좀 감춰놨어요. 감춰놨는데 한 1년 내지 2년쯤 되면서 그것 내세워 가지고 그렇게 해서 했다고 봐야죠. (류상영, "김대중 인터뷰," 김대중도서관 구술사 자료, 2007년 5월 29일)

그로서는 파국을 가져올 모라토리움을 선언하지 않을 바에는 외국자본의 투자를 유치하고 국제사회의 협력을 구하는 길 이외에는 아무런 방법이 있을 수 없었다. 정리해고제 도입은 외환위기라는 결정적 계기와 커다란 외압 앞에서 최고지도자로서 거부할 수 없는 사안이었다. 그러나, 이 사안을 대중경제론의 단절 혹은 이탈로 보는 것은 단편적인 해석으로 보인다. 김대중 정부는 정리해고제를 수용하는 대신, 노조의 정치활동을 허용하고 노동기본권을 대폭 확대하였으며, 교원노조의 합법화 및 공무원 직장협의회의 활동을 보장하도록 하는 제도적인 조치들을 강화하였던 것이다. 그리고 이 같은 제도개혁은 노사정 위원회의 토론을 통하여 결정되고 집행되었다. 이 같은 노동관련 제도 개혁은 김대중이 1955년에 발표한 바 있는 한국 노동운동에 대한 글에서 밝힌 내용과도 일치하고, 대중경제론에서 주장해온 노사관계의 발전과 한국 노동운동의 방향에 대한 주장과도 어긋나지 않는다.

5. 외교: 현실주의, 보편적 가치, 평화

1) 현실주의적 인식과 실용주의적 외교전략

김대중에 있어서 외교는 약소국에 해당하는 한국과 한반도의 생존과 평화가 걸려있는 가장 중대하고 긴급한 전략 영역과 정책 현안 중의 하나였다. 그는 민주주의와 경제 등에 관련한 과제들이 실패하거나 위기를 맞았을 때 국민들이 노력하여 개선하거나 회복할 수 있지만, 외교는 자칫 잘못되면 한순간에 한국의 안보와 평화가 송두리째 위협받을 수 있고 그 피해가 훨씬 크며 이를 만회하기도 매우 어렵다고 생각하였던 것이다.

김대중의 외교 전략은 크게 두 가지로 구성되었다고 볼 수 있다. 첫째는 국제정치에서의 현실주의적 인식이다. 한국이 국제정치에서 발언권을 얻고 국가이익을 관철시키기 위해서는 국력을 신장해야 하고 국방을 강화해야 하며, 만일 강대국과의 협상에서 국력이 모자랄 때에는 한국의 국가이익을 조금이라도 더 실현하기 위하여 지극히 실용적이고 실리적인 선택을 해야 한다는 논리이다. 둘째는 민주주의, 인권, 평화 등 인류 보편적 가치에 대한 강조와 이를 위한 민간외교 혹은 시민사회의 역할의 강조이다. 국제정치가 현실주의적 경쟁 논리가 지배하는 정글이지만 민주주의, 인권, 평화 등 인류 보편적인 가치가 결여된 현실주의는 지속가능하기 힘들고 그 비용도 엄청나기 때문에, 한국으로서는 인류 보편적 가치를 모범적으로 수행하고 국제적으로 공헌하는 국가가 됨으로써 한국의 외교적 생존력을 높일 수 있다는 인식이다. 군사력과 경제력 등 하드파워에서도 강하고 민주주의와 인권 신장 등 소프트파워에서도 강한 한국의 국제정치적 위상과 미래상이 김대중이 목표한 가장 이상적인 외교강국의 모습이었다고 할 수 있다.

김대중은 평소에 한반도를 “커다란 코끼리의 네 다리 사이에 끼어 있는 토끼”로 그 지정학적 특징을 묘사하곤 하였다. 이 같은 그의 인식은 수많은 외세

침략을 경험한 한반도의 역사적 지정학적 경험과 위치에서 기인한다고 할 수 있다. 김대중은, 이의 연장선상에서 한반도의 분단도 세계 제2차 대전의 산물이고 미국과 구소련 등 당시 강대국들의 국가이익과 전략적 이해가 작용한 결과라고 인식하였던 것이다. 따라서 그에게는 분단의 해결과 한반도의 통일도 우리 민족의 의지 및 주관적 역량과 함께 강대국들의 협력과 국제정치적 구도가 형성되지 않고는 이루어질 수 없는 것이다. 하지만 그는 한국 및 한반도가 지정학적 구도와 위상을 잘 활용하면 약점을 강점으로 바꿀 수 있다는 자주적 역량을 늘 강조하였다. 김대중은, 한국과 한반도가 커다란 코끼리의 네 다리 사이에 끼어 있는 토끼인 것은 사실이지만 만일 한국이 현명하고 전략적인 외교역량을 발휘한다면, "둑 양쪽의 풀을 다 뜯어먹을 수 있는 도랑안의 소"가 될 수 있다는 주장을 매번 피력한 바 있다. 국제정치의 전략적 요충지이자 동서냉전의 최전선으로서 한국이 부담해야 할 비용과 고통도 적지 않았지만, 이 점을 잘 활용하면 이 같은 구조적 약점이 반드시 부담과 도전으로만 끝나는 것이 아니고 커다란 지정학적, 지경학적 기회요인이자 국제정치적 자산이 될 수 있다는 게 김대중의 외교적 발상이었다.

김대중의 이 같은 외교전략은 한미일 관계 등 구체적인 정책에 그대로 반영된 바 있다. 예를 들면 김대중은 1965년 한일회담에 대하여 수많은 반대와 오해를 무릅쓰고 그리고 그의 민족주의적 원칙에도 불구하고 야당의원으로서 찬성하였다. 중국과 북한 등 대륙공산주의가 정치, 군사, 경제적으로 강화되는 현실에서 이에 대응하기 위하여 한일 간의 협력이 불가피하다는 현실주의적 국제정치인식이 작용하였던 것이다. 김대중은 1964년 2월의 국회 연설에서 이미 "한일문제 같은 것도 우리 야당 측이 어떻게 하면 하루속히 타결해서(중략) 미국과 일본 기타 자유우방과 손을 튼튼히 잡아서 그 사람들을 여기다가 단단히 붙들어 매 가지고 공산진영에 대결한다고 할 것 같으면 내가 볼 때는 우리가 가장 일선에 위태로운 데 있는 것 같지만 어느 의미에서는 가장 안전한 그런 보장도 받을 수 있을 것"[23]이라고 주장하여 야당이 여당에 협력하도록 설득하였다. 더구나 김대중은 당시 미국이 극동지역 방위의 책임을 일본에 분담시키려 한다고 인식하고 있었고, 미국의 압력과 주도에 의해서라도 한일 국교정상화는 피할 수 없다는 점을 누차에 강조한 바 있다.[24] 같은 맥락에서 박정희 정부의 한국군의 베트남 파병에 대하여도 김대중은 찬성하였고 베트남 현지의 한국군 장병들을 위한 위문 방문까지 실시한 몇 명 안되는 야당의원 중의 하나였다.

1971년 대선 공약에서 제시한 4대국 안전보장론도 지극히 현실주의적이고 실용적인 외교전략으로 이해될 수 있다. 김대중은 1969년 닉슨독트린 이후 변화하는 동아시아 국제질서와 데탕트 흐름에 적극 대응하기 위하여 4대국 안전보장론을 제기하였다. 그는 데탕트 이후의 그의 외교 전략에 대하여 아래와 같이 선언하였다.

> "(중략) 70년대의 우방관계는 지금까지의 의존일변도의 자세에서 상호협조와 공동이익 증진의 방향으로 크게 발전시킬 필요가 있다고 믿습니다. (중략) 미, 소, 일, 중공 등 4대 국가에 대해서 한반도에서의 전쟁억제를 공동으로 보장할 것입니다. 우리는 지금까지의 쇄국주의적 외교를 지양하고 중립국외교를 강화하는 데 있어서 내정의 개혁과 인류평화에의 진지한 기여를 통해서 세계 모든 나라로부터 존경과 사랑을 받는 바탕 위에 이를 성공시킬 것입니다. 동시에 우리와 직접 적대관계에 있지 않는 공산권과의 외교관계를 신중히 모색해 나갈 필요가 있다고 생각합니다."[25]

---

23 김대중, "국정감사실시에 관한 결의안: 제40회 제8차 본회의," 『국회회의록』 (1964년 2월 3일).

24 김대중, "한일간조약과 제협정 비준동의안 심사특위: 제52회 제9차 본회의," 『국회회의록』 (1965년 8월 10일).

25 김종순 편, 『김대중 그의 투쟁, 그의 민주화 의지』 (서울: 시인통신사, 1987), p. 123.

냉전과 동서대립이 고조되어있던 당시에 있어서 이러한 구상은 대단히 혁명적인 것이었고 정치적으로는 많은 위험이 따를 수 있는 것이었지만, 실용주의적 현실주의 입장에서는 매우 선구적이고 전략적인 선택이었다고 할 수 있다.

2) 인류 보편적 가치의 강조와 시민사회 및 민간외교 중시

한편, 김대중은 외교는 정치지도자나 관료들의 독점물이 아니고 일반 시민사회의 적극적인 역할과 협력이 절대적으로 중요하다는 점을 몸소 실천하였다. 그는, 외교정책 결정과정이 민주적이고 해당 사회가 가장 민주적이고 인류 보편적 가치의 실현에 앞장설 때 그 국가의 외교적 위상은 높아지고 외교력도 강화된다고 생각하였다. 그의 이러한 인식은 1960년대 이래 그가 독재정권의 박해 아래 겪었던 납치사건과 사형선고를 경험하고 미국과 일본에서 민주화 운동을 실천하면서 느끼고 체득한 것이라 할 수 있다. 김대중은 미국과 일본에 대하여 의견을 제시하는 데 그치는 것이 아니라 자신의 인식과 정치이념을 확산하고 실현하기 위하여 다양한 네트워크를 구축하였고 이를 민간외교의 일환으로 추진하였다. 그의 이 같은 노력과 전략은 미국과 일본 내의 평화와 민주주의를 원하는 시민사회 및 정치사회세력들과의 공동노력으로 구체화된 바 있다. 김대중은 미국과 일본 내 평화세력과 다양한 공식, 비공식 관계를 유지하였고 한미관계와 한일관계의 발전은 물론 한일 양국 내 민주주의와 평화가 진전되도록 다각도의 노력을 경주하였다.

우선 일본 내 일부 정계, 학계, 언론계, 종교계, 법조계, 노동계 등의 일본인들과, 일본에 살고 있는 종교계 등 일부 한국인들은 김대중과 인식을 같이하는 핵심 지원세력이었다. 이들은 모두 김대중에 대한 지원과 공동노력이 자신들의 정치이념과 철학을 실현하는 길임과 동시에 한일관계는 물론 한국 및 일본의 민주주의와 평화에 도움이 된다는 지적 인식을 같이하고 있었다. 김대중이 일본에서 민주화 운동을 전개할 수 있었던 데에는 김대중을 일본사회에 소개하고 연결시켜준 든든한 연결고리들이 있었기 때문이다. 대표적인 후원인으로 우쯔노미야 토쿠마 자민당 의원을 들 수 있다. 우쯔노미야가 느낀 김대중에 대한 첫인상은 "절망적인 상황하에서도 자유와 민주주의에 대한 확신을 조금도 잃지 않고, 한국 국민의 능력과 가능성에 대한 절대적인 신뢰를 갖고 있는 자유주의 정치가"였다.[26] 자민당의원이면서도 매우 자유주의적인 사상을 갖고 있던 우쯔노미야는 동아시아 평화와 민주주의에 대하여 김대중과 자주 의견을 교환한 바 있다. 특히 우쯔노미야가 주도하는 일본 국회 내의 아시아·아프리카 연구회(AA研)에 김대중의 강연을 주선하여 김대중이 일본 정계에 인맥을 넓히는데 결정적인 역할을 하였다. 우쯔노미야는 김대중 납치 사건을 최초로 알게 되고 일본경찰과 정관계에 구원노력을 시작하는 최초의 일본인이었다.[27] 김대중 납치사건을 군부독재 정권하에서의 '자유주의 정치가의 수난'으로 규정한 우쯔노미야는 한국의 군부독재에 대하여 비판적인 입장을 견지하면서 남북한의 민주주의가 한반도 통일과 평화를 가져온다는 점에서 김대중과 동일한 정치적 입장을 가지고 있었다.

김대중은 또한 AA研 소속 정치인들뿐만 아니라 덴 히데오 의원 등 사회당 정치인들과도 폭넓은 네트워크를 형성하였다. 이들은 김대중 납치사건과 사형선고 등 중요한 사건마다 김대중을 돕기 위하여 일본 정부와 한국 정부에 다양한 압력을 가하였던 것이다.[28] 당시 사회당은 자민당 정부와 박정

---

26 宇都宮德馬, "金大中氏への手紙,"『中央公論』, (1973년 9월 28일), p. 57.

27 宇都宮德馬, "金大中氏と十年ぶりに語る: 逆境に屈せぬ自由と平和の政治家,"『暴兵損民: なぜ軍擴に狂弄するのか』(東京: 德間書店, 1984), pp. 271-275.

28 柳相榮, "田英夫 インタビュー," (東京: 2006년 1월 19일, 김대중도서관 구술사 자료)

희 정부의 유착관계를 비판하는 입장이었기 때문에 야당 정치인이자 민주투사인 김대중에게는 매우 적극적인 지원세력이 될 수 있었다. 또한 일본의 종교계, 노동계, 학계, 법조계 등 평화주의 노선을 표방한 많은 일본인 단체들은 한민통 등 재일 한국인 조직과의 연대를 통하여 한국의 민주화 운동을 지원하였는데, 김대중 납치사건과 사형선고는 이들이 연대하는 기폭제로 작용한 바 있다. 이들 일본 내 평화적인 시민사회 단체들은 김대중이 일본 내에서 자신의 정치이념을 확산하고 민주화 운동을 전개하는 데 매우 효과적인 네트워크가 되었던 것이다.

김대중의 미국 내의 활동과 네트워크 구축은 일본에서의 그것과 몇 가지 점에서 큰 차이를 보였다. 미국 내 정치환경과 사회적 분위기가 크게 달라서 김대중은 보다 개방적이고 법적인 보호 아래에서 적극적이고 공식적으로 활동하며 네트워크를 구축할 수 있었다. 1982년부터 약 777일간의 미국 망명 기간에 김대중이 200회가 넘는 공개강연을 한 사실만으로도 그 차이를 알 수 있다. 큰 특징 중의 하나는 김대중은 의식적으로 미국의 한반도 관련 고위관료나 보수적인 퇴역 군인 조직 등 미국의 보수주류 사회에 자신의 정치이념을 확산하고 네트워크를 구축하기 위하여 노력했던 것으로 분석된다. 미국 내에서 김대중을 지원해주고 정관계에 그를 소개시켜 준 인사들이 없었다면, 그의 미국 내 정치활동은 성공적이기 힘들었을 것이다. 에드윈 라이샤워(Edwin O. Reischauer) 박사와 에드워드 케네디(Edward Kennedy) 의원은 미국에서 김대중을 지원하고 그의 네트워크를 확대하는 데 가장 중요한 연결자 역할을 한 인물들이라 할 수 있다.

김대중은 1972년 2월 신민당 대통령후보 자격으로 미국을 방문 중에 처음으로 에드워드 케네디 상원의원을 만나게 되었다. 그 후 케네디 의원은 미국 내에서 김대중의 민주화 운동을 지원하고 개인적으로도 두터운 우정을 유지하였다. 1976년 3월 23일 케네디 의원은 이희호 여사에게 편지[29]를 보내, 3·1 민주구국선언 사건으로 수감된 김대중과 그의 가족을 위로하고 한국민주화를 위한 협력을 약속한 바 있다. 김대중에게 사형선고가 내려진 이후인 1984년 6월 15일, 케네디는 성명을 통하여 전두환 정부의 김대중에 대한 사형선고에 깊은 우려를 표명하고 카터행정부가 김대중 구명운동에 모든 노력을 다 기울일 것을 촉구한 바 있다. 1980년 10월 16일, 케네디는 한민통 미주본부에도 편지[30]를 보내 "김대중에 대한 사형집행은 한미관계 및 동북아 정세에 심각한 불안정을 초래할 것이고 (중략) 미국 정부가 한국 정부에게 사형집행에 대한 강한 반대의사를 밝히고 정치자유를 위한 한국정부의 구체적인 프로그램에 대한 약속을 받아내야 한다(중략)."는 견해를 밝혔다. 케네디는 1984년 10월 1일 동료 의원들에게 편지를 보내 김대중의 안전귀국과 정치적 자유회복을 촉구하는 성명서에 서명해 줄 것을 부탁하여 의원들의 안전보장 서명을 주도하였으며, 1985년 1월 28일 케네디는 당시 테네시 주 상원의원인 앨 고어 전 미국 부통령을 포함한 상원의원 9명의 이름으로 전두환에게 편지를 보내 김대중의 안전귀국과 정치적 자유 및 인권보장을 촉구하는 편지를 보내기도 하였다. 또한 케네디는 1987년 5월 17일, 전두환에게 편지[31]를 보내 호헌조치에 대한 우려를 표명하고 한국의 정치범 인권회복을 촉구하였으며 특히 김대중에 대한 연금해제와 정치적 자유회복을 강력하게 요구함으로써 한국의 민주화이행에도 많은 공헌을 하였다.

한편, 에드윈 라이샤워 박사도 한국의 민주주의와 김대중의 민주화 운동

---

29 에드워드 케네디, "이희호 여사에 보내는 편지," (1976년 3월 23일, 연세대학교 김대중도서관 소장 사료)

30 에드워드 케네디, "한민통에 보내는 편지," (1980년 10월 16일, 연세대학교 김대중도서관 소장 사료)

31 에드워드 케네디, "전두환에게 보내는 편지," (1987년 5월 17일, 연세대학교 김대중도서관 소장 사료)

에 대하여 깊은 관심을 갖고, 김대중이 미국에서 네트워크를 형성하는 데 큰 도움을 주었다. 라이샤워는 김대중이 미국의 하버드 대학 등 학계와 국무부 등 관료계에 네트워크를 형성하는 데 많은 도움을 주었던 것으로 알려져 있다. 김대중은 1974년 3월 9일, 미국 LA 타임즈 기자를 통하여 라이샤워에 보낸 편지[32]에서, 자신을 찾아와 한국 민주화와 인권에 대하여 관심을 표명해 준 라이샤워에 대한 감사의 뜻을 전하면서, 긴급조치 정국과 남북한의 대립구도 확산으로 민주화 운동이 크게 탄압되고 있다고 한국현실을 소개하고 있다. 이처럼 한국 민주주의에 대한 라이샤워의 관심은 김대중에 대한 지원으로 구체화되었고, 김대중은 한국의 독재적 현실을 국제사회에 호소하고 미국 내 한국 민주주의를 위한 네트워크를 형성하는 데 주요 채널로 라이샤워를 인식하였다고 볼 수 있다.

김대중은 1983년 7월 25일, 미국내 네트워크 형성의 거점으로서 비정부 민간기구인 한국인권문제연구소를 공식 설립하였다. 이근팔(李根八) 등을 중심으로 미국 내 한국인 민주화세력이 적극 참여하여 한국의 독재현실을 알리고 한국의 민주주의를 회복시키기 위한 다각도의 노력을 경주하였다. 김대중은 한국인권문제연구소를 거점으로 대중강연회와 미국 내 주요 인사 면담 및 미국의 정관계에 대한 협조호소 등을 통하여 미국 내 네트워크를 넓혀나갔고, 이러한 민간외교 활동은 한국의 독재정부에 대한 큰 압력으로 작용하여 한국의 민주화를 가져오는 데 큰 기여를 한 것으로 평가될 수 있다.

3) 한반도 평화, 햇볕정책, 한반도 통일: 북한문제 해결을 위한 현실주의

한반도 평화와 남북통일은 김대중이 추진한 외교전략의 가장 절실하고 궁

---

32 김대중, "라이샤워에게 보내는 편지," (1974년 3월 9일, 연세대학교 김대중도서관 소장 사료)

극적인 목표였다고 할 수 있다. 한반도의 평화를 어떻게 만들어내고 유지해 나갈 것인지는 한민족과 한반도의 생사를 결정하는 문제이고, 한반도 분단극복과 통일은 한민족에게 주어진 무거운 국제정치적 굴레에서 벗어나는 길이자 민족적 숙명이기 때문이다. 북한을 대화로 이끌어내고 북한의 개혁개방을 유도하며 한반도의 통일을 준비하고 설계하기 위한 외교정책이 햇볕정책이라면, 2000년 남북정상회담과 6·15 공동선언, 그리고 이를 계기로 진전된 남북화해와 교류협력은 그의 정책의 중간성과물이라 할 수 있다. 북한의 핵위협 제거와 한반도 비핵화가 한반도의 항구적 평화를 위한 필수조건이고 이를 위한 많은 국내외의 노력들이 있었음에도 불구하고, 최근 수년간 다양한 이유로 대화와 교류가 단절되고 긴장과 대립이 고조되는 가운데 북한의 핵능력이 더욱 증가하고 있는 현실을 감안하면, 김대중이 바라던 한반도 평화와 통일의 염원은 더욱 불안하고 예측하기 힘든 암운 속에 휩싸여 있다고 하지 않을 수 없다.

2000년 6월 13일 2박 3일간의 남북정상회담을 위해 평양 순안공항에 도착한 김대중 대통령의 아래의 도착 성명에는 한반도 통일에 대한 김대중의 민족주의적 정서와 애정이 잘 나타나 있다. 1945년 이래 반세기 이상 분단되었던 민족의 한과 애절함, 그리고 분단이 낳았던 전쟁과 희생의 상흔들, 분단국가의 대통령으로서 민족의 장래를 결정해야 할 한 지도자로서의 엄중함과 처절함, 대립과 증오에서 화해와 신뢰를 향한 물꼬를 트고자 하는 시대적 위인의 감격과 흥분 등이 담겨있는 역사적인 순간이었음에 틀림없다.

존경하고 사랑하는 평양 시민 여러분, 그리고 북녘 동포 여러분! 참으로 반갑습니다. 저는 여러분이 보고 싶어 이곳에 왔습니다. 꿈에도 그리던 북녘 산천이 보고 싶어 여기에 왔습니다. 너무 긴 세월이었습니다. 그 긴 세월을 돌고 돌아 이제야 왔습니다. 제 평생에 북녘땅을 밟지 못할 것 같은 비감한 심정에 젖은 때가 한두 번이 아니었습니다. 그러나 이제 평생의 소원을 이루었습니다. 남북의 7천만 모두가 이러한 소원을 하루속히 이루기를 간절히 바랍니다. 무엇보다 저와 우리 일행을 초청해 주신 김정일 위원장에게 진심으로 감사드립니다. 우리들을 이처럼 따뜻하게 맞아 주시는 여러분에게 또한 감사의 인사를 드립니다. 그리고 남녘 동포들의 따뜻한 안부의 정도 여러분에게 전합니다. 저는 대한민국의 대통령으로서 남녘 동포의 뜻에 따라 민족의 평화와 협력과 통일에 앞장서고자 평양에 왔습니다. 남녘 동포가 이번 김정일 위원장과 저의 회담에 거는 기대만큼이나 북녘 동포 여러분의 기대 또한 크리라 생각합니다. 이제 시작입니다. 꿈만 같던 남북 정상 간의 만남이 이루어진 만큼 지금부터 차근차근 해결해 갈 것입니다. 저는 김정일 국방위원장과 함께 남과 북 우리 동포 모두가 평화롭게 잘 살 수 있는 길을 찾는 데 모든 정성을 다하겠습니다. 평양 시민 여러분, 그리고 북녘 동포 여러분! 반세기 동안 쌓인 한을 한꺼번에 풀 수는 없을 것입니다. 그러나 시작이 반입니다. 이번 저의 평양 방문으로 온겨레가 화해와 협력, 그리고 평화통일의 희망을 갖게 되기를 진심으로 바라 마지않습니다. 할 수 있는 것부터 하나하나 최선을 다하겠습니다. 미처 이루지 못한 것은 2차, 3차의 만남을 거듭해 반드시 해결해 내겠습니다. 김정일 위원장과 저에게 평양 시민과 북녘 동포 여러분의 힘찬 응원과 격려를 보내 주십시오. 북녘 동포 여러분! 우리는 한 민족입니다. 우리는 운명공동체입니다. 우리 굳게 손잡읍시다. 저는 여러분을 사랑합니다. 감사합니다.

그러나, 6·15 공동선언을 이끌어내는 과정에 있어서 그리고 남북문제를 다루어나가는 과정에서 김대중은 어느 순간에도 냉철한 이성을 잊어버리지 않았고 한반도를 둘러싼 국제정치적 현실과 남북한 사이에 누적된 분단의 장벽과 한계를 소홀히 하지 않았다. 김대중은 감성적이지 않고 지극히 이성적이었고, 민족주의나 이상주의가 아니라 국제정치적 현실주의에 입각하여 한반도 통일과 외교문제를 바라보았던 것이다. 김대중에 있어서 분단의 기원과 통일의 완성에 있어서 남북 간의 화해와 민족적 정서가 충분조건이라면, 국제정치적 구조와 관련 국가들의 전략 및 외교적 이해관계가 필수조건이었기 때문이다. 김대중은 남북정상회담을 추진하면서 실무 책임자인 임동원에게 북한과의 교섭과정의 모든 것을 미국에게 상세히 알려서 협력을 얻을 것을 강조하였는데, 심지어 회의실의 숨소리 하나까지도 모두 가감 없이 미국 측에 알려주도록 지시한 바 있다. 또한 김대중은 북한의 김정일 위원장에게도 핵개발에 대한 환상을 버리고 미국과 대화하고 설득하여 북한의 국익을 추구하도록 누차에 걸쳐서 강조하곤 하였다. 남북한의 관계가 좋아지고 미군이 북한을 공격하지 않는다면 통일 후에도 동아시아의 세력균형을 위하여 그리고 일본과 중국의 위협으로부터 한반도의 평화를 유지하기 위하여 한반도에 미군이 계속 주둔하는 것이 필요하다고 협의한 김대중과 김정일 위원장 사이의 정상회담 대화 내용도 김대중의 국제정치적 현실주의 시각을 반영한 것이라 할 수 있을 것이다. 하지만 김대중의 국제정치적 현실주의는 국제정치 이론에서 형성된 이상주의의 반대시각으로 제기된 현실주의와는 커다란 차이가 있었다. 공동의 가치에 기반하여 외교와 대화를 통하여 분쟁을 해결하고 국익을 추구하고자 하는 우드로 윌슨 등에 의하여 주창된 이상주의에 반하여, 현실주의는 관련국 간의 힘의 균형과 국력의 차이에 기초하여 외교와 대화보다는 군사력을 통하여 국익을 실현하고 평화를 유지하는 국제정치적 사조를 말한다. 하지만 김대중은 북한문제 해결을 위하여 무엇이 더 현실적인지에 대하여 고민할 수밖에 없었고, 그 전략적 결과물이 햇볕정책이라 할 수 있을 것이다.

김대중의 햇볕정책은 강력한 방위태세 확립을 전제로 한 정책이었다.[33] 김대중 정부가 김영삼 정부에 비교하여 군부에게 유화적인 정책을 폄과 동

33 이 점에 대해서는 Chung-in Moon, *The Sunshine Policy*, (Seoul: Yonsei University Press, 2012) 참조.

시에 방위비 배정에도 적극적이었던 배경이 바로 여기에 있다고 볼 수 있다. 그는 현실적인 전쟁억지력과 방위력을 갖추지 않은 채 북한과 대화와 외교를 진행하는 것은 비현실적이라고 생각했던 것이다. 하지만 북한은 외부와 오랫동안 완전히 고립된 채 지구상에서 유례가 없는 통제사회이기 때문에, 기존의 현실주의적 시각에 의하여 북한을 봉쇄 고립시키고 정치경제적으로 제재하는 등 외부에서 압력을 가하는 것에 집중한다면 북한 민중들의 상황은 더 악화되고 북한체제에게 체제정당화의 빌미를 제공할 수 있으며 결국은 북한을 더 위험한 집단으로 만들 가능성이 많다는 것이 김대중의 판단이었다. 이 논리에 의하면 외압에 의하여 바뀔 가능성이 희박하고 핵능력만 증대될 가능성이 농후한 상태에서 전통적인 현실주의적 접근은 최소한 북한에 대하여는 현실성이 떨어지는 접근이며 역으로 더 이상주의적이고 비현실적이라 할 수 있었던 것이다. 따라서 강력한 방위태세를 갖춘 상태에서 화해와 협력을 추진하는 햇볕정책은 이상주의적인 것이 아니라 북한 문제해결을 위하여 훨씬 효과적인 현실주의적 대안이었던 것이다. 물론 여기에는 전통적인 현실주의적 접근이 파국적인 결과를 가져올 우려가 있는데, 이러한 최악의 상황이 발생할 경우 위협이나 안보에 대한 아이덴티티에 있어서 한미 간에 커다란 간극이 있다는 현실을 김대중은 분명히 인식하고 있었던 것이다. 최악의 경우에 생명과 재산 등에 있어서 가장 큰 희생을 치르게 될 사람들은 미국이 아니라 바로 한국이고, 전쟁은 대안이 될 수 없는 상황에서 햇볕정책 이외에는 다른 대안이 없다는 인식을 하였다고 할 수 있다. 햇볕정책이 한국 내에서 많은 정치적 공방의 대상이 되고 있지만, 김대중에 있어서 햇볕정책은 가장 현실적이고 덜 위험하며 중장기적으로 비용이 덜 들며 실현가능한 정책이었던 것이다. 김대중은 이 같은 독특한 현실주의적 시각에 입각하여 미국의 클린턴 대통령이 북한에 대하여 관여와 확대 정책을 펴도록 설득하였고 부시 대통령에게도 레이건 대통령이 구소

련에 대하여 취하였던 대화정책을 소개하면서 악마와도 대화를 해야 한다고 주장한 바 있다. 이 같은 김대중의 전략은 2003년 이래 6자회담이 시작되고 2005년 9월 19일 관련국 간의 구체적인 로드맵을 담은 공동성명을 도출하는 등의 결과로 연결되었던 것이다. 이 같은 맥락에서 김대중의 통일정책도 매우 점진적이고 현실주의적 전략과 비전 아래 추진되었다고 할 수 있다.[34] 3단계 통일론에서 추구되고 있는 자주, 평화, 민주의 3대원칙은 김대중의 통일사상과 현실주의적 외교전략에 깊이 뿌리박고 있다. 이는 열린 민족주의, 적극적 평화주의, 그리고 전 지구적 민주주의로 요약될 수 있을 것이다. 예를 들면 3단계 통일론의 제1단계에 해당하는 남북연합은 민족통일을 위한 설득력 있는 대안으로서, '체제 감정적인 분단현실'과 '민족이성적인 통일지향'이라는 독특한 이중구조를 탄력있게 소화하여 운용하는 제도라고 평가되었다. 김대중이 구상하였던 통일국가의 미래는 정치적인 면에서는 민주주의, 경제적인 면에서는 정의로운 시장경제, 사회적인 면에서는 복지사회, 그리고 국제적인 면에서는 세계 평화의 실현에 기여하는 도덕주의와 평화주의 등 다섯 개의 기둥으로 이루어졌다고 평가되고 있다.

6. 결론

김대중의 저작은 이제 역사의 증거이자 사회적 자산이 되었다. 김대중은 고인이 되었지만 그의 저작과 사상, 그리고 그가 만들어 놓은 역사적 사건과 사회적 결과들은 변함없이 살아있는 증거가 되어 현재와 미래의 한국에 많은 교훈을 던져주고 있다. 그가 전 생애를 바쳐 치열하게 고민하고 온

34 김대중의 통일론에 대하여는, 아태평화재단, 『김대중의 3단계 통일론』(서울: 한울, 2000) 참조.

몸으로 맞섰던 많은 문제들이 여전히 미완의 과제로 남아있고, 이의 해결을 위한 시대적 요청은 세대를 넘어서 더욱 강해지고 있기 때문이다. 한국의 현대사와 현재의 한국사회는 누구에게도 만만치 않은 시간이고 공간이다. 특히, 김대중과 같이 불의와 타협하지 않고 시대의 역행에 가담하지 않았던 정치인이자 선각자에게 한국은 더없이 거칠고 힘든 현장이었다. 그가 걸었던 한걸음 한걸음은 그야말로 험준한 산과 격랑의 파고를 넘는 것이었고 매 순간 깨질지 모를 살얼음판을 건너는 것이었다. 이제 그가 남긴 족적을 찾아 보고 현재 한국에게 주는 교훈을 얻기 위하여, 그의 글과 말 그리고 행동을 차분히 읽고 해석하고 때로는 비판하고 때로는 감동을 받으며 역사기행을 해보아야 할 시점이 되었다. 그가 남긴 수많은 저작은 김대중과 김대중 시대를 기행하기 위한 지도이자 나침반이 될 수 있을 것이다.

희망의 논리, 화해의 수사학

– 김대중 글쓰기의 변화과정과 연설문의 수사적 특징 분석

임진영 | 문학 박사, 연세대학교 강사

1. 들어가는 말: 수사학과 정치

이 글의 목표는 김대중 글쓰기의 특징을 시기별 변화양상과 수사학의 관점에서 분석하는 것이다. 가장 일반적인 의미에서 수사학은 담화(어떤 주어진 문제에 대해 조직된 문장들 전체)를 통해서 상대방을 설득하는 기술, 혹은 설득 원리에 대한 이론이다. 역사적으로 보면 민주주의 정치의 대두와 수사학의 등장은 불가분의 관계를 가진다. 담화를 통해서 주장의 정당성을 설득하는 기술이 수사학이고, 설득을 통해 대중의 지지를 획득하는 지도자와 이를 추종하는 대중의 열망이라는 상호 관계로 구성된 통치체제가 고대 그리스 민주주의[1]였다고 본다면, 민주주의의 기원은 곧 수사학의 기원과도 겹치기 때문이다.[2]

1 "베버에 따르면, 민주주의는 서구의 독특한 창안물이라고 할 수 있는데, 그것은 고대 그리스에 기원을 둔 자유 시민과 그들의 지지를 받는 데마고그의 출현을 통해 실현된 것이다."(최장집 엮음, 『막스 베버, 소명으로서의 정치』(서울: 폴리테이아, 2011), p. 55)

2 수사학의 기원에는 참주들의 몰락과 소유권 소송 과정에서 태어난 변론술과, 미사여구로 가득

오늘날 우리에게 수사학과 정치의 긴밀한 결합이란, 굳이 강조하지 않아도 너무 친숙해서 오히려 부정적인 의미를 지닌다. '정치적 수사(레토릭)'라는 말은 '수사학'보다 대중적인 단어로서, 정치와 수사학 양자를 겨냥한 윤리적 비난을 표현하고 있다. 진실이라기보다는 진실을 가장한 것, 미사여구로 꾸며진 군더더기 말, 논쟁적이고 선동적인 언어, 감정적인 것과 합리적인 것을 뒤섞어 사람을 조종하는 말과 글 등등, '정치적 수사'라는 말은 많은 부정적인 의미를 품고 있다. 그리고 이것은 곧 '말 잘 하는' 정치인 김대중에게 씌워진 부정적 이미지와 상당 부분 통하는 것들이다. 우리 정치문화는 아직도, 토론과 설득에 능하고 말 잘 하는 정치인을 말'만' 잘 하는 정치인, 말과 행동이 일치하지 않는 정치인으로 몰아가면서 정치인 간의 논쟁과 토론 자체를 '정쟁'으로 취급하는 경향이 있고, 그 점에서 정치인의 글쓰기, 대통령의 연설을 최고의 수사학 교재로 삼는 서구의 정치문화[3]와는 극단적 대조를 보인다.[4]

설득의 기술로서 수사학에 그러한 부정적 측면이 있는 것은 사실이다. 우리가 정치인의 담화를 논할 때 느끼는 불편함은 김대중의 경우에도 예외가 아니다. 하지만 그 부정적 측면을 강조한다고 해서 수사학이 발휘하는 현실

찬 연설가들의 웅변술이 있다. 이 변론과 웅변의 설득 원리에 대한 이론으로서 체계화된 수사학이 나온다. 앞의 두 가지 전통에서 민주주의제도의 정치적 담화가 형성되었다.(올리비에 르불, 『수사학』(파주: 한길사, 1999), p. 28)

3 미국에는 윌슨과 루즈벨트의 연설 이후 대통령의 권력이 주로 설득하는 수사학의 힘, '수사적 리더십'에서 나온다는 관점의 연구가 많아졌고(이윤지, "미국 대통령 취임 연설문의 수사에 관한 연구: 토마스 제퍼슨에서 버락 오바마까지 대통령 10명의 취임 연설문을 중심으로,Diction5.0 적용"(이화여자대학교 언론홍보영상학과 석사논문, 2011), p. 16 참조), 이를 '수사적 대통령직(rhetorical presidency)'이라고 명명하기도 한다.(강태완·김은정, "역대 대통령의 연설문에 나타난 수사적 특징과 역할 규정,"『사회과학연구』 30권 2호 (2004) p. 54)

4 수사학에 대한 우리 사회의 부정적 태도의 원인은 복합적이고 뿌리 깊다. 유교와 불교의 전통적 언어관, 글쓰기의 논리보다 장식적 기술에 치중한 수사학을 받아들인 일제 강점기 문인들의 영향, 공공 영역에서 자유로운 의사표현과 토론이 억압된 역사적 배경 등이 그 원인으로 지적된다.(박우수, 『수사적 인간』(서울: 도서출판 민, 1995), pp. 7-12.)

적 위력이 약화되는 것은 아니다. 오히려 정치인의 말에 대한 의심을 과장, 증폭시키는 행위야말로 또 다른 강력한 수사학이 되는 것이 현실 정치의 장이다. 수사학 자체가 진실과 정의를 담보하지는 않으며, 그 담화의 가치를 최종적으로 결정하는 것도 아니다. 하지만 참되고 탁월한 것은 그 자체로 설득력이 있고 따라서 합리적 추론에 유리하다고 본 아리스토텔레스의 관점에 동의한다면, 정치인의 담화가 가지는 수사학적 효과에 대해 우리가 좀 더 진지한 주의를 기울일 필요가 있을 것이다.

이 글의 구성은 다음과 같다. 우선 김대중의 정치에서 글쓰기가 가지는 의미가 무엇이었는지를 살펴보고, 시기별로 그의 대표작들을 분석할 것이다. 검토 대상 기간은 1950년부터 2009년까지 60여 년에 이른다. 김대중의 주요 구상이 한국 국가체제의 변화와 밀접하게 연결되면서 어떻게 발전하는지 규명하는 '신제도주의적 접근법'[5]을 참조해서, 그의 말과 글의 변화 과정을 몇 단계로 나눈 후 대표적인 글의 수사학적 특징을 분석할 것이다. 그가 국회의원으로 활동하기 전인 1960년 이전 시기까지 거슬러 올라가서 1960년 이전과 이후의 연관성을 찾고, 국회 등원 이후 정치인으로 성장하면서 발전시킨 정치 이념과 정책의 핵심이 1950년대에 이미 원형으로 존재했음을 볼 것이다. 그럼으로써 그의 사유와 글쓰기, 정치 행위를 전 생애에 걸쳐서 통일적으로 이해해보려고 한다.

이 글의 방법인 수사학적 분석 방법에는 크게 세 가지가 있다. 첫째는 표현 형식상의 특징, 즉 문체(style)와 문채(文彩, trope & figure)를 중심으로 분석하는 것이고, 둘째는 논증과 설득의 원리 및 효과(논리적 설득으로서의 로고스, 청중의 감정에 호소하는 파토스, 화자의 신뢰와 권위에 의한 설득

5 류상영은 "김대중의 아이디어와 사료"(류상영 편, 『국내·해외 민주화 운동과 한국사회: 사료와 한국학』(서울: 연세대학교 출판부, 2007), pp. 141-168)에서 '신제도주의적 접근법'에 기초한 연구를 제안하였다. 2012년부터 연세대학교 김대중도서관 연구총서 시리즈로 간행되고 있는 연구 성과들은 대체로 이런 문제의식을 공유하고 있다고 본다.

인 에토스 등 고전수사학의 개념)를 중심으로 분석하는 것이다.[6] 셋째는 이데올로기와 언어의 관계를 중심으로 한 담론 분석이다. 첫째 방법은 문학적 글쓰기 분석에 주로 쓰이는 문채(표현)의 수사학이다. 둘째와 셋째는 정치적 담화 분석에 주로 쓰이는 방법으로서 논증의 수사학이라 할 수 있다. 이 글이 다루는 대상은 방대하고, 글의 종류도 다양하기 때문에 세 가지 방법을 결합해 분석할 것이다.[7]

각 시기별로 기고문·저서 중심의 저작과 연설문을 나누고, 기고문 등의 저작은 논리 구조와 표현상 특징을 중심으로, 연설문은 로고스·파토스·에토스를 중심으로 분석하되, 수사법과 담론 분석 등 다른 방법들도 적용할 것이다. 필자의 관심사는 일차적으로 김대중의 글쓰기에서 주장의 정당성,

---

6 수사학의 설득은 이성과 감성을 움직이는 방법으로 이뤄진다. 논리적 설득이 로고스라면, 정서적 감응을 일으키는 것이 파토스다. 효과적 설득을 위해서 연설자가 알아야 할 청중의 심리적 상태, 정서적 성향을 총칭해서 파토스라고 하며, 이를 중심으로 한 설득을 파토스적 설득 혹은 파토스 효과라고 한다. 이에 비해 에토스는 청중의 가치관, 의무감, 윤리적 규범에 호소하는 것이므로, 청중의 이성과 감성을 동시에 움직여야 한다. 에토스는 주로 화자의 인격에 대한 신뢰감을 통해 설득하는 것을 말한다.(박성창, 『수사학』(서울: 문학과지성사, 2000), pp. 44-46)

7 이 글의 주요 분석대상은 연설문인데, 고전 수사학에서 연설은 크게 세 가지로 분류된다. 첫째는 '법정연설'로서 자신의 입장을 옹호하고 상대방 주장의 타당성을 공격하는 논쟁적 성격을 가진다. 둘째는 '제의연설'로서 공적 행사나 기념식에서 어떤 대상을 찬양하거나 비난함으로써 특정한 가치와 규범을 옹호하고 공동체의 이념을 강화하는 역할을 한다. 셋째는 '정치연설'로서 공공의 사안에 대한 의제나 법안을 제시하거나 공동의 문제에 대한 대처방안을 제시한다.(아리스토텔레스, 『수사학』1, 이종오 옮김(서울: 리젬, 2007), p. 78 ;이준웅, 『말과 권력』(한길사, 2011), p. 192 참조) 고대 폴리스와 달리 현대 국가의 담론장은 규모가 크고 훨씬 복잡하기 때문에 이 세 가지가 서로 섞이는 경향이 있지만, 기본 분류의 의미는 아직 유효하다. 김대중의 연설문은 세 가지 종류의 특징을 모두 가지고 있다. 특히 그는 법정연설(최후진술)을 두 번 했는데, 장르의 이질성 때문에 이 글의 분석대상에서는 아쉽게도 제외됐다. 법정이 아닌 광장에서 행해진 대중연설이라 해도, 그의 연설은 대부분 용공시비와 지역주의 등의 비난에 대한 '자기변호'를 주요한 내용으로 담고 있다. 그는 대중정치인이면서도 우리 사회의 지배적 담론에 저항하는 입장에 종종 서 있었다. 따라서 그의 정치연설은 자신을 변호하기 위한 법정연설의 성격과 함께, 한편으로는 공동체의 기억과 역사 속에서 미래 비전의 가치와 원리를 찾아내는 제의연설의 성격도 가지고 있었다. 특히 대통령연설문에는 제의연설의 특징이 두드러져 보인다.

이념과 정책의 현실정합성을 평가하는 데 있지 않다. 그것은 이 글의 범위를 벗어나는 것이다. 하지만 담론 분석 방법이 적용될 때에는 결국 그 담론을 둘러싼 사회역사적 맥락이 함께 논의될 수밖에 없을 것이다. 김대중의 사유의 형성과정과 논리 분석을 통해 그가 말하고자 했던 바가 무엇인지, 그것을 어떠한 방식으로 표현했는지, 그 수사학적 특징은 무엇인지를 드러내는 것이 이 글의 주된 목표이므로 평가보다는 분석적 서술이 중심이 될 것이며, 그 서술 과정에서 김대중의 사유와 글쓰기가 우리에게 남긴 의미가 드러날 것이라 본다.

2. 김대중의 정치에서 글쓰기가 가지는 의미

한국 현대사에서 김대중은 그 어느 정치인보다도 많은 글을 남겼고, 질적으로도 주목할 만한 성과를 내놓았다. 그러나 그의 저작은 대체로 과소평가되거나 외면당했다. 학자들은 진지한 연구의 대상으로 취급하지 않았고, 반대자들은 일부 문구만을 떼어내 왜곡했으며, 지지자들도 그를 '저자'로 대하는 데는 서툴렀다. 이는 앞서 말한 정치적 수사에 대한 폄하에 더해서 정치인의 저술 일반에 대한 부정적 인식 때문이다. 한국사회에서 정치인의 책은 공허한 정책구상이거나 아니면 자기합리화로 가득 찬 것, 정치자금 조달 수단에 불과하며, 흔히 대필 작가가 집필한 것이라고 매도된다. 기껏해야 '남기고 싶은 이야기' 식의 비화가 담겨 있을 때에만 잠시 언론의 관심을 모을 뿐, 연구자들의 진지한 검토대상이 되거나 독자들에게 교양·감동·재미를 제공해주는 사례는 희소하다.

김대중의 저작들이라고 이러한 비판에서 자유로운 것은 아니다. 하지만 그의 글들을 미사여구가 남발된 정견과 자기변명, 공허한 공약의 묶음으로만 간주하는 것은 편협한 선입관의 소산이다. 그는 대통령 퇴임 후 한 인터뷰에서, 정책 대안을 만들기 위한 노력을 묻는 질문에 "저는 무엇보다도 정치인은 공부를 하는 만큼 국가에 봉사할 수 있다고 믿고 있습니다."[8]라고 답변할 만큼 연구·집필 활동을 정치의 중심에 놓았다. 그만큼 그의 사유와 정치적 역정을 이해하는 데 글쓰기에 대한 이해는 필수불가결하다. 정치인 김대중에게 글쓰기가 왜 그토록 특별한 의미를 갖게 됐는지에 대해서는 여러 이유를 생각해 볼 수 있다.

첫째, 그가 여러 번 피력했듯이 강한 지적 성취욕이라는 개인적 기질 때문이다. 그는 제도 교육상으로 고졸 학력에 불과했던 20대 후반에 『사상계』에 한국의 노동문제와 노동운동의 진로에 대해 상당히 전문적이고 논쟁적인 글을 발표할 정도로 공부하고 집필하는 일을 즐겼다. 50대에 옥중에서 본격적으로 영어 공부를 해서 수준급 실력을 쌓은 것을 보거나 1993년 런던 체류 시절을 보더라도[9] 그는 지적 호기심과 성취욕이 남다른 사람이었고, 그의 정치 활동에서 연구와 저술은 필수불가결한 부분이 되었다.[10]

둘째, 그는 원내 진출 후 당내 서열구조를 깨트리고 정치적으로 급성장하는데, 이는 정치 선배들의 후견보다는 주로 공부, 글과 말의 실력에 도움

8 김대중(대담 박명림), "민주적 시장경제와 평화공전에의 여정," 『역사비평』 (2008년 가을호), p. 41.

9 영국 체류 시절, 그가 "중요한 시험을 앞둔 학생처럼 공부에 매달"리는 모습에 당황해 하는 손님들이 많았다고 한다.(이강래, 『12월 19일 정권교체의 날』 (서울: 푸른나무, 2011), p. 34)

10 그는 콤플렉스를 자기 계발의 동력으로 변화시킨 유형에 속한다. "나는 사실 '대학 콤플렉스'가 있었다. 이를 어느 정도 극복한 것은 6대 국회 때였을 것이다. 나는 재정경제위원회에 속했는데, 재경위는 경제학 박사, 전직 경제 관료 등 쟁쟁한 인사들로 구성되어 있었다. 내가 상임위 활동을 제대로 할지 두려운 마음이 들 정도였다. 이때부터 나는 열심히 연구하고 준비했다. 충분한 준비와 확고한 자신이 없으면 회의에 나가지 않고 발언도 하지 않았다.(중략) 그러다 정책위 의장까지 맡게 되었다. 하지만 어떤 누구도 그 인사를 부당하다고 하지 않았다. 그때 이미 학력이 아닌 실력으로 인정받았다.(중략) 나는 대학을 다니지 못한 콤플렉스에 눌려 지낸 것이 아니라 그것을 자기 개발 의지로 승화시켰다."(김대중, 『김대중자서전』1 (서울: 삼인, 2010), p. 584)

받은 바가 컸다. 장면 대표 시절, 약관의 원외 인사임에도 파격적으로 제1당 대변인으로 발탁될 정도로 말과 글로 인정을 받았고, 국회 진출 후에는 당시로서는 드물게 〈한국내외문제연구소〉라는 의원 개인 연구소를 설립해서 공부를 했다. 상임위 활동에 대한 철저한 사전준비를 통해서 '일문일답식 질의'와 대안 제시 등으로, "내가 발언대에 오르면 휴게실에서 바둑을 두던 의원들도 회의장에 들어오곤 했다"[11]고 회고할 정도로 기대를 모았다. 박정희 정권 초기에 한일협정, 경제개발정책, 월남 파병 등 대전환기적 이슈들과 대처하면서 소장파 논객으로 괄목할 만한 활약을 펼치며 정치적으로 급성장할 수 있었고, 1971년 대선 후보가 된 후에는 야당 후보로서 처음으로 대선을 정책 대결 구도로 만들었다. 이런 정치적 성공 경험들은 역으로 그의 정치활동에서 연구와 집필의 비중을 더 크게 만들었다.

셋째, 그의 정치 노선도 집필 활동의 중요성을 강화시켰다. 한국 정치에는 민주주의 대 권위주의의 대립, 경제적 정의 대 개발성장주의의 대립, 민중주의적 통일 대 보수주의적 통일의 대립, 호남 대 비호남 간의 지역대립 등 크게 4가지 균열이 있다고 할 수 있다.[12] 그의 정치 이념을 분류하자면 유럽의 온건한 민주사회주의나 미국 민주당의 자유주의 쪽에 가까울 것이지만, 오랜 시간 군부독재와 투쟁하는 과정에서 이런 4가지 균열 모두의 한쪽 당사자가 되었다. 또 그는 수구보수 정치집단만이 아니라 특정 지역인들, 진보 운동권, 야당의 한 축에 이르기까지 4중의 공격을 받아야 했다. 이러한 정치적 처지를 돌파하기 위해서 그는 자신을 공격하는 세력들의 논리적 맹점을 반박하며 총체적 대안을 제시하는 길을 택해야 했고, 그러려면 국민에게 자신의 철학과 정책을 체계적으로 설명하는 저작물이 효과적이었다.

넷째, 독재 정권의 가혹한 탄압으로 정치 활동을 할 수 없었던 긴 시간 동

11 김대중, 『김대중자서전』1 (서울: 삼인, 2010), p. 165.

12 윤상철, 『1980년대 한국의 민주화이행과정』 (서울: 서울대학교출판부, 1997), p. 73.

안 독서와 연구, 집필을 통해서 사유가 이루어졌던 사정도 글쓰기의 중요성을 배가시켰다. 특히 수감 생활 동안의 집중적인 독서와 신앙생활, 옥중서신의 집필은 그의 내면세계의 갈등과 번민, 자기 성장의 과정이므로 이를 온전히 이해하는 것은 그의 정치 철학의 뿌리를 이해하는 데 중요한 의미를 지닌다.

마지막으로, 그가 민주주의와 국민 '계몽'에 대한 일종의 '소명의식'을 가졌다는 점이다. 그는 한국과 같은 개발도상국에서 서구적, 보편적 의미의 민주주의가 가능하고 필수적이라는 사실을 증명하기 위해 노력했다. 그러기 위해서는 민주주의의 주체인 국민이 그만한 책임의식과 역량을 가져야 했다. 그는 국민 일반을 대상으로 지치지 않고 자신의 주장을 설득시키려 했다. 국민을 믿고 그들을 설득하는 것은 직업적 정치인으로서 그의 '신념윤리'이자 '책임윤리'였다.

이런 요인들의 작용으로 그는 어떤 정치가보다도 더 집필 활동에 중요성을 부여했다. 그가 남긴 글은 그의 정치 역정과 구상을 이해하는 데 무엇보다도 중요한 도구이다. 하지만 이처럼 그의 글이 분석과 연구의 대상으로서 가치가 있음을 인정한다고 해도, 텍스트를 확정하고 독해하는 데는 몇 가지 고려해야 할 문제들이 있다.

첫째, 김대중 글의 '진본' 확정 문제다. 정치인의 글은 항상 대필 논란에 시달려왔고, 그래서 그의 이름으로 발표된 글들이 과연 그가 진정한 필자인지 하는 의문이 제기될 수 있다.[13] 반대로 실제로는 그가 썼지만 당(黨)이나 선배 정치인의 이름으로 발표된 글도 있을 수 있다. 필자는 김대중의 글에 대한 텍스트 확정 문제는, 글의 내용과 정치 활동·노선과의 일체성 여부,

---

13 그의 경우에는 특히 '대중경제론 100문100답' 대필 논란이 있었는데, 이는 해당 책이 1971년 '대선후보 정책자료집'이라는 성격을 간과한 것으로 보인다. 이에 대한 연구자들의 다양한 견해는 류상영·김동노편, 『김대중과 대중경제론』(서울: 연세대학교 김대중도서관, 2013) 참조.

집필·발표 과정에서의 그의 역할을 기준으로 판단해야 한다고 생각한다. 그의 경우, 잡지의 대담·인터뷰 원고까지 꼼꼼하게 고쳐 쓰기를 했으며, 뛰어난 전문가들에게 대필시키는 게 다반사인 대통령 재임 시 연설문에서조차 적극적 역할을 했던 점[14]을 고려할 때, 김대중의 이름으로 발표된 글들은 일단 그의 글로 간주해야 한다고 본다.

둘째, 글의 유형별 구분과 검토 대상의 확정 문제다. 그의 글은 가장 공적인 성격을 지닌 대통령 재임 시의 연설문과 국회 발언록에서부터 당직자 명의의 글, 특정 주제를 다룬 단행본, 선거 연설문, 기고문, 인터뷰 등 대담, 가장 사적인 글로는 옥중 서신과 편지글, 일기가 있으며, '집필이 강제된' 글로는 수사기관에서의 자술서 등이 있다. 양적으로도 방대하고 글들 간의 자기복제도 상당히 많다. 글의 유형별 의미가 다를 것이고, 독해 방식도 다를 것이다. 이 글에서는 그의 정치사상 발전과정에서 두드러진 변화가 있거나 활동 과정에서 전환적인 의의를 보여주는 저작과 연설문 중심으로 분석을 하였고, 국회 발언록이나 자술서, 대담은 분석 대상에서 제외했다. 중요도 때문이 아니라, 김대중 글쓰기의 수사학적 특징을 분석한다는 점에서 저작이나 연설문에 비해 이질적인 성격이 컸기 때문이다.

셋째, 그가 의식적·무의식적으로 '정치 전략적 글쓰기'를 했다는 점을 고려해야 한다. 우선 그가 시대적으로 앞선 생각을 가지고 있으면서도 "대중보다 반걸음만 앞선다"는 원칙에 충실하려고 했던 현실주의적 정치인이었다는 점이 어떻게 나타났는지를 주목해야 한다. 그리고 6·25 이후 온건한 민주사회주의조차 폭력적으로 단죄했던 극단적 반공의 시대에 적응하기 위해서는 이중 삼중의 자기검열을 해야 했고 '노예의 언어'로 표현해야 했던

14 대통령 시절 그의 연설 담당 비서관은 연설문에 대통령의 직접 첨삭이 가해지지 않은 적은 한 번도 없으며, 아주 마음에 들지 않는 경우에는 '폭탄'(직접 녹음한 테이프)이 내려와 그것을 그대로 옮겨 쓴 연설문을 만들기도 했다고 한다.(강원국, 『대통령의 글쓰기』(서울: 메디치미디어, 2014), p. 14)

점을 고려해야 한다. 마지막으로 옥중 서신처럼 권력자와 감시자의 시선을 직접적으로 의식하면서 글쓰기를 할 때에는 또 어떤 특징을 보였는지를 파악해야 한다.

김대중에 대한 연구는 시작 단계에 불과하다. 중요하지만 거의 논의조차 안 된 저작들도 있다. 옥중 서신과 그의 수많은 강연문, 연설문들이 이에 해당된다. 연설문 중 대통령 재임기의 연설문에 대해서는 주목할 만한 연구들이 많지만, 대부분 다른 대통령 연설문과의 비교 분석 연구이고, 커뮤니케이션학의 계량적 분석이 많기 때문에 김대중 글쓰기의 특징을 드러내는 데는 한계가 있는 것으로 보인다.[15]

이 글은 비록 김대중의 저작 전체를 분석대상으로 하는 것은 아니지만, 초기 기고문부터 대통령 퇴임 이후의 연설문까지 주요 텍스트들을 중심으로 그의 글쓰기가 가지는 특징을 살펴보려고 한다. 판본은 1993년에 15권으로 간행된『후광 김대중대전집』(서울: 중심서원)[16]을 기본 텍스트로 했으며, 여기 수록되지 않은 저작과 연설문, 일기 등은 김대중도서관의 연보와 자료, 국회도서관 원문 데이터베이스를 참고하고 도움 받았음을 밝혀둔다.

---

15 김은정·강태완, "역대 대통령의 연설문에 나타난 수사적 특징과 역할 규정,"『사회과학연구』 30권 2호(2004); 이귀혜, "한국 대통령들의 설득수사학,"『Speech & Communication』8호(2004); 김명기, "역대 한국 대통령들의 대국민 커뮤니케이션에 관한 연구: 취임사의 장르비평을 중심으로"(성균관대학교 석사학위논문, 2002); 김현국, "연설문의 문체연구: 대통령 취임사를 중심으로,"(한국교원대학교 석사학위논문, 2001); 성미경, "대통령 대국민 담화문의 수사학적 특성에 관한 비판적 연구,"(성균관대학교 석사학위논문, 2003) 등은 그중에서도 이 글에 도움을 준 대표적 연구이다.

16 이하의 글에서 전집 인용문은 본문 괄호 속에 '전집, 쪽수'로 표기.

3. 김대중 글쓰기의 변화과정

1) 민주주의와 대중의 힘, 사유의 원형들

(1) 사유의 원형과 그 발전: "목포 해운계의 실상과 그 발전책"에서 "70년대의 비전—대중민주체제의 구현"까지

1950년대 글들은 김대중의 정치적 사유가 형성되는 과정의 원형을 보여준다는 점에서 특별한 의미를 지닌다. 현재 확인된 바, 김대중이 남긴 최초의 정치적 문서는 1948년 5월에 민주독립당 당원 명의로 서재필 박사에게 보낸 대통령 출마 '요청서'이다. 하지만 그 글로는 그의 구체적인 생각을 알기가 어렵다. 자신의 생각을 자세히 피력한 최초의 글은 "목포 해운계의 실상과 그 발전책"(『호남평론』 1950년 4월)이다. 건국 직후 극심한 혼란 속에서 잘못된 국가 정책과 비양심적인 일부 업자들에 의해서 곤경에 처한 목포의 해운업계를 진단한 이 글은 그동안 전혀 언급되지 않았지만 여러모로 주목할 만하다.[17] 첫째, 성공한 청년 사업가로서 국가 정책이 부실할 때 실물 경제가 얼마나 고통 받는지를 생생하게 묘사하면서 올바른 정책의 중요성을 촉구하는 내용은, 그가 기업인에서 정치가로 진로를 바꾸는 내적 동기와 의식의 성장을 짐작하게 해준다. 둘째, 6·25 전쟁 직전에 발표된 이 글은 해운업을 현대 해군의 총체적 전력 증강의 일환으로 육성해야 한다며, 전쟁 시 '해군의 보조함' 역할을 강조한다. 전쟁이 발발하자 김대중은 이 글에서 쓴 대로 해상방위대를 조직해서 '해군의 보조함'을 운영하는 역할을 하였다. 이 글은 김대중 반대론의 근거 중 하나인 6·25 당시 행적 논란에 대한 김대중의

---

17 필자의 직함은 '동양운수주식회사 전무취체역(專務取締役)'으로 돼 있다. 이 글에는, 해운업의 근본 문제를 지적하며 해방 후 군정 3년 동안 무계획한 해운정책으로 제주도에 정박된 우수한 일본 배들을 일본, 중공, 북한에 빼앗긴 점을 말한다든가, 해운업 발전을 위해 해상보험의 실시, 선용(船用) 물자 확보대책, 조선업 육성 등 국가 정책의 중요성을 강조하는 한편으로, 해운업자 조합을 통한 '공생 협조'를 주장하는 등, 연구자의 주목을 요하는 흥미로운 점들이 많다.

해명에 진실성을 더해준다. 셋째로 해운업자의 각성을 촉구하면서, 현 시대 각국의 노동 불안의 원인은 노동계급 자체에 있는 것이라기보다 자본가의 착취와 독점에 있다는 것, 목포 해운계에서도 "일부 업자가 근시안적 모리주의(謀利主義)에 급급하고 있으며 불완전한 선박의 보수에 노력치 않을 뿐 외(外)라 종업원은 물론 자기 수송능력 이상의 화물을 독점하여 일반 타 업자에게까지 과도한 착취를 감행하고 심지어는 업자 전체의 공동적인 이익에 배반하여서까지 금력과 배경을 미끼로 독점적인 행동을 자행"(p. 48)함에 통탄을 금할 수 없다는 점을 역설하는 데서 관권과 결탁한 독점을 반대하고 노동자와 자본가의 협력을 중시하는 논리, 훗날 대중경제론에 이어지는 일관된 경제관의 맹아를 볼 수 있다.

정치 입문 시기의 가장 중요한 글은 "한국 노동운동의 진로"(『사상계』, 1955년 10월)[18]로서, 다음과 같은 원형적 특징과 의미를 가진다. 첫째, 이 글은 정치인 김대중의 일관된 논리, 즉 '민주주의 정치체제의 확립만이 공산주의를 이기는 길'이라는 주장과 근거를 처음으로 보여준다. 둘째, 자본주의/사회주의 양자의 대립을 넘어서는 새로운 이념(제3의 길)의 모색이라는 문제의식을 담고 있다. 셋째, 논리 전개 방식에서 장기적 목표와 현단계의 당면 투쟁 목표를 구분하고, 외국의 사례와 이론을 빈번하게 인용함으로써 근거를 제시하는 서술방식의 특징이 나타난다. 마지막으로, 노동문제를 중심으로 새로운 이념을 모색했다는 점에서 그의 지향성을 보여주는 한편, 전쟁 시기 개인적 체험과 연관된 문제들은 서술의 배면으로 물러나 있는 데서 당시 내외적 검열 상황의 일면을 말해준다.

---

18 '노동운동 연구가' 직함을 가진, 이제 갓 민의원 선거에서 낙선한 무명의 정치 신인에게 상당한 지면이 할애된 것만으로도 흥미롭다. 김대중은 1954년 목포 민의원 선거에서 무소속 입후보해 낙선한 후 서울로 올라와 웅변학원을 차리고 연구와 정치 활동을 시작했다. 1955년 이후 노동문제에 관한 다수의 글을 발표하고, 1957년~1959년에는 한국노동문제연구소 주간을 지냈다.(『김대중연보』(서울: 연세대학교 김대중도서관, 2011))

전쟁 전과 후의 글을 비교해 보면, 양심적 자본가의 입장에서 노자 협력의 경제를 만들어내야 한다는 입장에 서 있다는 점은 일관되지만, 전후에는 '반공투쟁' 관련 내용이 강조된다. 그것은 다분히 '과장된 선명성'의 표현들로 나타난다. "**애국적** 노동 운동자들이 **좌익 전평(全評)을 앞잡이로 하는 공산당의 노동운동 내에서 침투와 발악**을 막아내는 데 얼마나 가혹한 투쟁을 겪어 왔으며"(이하 강조–인용자)라든가, "우리나라 노동운동의 지도자들은 **노동자에 대한 반공교육 즉 공산주의 이론의 모순된 점과, 이를 초극(超克)할 만한 새로운 이념의 주입**에 매우 등한한 감이 불무(不無)한 것이며, 더욱이 이북 공산치하에서 그들의 **집요한 공산주의 이론에 중독되어 있는 북한 노동자들을 어떻게 해서 이를 구출해 내며,** 그들의 사고방식을 올바른 민주주의의 방향으로 돌려 올 것인가에 대해서는 전연 손도 대지 못하고 있는 현실" 같은 것이 그 예다.[19]

자본주의/사회주의 양자의 모순을 넘어설 '새로운 이념'으로서 '협동주의'가 제창되는데, 이는 훗날의 대중경제론이나 '민주주의와 시장경제의 병행 발전'에 이어지는 사유의 원형이다. '선성장 후복지' 담론에 대하여, "우선 자본주의를 발전시켜 놓고 그 후 서서히 노동자의 후생대책을 강구하여야 한다는 논자가 많은"데, 이는 "(마치 수레바퀴가 지나간 자국에 고인 물

---

19 대한노총이 노동자와는 아무 상관도 없는 자유당의 '예속물의 처지'가 된 기형적 관계를 청산하고 서유럽이나 미국의 예처럼 노조–정당 간의 올바른 관계를 모색해야 한다는 것이 글의 논지이다. 그가 노동문제를 핵심 주제로 삼은 이유는 노총이 선거에서 중요한 역할을 하는 조직이었다는 이유 외에도, 분단 상황에서 북한과의 체제경쟁에 승리하고 통일을 이루는 데 중요한 성패가 되는 문제라고 보았기 때문이다. 또 다른 글 "북한해방과 남한노동자–내일이면 늦으리."(『신태양』, 1957년 10월호)에서도 서독과 동독 노동자의 예를 들어 남한 노동자를 북한 공산주의의 "영향으로부터 절단쟁취(切斷爭取)한다는 것이 승패의 열쇠"이며, 북한 노동자가 남한을 동경하는 이유는 "민주주의니 자유니 하는 구호나 선전에 있는 것"이 아니라 북한에는 없는 직업선택의 자유와 기본적 생활 보장의 기대에 있으며, "지긋지긋한 공산당의 괴뢰노동조합으로부터 해방되어서 자유롭고 독립된 노동운동이 가능하다고 믿고 있기 때문"이라는 것, 만일 이러한 기대가 배반됐을 때 "악착같이 침투하여 들어오는 공산 독균(毒菌)을 막아낼 길이 없다는 점"을 지적한다.

속에서 구원을 호소하는 고기더러 동해물을 끌어 들일 때까지 기다리라는) 학철지어(涸轍之漁)의 장자고어(莊子古語)와 마찬가지 모순"이라고 고사의 비유를 들어 반박한다. 그는 "사유재산과 개인의 창의는 이를 어디까지나 존중하되 종래와 같은 자본만의 우위지배(優位支配)를 단연 배격하고 노동·자본·기술의 3자가 평등한 입장에서 서로 협동함으로써 생산의 급속한 향상을 기하고 그 이윤의 분배에 있어서도 노동자와 기술자 역시 응분의 참여가 허용될 것을 주장"한다. 또한 장기적으로는 '협동주의'적 정치를 추진해야 하지만, 이는 노동자의 정치적 역량이 국정을 좌우할 만큼 성숙해야 기대할 수 있는 반면, 당면 과제인 노동자를 위한 복리 활동은 자본주의 대표국인 미국에서도 활발하게 진행되고 있으며, 그럼으로써 "공산주의 침투 방지"에 크나큰 공헌을 하고 있음을 강조한다. 정치적·경제적 관점에서 정책의 반공 효과와 민주주의의 관련성을 강조하는 이러한 논리는 1950년대 후반과 1960년대 그의 다른 글들에서도 공통적으로 나타난다.[20]

이처럼 초기의 글에는 '반공'을 강조하는 과장된 표현, 자신의 논리를 정당화하기 위한 빈번한 인용 전략이 두드러진다. 좌우익 양쪽으로부터 생명의 위협을 느낄 만한 극한체험을 했던 그가 새로운 이념의 모색과정에서 적합한 언어를 찾지 못하고 의식적, 무의식적 검열을 한 결과, 체험의 서술이나 새로운 이념의 구체화에 어려움을 가져온 것으로 볼 수 있는 면이 있다. 새로운 이념의 모색은 1960년대 이후 '대중경제론'과 '대중민주체제론'의 제기로 이어진다.

김대중이 '대중'이라는 말을 슬로건화하기 시작한 것은 1966년경으로 보

20 "위기에 선 실업자 문제: 과연 세계적인 통례인가" (『고시계』 2권 10호 (1957))에서는 "무항산이면 무항심"이라는 옛말을 인용하며, 3백만에 이르는 실업자 문제를 방치하면 끔찍한 결과가 올 것이라 경고한다. "호시탐탐 우리의 약점과 전복에의 기회만을 노리고 있는 공산당의 정세로 말미암아 어떠한 결과가 초래될 것인가? 참으로 상상하기 율연(慄然)한 한기가 전신을 휘몰아치는 감이 있다. 이는 결코 일개 표현을 위한 과장이 아니다." 같은 표현도 눈에 띈다.

인다.[21] 발화자의 이름과 같다는 점에서 그 자체로 동음이의어 효과를 가진 '대중'이라는 단어를 통해 얻을 수 있는, 혹은 강조하려 한 의미는 무엇이었을까. 글 안의 용례를 보면, 이 모호한 단어가 가진 역사적, 정치적 맥락을 알 수 있다. 그것은 소비사회의 대중(mass)이 아니라 국민·인민·민중과 비슷한 개념이다.[22] 소수 특권층을 제외한 대다수 국민, 피지배층으로서 전통적 의미의 백성(民)이지만 역사변혁 주체로서 자리매김 되는 존재, 정치적 주체로서 '시민'으로 발전할 가능성을 가진 존재이다.

"**국민대중**의 정치소양이 이러하고 바탕이 이러할진대, 뉘라서 감히 이 국민을 우매하다고 하고 자치능력이 없다고 단정하여 강력한 지도자 없이는 경제개발도 안전보장도 이룩될 수 없다고 할 것인가.(중략) 나는 이상의 논거에서 이 나라의 근대화를 가장 올바르게 추진하고 우리 **국민대중**을 사이비 민주시민으로부터 진정한 민주시민으로 전환, 발전시킬 수 있는 유일한 현실의 대안이 대중민주체제라고 확신한다."(전집7, p. 70)

"**대중**은 정권이 평화적으로 교체될 때야 비로소 정치의 주인공이 되고 주권자로서의 사랑과 존경을 받게 된다"(전집7, p. 72)

"이상의 7개 조치가 구체적으로 현실화될 때 비로소 우리나라 정치공동체 속에서는 자유롭고 책임 있는 **대중**이 주조(鑄造)되며 그들을 주축으로 하

21 문헌상으로는 "대중자본주의의 진로: 여야 경제정책의 대결" (『비지네스』 6권 3호 (1966))과 1967년 국회 연설, 목포 국회의원 선거연설에서 나타나기 시작하며, "대중경제를 주창한다" (『신동아』 1969년 11월호)에서 경제정책 이념으로 체계화된 후, "70년대의 비전-대중민주체제의 구현" (『사상계』 18권 1호 (1970))에서 정치와 사회 분야로 확장된 대안적 정책이념으로 제시된다.

22 국민·인민·시민(nation·people·citizen) 개념의 다층적 의미와 시대적 맥락, 한국 현대사의 정치주체 형성과정에서의 함의와 그 긴장관계에 대해서는 박명규, 『국민·인민·시민 개념사로 본 한국의 정치주체』 (서울: 소화, 2014) 참조. 1965년과 1967년 김대중의 국회연설문을 보면 "특혜금융은 반 대중적"이라거나 "대중 수탈에 의한 재벌 비대" 등의 표현에서, '대중'이라는 단어가 국민, 서민, 민중과 유사한 의미로 쓰인 것을 볼 수 있다.(김대중, 『분노의 메아리』, (서울: 숭문각, 1967))

는 **대중정치**가 실현된다고 확신한다."(전집7, p. 73)

위의 인용에서 볼 수 있듯이 국민·민중과 혼용되는 '대중'을 수식어로 한 '대중민주체제'란 박정희 정권의 개발독재론의 대안 담론이다. 특권층 엘리트의 대항 개념으로 '대중'을 내세워, "국민대중의 자치역량을 철저히 불신하고 강자통치의 유효성을 과장 선전"하는 '반 대중 세력' '반 대중 노선'에 맞서기 위한 것이다. 그것은 자본주의/사회주의 경제체제 각각의 모순을 "대중 민주주의와 산업 민주주의에 의해 극복하고 자유경제의 장점을 최대한 살려 나가는 한국적 형의 혼합경제체제"인 대중경제를 지향한다. 케인즈 경제학과 마르크스 경제학의 약점을 지적하고, "국가의 개입에 의한 자본에 대한 약간의 간섭과 근로자의 경영참여가 허용되어야 할 것" 그리고 "약간의 기간산업을 국가가 소유"하되, 그 범위는 한정적, 과도적이어야 함을 강조하는 대중경제론은 민족경제론이라기보다는 민주주의경제론의 성격을 지닌다고 볼 수 있다.[23]

'선성장 후분배'와 '민주주의 유보'를 주장하는 개발독재에 맞서 "평화적 정권교체와 지방자치" 등 대중정치를 실현하고, "성장과 분배의 공정을 중시, 중산층을 육성"하며 "대중의 창의력 및 자발적 참여"를 보장하는 대중경제를 지향, 소수 특권층의 이익이 아니라 다수 대중의 이익이 우선하며 "정직하고 부지런한 자가 성공하는 대중사회"를 건설하겠다는 대안적 비전의 내용과 표현들은, 이후 30여 년 동안 그의 글과 말에서 반복 등장한다. 하지만 '대중참여경제론'의 지속성에도 불구하고, '대중민주체제'론의 핵심어였던 '대중'은 '국민' 속으로 용해돼 사라진다.[24] 이것은 두 가지 의미를 가진다. 1970년대 이

23 임원혁, "대중경제론과 경제위기 이후의 개혁" (류상영·김동노편, 『김대중과 대중경제론』(서울: 연세대학교 김대중도서관, 2013), pp. 181-187 참조.

24 1980년 관훈클럽 강연에서 "대중경제는 학술적으로는 수정자본주의의 한 경제형태"라고 규정된다.(전집9, p. 103)

후 '대중' 개념이 소비사회의 대중이라는 의미로 굳어지고 '민중신학'이 등장하면서 '특권층/대중'의 쌍개념을 '지배층/민중'이 대신하게 되었다는 점, 그리고 '진정한' 민주주의라는 동어반복의 의미 이상으로 '대중'민주주의라는 수식어에 정치적 의미 부여가 허용될 수 없을 만큼 유신체제와 군부독재의 폭압성이 강해졌다는 점이다. 박정희의 '민족적 민주주의'나 '한국적 민주주의'가 가짜임을 강조하기 위한 수식어가 따로 필요 없을 만큼 선명해진 '민주/반민주'의 대결 구도에서, 대안적 체제의 '비전'에 다른 이름을 붙이는 일은 더욱 위험한 것이 되었다. 특히 '용공' 혐의가 붙은 김대중에게는 '민주주의' 앞의 어떤 수식어도 '자유민주주의'의 부정을 의미하는 것이 될 수 있었다.

그에게 '대중'이라는 단어는 '국민(nation)'의 단일성으로 포섭될 수 없는 사회적 집단 간의 갈등을 표현하면서 동시에 '국민대중'의 동질성을 지향하는 이중적 용법으로 쓰였다. 그리고 한편으로는 해방 직후의 이념 갈등, 분단과 전쟁을 통해 사라진 '인민(people)'을 대체하는 단어로서 국민/민중, 국민/시민 개념 사이의 긴장이 아직 정치적 의미를 부여받지 못한 수사적 상황에서, 그 균열과 통합을 보여주는 이중적 용법으로 쓰였다. 그것이 이 모호한 단어가 가진 수사적 효과였다고 할 수 있을 것이다. 김대중은 대립하는 이념과 체제 사이에서 양자의 모순을 극복할 화해와 통합의 지점을 찾으려 했고, '대중민주체제'는 그 모색의 이름이었다. 그것은 학자의 이론이 아니라 정치인의 실천을 위한 대안적 이념이었으며, 1971년 대선 후보 김대중의 연설문들은 그에 바탕을 두고 있다.

(2) 비판과 대안의 수사학: 1967~1971년 연설문

초선 의원 김대중의 위상은 의정활동과 연설을 통해 뚜렷해졌다. 철저한 자료 준비와 대안 제시 없이 비판을 위한 비판은 하지 않는 것을 원칙으로 삼은 그의 첫 의정활동보고서이자 첫 저서인 『분노의 메아리』(서울: 숭문각, 1967) '추천사'(박순천)에 의하면, "그가 한번 단상에 올라서서 현하(懸河)의 웅변으로 조리정연하게 문제의 핵심을 하나하나 파헤쳐가면, 만당(滿堂)이 숙연하게 그의 발언을 경청하는 것이 6대 국회의 한 모습"이었다. 뛰어난 연설가로서의 면모는 선거연설에서도 어김없이 발휘됐다. 1967~1971년 그의 연설문은 수사학 사례의 보고여서 자세한 분석을 요하지만, 여기서는 몇 가지 특징만을 보기로 한다.

우선 1967년 목포 의원 선거 연설문의 수사적 맥락을 보면, 탁월한 의정활동 덕분에 그는 박정희의 낙선 표적이 돼 힘겨운 싸움을 해야 했다. 대통령이 직접 지원연설을 하고 목포에서 국무회의를 열어 개발 공약을 쏟아 붓는 격전 속에 김대중은 순식간에 박정희의 적수, '대통령 가능성'이 있는 인물로 부각됐고, 연설회장은 사인회장으로 변했다. 선거 종반전은 부정 선거를 하려는 쪽과 막으려는 쪽의 필사적 대결로 혁명 전야를 방불케 했다.[25]

유진오 당수는 목포 선거는 선거가 아닌 전쟁이라고 했고, 이를 받아서 김대중은 "전쟁이 아니라 강자가 약자를 토벌해 죽이는 토벌작전"이다, "목포 선거는 유권자 지지에 달려 있는 것이 아니라 유령 유권자를 막느냐 못 막느냐(중략) 귀신이 투표하는 것을 막느냐 못 막느냐에 달려 있다"(전집11, p. 23)고 강변한다. 선거-전쟁의 비유는 상투화된 은유이다. 싸움이라는 유사성을 가지지만, 경쟁자를 인정하느냐, 죽여야 할 적으로 생각하느냐의 차이가 있음에서 성립되는 낯익은 비유이다. 선거-토벌작전의 비유는 환유이다. 토벌작전은 전쟁의 일부분이면서 전쟁으로부터 연상된 것이다. 실로 그것은 멀지 않은 역사, 한국전쟁의 비극적 기억 속에서 생생하게 작동하는 비유이다. 한국의 민주화 과정 속에서 이 비유의 힘은 지금까지도 강력하게 작용하고 있다. 거기에 부정법('A가 아니라 B'라는 진술 형식)과 점층법, 모순어법을 통해 비장한 파토스는 더 강화된다.

---

25 김용운·NHK취재반 구성, 『김대중자서전』1 (서울: 인동, 1999), p. 208.

"승리냐 죽음이냐", "유달산의 넋이여" 등 선거연설문 제목만 봐도 상황은 삼엄하기 그지없다. 살해계획이 있다니 몸조심하라는 시민들의 연락이 오고 있는 바, "민주주의를 지키기 위해서 내 목숨을 걸겠"다는 식의 극단적 표현이 수없이 등장한다(과장의 수사법이지만 이후 김대중의 삶은 그것을 레토릭 이상으로 만들었다). 청중의 감정에 호소하는 격정적 파토스 효과만을 놓고 보면, 그가 선동가의 이미지를 갖게 된 것도 당연한 듯하다. 실제로 당시 공화당 후보는 "신민당은 정견은 말하지 않고 욕설과 선동만 한다"(전집11, p. 17)는 식으로 공격했다. 김대중의 연설문은 이 공격을 논리적으로 맞받아치는 것으로 시작한다. 자신의 공약(세금과 물가 인상, 병역의무, 최저임금, 지방자치, 통일문제, 혁신계 정치활동 보장 등)을 나열하며 "이것이 정견이 아니고 무엇이 정견이냐"고 반문하고, 목포 발전을 위한 4대 목표를 제시했음을 상기시킨다. 반면에 공화당 후보는 "국사에 대해서는 한 마디도" 하지 않고 "초가집을 1년 내에 기와집으로" 고쳐주겠다는 '엉터리 공약'만 내놓으며, "내가 국회의원이 되면 목포에 1년 중 8개월 동안은" 와서 살겠다고 하는데, "나라 일을 먼저 해야겠다고 하는 사람은 국회의원을 하고, 공화당 후보같이 목포 발전을 위해서는 반장도 좋고 통장도 좋으니 목포 일부터 하겠다고 하는 사람은 목포 시장을 시켰으면 어떻겠습니까?" 묻는다. 상대방의 비난을 논리적으로 반박한 후, 수사적 의문문을 다양하게 구사하며 상대방을 향한 반문과 청중을 향한 질문을 번갈아 함으로써 얻는 효과는 자명하다. 선거 연설은 경쟁자와 청중의 심리적 거리를 멀어지게 하고 발화자와 청중의 거리를 가깝게 해서, 청중과 발화자를 같은 입장을 가진 사람들, 즉 '우리'로 만드는 것이다.

선거 연설에서 청중은 연설자에게 호의를 품은 '지지자들'과 동원된 훼방꾼들로 자리를 채우지만, 실제 성공 여부는 조직적 방해를 압도하는 연설자에 대한 청중의 감정이입에 달려 있다. 파토스 효과는 에토스 효과와 불가분의 관계를 가지며, 후자 없이 전자는 가능하지 않다. 설득의 수사학에서 가장 중요한 요소는 사실상 에토스인 것이다. 보고 싶은 대로 보고, 믿고 싶은 대로 믿는 것이 청중이다. 논리와 감정의 언어 이전에 말하는 사람의 삶과 인격에 먼저 반응하는 것이 청중이다. 기쁨과 슬픔, 분노와 기대 등 청중의 감정을 자극하는 표현을 동원한다고 해서 연설자의 말에 공감하는 것이 아니라, 연설자에 대한 호감과 신뢰감을 불러일으켜야 한다. 연설자의 능력과 성품에 대한 믿음, 그의 도덕적·정치적 입장에 대한 동의라는 에토스 효과가 감정이입을 가능하게 한다. 상대 후보의 흑색선전(한일조약 때 김대중도 돈을 받았다)에 맞서 "나는 장래에 큰 포부가 있는 사람"이다, "내 꿈이 너무도 크기 때문에 더러운 돈 같은 것은 안중에 없다"고 하는 주장은, "내 근본이 이렇고 내 소원이 이렇기 때문에 절대로 부정에 가담하지 않았"다는 식으로 과거와 미래의 삶을 연결해 호소한다.

여기서 더 나아가 그의 언어는 개인의 꿈과 집단의 꿈을 연결한다. "내 소원은 이런 것입니다(중략) 나는 통일이 없으면 우리에게 절대로 영원한 자유가 없고, 절대로 영원한 평화가 없고, 절대로 영원한 건설이 없다고 확신하고 있는 것입니다."라는 말을 통해 청중을 연설자의 비전 속으로 끌어들인다. 공화당의 부정선거 기도에 대한 도덕적 공분을 일으키고 '목포 발전보다 나라 일이 더 중요하다'는 데 동의하게 만든다. 그리하여 '우리 고장에서 큰 인물을 키워보자'는 집단 감정에 힘이 실린다. "전 국민의 눈, 전 세계의 눈"이 집중된 이곳에서 민주주의와 정의를 위해 피투성이가 되어 싸우는 자신을 버리지 말고 "시민의 힘으로 영광을 쟁취"하여 목포 시민의 자랑스러운 명예를 떨치자는 호소에 청중을 동참하게 만든다. 과장된 수사, 세계의 중심에 자신을 놓고 말하고 생각하고 행동하는 정치인 특유의 어법이 두드러지는 이 대목의 진실성을 평가하는 것은 결국 연설자의 삶이다. 삶이 곧 메시지이고 설득력인 것이 에토스 효과의 특징이다. 이후 김대중의 연설회장이 강력한 집단 파토스를 공유하는 곳, "전라도 사람들의 애통함을 나누는 곳"[26]이 됐다는 것은 적어도 그들에게는 그 메시지의 진실성이 공유됐음을, 김대중의 꿈에 자신들의 집단적 희망을 투사했음을 의미하는 것이다.

비장과 분노가 연설의 주된 파토스지만, 그것만으로는 청중을 사로잡을 수 없다. 적절한 풍자와 해학으로 웃음을 터뜨리게 하는 대목은 독재정권 치하의 긴장 어린 연설회장의 공기를 바꿔 놓으며 연설자에게 자신감과 여유 만만한 이미지를 부여한다. 녹취를 풀어 놓은 그의 연설문은 마치 판소리의 한 대목을 연상시킨다. 효창구장 3선 개헌 반대 시국 대연설회의 다음 대목은 대표적 예이다.

> 공화당에 윤치영(尹致暎) 씨라는 사람이 이런 말을 했어. '박정희 대통령은 단군 이래의 위인이다.' 이랬다 말이여! 단군 이래의 위인이니까 신라의 김유신, 고려의 태조 왕건, 이조의 세종대왕, 이순신 장군보다 더 위대하다 그 말이여! 그런데 이 사람 대통령 갈릴 때마다 똑같은 소리를 한다 말이여. 과거 이 박사가 4사5입 개헌 때도 '이 박사는 개국 이래의 위인이다.' 이랬어! 우리가 과거에 결혼식에 가면 축사를 많이 했는데 축사를 하는 사람마다 똑같은 소리를 해. 신랑은 대학을 나온 모범청년이고 신부는 가정에서 부덕(婦德)을 닦은 요조숙녀라고.(폭소) 아마 이 양반, 대통령에 대한 아첨을 무슨 결혼식의 축사로 착각을 한 모양이여.(폭소·박수·환성) 이번에 아폴로 11호가 달세계로 가는데 제발 안 되었지만 이런 양반들을 실어다가 거기다 두었으면 대한민국이 편할 텐데.(폭소·박수)
>
> 내 박정희 씨가 단군 이래의 위인인지 아닌지는 모르겠어! 그러나 한 가지 분명한 것은 만일 박정희 씨가 3선 개헌을 그대로 추진했다가는 박정희 씨가 단군 이래의 위인이 아니라 단군 이래의 폭군이 된다는 것만은 분명하다는 말을 여러분에게 분명히 말하고 싶소.('옳소!'·환성 ·박수) 왜! 남은 정

---

26 전인권, 『편견 없는 김대중 이야기』(서울: 무당미디어, 1997), p. 112.

치생활 해 가지고 평생에 국회의원 한 번 못 된 사람이 수두룩한데 밤에 한강 건너와 가지고 남의 정권 빼앗아 가지고 10년 해 먹었으면 됐지, 뭘… 다시 자기가 만든 헌법을 고쳐 가지고 또 해 먹겠다는 것이여!(폭소·박수)

여보시오! 세계에서 민주주의 한다 해 가지고 3선개헌 해서 영구집권하는 민주주의가 어디 있소.(박수) 무슨 속담에 맹자·공자 10년 배워도 쫄쫄이란 문장 처음 듣고 무당 생활 평생 해도 목탁이란 귀신 처음 들어 본다고 그러지만 내 들어 봐도 이런 민주주의가 있다는 소리 처음 들어 봤어.

국회는 어떻소? 나라의 주인인 국민들이 자기 마음대로 선거할 권리가 있습니까?(중략) 선거가 끝나고 올라와 보니까 왠지 국회는 온통 가짜투성이여. 진짜는 3분의 1도 못 되고 3분의 2는 국민이 뽑은 게 아니라 중앙정보부나 경찰이나 면장·반장들이 뽑은 사람이다, 그 말이여.('옳소!' 하는 이 있음) 이래 가지고 이 사람들이 국회에서 우리가 아무리 무슨 옳은 소리를 해도 듣지 안해 ! 그저 황소같이 고개만 숙이고 정부가 하라는 대로만 한다, 그 말이야.(폭소) 하도 분통이 터져서 '이 자식들아' 하고 한 번 달려들어 보지만 웬걸 공화당 사람들은 군대 갔다 온 사람들이 많아서 유도가 3단, 당수가 5단 이었다, 그 말이여!(폭소) 해 볼 수가 없어.(폭소) 이 다음에 국회의원 국민들이 뽑을 때 제발 당수 잘 하고 유도 잘 하는 사람 빼 주었으면 좋겠어.(폭소)("3선 개헌은 국체의 변혁이다"(1969년 7월 19일 효창구장 연설), 전집11, pp. 36-37)

문체를 보기 위해 길게 인용한 위의 대목에서 두드러진 특징은 청중의 폭소를 자아내면서 수사적 의문문을 사용, 대화식으로 주장을 전개하는 만담 스타일의 문체 리듬과 생생한 비유, 일상과 역사, 뉴스 기사와 속담을 넘나드는 수사법이다. 특히 존댓말과 반말을 섞어 쓰는 서술어미 사용과, '이랬다 말이여, 모양이여' 등 호남 사투리가 남아 있는 어미 사용이 '있소, 습니까' 등 표준말 어미보다 더 두드러지는 것이 이 연설문의 특징이다. 이러한 어미 사용은 당시의 다른 연설문에서도 간혹 나타나긴 하지만, 위의 1969년 연설문에서는 유독 두드러지는데, 그 이유가 자료상의 차이(현장 연설 녹취 자료)에 있는지는 더 확인해 볼 필요가 있다. 그러나 분명한 것은 1987년 이후 1997년까지, 시간이 지날수록 김대중의 연설에서 의식되고 지적 되는 전라도 사투리에 대한 자의식[27]이 이 연설문 속에는 보이지 않는다는 점이다. 이것이 목포 시민이 아니라 전 국민을 상대로 한 3선 개헌 반대 연설이라는 점을 생각할 때, 적어도 1971년 대선 전까지는 연설자와 청중 사이에 지역 감정과 갈등으로 인한 심리적 거리가 중요한 의미를 지닐 만큼 크지는 않았던 것으로 보인다.

위의 인용을 보면, 연설자는 공격 대상의 어법을 반어적으로 비틀어 풍자하는 여유 속에서 그 부정성을 신랄하게 비판하고, 청중은 그 사이사이에 '옳소!'와 '폭소'를 추임새 장단처럼 맞춰 넣어 준다. 풍자는 유머 코드 중에서도 화자가 공격 대상에 대한 도덕적 우위를 가질 때, 화자와 청중 사이의 집단적 연대의식이 작동할 때 강력한 힘을 발휘한다. 장기집권을 꾀하는 '민주주의의 원수들, 조국의 반역자들'에 대한 '통분된 심정'을 금치 못하는 격정적 분노의 어휘들은 연설자의 '목숨을 건 맹세'와 함께 국민들에게 독재정권에 대한 궐기를 호소한다. 결국 3선 개헌은 통과되고, 김대중은 1971년 야당 대선 후보가 돼 '대중민주체제론'의 비전을 구체화한 정책 대안으로 독재정권을 위협하는 돌풍을 일으킨다.

선거 연설은 기본적으로 비판과 약속의 언어이다. 경쟁자를 비판하고 대안을 제시하며 더 나은 미래를 약속하는 것이 그 속성이다. 부정법은 비판을 위한 주된 수사법이다. 1960년대를 '건설을 위한 개발독재의 시대'로 규

27 그는 1997년 대선의 승패를 좌우한 TV토론에서 "평생 동안 몸에 밴 전라도 사투리를 고치고 어투를 바꾸기 위해 악전고투"했다고 한다.(이강래, 『12월 19일 정권교체의 날』(서울: 푸른나무, 2011), p. 62)

정한 뒤, 그는 우선 박대통령이 "약간의 경제건설을 한 사실은 인정"하지만, "그 결과는 지금 참담한 실패로 돌아가고 있"다고 주장하며 문답법과 부정법을 통해 그 이유를 말한다. "여러분! 경제건설의 목적이 어디에 있는 것입니까? 경제건설의 목적은 높은 빌딩에 있는 것도 아니고, 고속도로에 있는 것도 아닙니다. 경제건설의 목적은 국민 모두가 잘 사는 데 있는 것입니다." 이러한 비판 뒤에 자신의 대중경제 정책은 '생산의 증대와 분배를 병행'하는 것이며, 주식의 대중화, 노동자와 사무원의 경영 참가, 세제 개혁, 부유세 신설 등을 통해 그것이 가능하다고 말한다. 박 정권의 슬로건이 '중단 없는 전진'인데, "전진은 뭐가 전진입니까?" 하고 묻고는 답하기를, 이 나라에서 민주주의가 후퇴하고, 농촌 경제가 후퇴하고, 중소기업 경제가 후퇴하고, 오직 이 나라에서 중단 없이 전진하고 있는 것은 '부패'라고 하는 식으로, 상대방의 언어를 이용해 그것을 되묻고 부정함으로써 비판한다. "과연 박 정권이 반공을 하느냐?" 묻고는, 오히려 썩은 정치로 공산당을 키워주는 온상이 됐다고 비판한다. 이외에도 '민주주의'의 뜻을 묻는 단어풀이, 부패와 축재의 구체적 통계를 가지고 폭리를 비판하는 근거 제시 방식 역시 로고스 효과를 지닌다.

1971년 4월, 백만 군중이 모였다는 장충단 공원의 연설은 "정권교체는, 우리의 승리는 결정이 났다"는 말로 시작하여 "550만 서울 시민 여러분! 7월 1일에 청와대에서 만납시다"는 말로 끝난다. 이렇게 아직 오지 않은 미래의 사건에 대한 기대를 확신의 언어로 바꿔 말하는 것이 희망의 수사법 중 핵심인 예변법의 효과이다. 단지 희망사항을 말하는 게 아니라 실제로 대군중의 운집과 전국 지지자 물결의 경험을 통해 얻은 연설자의 정서적 고양을 청중에게 전이시키는 수사법이다. 이에 비해 그 다음 문장은 예변법의 수사가 아니라 예언적 기능을 한다. "여러분! 이제 정권교체를 하지 못하면 이 나라는 박정희 씨의 영구집권의 총통시대가 오는 것입니다." 1971년 연설은 정치인 김대중이 가진 민주주의와 대중의 힘에 대한 신뢰를 논리의 차원에서 생생한 경험과 감각의 차원으로 끌어올린 역사적 장면이다. 민주주의를 위해 '목숨을 걸겠다'고 자신의 연설에서 수없이 말했던 그대로, 김대중은 백만 군중이 운집한 민주주의를 위한 제의(祭儀)의 광장에서 '목숨'을 내놓은 제물로 봉헌된 셈이다.[28] 이 잊을 수 없는 장면에서 '나의 신앙의 대상은 역사요, 국민'이라는 그의 좌우명이 나오게 된다.

2) 역사 · 민족 · 신앙, 희망의 로고스

(1) 고난의 의미와 희망의 뿌리: 『옥중서신』과 "한 정치범의 보고서"

유신체제 하에서 김대중은 선거를 통해 권력을 획득하려는 야당 정치인의 길에서 재야와 함께 민주화투쟁의 길로 나아간다. 그의 표현에 의하면, "유신체제 하에서는 헌법과 정치체제의 정통성 자체가 투쟁의 대상"(전집 1, p. 132)이었기 때문에 민주화 운동은 반체제운동이 될 수밖에 없었다. 이로 인해 그는 '반체제 인사'가 됐고 가혹한 정치적 탄압은 물론 혹독한 색깔론 공세에 의해 '용공'이란 낙인까지도 갖게 됐다. 의문의 교통사고와 두 번의 망명, 납치 살해 시도, 사형 선고와 투옥, 가택연금으로 점철된 1972년에서 1986년의 긴 시간 동안, 이제 그는 더 깊어진 절망의 어둠 속에서 '그럼에도 불구하고' 찾아내야 하는 희망의 언어를 가지고, 법정 진술서와 옥중 서신을 쓰게 된다.

김대중은 두 차례 구속 수감돼 6년여 옥중 생활을 했고, 그 동안 쓴 편지는 시기별로 셋으로 나누어진다. ①1976년 3·1절 때의 '민주구국사

---

28 한 비평가는 김대중이 한국현대사의 특정 시기에 '만인 대 일인의 싸움'에서 '만인의 증오의 대상이 된 희생양' 역할을 맡았다고 본다. (고종석, "전라도 생각," 『서얼단상』 (고양시: 개마고원, 2002), p. 51)

건'으로 징역 5년형을 확정 받고 진주교도소에서 복역하던 시기의 편지(1977.4.29~1977.12.17) ②1977년 12월 서울대학병원 특별감방으로 이송돼 수감 중에 쓴 '못으로 눌러 쓴 메모'를 포함한 편지(1978.7.20~1978.11.8) ③1980년 '김대중 내란음모사건'으로 전두환 군부에 의해 사형이 확정되었다가 무기 감형된 후 청주교도소 수감생활 중에 쓴 편지(1980.11.21~1982.12.15)이다. 여러 판본이 있지만, 이 글에서는 그 전부를 묶어 간행한 『옥중서신1』(서울: 시대의 창, 2009)을 텍스트 삼아 분석하기로 한다.(이하 이 책의 인용문은 '옥중서신, 쪽수'로 표기한다.)

김대중의 옥중서신은 책에 실린 원본 봉함엽서나 못으로 쓴 메모를 촬영한 사진만으로도 보는 이의 놀라움을 자아낸다. 가족에게 좀 더 많은 이야기를 적고 싶어 손바닥만 한 봉함엽서 한 장에 무려 1만 4천 자를 채워 넣기도 했다는 편지의 글씨는 돋보기 없이는 알아보기도 힘들 정도로 깨알같이 작다. 옥중 생활이 길어질수록 글자는 더 작아지고 내용은 많아지고 메시지의 간절함도 더해진다. 1982년 12월의 마지막 편지는 '기도문, 철학자와 정치관, 사색의 단편' 등 세 부분으로 이루어져 있는데, 그 중간에는 다음과 같은 말이 적혀 있다.

> 언제나 고통스럽게 느낀 점이지만 아무리 글씨를 작게 써도 쓰고 싶은 것을 다 못 씁니다. 그보다도 일단 써 버리면 정정하기가 어렵기 때문에 불만스러운 것을 그대로 보내는 아쉬움이 참 큽니다. 여하튼 이런 고통스러운 작업을 견뎌주는 내 자신 특히 나의 눈에 대해서 감사하고 있습니다.(옥중서신, p. 501)

1977년 당시 그에게 허용된 편지는 한 달에 봉함엽서 한 장 뿐이었고, 이후로도 사정은 별반 나아지지 않았다.[29] 진주교도소에서 보낸 8통의 편지 중 가족의 안부를 묻는 첫 편지를 제외하면 다섯 통이 신앙 문제에 관한 것이며, 두 통은 우리 민족의 역사에 관한 사색을 담고 있다. 이후 1980년대까지 '신앙'과 '민족'과 '역사'는 옥중서신의 일관된 주제이다. 그는 1971년 미국 방문 시 풀브라이트 의원으로부터 "한국 민주주의에 희망이 있다고 보는가?" 라는 조소 섞인 질문을 받고 수치와 분노를 느꼈다고 한다.[30] 그는 되풀이되는 이 질문을 화두 삼아 '희망의 근거'를 찾기 위해 옥중에서 두 가지 질문에 매달린다. 하나는 '인간의 역사에서 악이 존재하는 이유는 무엇인가'이고, 또 하나는 '우리 민족의 역사 속에 민주주의의 싹이 있는가' 이다. 전자는 자신을 포함하여 독재에 저항하는 이들이 받는 고난의 '의미'를 찾으려는 질문이요, 후자는 그 고난이 한국의 현실에서 과연 승리할 '가능성'이 있느냐에 대한 답을 얻으려는 질문이다.

고난의 의미에 대한 일차 정리는 '연단(鍊鍛)을 위한 고난'이라는 기독교 신자의 일반적 답변으로 주어진다. 역사 속에서 '하나님의 뜻'을 찾는 것은 보편적이지만, '사회 구원과 개인 구원은 하나'라는 관점에 서 있다는 점, 예수의 생애를 '암할레스(땅의 백성)'를 위한 헌신과 구원으로 본다는 점에서 안병무, 함석헌 등 3·1사건으로 그와 옥고를 함께 치른 1970년대 민중신학자들의 영향은 분명해 보인다. "뜻이 하늘에서와 같이 땅에서도 이루어지게 하는 일, 즉 사회개선과 발전의 사업은 최종적은 아니지만 절대적 가치가

29 당시 행형법 시행령에는 서신의 회수는 징역의 수형자의 경우에는 한 달의 1통으로 하고(61조), 재소자가 발송하는 서신은 봉함을 하지 아니하고 제출하며 수발 수신 모두 의무적으로 검열해야 한다(62조)고 명문화돼 있었다. 서신검열은 2007년에야 원칙적으로 폐기되고, 2012년 무봉함 제출 제도가 위헌 판정을 받았으며 이에 따른 법률개정이 이뤄졌다.(노희범, "수용자 서신검열제도의 위헌성," 『법학논총』, 32권 2호 (2012), p. 40)

30 그럼에도 불구하고 그는 "대중은 결코 패배하지 않는다"(1972년 1월 29일 대선 정리 자료집)에서 "희망에 불타는 대중은 그 어떤 독재자의 힘보다 강하다"며, 자신은 "실망은커녕 오히려 용기와 희망에 차 있"(전집7, p. 207)다고 말한다.

있는 것”(옥중서신, p. 120)임을 강조하며 ‘역사적 예수’를 중시하는 입장은 1980년대 옥중서신에도 일관되게 나타나고 있다. 하지만 1980년대 편지들에는 이전의 편지들에서는 볼 수 없는, 신앙의 깊은 고뇌에 대한 고백도 보인다. 사형을 구형받고 죽음을 기다리면서 “희망과 좌절, 기쁨과 공포, 갈등과 번민을 매일같이 되풀이”했음을, 하나님이 “지금 이 시간에도 모든 것을 합하여 선을 이루시기 위한 역사를 쉬지 않고 하고 계신다는 것을 믿는다는 것이 나의 감정이나 지식으로 해서 얼마나 받아들이기 힘든 것인가”(옥중서신, p. 166) 통감하고 절망하며 화를 내기를 거듭했음을 고백한다. 믿음이란 느낌이나 지식이 아니라 자유로운 ‘의지의 결단’으로 이루어지는 것이라는 판단 아래 계속 기도할 뿐이라면서도, 신앙을 둘러싼 고뇌와 악의 존재이유에 관한 집요한 질문을 계속한다. 그의 사유에서 볼 수 있는 특징은 그가 예수의 부활이 역사적 사실임을 최대한 ‘논리적’으로 추론하려 했다는 점이다.

> 이미 말한 대로 부활을 믿지 않으면, 비겁했던 사도들의 예수님 사후(死後)의 그 용기와 희생적 헌신을 설명할 길이 없으며, 예수님에 적대했던 사도 바울의 회심과 결사적 포교행각(布教行脚)을 설명할 수가 없소. 그리고 수많은 사도서한(使徒書輸)과 복음서가 모두 주님의 부활을 근거로 해서 성립되었는데 만일 그것이 사실이 아니라면 각처에서 각기 다른 시기에 씌어진 글들이 그렇게 일치할 수 없을 것이라고 믿으오.(옥중서신, pp. 184–185)

한편으로 그는 ‘반지성적’ 신앙의 언어로 자신의 믿음을 표현하기도 한다. “나는 온 세상 사람이 예수님을 부인해도 그분을 사랑하겠소.” 같은 표현은 ‘의지의 결단’을 나타내는 것이기도 하지만, 1973년 납치 사건 당시의 신앙체험에서 나온 것이기도 하다. 기독교 신앙의 핵심은 부활 신앙이고 그는 그것을 믿는다. 그럼에도 불구하고 ‘악과 고난의 존재 이유’는 풀리지 않는 의문인데, 그는 일단 '연단을 위한 고난'이란 답이 정답이 아니라는 것, '인간의 자유를 하나님이 억압하지 않기 위해서'라는 또 다른 답 역시 불충분하다는 견해를 표명한다. 자유의지를 위해서는 선의 경쟁만으로도 가능하며, 불구자로 태어나는 어린이나 개인의 힘으로 어쩔 수 없는 악의 세력이 판치는 경우 자유의지가 작용할 여지는 없기 때문이라는 것이 그 이유이다. 이 대목에서 그의 사유에 가장 깊은 영향을 미친 사상가로 샤르댕의 이름이 계속 등장하는 것은 흥미롭다. 샤르댕의 영향 아래 그가 내린 잠정적인 답은, 하느님은 전능하지만 세상 모든 일을 일일이 간섭하는 컴퓨터의 조종자는 아니라는 것, 그리고 역사 속에 우리와 함께 하시지만 우리의 책임을 대행해 주지는 않는다는 것, 예수의 생애를 통해 우리가 어떻게 살기를 바란다는 것을 알려주시고는 예수 재림의 날인 '오메가 포인트'[31]를 향하여 인간이 이 세상에 대한 책임을 다하기를 기대하고 계신다는 것이다.

그는 병상에 누워 "링거 주사의 바늘을 팔에 꽂고 있는 지루한 시간"(옥중서신, p. 447) 속에서 '왜 선인이 패배하고 악인이 잘 되는가'에 대한 자문자답을 통해 두 가지 견해를 제시한다. 하나는 도스토예프스키의 소설 『카라마조프의 형제들』에서 드미트리가 누명을 쓰고 유죄 판결을 받을 때의 깨달음이다. 그 자신은 억울하지만 "이것은 내가 과거에 지었던 수많은 죄, 내

---

31 이는 진화신학자 샤르댕(Pierre Teilhard de Chardin)의 용어로서 우주의 진화가 최종적 완성에 이르는 지점, 기독교적으로는 인류가 신인류로 변하여 영적으로 완성되는 우주적 그리스도를 가리킨다.(조용석, "떼이야르 드 샤르댕의 우주적 그리스도론 연구,"(연세대 석사논문, 2000), p. 34) 고생물학자이며 예수회 사제였던 샤르댕이 미친 영향은 탐구할 가치가 있다. 국내에서는 1973년 샤르댕전집(공화출판사)이 간행되고, 함석헌 사상에도 깊은 영향을 미쳤으며 1970년대 후반 서남동에 의해 샤르댕의 사상이 소개되기도 했지만, 신비주의와 자연과학이 결합된 그의 난해한 사상을 국내 번역서로 이해하기란 극히 어려운 일이었던 듯하다. 김대중은 옥중서신 귀퉁이의 차입 목록에 처음에는 천주교 서점에 어떤 책이 출판됐는지 알려달라는 요구를(1982년 6월 25일), 얼마 후 영어본과 일어 번역본 저서 열 권 목록을 적어 '있는 대로' 구해달라는 요구를 한다(1982년 9월 23일). 하지만 다른 사상가들의 경우와는 달리 샤르댕에 대한 공부를 정리한 연구 노트 형식의 글은 보이지 않는다. 옥중서신 이전에는 1980년 3월 강연에서 샤르댕을 언급한 적이 있다.("민족혼과 더불어," 전집9, p. 40)

아버지의 온갖 추잡한 죄는 물론 러시아 민족의 죄까지 내가 짊어지는 것이다. 인간의 수난은 인간이 공동체의 일원인 이상 자기의 죄 때문에만이 아니라 공동체의 성원들의 죄 때문에도 피할 수 없고 피해서도 안 된다"는 깨달음을 통해 구원을 얻는다는 것이다. 또 하나는 샤르댕 신부의 견해로서, 그가 이해한 요점은 이러하다.

> "이 세상의 악과 인간의 고난은 이 세상의 불완전성에서 오는 불가피한 현실이다. 이 세상은 지구가 생긴 수십억 년 이래 계속 복잡화와 의식화의 방향으로 진화해 왔으며 또 진화하고 있다. 이 진화의 한가운데 예수가 왔으며, 완성의 종점(Ω point)에 예수가 있어서 수렴(收數)한다. 그러므로 우리는 불완전에서 완전으로, 죄와 고난의 가능성의 세계로부터 종말의 천국을 향해서 나아가고 있는 것이다. 우리가 고난을 무릅쓰고 이 세상의 완전함을 위해 노력하는 것은 하느님의 큰 역사에 동참하는 아주 큰 뜻이 있는 것이다. 인간의 역사는 큰 눈으로 볼 때에는 아직도 많은 죄와 고난이 남아 있음에도 불구하고 보다 정의롭고 보다 살기 좋은 방향으로 전진하고 있는 것이 사실이다."(옥중서신, p. 448)

그는 떼이야르 신부의 생각에서 "참 많은 구원을 받았다"고 말한다. 신학의 논리와 과학의 증명을 종합하는 샤르댕의 사상은 '생명 현상' 개념과 같이 사랑의 에너지로 우주 만물의 진화를 설명하고 있다는 점, 기독교 종말론을 내세 중심의 말세 사상이 아니라 역사적 낙관주의와 결합시킬 가능성을 열어놓고 있다는 점에서 김대중의 사유와 근본적 친화력이 있었던 것으로 보인다. 옥중서신을 읽다 보면 다른 글에서는 보기 힘든 그의 다정다감한 모습, 가족에 대한 세심한 당부는 물론 특히 꽃과 새, 강아지에 대한 애정 표현에 놀라게 된다. 교도소 화단의 꽃 가꾸기가 하루 일과 중 가장 기쁜 시간이라는 얘기가 여러 번 나오고, "사랑한다는 것은 생명을 주는 것"이고 "생명을 준다는 것은 상대의 진정한 성장을 돕는다는 의미"(옥중서신, p. 422)라고 한다. 1977년 편지에서는 변소 뒤뜰에 오는 비둘기, 참새에게 빵이나 떡을 잘게 던져 주면 달려들어 먹는 것이 참 재미있었다며 이렇게 적는다.

> 나중에는 습관이 되어서 비둘기와 참새들이 달라고 울어대기도 하고 내가 나타나면 참새는 물에서 고기가 뛰어오르는 듯한 포즈로 춤추면서 재롱도 부립니다. 그들이 울어대면 "네놈들이 나한테 맡겨놓은 것이 있느냐? 건방지게" 하고 중얼대면서도 하루에 열 번도 넘게 변소 문으로 모이를 던져주는 것은 참 즐거운 일이었습니다.(옥중서신, p. 40)

꽃과 새에 대한 그의 애정과 남다른 공감 능력을 보여주는 편지는 많지만, 1983년 엠네스티 연설 "한 정치범의 보고서"를 보면 특히 당시의 정경이 잘 나타난다. "나는 꽃들에게 말을 걸기까지 하였다. 한 번은 어떤 꽃이 잘 자라지 않고 말썽을 부렸다. 나는 그 꽃에게 말했다. "난 너한테 실망했어. 나는 너를 정성껏 돌보았는데, 넌 내 정성에 보답하지 않았어." 그 후 그 꽃은 조금씩 나아지기 시작했다. 가지를 쳐 줄 때면 나는 꽃에게 말하곤 했다. "걱정하지 마. 가엾긴 하지만 이건 꽃 전체를 위한 일이야." 처음에는 내가 화단에서 일하는 동안 옆에 서 있기만 하던 간수들도 차츰 꽃밭에 물주는 일을 거들기 시작했다."(전집1, p. 171) 그는 무더운 여름날에도 땀에 흠뻑 젖은 채 화단 일을 했는데, 그럼으로써 슬픔과 걱정을 모두 떨쳐 버렸던 것을 "초월적 경험"이라 표현했다.[32] 옥중서신의 영문판 서문을 쓴 데이비드

32 물론 그의 감방 체험 '보고서'에 이런 아름다운 이야기만 있는 것은 아니다. 파리가 죽지 않고 "기절할 정도로만 알맞게 후려쳐 잡는 기술"을 개발해서, 의식을 잃은 파리를 거미줄 위에 놓고 거미가 먹이를 먹는 모습을 관찰했다는 엽기적인 일화도 있다. 그는 이 기술과 잔글씨를 빽빽이 채우는 기술, 두 가지가 "감옥에서 습득한 두 가지 전공과목"(전집1, p. 172)이라고 표현

맥칸이 "이 서신들은 마치 김대중 씨가 가꾼 자신의 내면의 꽃밭 같은 느낌"(옥중서신, p. 11)을 준다고 쓴 것도 이러한 경험의 집약체가 서신이기 때문일 것이다.

'역사에서 악이 존재하는 이유'에 관한 질문이 그를 성서 탐구와 샤르댕의 진화신학으로 이끌었다면, 또 하나의 질문 '우리 민족의 역사 속에 민주주의의 싹이 있는가' 하는 질문은 토인비의 사상과 민족사에 대한 탐구로 이어졌다. '도전과 응전'이라는 토인비의 관점에서 우리 민족의 역사를 볼 때, 우리 민족은 '소극적 수호'에 뛰어나서 매우 어려운 조건에도 오늘날까지 민족을 보존하고 성장했지만, "적극적 개척에 태만했기 때문에 정치·문화 모든 면에서 역사의 무대에 웅비(雄飛)해보지 못했"(옥중서신, p. 46)다고 그는 본다. 그리하여 지금 우리에게 요구되는 역사적 사명은 "근대화(자유민주주의, 자본주의 경제)와 현대화(대중민주주의, 복지경제)의 병행 실행"(옥중서신, p. 47)이며 이는 "모든 신생국가의 과업"이라고 본다.[33]

'우리 민족의 장점과 단점'을 말하는 1981년도 편지는 위의 사유를 더욱 진전시켜서 그의 논리 전개의 특징인 병렬식 구성으로 다섯 가지 장점과 네 가지 단점을 일목요연하게 정리해서 말하고 있다. 장점은 ①신라통일 이래 일제 침략까지 천 삼백 년간 독립을 유지한 점 ②형식으로는 사대를 했지만 내부적으로, 특히 국민대중은 주체성을 유지해 의식주 등 문화 전반에 분명한 특색을 간직한 점 ③높은 교육열 ④이민족이나 천민에 대한 동화력이 강한 점(이는 민주주의를 위해 매우 반가운 민족성이라 본다.) ⑤불교나 유교의 승화, 한글 창제, 인쇄술 발명, 도자기의 독자적 발전을 볼 때 매우 지적이고 유능한 민족이라는 점이다. 이에 비해 단점은 ①정치가 편협하고 관

한다. '감옥은 곧 나의 대학'이었다는 데서 나온 위트 어린 비유이다.

33 1977년 10월 25일 편지의 이런 표현은 '대중민주주의'와 '자유민주주의'를 구별하고 있다. 1971년 대선 시기의 대중민주체제론이 온건한 민주사회주의(자본주의 경제에 기초하면서 사회민주주의 정책을 받아들이는 경향)에 가깝다고 보는 것은 이 때문이다.

용성이 없었던 점 ②진취성에는 큰 결함이 있었다는 점(박 대통령의 공으로서 민족에게 진취적 의욕을 고취한 점을 높이 평가하는 것은 이 때문이다.) ③명분을 따져 실리를 등한히 하고 체면을 차리느라 허세를 부리는 형식주의 ④심각성이 부족하여 철학적 전통이 약하며 종교도 현세의 복락만을 바라는 경향이 있다는 점이다. "이를 총괄해서 말할 때" 세계 어느 민족에 비해서도 손색이 없는 기본적 장점을 가지고 있으나 "우리만이 유일하게 특별히 뛰어난 민족도 아니라는" 냉정한 결론을 내린다. 그러므로 "장점을 더욱 키우고 단점을 덜어 가면서 꾸준히 노력하면" 80년대 말에 선진국의 대열에 들 수 있을 것이요, 통일을 이룰 수 있을 것이라 전망한다. 이에 무엇보다 중요한 것은 "관용과 이해를 통한 국민적 화해와 상호협력의 터전을 마련하는 것"이라 본다.

옥중에서의 그의 역사 탐구가 무슨 새로운 사상을 담고 있는 것은 아니지만, 그 나름의 발상과 관점을 보여주는 흥미로운 대목이 많다. 세계 각국의 수도를 고찰한 다음 우리나라 수도의 역사를 이에 비교해 보고 '소극적 수호에 강한 민족'이라는 결론을 내리는 것이라든가, 우리 역사에 사상적으로 깊이 탐구한 지도자가 적은 이유를 찾아본다든가, 또 우리 역사에서 한 왕조의 존속 주기가 세계 역사상 유례가 없이 길었던 점을 지적하며 그 이유에 대한 전문가의 해답이 궁금하니 알아보고 가르쳐 달라고 부탁하는 대목들은 '옥중 대학'생의 왕성한 탐구열을 보여주는 예이다. 특히 조선 멸망의 원인이 지배층의 철저한 배타성과 자기 폐쇄성에 있었고, 그것이 오늘날까지 정신적 악의 유산으로 남아 있는 것이 우리의 큰 불행의 현상이라고 보는데, 이러한 견해는 훗날 그가 다시 정치 전면에 나서서 '대화'와 상호이해에 기초한 '화해'를 중시하고, 아시아적 가치와 민주주의 발전 논쟁에서 유교 전통의 역할을 제한적으로만 인정하려는 입장을 취하는 바탕이 된다.[34]

---

34 맹자 사상의 긍정성을 제외하면, 유교 도덕에 대한 그의 평가는 냉정하다. 유교 도덕은 우리

여기에서는 지면 한계로 두 가지 질문에 관한 그의 사유만을 보았지만, 옥중서신은 이 외에도 여러 모로 연구할 가치가 있는 중요한 저작이다.[35] 특히 서울대병원에서 쓴 메모들은 다른 두 시기의 편지들과는 내용과 형식 면에서 많이 다르므로 따로 살펴보아야 한다.[36] 하지만 공통점은 분명하다. 아내에게 쓴 사적인 편지글에서조차 공적인 목소리가 강하고[37], 신앙과 인생관 등 모든 문제를 논리적으로 사고하는 그의 특징은 어디에서나 두드러진다. 옥중서신에서 통사 차원의 문장구조 수사법으로서 연쇄법이 자주 쓰이는 것은 그 때문이다.

> 인간은 본질적으로 패자의 **운명** 속에 태어났습니다. 왜냐하면 결국 죽어야 하기 때문입니다. 이 **운명**은 누구도 피할 수 없습니다. 다만 **진리** 속에 살다 죽은 사람만이 그 **진리**를 통해서 자기를 나타내고(顯現) 자기를 완성합니다. **진리**란 우리의 **양심**이 받아들이는 인간의 **길**일 것입니다. **양심의 길**이란 이웃사랑의 길이며 우리를 창조하고 우리를 사랑하며 독생자까지 보내

민족 고유의 도덕 전부가 아니며, 근본적으로 봉건 도덕이라서 민주주의와 산업사회 지향의 현대사회와는 맞지 않는다고 본다.(옥중서신, p. 156)

35 옥중서신은 철저한 감시 속에서 쓰인 글이므로, 부정적인 내용이 거의 없다. 고관절염 때문에 바닥에 앉지도 못하고 다리를 꼬지도 못하는 고통, 형편없는 식사 대신 과자를 사 먹다 보니 체중이 불어나서 "그렇게 뚱뚱해졌으니 당신이 고생했다고는 아무도 믿지 않을 거"라고 아내가 말했다는 이야기, 간디의 식민지 감옥 생활보다 열악한 환경, 스트레스로 인한 이명 증세 등에 대해서는 엠네스티 보고서에만 나와 있는 이야기이므로 이를 감안해 읽어야 한다.(전집 1, pp. 171–173)

36 진주교도소 수감 중에 지병치료를 위해 서울대병원으로 이감된 김대중은 바깥출입이 일체 금지되고 햇볕이 차단된 병실 안에서 감시원과 함께 24시간 생활했다. 그 당시의 메모를 보면 병원이 교도소보다 더 혹독한 환경이니 다시 교도소로 돌려보내 달라는 탄원과 단식투쟁 내용이 적혀 있다. 교도소에서 허용된 봉함엽서들과는 달리 감시자의 눈을 피해 쓰고, 민주화투쟁 동지들에게 전달된 메모였던 만큼, "저들이 파는 함정에 주의해야 하오"(옥중서신, p. 70) 같은, 검열의 시선에서 비교적 자유로운 과감한 내용과 직설적 표현이 다수 들어 있다.

37 '당신에게' 보내는 남편의 사적 편지 형식을 띠고 있으나 사실 이 편지들은 수천수만 통의 복사본이 그의 지지자들에게 전달됐다는 점에서 공적 문서이기도 했다.(김진배, 『인동초의 새벽』(서울: 동아, 1987), p. 259)

시고 희생시키신 **하나님의 길**일 것입니다. 그 **하느님의 길**을 위해 십자가를 진 사람은 예수와 같이 영원한 승자이며 지상의 행복자일 것입니다. 물론 그 길은 험하고 고난의 길이지만 결코 불행의 길도 불가능의 길도 아닐 것입니다.(옥중서신, p. 38)

연쇄법은 앞의 단어나 어구, 문장을 뒤에서 다시 받아서 사용하는 수사법인데, 위의 인용에서는 앞 문장에 나오는 단어를 다음 문장 첫 단어로 삼아서 꼬리에 꼬리를 무는 논리적 연쇄 방식의 사유 과정을 보여주는 기능을 한다. 이렇게 긴 호흡으로 절망과 고난 속에 빚어낸 희망의 언어와 사유는 1983년 이후 그의 민주주의론과 평화통일론 구상, 대통령 재임 시기 여러 정책에 이르기까지 정치적 실천의 바탕이 된다.

(2) 중도개혁파의 수사학 : 1979~1986년 연설문

옥중의 어둠 속에서 철창 사이 가느다란 빛에 의지해 깨알같이 쓴 희망의 언어들을 광장에서 외치는 일은 쉽지 않았다. 반유신 반독재 투쟁 과정에서 '재야' 민주화 운동 세력과 행보를 같이 한 김대중은 어떤 형태의 대중연설도 할 수 없었다. 3·1 사건 이후 10·26 이전까지 그의 연설은 1979년 5월 아서원 식당에서 신민당 당원들을 대상으로 한 김영삼 지지 연설이 전부이다. 1980년 3월, 사면 복권 이후 두 달 동안 그는 연설이 아닌 몇 번의 '강연'을 통해 민주주의와 당면 정세에 대한 자신의 견해를 펼친다. 그리고 5·17 이후 사형선고, 무기 감형, 형 집행정지로 2년 7개월 만에 미국으로 출국할 때만 해도 '정치활동을 자제'할 생각으로 머리가 깎인 채 풀 죽은 모습으로 짤막한 성명만을 발표해 공항에 마중 온 환영객들을 실망시키기도 한다.[38] 그러나 그는 곧 미국 언론의 냉소와 교민사회의 절망 앞에서, 한국 민주주의

38 김진배, 『인동초의 새벽』(서울: 동아, 1987), p. 350.

의 희망을 설득하기 위해 왕성한 활동을 하고, 귀국 후 연금 상태에서는 녹음테이프로 군중집회 연설을 대신하는 등 '독재 종식'과 '민주회복'을 위해 가능한 최선의 방식으로 대중과 만난다.

이 시기 연설의 특징은 첫째, 문답법과 반복법을 중심으로 우리는 민주주의를 할 수 있는 민족이고 반드시 해야만 한다는 희망의 논리를 편다는 점이다. 1980년 3월 25일 YWCA 연설은 "민주주의는 과연 (어떤 사람의 말대로) 한국 민족에게는 적합하지 않은가?" 하는 물음에 대하여, 우리 민족 내부에 존재한 민본주의 전통, 동학혁명의 근대사적 의미, 근대사에서의 독립정신 등과 같은 '민주주의의 싹'을 역설한다. 그럼에도 불구하고 우리가 민주주의에 두 번 실패한 것은 미국이 주었지만 우리 힘으로 하지 않았거나 국민 전체가 아닌 학생 중심이었기 때문이라는 것, 그러므로 "민주주의는 국민의 성장 없이는 이루어지지 않"는다는 것을 강조한다. "내 힘으로 하지 않는 민주주의는 진짜가 아니다"라는 교훈으로 수많은 사람들이 반유신 반독재 투쟁을 해서 응결, 폭발한 것이 부마사태요 10·26이라는 것이 그의 주장이다. 이러한 논리는 1980년 이후 더욱 강화된다. 1983년 3월 10일 하버드대 강연에서는 "이것이 국민의 민주화 열망에 대한 ~번째 배신이었다"는 문장을 거듭 반복함으로써 1952년, 1960년, 1971년, 1980년, 네 번에 걸쳐 한국 정치사는 '깨어진 희망의 쓰디쓴 절망의 맛'을 되풀이했다고 강조한다. 그리고 민주주의를 향한 국민적 열망은 궁극적 승리를 거둘 것임을 역설한다.

두 번째 특징은 자신의 민주주의에 대한 신념과 행동 원리로서 기독교 정신을 강조하는 것이다. 물론 연설의 장소에 따라서 표현의 강약 차이는 있지만, "나는 기독교 신자이기 때문에 예수의 제자"(전집9, p. 37)라면서 자신의 신앙체험을 길게 이야기하는 것으로 에토스를 표현한다든지, 나의 신조는 '내가 믿는 하느님'과 '사랑하고 존경하는 국민'에게 충성을 다하는 것임을 거듭 말하는 것이다.[39] 이러한 기독교적 에토스가 단적으로 표현된 것이 그의 유명한 좌우명이다. 1983년 미국에서 만든 인권문제연구소의 월간지 제목이기도 했던 이 '행동하는 양심'이란 슬로건은 '행동하지 않는 양심은 악마의 친구다'라는 주장의 간명한 표현으로서 '개인구원과 사회구원은 하나'라는 신앙관을 바탕으로 하고 있다. 이러한 맥락에서 한국 민주화 운동에서 기독교의 역할을 강조하는 것 역시 이 시기 연설의 주요한 특징이다.

이에 비해 세 번째 특징은 변화된 정세, 연설자와 청중의 관계로부터 나온다. 사면 복권돼 정치활동을 재개한 후 그의 연설에서는, 오랜 탄압과 고난 이후 다시 대중 앞에 선 감격과 함께, 자신에게 덧씌워진 야심과 탐욕의 이미지, 지역감정 선동가라는 편견과 오해에 당황하고 억울해 하는 마음이 강하게 표현된다. "나는 무엇이 되기 위해서 사는 것이 아니라, 국민과 내 양심에 충실하기 위해서 사는 사람"(전집9, p. 92), "나의 인생의 목적은 무엇이 되는 것이 아니라 어떻게 바르게 사느냐 하는 것"(전집11, p. 106)이라는 좌우명이 거듭 강조되는 것은 사실 그 때문이기도 하다. 녹음테이프의 목소리로 연설을 대신해야 하거나, 겨우 대중 앞에 나왔지만 수시로 마이크와 전기가 끊기는 1980년 연설 상황에서 그는 자신을 향한 '과격하다'는 언론의 공격을 방어하면서, 한편으로는 반민주 세력의 함정에 빠져들 위험이 있는 과격한 행동에 자제를 호소해야 했다. "여러분을 내 형제같이, 자식같이 생각하는 내가, 여러분을 위해서 모든 것을 바친 내가, 여러분 보고 이 시간에 '자제합시다' 할 때는 그 이유가 있기 때문입니다. 모든 이유를 여러분들에게 말할 수 없지만 (중략)"(1980년 4월 16일 강연, 전집9, p. 73) 같은 표현은 간절함과 답답함을 함께 담고 있다. 그는 "여러분과 나는 하나입

39 그는 연설에서 기독교 신앙에 관한 이야기를 너무 자주 하지 말라는 충고를 듣기도 하지만 "하느님이 없다면, 이야기를 들을 만한 가치가 있는 오늘날의 김대중도 없을 것이기 때문"에 그럴 수 없다고 한다.(1983년 5월 12일 샌프란시스코 연설, 전집1, p. 157)

니다. 내 이것이 헛되게 하는 것이 아닙니다."(1980년 4월 18일 강연, 전집 9, p. 89)라면서 "두 손을 마주잡고 흔들어 보이"는 간절한 몸짓도 보인다. 1980년에는 아직 이런 간절함이 답답하고 억울한 감정보다 더 강하지만, 1986년 이후 연설에서 후자의 감정은 갈수록 강해진다.

이러한 특징은 어휘와 통사 차원의 수사법에서도 변화된 양상으로 나타난다. 1971년 대선을 전후한 그의 연설에서 민주주의에 관한 주장은 비판의 언어, 부정 어법이 지배적이었다. '민주주의의 적은 공산 독재만이 아니다. 우익 독재도 민주주의의 적이다.' '박 정권이 말하는 반공은 진정한 반공이 아니다. 독재와 부패는 공산주의를 키워주는 온상이다.' 이러한 부정법의 수사, 비판의 언어 다음에, '공산주의를 이기고 평화통일을 하기 위해서는 민주적 정권교체를 해야 한다'는 화자의 주장과 정책 대안이 제시되는 방식이었다. 1975년 '월남 패망' 이후 '반공'을 둘러싼 양측의 논점은 더 분명해진다. '반공·안보를 위해 독재가 불가피하다'며 긴급조치 9호를 발동해 장기간 유지한 박 정권의 논리에 맞서 '월남에서는 민주주의가 공산주의에 진 것이 아니라, 민주주의 한다 하고 배신한 거짓말쟁이한테 (이미) 진 것이다.' "부패한 군사독재정권은 공산월맹에게 지기 전에 먼저 자기 국민에게 패배"(옥중서신, p. 111)했다는 것이 김대중을 비롯한 재야의 시각이었다. 이러한 논리는 1980년 이후 계속돼 "반공을 정권유지에 악용한 이 거짓에 찬 부도덕한 정치는 반공이 아니라 양공(養共)"(전집9, p. 56)이요, "툭하면 국민을 빨갱이로 몰아서 무더기로 구속 처벌하고, 툭하면 안보위기를 떠들어서 국민을 공산당 공포증과 패배의식에 사로잡히게 하는 이 정권이야말로 결과적으로 공산세력을 대량으로 생산하는 양공정권(養共政權)"(전집11, p. 107)이라는 선명한 수사적 표현을 얻는다. 통일주체국민회의에 대해서 사실대로 이름을 짓자면 "통일은 반통일, 주체는 주체가 아니라 객체, 국민은 국민이 아니라 어용, 회의는 회의하는 기관이라고 해서 '반통일 객체 어용기관'"

이라는 식이다.

그런데 1980년대 그의 연설에서는, 또 다른 맥락에서 부정법의 수사가 쓰이기 시작한다. 다음 인용은 개헌 추진 범국민 서울대회 연설(1986년 11월 29일)의 한 대목이다.

> 둘째는, **우리의** 민주회복 운동이 국민 다수의 지지와 동참을 얻을 수 있도록 건전한 방향으로 가야 한다는 것입니다. **우리 국민은** 독재를 반대합니다. 그러나 동시에 **우리 국민은 우리 운동**의 건전함을 요구하고 있습니다. 즉 강력하게 싸우되 폭력은 쓰지 말 것. 독재를 반대하되 용공의 인상을 주지 **말 것**. 미국과 일본의 잘못된 대한정책을 충분히 비판하되 그들을 적으로 삼지 **말 것** 등(전집11, p. 109)

위의 인용 문장은 대조와 대구, 부정법으로 이루어져 있다. '독재정권의 영구 집권 음모를 분쇄'하고 '민주회복을 찬란한 승리로 쟁취'하기 위해서는 '무엇을 해야 할 것인가? 첫째 신민당과 모든 재야 민주세력의 굳은 연대가 필요하다'는 주장 다음에 나오는 것이 위의 인용, '건전 노선'의 필요성이다. '비폭력, 비용공, 비반미'라는 '3비(非) 노선'은 그가 1970년대부터 간헐적으로 언급했던 주장들을 집약하여 천명한 것이다. 이것은 보수적 야당과 진보적 재야 혁신 세력 사이에서 중도 개혁주의자로서 그가 택한 입각점을 선명하게 보여주는 수사법이다. 그는 '우리 국민은'을 주어로 해서, 이중의 부정 어법을 구사한다. '우익 독재를 반대한다, 그것은 진정한 민주주의(반공, 자유시장경제)가 아니다'라고 말할 뿐 아니라, 좌익 투쟁 노선에 대해서도 우리는 "폭력을 반대하고, 용공을 반대하고, 미국을 원수로 삼는 반미를 반대"(전집11, p. 218)한다고 말하는 식이다.

그의 성향이 '반미'와 거리가 멀다는 것은 사실 초기 기고문부터 분명히 드러나는 특징이었다. 그의 글에는 '예속'이나 '매판'이란 단어가 거의 등장하지 않는다.[40] 대중경제론에서 비판의 주요 대상은 외세라기보다는 그와 결탁된 특권관료층, 독점자본이었다. 우리 민족이 민주주의를 할 수 있다는 주장을 뒷받침하는 근거로 4·19 이후 일화(이기붕 집에서 성조기를 발견하고 미국인 기자에게 넘겨줌으로써 독재자는 미워하지만 민주 우방은 사랑한다는 것을 보여준 일)를 들기도 하는데(전집7, p. 69), 이는 그의 '친미적' 성향을 분명히 드러낸다. 그럼에도 그가 새삼 '비반미'를 천명하게 된 것은 1980년 광주 민주화 운동 이후 한국의 민주화 세력에 반미감정이 강하게 일어났으며 그것이 충분한 이유를 가지고 있었기 때문이다. 그는 미국에서의 강연 및 대담에서 일관되게 이 점을 지적하고 미국 정부의 각성과 정책 변화(한국의 민주화 열망에 도덕적 지지를 보여줄 것, 안보를 핑계로 독재 정권을 지원하지 말고 최소한 중립을 유지할 것)를 촉구한다. 또한 미국 외교의 양면성을 지적하면서, 우리도 미국에게 "마치 처녀가 총각에게 순정을 주듯이" 너무 과도한 기대를 걸었다가 실망해서 욕하지 말고, "아주 드라이하게 생각"하면서 상호이익을 추구해야 한다고 말한다.[41] '비반미' 천명은 이러한 '드라이'하고 냉정한 인식의 표현이라고 할 수 있을 것이다.

이러한 이중의 부정 어법은 중도개혁파의 수사학적 특징이라고 할 수 있다. 한국의 좌우 이념 지형도에서 진보적 좌파의 자리는 매우 좁고 불안한 것이었고, 그는 정치 입문 당시부터 혁신 세력과는 일정한 차이를 가지고

---

40 1983년『세계』지 대담에서는, 외국의 투자에 대해서 '매판자본'이라는 식의 비난을 하는 것은 매우 '비경제적인 말투'이며 "문제는 협력을 받는 측이 자주적인가, 종속적인가"에 달려 있다고 말한다.(전집1, p. 96)

41 이 '순정'의 비유는 흥미롭다. "미국이 언제 우리한테 순정을 준 일이 있습니까(중략) 미국의 필요에 의해서 온 것입니다(중략) 우리도(중략) 받을 것 받으면 됩니다. 뭐 연애하는 사람처럼 순정 바칠 것 없어요. 그렇기 때문에 미국에 대해서 과도한 기대를 걸 것도 없고 욕할 것도 없고 미국을 몹쓸 놈이라고 쓰레기통에 넣어 봤자 그것은 불행히도 우리의 필요가 더 크다는 것을 솔직히 인정해야 합니다."("한국 민주주의 희망은 있는가"(1983년 3월 12일 워싱턴 강연), 전집9, p. 143)

있었다. 중산층의 지지가 민주화 운동의 승리에 결정적으로 중요하다고 생각한 그는 이런 식으로 자신의 이념적 지향을 표현할 수밖에 없었다. 그는 '미국 체류 2년의 회고'에서 자신은 "기본적으로 자유민주주의자이지 사회민주주의자는 아니지만, 사회민주주의가 지향하는 사회정의에 대해서는 깊은 관심을 갖고 있고, 이 사회는 반드시 진보적으로 발전해 나가야 한다는 생각을 갖고 있기 때문에"(전집7, p. 140) 유럽의 보수와 혁신 양 세력으로부터 지지를 받으며 밀접한 관계를 맺게 됐다고 말하고 있다. 1985년 7월의 시점에서 이러한 언명에는 자부심의 표현과 함께 이념적 공격에 대한 방어 의미도 일정 정도 있을 수 있다.[42] 하지만 1970년대까지 그가 '새로운 이념'을 그 나름의 제3의 길로 암중모색했던 것과 비교해 본다면, 미국 체험과 세계정세의 변화 속에서 자신의 이념이 처한 지형도를 좀 더 넓은 시각에서 보게 된 결과 나온 표현이라 볼 수도 있다.

3) 한(恨)의 파토스, 화해를 향한 의지

(1) '민주주의는 우리의 운명'

1987~1997년까지, 그가 대선에 세 번 도전하는 십 년 동안의 글을 읽는 것은 그의 소망과 좌절, 비탄과 집념의 기록을 보는 것이다. 1992년 김대중은 모스크바대학 박사학위를 받고 논문집 『한국:민주주의 드라마와 소망』을 발간하는데, 그 한 해 전에는 국내 월간지에 "왜 나만 퇴진해야 하는가"(『신동아』 1991년 8월호)를 발표한 바 있다. 두 제목의 대조만으로도 1987~1997년 사이 김대중의 열망과 좌절이 그대로 드러난다. 하버드대학

42 그는 1992년 정운영과의 대담에서 "중도정당이 사회민주당이라는 간판과 사회민주주의적인 정책을 받아들일 가능성"은 없느냐는 질문에, 그럴 가능성도 필요도 없다, 지금은 유럽에서도 다들 중도 통합을 얘기하고 정책의 차이가 거의 없다고 답한다.("나의 사상을 말한다," 전집4, p. 338)

교의 『대중참여경제론』(1985) 출판에 이어 모스크바대학 박사 학위 취득은 개인적 명예의 성취였을 뿐 아니라 그가 꿈꾸는 정치적 비전의 구체화, 현실화를 위한 철저한 준비 과정의 일부였다. 그럼에도 불구하고 국내 정치 현실 속에서 그는 색깔론과 지역감정론의 포로가 되어 끊임없이 '3김 퇴진'과 '세대교체'의 압력에 시달려야 했다.

『한국:민주주의 드라마와 소망』은 정치인 김대중의 주요 테제들을 집약해 정리했다는 의미가 있다.(여기 실린 대부분의 글은 1987년 이전까지의 자료들을 재수록한 것이고, 1988~1991년 사이의 연설문과 1992년 러시아 '이즈베스티아'지 기고문을 첨가한 것이다.) "한국사회에서의 민주주의의 생성과 발전원리에 관하여"는 논문 개요 형식의 글로서, 한국에서의 민주주의의 발생, 경제발전과 민주화의 상호관계 분석, 남북한의 접근과 통일의 전제로서의 민주화, 미국의 대 한반도 정책에서의 반민주적인 경향의 결과, 한국 사회의 민주화 과정에 일본이 끼친 장애, 개혁 중의 러시아와 한국이 양국 민주화 과정에 미치는 상호 영향 등 그 동안 다룬 주요 문제들을 망라하여 정리하고 있다. 1992년 시점에서 새롭게 대두된 견해는 당시 한국 경제 성장이 정체에 들어갔으며, 이것이 말해 주는 바는 '권위주의 체제하의 시장경제는 국가의 통제와 저임금 덕분에 일정한 수준까지는 발전할 수 있으나, 그 이상의 선진적인 수준으로 발전하는 것을 허용하지 않는다'는 것이라는 주장이다.[43] 그러므로 러시아에 '한국형 모델'을 적용하는 것은 현명한 방법이 아니며, 선진 각국에서 검증된 발전의 토대인 민주주의와 시장경제를 기초로 해서 고유한 모델을 창조해야 한다는 의견을 제시한다.

---

43 그는 "한국의 정부가 노동운동과 임금인상을 억압하고 있기 때문에 노동자들은 '노동에 전념하려' 하지 않고 한국 상품의 품질은 점점 나빠지고 있다"(전집1, p. 34)고 말하기도 한다. 얼핏 이러한 주장은 1990년대 이후 한국 경제의 급속한 성장을 잘못 전망한 것처럼 보인다. 하지만 한국 경제가 노동운동 발전에 따른 실질 임금의 상승으로, 노동탄압과 저임금에 의존했던 기존 체질을 탈피한 후에야 새로운 국제 경쟁력을 가지게 된 사실을 고려할 필요가 있다.

이 글에서 경제발전과 민주화의 상호관계 분석에서 중산층의 역할을 말하는 대목은 다른 저작에서 찾기 어려운 부분이다. 한국의 중산층이 오랫동안 민주주의적 성향을 보이지 않았던 데 대하여 "기생하는 사람들이 많"고, "불로소득으로 사는 투기꾼들, 공식적인 봉급 외의 부당한 소득으로 잘사는 여러 부류의 관리들"이 있으며, "바로 국가의 정치 체제가 지금까지 이러한 형태의 중산층이 존재할 수 있도록 해 온 것"이 원인이라고 분석한다. 일반적으로 중산층의 증가는 민주주의의 토대인데, 한국사회는 왜 그렇지 않은가 하는 문제의식과 그 해명은 1987년 이후 민주화 진전의 장애물에 대한 그의 고민을 말해 준다.[44]

그러한 고민의 직설적 토로가 담긴 글 "왜 나만 퇴진해야 하는가"는 광역의회 선거 패배의 충격과 절망의 표현으로 시작된다. 직설적 제목은 편집자의 의도를 담은 것이지만, 그의 심정을 그대로 드러낸 것이기도 하다. 아니, 오히려 '왜 내가 퇴진해야 하는가' 묻고 싶은 것이 그의 솔직한 심정이었을 것이다.

> 나의 진퇴에 대한 논의가 신문에 보도될 때마다 나는 부끄럽고 수치스러운 심정을 금할 길이 없다. 내가 왜 이런 말을 들어야 하는가? 야당을 하다가 하루아침에 여당으로 변신해 간 사람들도 떳떳이 활보하고 신문에 대서특필되고 있는데 왜 홀로 야당의 길을 지키고 있는 내가 이런 말을 들어야 하는지 기가 막힌 심정을 가질 때가 많다.(전집7, p. 184)

지자제를 얻어내기 위해 야당은 사력을 다해 싸웠고, 의원직 사퇴와 13일

44 '중산층' 앞에 붙는 긴 수식어들은 지지층에 대한 그의 고민을 담고 있다. "저희 당은 힘 있고 잘사는 사람의 당이 아니라 양심을 가지고도 양심대로 못살아서 괴로워하는 중산층, 물가나 치안의 불안 때문에 고통받는 중산층, 그리고 소외되어 서러움 속에서 하늘을 원망하는 수많은 농민 노동자, 서민, 노점상 혹은 장애자 이런 사람들을 위해서 있는 정당입니다."(1991년 1월 20일 대구 국정보고대회 연설, 전집11, p. 295)

단식투쟁까지 해서 겨우 얻어냈건만, "선거결과가 이 꼴이라니" "말하자면 진통과 진통 끝에 얻은 옥동자를 그 출산을 방해하던 무뢰한에게 빼앗긴 심정"이라고 표현한다. 조직·인물·돈, 이 세 가지로 인해 졌고 특히 청년층의 대규모 기권으로 졌다고 패인을 분석하면서, 일부 과격한 재야 투쟁에 대한 거부감으로 국민이 안정을 택한 이유도 있다고 본다.

이 글에는 직설적 표현이 많다. 지역감정 앞에서 느끼는 절망감에 대해서 'TK망국론'은 '가장 실감 나는 우리의 현실'이라든지, 지역차별을 시작한 박정희 씨의 '죄악은 영원히 역사에서 용서받지 못할 것'이라는 표현은 단적인 예다. 호남 차별은 이제 "마치 인종이 다른 것처럼 인간적 차별까지 조장"하고 "호남에서는 전남북을 가르는 '전북 홀로서기' 운동까지 벌이는 참으로 통탄할만한 죄악적인 행동을 저지르고 있다"고 개탄한다. 지난 30년간 온갖 박해를 무릅쓰고 '모든 국민'을 위해 싸워 왔건만, "도처에서 지역감정의 벽에 부닥칠 때 슬픔과 통탄의 심정은 물론, 모든 것이 다 **싫증**이 나는 **절망감**을 느낄 때가 한두 번이 아니다"라고까지 한다. 아마도 이러한 어휘 사용은 '국민대중'을 신앙처럼 생각하고 역사의 진보를 낙관하는 그의 글 중에서 가장 비관적, 부정적인 용례일 것이다. 당시 한소·한중 수교 등 국제적 화해 조류가 자신이 과거 주창·예견했던 흐름과 비슷해짐에도 불구하고 아직도 자신에 대해서는 '보상은커녕 오히려 상당한 오해가 그대로 남아' 있으니 서글프고 답답한 일이라며, "나는 선지자도 못 되면서 외로움만 짊어지고 있는 셈"이라고 자탄하기도 한다.

국내외 정세를 논하는 위의 글이나 국회 대표연설문은 현실 정치 현안을 둘러싸고 숨가쁘게 전개되는 사건과 일정 속에서 공안정국 조성 위기 대응, 정치일선 후퇴 요구의 방어 논리 전개, 지역감정 조장에 대한 개탄 등 여러 문제가 그의 정치·경제·평화통일 정책 비전 제시 논리와 뒤섞여 전자가 후자의 빛을 바래게 하는 면이 크다. 이에 비해 국제무대에서 그의 활동과 언어는 훨씬 힘 있고 논리 정연하다. 1992년 12월 정계은퇴 후 반 년 간 영국에 체류하며 유럽의 현실을 눈으로 확인하고 평화통일 구상을 가다듬은 후 자신의 비전에 대한 자신감은 더 커진 것으로 보인다. "문화란 운명인가—아시아의 반민주주의적 가치관의 신화"(『세계와 나』, 1994년 12월호)[45]는 그 대표적 예다.

이 글은 서구식 민주주의가 동아시아에 부적합하다는 싱가포르 전직 수상 리콴유의 주장에 대한 반박문이다. 리콴유의 주장은, 동양사회는 서양과 달라서 개인은 가족의 일원으로 존재하며 가족이 사회구성의 기초단위라는 것, 따라서 개인중심주의에 기초한 정부 형태를 가진 서구식 민주주의 정치제도는 가족중심적인 동아시아에 적합하지 않다는 것, 결국 아시아에서 민주주의는 적합하지 않다는 것이다. 이에 대하여 김대중은 한국의 반상회나 싱가포르의 개인행동에 대한 엄격한 규제를 들어 반박하면서, 리콴유가 이렇게 그릇된 주장을 하는 이유는 민주주의의 근본이 되는 1인1투표제 원칙을 부인하기 위해서라고 말한다. 그리고 아시아의 문화에 민주주의적인 철학과 전통이 풍부하다는 것을 예증하고, 제도 면에서도 과거제도의 기회 균등 원칙, 군현제, 법치주의 등이 서구 봉건제도와는 다른 특징이 있었음을 설파한다. 유럽과 아시아의 차이는 선거 민주주의의 제도화[46]에 있다, 그러나 '서구식 자유시장경제와 민주주의는 동전의 양면'이므로 경제발전이 정치발전보다 앞선 국가에서도 '민주화는 시간문제일 따름'이다, 등등의 주장은 이전 시기 그의 논리와 다름이 없다.

그러나 여기에 중요한 한 가지, 정보화사회가 새로운 논거로 등장한다. 다음 세기에는 아시아 국가들의 경제가 정보와 기술 집약체제로 변할 것이

---

45 이 글은 미국의 국제정치학술지 *Foreign Affairs* 1994년 11~12월호에 실린 "Is Culture Destiny?"를 번역한 것이다.

46 그는 강연 "한국 민주주의 희망은 있는가"에서 민주주의 제도/원리를 구분하며, "민주주의가 서구의 것이라는 것은 제도이지 그 원리는 아닙니다."라고 지적한다. 민주주의 원리는 세계 공통의 것이기 때문에 비서구 문화권도 민주주의를 할 수 있는 분명한 근거가 있다는 것이다. (전집 9, p. 132)

기 때문에, "새로운 세계경제질서 하에서 성공하기 위해서는 자유가 보장되어 정보가 물 흐르듯이 막힘없이 흐를 수 있어야 하며 창의력이 억제됨이 없이 발휘되어야 한다"는 것, 따라서 "민주주의는 이제 치열한 경쟁의 시대로 접어든 세계경제질서에서 살아남기 위한 조건"이라는 것이다. 민주주의 외에 다른 대안이 없으며, 아시아 사회의 전통적 장점을 찾아내 어떻게 더 나은 민주주의를 만들지 고찰해야 한다면서, 그는 '지구적 민주주의'를 제기한다. "우리가 서로를 존중해주는 것이 자연을 존중해 주는 것과 연관된다는 사실을 인식"하고 유교의 '태평천하'와 불교의 '만물 불성' 과 같이 "모든 생물과 무생물의 건전한 권리가 보장되는 새로운 민주주의"를 실현하기 위해 노력해야 한다는 것이다.

이렇게 장대한 스케일의 민주주의 구상을 이야기한 그는 아시아 민주주의 확립, 인권 개선의 "가장 큰 장애요소는 문화적 전통이 아니라 권위주의적 지도자들과 변명자들의 저항"이라고 못 박는다. 이광요, 바로 당신 같은 권위주의적 사고가 민주주의 발전의 장애물이오, 라고 반박하는 이 논문의 마지막 문장은 그의 부정법 수사가 빛을 발하는, 기억할만한 명문이다.

"문화는 반드시 우리의 운명일 수만은 없다. 민주주의가 우리의 운명인 것이다."

이것은 '운명'이라는 단어가 가진 순응과 체념의 정조를 뒤집어 신념과 희망, 의지와 결단의 언어로 만드는 수사법이다. 그것은 곧 김대중이 옥중서신에서 말한 '운명을 사랑한다'는 의지적 결단의 정신이며, 그의 연설에 나타나는 한의 파토스의 핵심이 무엇인지 말해 준다.

(2) 한(恨)의 파토스와 화해 의지: 1987~1997년 연설문

연설의 목표는 청중의 설득에 있으며 수사학은 설득의 기술이다. 그런데 설득이 기술의 습득 이전에 청중의 마음을 읽는 데서 출발해야 한다는 것은 동서고금의 진리이다.[47] 1987년 이후 이제 별다른 제약 없이 대중 집회에 서게 된 김대중의 연설에서는 청중의 마음을 얻는 것, 파토스 효과가 특히 중요한 의미를 가진다. 수사학의 오랜 가르침대로, 사랑을 품고 있는 사람에게는 판단의 대상이 되는 사람은 불의를 저지르지 않았거나, 그렇더라도 아주 경미한 것을 저지른 것처럼 보이지만, 증오를 품고 있는 사람에게는 그 정반대[48]라는 점이 그에게 유독 문제가 됐기 때문이다. 청중과 연설자의 심리적 거리가 너무 가깝거나 지나치게 먼 상황, 어떤 청중은 절대적으로 사랑하고 존경하는데 어떤 청중은 절대적으로 미워하고 배척하는 상황이 1987~1997년 사이 김대중 연설의 수사적 상황이 되었기 때문이다.

김대중의 연설회장은 대규모 군중이 모이는 일종의 구경거리(spectacle), 지지자들의 잔치 마당, 민주주의 교육의 장이었다. 또한 그것은 지역감정의 관점에서 보자면, "전라도 사람들의 애통함을 나누는 곳"[49]으로 불릴 만큼 강력한 집단적 파토스를 공유하는 곳이었다. 그에게 적대적인 언론과 경쟁자들에 의해 지역감정과 용공의 어두운 이미지의 벽이 그를 둘러쌌다. 그 벽은 1980년 '광주' 이후, 1987년의 단일화 실패, 1992년 정계은퇴와 번복, 1997년 대선 4수생의 길에 이르기까지 더욱 두터워졌고, 그만큼 김대중과 그 지지자들의 한도 쌓여갔다. 1971년 연설의 지배적 정서가 분노의 파토스였다면, 1980년 이후 지배적 파토스는 김대중 자신이 연설에서 자주 언급한 대로 한(恨)이 된다.

한이란 무엇인가. 사전적 의미로 한은 억울하고 원통한 일을 당하여 응어

47 조지 레이코프가 말하는 "믿고 싶은 대로 믿는" 청중과의 관계성을 중시하는 것은 현대 수사학의 중요한 특징이다.(장경수, 『위대한 침묵 51초』(서울: 지식의숲, 2011), p. 142 참조) 아리스토텔레스의 고전수사학에서 정념(passion)과 설득의 관계를 말하는 대목 역시 이와 다르지 않다.

48 아리스토텔레스, 『수사학』2 (서울: 리젬, 2007), pp. 12-13.

49 전인권, 『편견없는 김대중 이야기』(서울: 무당미디어, 1997), p. 112.

리진 마음이며, 비슷한 말로는 원한(怨恨)이 있지만, 원한과는 다른 무엇이다.[50] 우리말의 한이 다른 각국 문화의 원한감정(ressentiment)과 대조되는 특징은 한의 피해자가 복수를 하지 못하거나 하지 않으며 다른 방법으로 가슴 속의 응어리를 푼다는 데 있다. 민족 수난의 역사와 뿌리 깊은 계층의식 속에서 정치적·사회적 약자는 복수를 할 수 없었으며, 전통적 유교·불교문화가 잔인한 복수의 정서를 비교적 적게 가지고 있기 때문에, 한은 복수를 통해서 풀리지 않고(못하고), 문학예술작품으로 승화시켜 푸는 방식이 지배적이 된다. 판소리는 그 대표적 장르다. 한의 이러한 특징은 '용서와 화해'를 말하는 김대중의 오랜 어법과 깊은 상관관계가 있다.

김대중은 옥중서신에서 판소리, 특히 춘향전의 가치를 높이 평가한 바 있고, 1983년 강연에서도 '한국이 민주주의를 할 수 있는 이유'의 첫 번째로 판소리 춘향전을 근거로 든다. 민주주의는 국민이 내 힘으로 해야 하고 자유를 위해 희생할 수 있어야 하는데, 우리 민족은 '한'의 민족이라 할 수 있다며 그 대표적 예로 춘향전을 말한다. 춘향이는 '민중의 한'을 대표한 인물로서 인권주장, 언론 자유, 불굴의 의지, 목적의 일관, 보복하지 않는 것 등 위대한 정신을 보여주는 '비폭력 철저 저항'의 모범이라는 것이다.[51]

그는 한이 '민중의 좌절된 소망'이며, 광주의 한은 그런 의미에서 온 국민, 전 세계 양심인의 한이라고 말한다. 광주의 한을 풀려면 진상 규명, 책임자 사과, 피해 보상이 있어야 하고, 궁극적으로는 민주회복과 조국 통일이 되는 것이 광주의 한을 푸는 유일한 길이라고 1986년 이후 여러 차례 말한 바 있다. 그러나 이러한 민족 보편적 의미나 집단적 의미의 한과 또 다르

50 종교·철학적 의미로는 욕구나 의지의 좌절과 그에 따르는 삶의 파국, 또는 편집적이고 강박적인 마음의 자세와 상처가 의식·무의식적으로 얽힌 복합체가 한(恨)이다. 한의 사전적 정의와 설명에 대해서는 『한국민족문화대백과사전』23 (성남: 한국정신문화연구원, 1991) 해당 항목 참조.

51 "한국 민주주의 희망은 있는가"(1983년 3월 12일, 워싱턴 강연), 전집9, p. 139.

게, 김대중의 연설에서 나타나는 한의 파토스는 개인의 정치적 역경과 좌절된 소망의 발현이기도 하다. 대중은 카리스마적 지도자에게 자신의 집단감정을 투사하고, 연설자는 그 감정의 전이를 통해 비전을 제시, 설득하는 것이 보편적 원리이긴 하지만, 김대중의 경우 이러한 투사와 전이의 밀도는 유독 강했다. 바로 그 응집력 때문에 그는 지역감정의 피해자일 뿐 아니라 수혜자라는 비난을 받게 된다.[52]

문제적 장면은 반복되기 마련이다. 김대중의 1971년 장충단 연설과 1987년 11월 여의도 연설의 서두는 매우 비슷하다. 똑같이 예변법의 수사로 시작되는 다음 대목을 보자.

> 사랑하는 여러분! 내가 목숨보다 더 사랑하는 국민 여러분, 대한민국의 역사는 물론이고 세계의 역사에도 없는 대군중이 지금 여의도 양쪽은 물론이고 고수부지까지 꽉 메웠습니다. 여러분 나는 여기서 선언합니다. 이번 선거는 오늘로서 김대중이가 승리했다! 김대중이가 승리한 것이 아니라 4천 2백만 민주주의를 원하는 국민이 승리했다! 여러분 우리 기뻐합시다! (전집11, p. 151)

이러한 장면은 선거 직전(1987년 12월 13일) 보라매공원에서 더욱 대규모로 되풀이된다. 그와 지지자들은 감격하며 승리를 예감했다고 한다.(자서전1, p. 533) 하지만 선거 결과는 3위였고, 그는 단일화 실패의 책임을 묻는 비난에 둘러싸였다. 대규모 군중집회는 이제 언론매체의 힘을 넘어서지 못하게 됐고, 군중의 성격도 달라졌다. 오랜만에 만난 군중 앞에서, 그의 연설은 예전만큼 자연스럽고 박력 있는 표현을 얻지 못한다. "나는 ~ 생각하는

---

52 김대중에 대한 비토 의식, 비호감 이미지의 원인에 대한 사회심리적 분석으로는 전인권, 『편견 없는 김대중 이야기』(서울: 무당미디어, 1997); 고종석, 『서얼단상—한 전라도 사람의 세상읽기』(서울:개마고원, 2002) 참조.

데, 여러분은 어떻게 생각하십니까?" 하며, 박수를 유도하는 식으로 반복되는 문답법은 지지자들에겐 여전히 열광적 호응을 낳았겠지만, 그 이상의 폭넓은 지지층을 확보하기엔 구태의연해 보였다. 그의 대중연설 내용 중에는 "이런 텔레비전 상태 가지고는 공명선거를 기대할 수가 없다고 봅니다." 하는 언론 비판, 공정보도 촉구를 위한 시청료 거부 주장이 거듭 나온다. 계속되는 왜곡 보도 속에서 그는 생애 처음으로 방송 카메라 앞에서 어색한 모습으로 선거 연설을 해야 했다. "저는 이 짧은 시간에 하고 싶은 말씀을 다 할 수 없고, 또 이런 텔레비전에 오랫동안 나와 보지 못했고, 원고 없이 말씀을 하기 때문에 약간 두서없는 점이 있습니다. 여러분의 양찰을 구하겠습니다."(1987년 12월 2일, KBS) 하는 것으로 그의 첫 번째 방송 유세는 끝난다.

과거의 탁월한 대중연설가가 텔레비전에 적응해서 완벽하게 '준비된 대통령' 후보가 되기까지는 그로부터 10년의 시간이 필요했다. "저도 알고 보면 부드러운 남자입니다"를 내세운 1992년 텔레비전 연설에서는, "어떤 분은 오늘 나온 제 얼굴 보시고, '또 나왔네' 하며 그냥 지나치실지 모르겠습니다." 하고 자신을 낮추는 농담을 할 정도로 진화한다. 연설자에 대한 청중의 호감도를 결정하는 데는 여러 요인이 작용하지만, 단순한 근접성·친숙성과 함께 자신과 비슷한 사상·특성을 가진 사람인 것 같다는 인지적 균형과 유사성의 작용이 크다고 한다. 그 점에서 김대중은 재야인사, 과격한 민주화 투사의 이미지를 탈피하는 데 오랜 시간이 걸릴 수밖에 없었다. 이 연설에서도 그는 좌우명 '무엇이 되느냐가 아니고, 어떻게 사느냐가 중요하다'와 '행동하지 않는 양심은 악의 편이다'를 얘기한 다음에 "유세장 같으면 이쯤에서 박수가 요란하게 쏟아질 텐데-(웃음) 댁에서나마 박수 한 번 쳐 주시지요." 하는 장면이 나오는데, 역시 지지자들이 아니라면 시청자의 어색한 웃음을 자아냈을 대목인 것이다. 하지만, 대화합의 정치와 한의 관계를 설명하는 다음 대목은 1992년 연설 중에서 가장 진한 감동을 자아내는 장면이다.

일부에서는 저를 보고 한이 많은 정치인이라고 합니다만, 전 한국인입니다. 판소리 마당 속에 담긴 그 해학과 풍자의 멋을 누구보다 사랑하고 이해합니다. 실제 제 경험으로도 그렇습니다. 전 정치활동이 금지될 때마다 갇혀 있었습니다. 그 시간 저는 눈물을 흘린 것이 아니고 내일을 준비했습니다. 저희 집에는 조그만 화단이 있습니다. 어린 손주들을 위해 제가 만든 꽃밭입니다. 저는 그 꽃들을 보며 희망을 배웁니다. 그리고 졌다가 다시 피는 꽃 속에서 손주들이 또한 희망을 느끼게 하고 싶습니다. 산다는 것은 결국 희망이 있기 때문이 아니겠습니까? 그런 의미에서 희망이 있는 한, 한은 원한으로 남는 것이 아닙니다. 오히려 건강하고 더욱 강하게 자기를 지켜 나가면서 남을 헤아리는 포용력을 갖게 하는 것입니다. 이것이 바로 대화합이고 뉴 디제이입니다.(전집11, p. 358)

꽃과 희망은 상투적 은유지만, 그 자신의 체험과 가족의 이야기이기 때문에 진정성 있는 수사가 된 것이다. 이에 비해 예전부터 그가 여러 번 사용한 '시집살이와 시어머니-며느리의 비유'는 그리 성공적인 비유는 아닌 것으로 보인다. 시집살이의 한에 관한 연상 작용을 이용해, 정치보복을 하지 않고 과거의 정적들을 '용서'할 것이니 믿어달라는 의도로 쓴 환유지만, 옛 정권과 새 정권의 관계를 며느리와 시어머니로 놓는다는 게 적절하지도 않거니와, 아무리 좋은 시어머니가 된다 해도 며느리-시어머니 관계에 대한 일반적 이미지, 갈등 관계를 넘어서는 대화합의 이미지를 만들어내기에는 부족하기 때문이다. 북풍과 지역 대결 양상 속에 그는 또 패배했고 정계은퇴 성명을 읽었다. "존경하는 국민 여러분! 저는 또 다시 국민 여러분의 신임을 얻는 데 실패했습니다. 저는 이것을 저의 부덕의 소치로 생각하며 패배를 겸허한 심정으로 인정합니다."(1992년 12월 19일)

정계은퇴 선언 이후 '정치 거목의 퇴장'에 대한 칭송 기사가 쏟아지고, 다시는 돌아오지 못하도록 그를 가장 반대했던 언론사들부터 앞장서서 찬양의 레토릭이 넘쳐났지만, 그는 결국 비난을 무릅쓰고 다시 대선 4수에 도전한다. '좌절된 소망'인 한이 풀리는 방식은 두 가지밖에 없다. 소망을 이루거나, 다른 식으로 승화시키거나. '준비된 대통령'을 슬로건으로 내세운 1997년의 대선 승리에는 여러 가지가 작용했지만, 유세전을 좌우한 것은 대중연설도 방송연설도 아닌 후보 간 텔레비전 토론이었고, 토론은 그의 강점을 부각시키기에 충분한 설득경연장이었다. '준비된 대통령'이란 슬로건의 강점은 그가 이전까지 자신의 과격한 대중적 이미지를 바꾸기 위해 내세웠던 '안정과 변화'의 슬로건이 가지는 수동성을 능동적·적극적인 것으로 뒤집어 개인의 능력과 외환 위기의 시대적 조건을 결합시킨 데 있다.[53]

그가 마지막 토론에서 사용한 메타포는 '위기의 강을 건너는 다리'가 되겠다는 것이었다. "모든 분이 제 등을 타고 위기의 강을 건너십시오." 이 '위기의 강'이라는 비유는 자서전에서 다시 '눈물의 강'이라는 비유와 겹쳐진다. 지지자들이 그를 비유해 온 '인동초'에는 '처연한 아름다움, 눈물'이 깃들어 있고, "지지자들이 나를 바라보며 흘린 눈물, 그 눈물이 모여 강물을 이루었고 나는 그 강물을 타고 거슬러 올라가 대통령이 되었다"(자서전 1, p.674)는 것이다. 그의 한을 지지자들이 자신의 한과 일체화했다는 점에서 그는 우리 현대사에서 비슷한 예를 찾을 수 없는 정치인이었다. 수사학의 관점에서 설득력 있는 연설이란 청중의 감정과 믿음에 입각해서 그것을 연설자가 말하려는 대상에 옮겨놓는 것이다. 김대중의 연설과 정치 역정은 우리 사회의 억눌린 비주류 집단, 소외된 지역·계층의 슬픔과 울분과 좌절

53 '준비된 대통령'이라는 슬로건의 탄생, 선거캠페인의 효과 및 1992~1997년 대선 과정에 대해서는 이강래, 『12월 19일, 정권교체의 첫날』(서울: 푸른나무, 2011) 참조.

감을 정권교체를 통해서 희망의 싹을 찾을 수 있으리라는 믿음으로, 민주주의와 인권, 평화통일이라는 거창한 이념들이 공허한 것만은 아니고 민중의 생활 문제에 연관된 것이고 내가 그것을 바꿔가는 역사의 주인이 될 수 있다는, 막연하지만 실낱같은 믿음으로 전화시키려는 시도이다. 이것이 수사학에서 말하는 전이(transfer)의 원리이다.[54] 그가 대통령이 된 후 만든 '국민의 정부'라는 명칭, 그 명명 행위는 국가의 진정한 주인이자 실체는 곧 국민이라는 믿음을 이 정부의 성격에 전이시키는 것이다.

4) 역사 앞에 선 피고 혹은 스승의 에토스

(1) '준비된 대통령'의 글쓰기

1998~2002년 대통령 재임 시기의 연설은 그 이전의 연설과는 다른 점이 많다. 연설의 성격이 다르며, 화자와 청중의 관계도 다르다. 우리는 앞에서 대통령 취임 이전 시기의 선거 연설문과 강연문을 분석했다. 정치적 성격을 띤 이 담화들은 주로 지지자를 대상으로 행동의 변화 촉구와 정책 제안을 담은 것이었다. 이에 비해 대통령 연설문은 전체 국민을 대상으로, 정책이념 제시, 집행의 약속을 담고 있다. 대통령의 말은 공표되는 그 자체로 권력 행위가 되는 수행적 언어이다. 그러므로 표현의 기능 면에서도 정치적 무게가 다른 '통치의 언어'라는 특징을 지닌다. 정형화된 문장과 어휘들이 많고, 거침없는 표현은 절제돼야 한다. 대부분의 경우 대통령 연설문은 담당 비서관이 쓰고 대통령은 검토와 퇴고만 하지만, 김대중의 경우 신년사, 광복절 기념사, 국군의 날 기념사, 1년 중 3개 연설문은 아무리 바쁘더라도 직접 썼다고 한다.[55] 이 세 가지는 모두 기념과 의례의 성격을 띤 제의연설로서, 그의

54 올리비에 르불, 『수사학』(파주: 한길사, 1999), p. 128.
55 강원국, 『대통령의 글쓰기』(서울: 메디치미디어, 2014), p. 312.

국정철학과 정책 목표, 역사의식과 미래 비전을 종합적으로 담고 있으므로, 여기서는 수많은 대통령 연설문 중에서 이 세 가지 연설과 취임사를 중심으로 그 수사적 특징을 살펴본다.

우선 취임사를 보면, 문장의 주어 사용에서 국민통합의 가치를 부각시키는 에토스적 설득 전략을 많이 쓰고 있다. '저는, 우리는, 모두 함께, 국민의 대통령' 등의 주어를 사용하여, 화자 자신을 부각시키기보다는 공동의 의무와 책임을 가진 권력의 주인으로서 국민을 강조하는 것이다.[56] 이는 "국민이 주인 대접을 받고 주인 역할을 하는 참여민주주의가 실현"되는 정치개혁을 하겠다는 의지의 표현이다. '국민의 정부'라는 명명 행위 자체가 이미 이전 정부와의 차별화를 표명하는 것이다. 또한 그는 연설마다 민주적 정권교체의 역사적 중요성을 강조하고 자신의 인생 스토리, 정치적 박해의 경험을 말함으로써 '국민의 정부'의 정당성을 주장한다. 과거 역사에서 국민의 고통과 현재 민주주의 및 정의의 승리를 대조시키고, 박해자의 패배와 피해자의 승리를 대조시키는 한편, 자신은 어떤 정치보복도 하지 않겠다는 것을 강조함으로써 '약속을 지키는 대통령'의 신뢰성을 부각시킨다. 이러한 점은 특히 취임사에서 강조된다. 김대중 대통령에 대한 반대자들의 의문과 염려, 불안감(정치보복, 급진적 개혁, 국정수행능력, 측근 인사 등)을 해소하기 위한 약속의 강조가 취임사의 주된 특징이다.

그는 또한 여러 연설에서 '참여 민주주의'를 최상위 가치로 놓음으로써

---

56 역대 대통령 연설문의 수사학적 분석 연구는 여러 편 나와 있다. 김대중의 경우, 다른 대통령에 비해 국민통합의 의미를 담은 수사적 전략이 많다는 비교분석이 있다.(임순미, "정치리더의 가치프레임: 김대중 대통령과 이명박 대통령의 취임사 비교," 『국가정책연구』 제23권 제4호, p. 62) 파토스 면에서 역대 대통령들에 비해 부정적 감정의 강조가 약하고 중립적·긍정적 감정을 유도하는 표현이 많다는 분석도 있다.(이귀혜, "한국 대통령들의 설득수사학," 『스피치와 커뮤니케이션』 8호, (2007) p. 306) 또한 하트의 신뢰성 차원 표를 이용하여 어떤 신뢰성 수사 전략을 사용했는가를 분석한 연구에서는 김대중의 경우, '믿음' 전략을 가장 많이 사용한 것으로 분석됐다.(강태완·김은정, "역대 대통령연설문에 나타난 수사적 특징과 역할규정," 『사회과학연구』 제30권 2호(2004), pp. 77-80)

국민에 대한 신뢰에 기초한 자신의 국정철학과 구체적 정책 목표를 일관되게 제시하고 약속한다. 이러한 수행적 어법을 통해 화자는 과거/현재의 말과 행위의 일관성을 보여주고, 청중의 신뢰를 얻으려 한다. 민주주의와 시장경제의 병행발전을 거듭 강조하고, 민주주의 확립에 기초해서 새천년에는 갈등의 시대에서 "인류의 보편적 가치가 전 세계에서 처음으로 실현될 수 있는 희망의 시대"(2000년 신년사)로 변화될 것임을 대조, 강조하면서 지식정보화국가, 생산적 복지, 햇볕정책에 기초한 남북화해와 평화의 시대라는 미래 비전을 제시한다. 이는 화자의 리더십이 지니는 특징, 실용주의와 이상주의의 조화, 갈등 조정과 비전 제시 능력을 보여줌으로써 화자가 청중(국민)의 열망을 실현시킬 수 있다는 신뢰감을 심어주는 설득 전략이다.

그의 과거 연설에서 대조와 부정 어법은 지배적 주류 담론에 맞선 대안 담론을 만들어내기 위한 수사 전략이었다. 이러한 특징은 기본적으로 대통령 연설문에서도 지속된다. 개발독재론, 민주주의 시기상조론, '선성장 후 분배론'의 시대는 종말을 고했지만, 실질적 민주주의의 확대(국가보안법 개정, 전교조와 공무원노조·민노총의 합법화, 인권위 설치)가 대한민국의 '자유민주주의'를 위험에 빠뜨리고 있다는 목소리가 빚어내는 갈등과 주장의 경연은 새로운 단계를 맞았기 때문이다. 게다가 과거 정권의 적폐로 외환위기가 왔고, 근본적 개혁으로밖에는 '국난'을 극복할 수 없음을 설득해야 하는 상황이었다. 의미상 대조를 위한 대구법의 빈번한 사용은 이러한 수사적 상황의 표현이다.

> "올 한 해 동안 물가는 **오르고**, 실업은 **늘어날** 것입니다. 소득은 **떨어지고**, 기업의 **도산은 속출**할 것입니다. 우리 모두는 지금 땀과 눈물을 요구받고 있습니다."(취임사)

"바르게 산 사람이 **성공**하고 그렇지 못한 사람은 **실패**하는 그런 사회가 반드시 이루어져야 합니다. 고통도 보람도 같이 나누고, 기쁨도 함께 해야 합니다. 땀도 같이 흘리고 열매도 함께 거둬야 합니다."(취임사)

"독선적 민족주의와 같은 폐쇄적 사고에서 벗어나 보편적 세계주의로 나아가는 새로운 가치관을 가져야 합니다.(중략) 물질 위주의 공업국가를 창조적 지식과 정보중심의 지식기반 국가로 바꾸어야 합니다."(1998년 광복절 기념사, 『김대중대통령연설문집』1, (서울:대통령비서실, 1999))

경제 분야에서도 관치경제/시장경제의 대조는 거듭 등장한다. 진정한 시장경제와 '생산적 복지' 제도의 확립이라는 그의 경제철학이 외환위기 극복 상황의 현실적 정책 목표로 구현되는 과정에서 신자유주의 세계화와의 관계는 새로운 도전을 낳았고, 이에 대한 논란과 평가는 아직도 진행 중이다. "마누라 말고는 다 바꿔라!" 하면서 모두가 변화와 개혁을 말하는 시대, '바꾸지 않는 것이 더 위험하다'는 진보의 레토릭[57]이 상투적 어법이 된 시대에 그 개혁의 방향이 과연 어떤 진보 가치의 지형 아래 있는지를 판단하고 평가하는 것은 점점 더 어려운 일이 되고 있다.

그러나 그가 대통령으로서 대안을 주도적 담론의 지위로 격상시킨 대표적 정책이념–민주적 시장경제와 생산적 복지, '햇볕정책'–을 둘러싼 논쟁은 우리 사회의 담론 지형을 크게 변화시켰다. 그 중에서도 한반도의 냉전체제를 평화 체제로 변화시키자는 남북화해협력정책 즉 '햇볕정책'은 수사

---

57 앨버트 허시먼은 보수의 레토릭이 세 가지 명제에 근거하고 있다고 분석한다. 첫째, 근본적 변화의 시도는 "오히려 정반대의 결과를 낳을 것이다"(역효과 명제), 둘째, 역사적 현실은 복잡하기에 어떠한 변화의 시도를 해도 "기존의 체제가 바뀌지 않을 것이다"(무용 명제), 셋째, 변화를 시도하면 "우리의 자유와 민주주의가 위험해질 것이다"(위험 명제). 이러한 보수 명제의 레토릭을 분석한 후, 이에 대응하는 진보의 레토릭으로 위험 명제의 전도("행동하지 않는 것이 더 위험하다")와 "역사는 우리 편"을 들고 있는 바, 이는 '생산적/보편적 복지' 논쟁 및 우리 사회의 여러 논쟁 구도에 적용 가능한 흥미로운 분석틀이다.(앨버트 O. 허시먼, 『보수는 어떻게 지배하는가』, 이근영 옮김 (서울: 웅진지식하우스, 2010), p. 211)

학의 관점에서도 중요한 분석의 가치가 있다. 우선 담론의 이데올로기 분석이라는 관점에서, 햇볕정책은 보수의 레토릭 세 가지 대표 명제에 정면으로 맞서는 주장을 형성한다. 보수주의의 레토릭을 체계적으로 분석한 경제학자 허시먼의 정식을 빌려 한국 '보수주의' 통일 담론을 정리해 보면 다음과 같다. 첫째, 지금의 분단체제가 최선은 아니지만 최악도 아니므로 이것을 근본적으로 변화시키려는 시도는 남한의 사회경제체제마저도 위험에 빠뜨릴 것이다(위험 명제). 둘째, 북한 체제를 변화시키려는 어떠한 시도도 무용하다(무용 명제). 셋째, 북한을 유화책으로 변화시키기 위해 경제적 지원을 계속하는 '대북 퍼주기'는 북한의 핵무장을 도와주고 북한 주민을 더욱 고통스럽게 하는 역효과를 가져올 것이다(역효과 명제). 이러한 명제들에 대해 햇볕 정책은 다음과 같은 식으로 대응한다. 첫째, 남북화해협력은 한반도의 긴장완화를 가져와 안보 불안이 초래하는 '코리아 디스카운트'를 개선시켜주며, 개성공단과 '철의 실크로드'는 남한의 경제성장 동력을 강화할 것이다. 둘째, 북한은 이미 변화하고 있으며 북한 주민이 남한에 대한 감사와 동경을 갖게 하는 것이 무엇보다 중요하다. 셋째, 봉쇄와 경제제재는 북한 주민을 더 극단적 고통으로 몰아넣고 북한의 중국 의존을 강화할 것이다. 한마디로 전쟁을 하겠다는 것이 아니면, 햇볕정책 외에는 다른 '대안이 없다'는 것이다. 이러한 논리는 물론 그의 퇴임 후 '대북송금 의혹'과 북한의 핵무장으로 강력한 반론에 부딪혔지만, 햇볕정책이 현실적으로 최선의 대북정책이며 그 외에는 대안이 없다는 주장이 지닌 강한 설득력이 그 자체로 약화된 것은 아니라고 볼 수 있다.

문채(표현)의 수사학이라는 또 다른 관점에서도 '햇볕정책'은 흥미로운 분석대상이다. 대북포용정책, 대북화해협력정책이 공식 명칭이었지만 이 별칭으로 널리 알려졌고, 외국 언론에서도 'The Sunshine Policy, 陽光政策'으로 불렸다. 용어 자체가 '해와 바람과 나그네'라는 이솝우화에서 나온

인유(引喩)이고 알레고리이기 때문에, 처음부터 서로 다른 상반된 해석이 가능했고, 그것이 논란을 증폭시켰다. 남한의 반대파들은 무조건 햇볕만 내리쬐는 것은 '퍼주기' 아니냐며 공격했고, 북한은 햇볕을 쪼여 외투를 벗긴다는 것은 체제를 붕괴시키겠다는 거냐며 불쾌감을 표시했다.[58] 이렇게 남북한 양쪽에서 명칭 문제가 제기되면서 '햇볕정책'이란 이름은 공식석상에서 사라졌다. 그러나 김대중은 이 이름에 애착을 가지고 사용[59]했으며, 자신이 의도했든 아니든 간에 '햇볕정책의 전도사'로 불렸다. 대북포용정책의 반대파들은 이를 끈질긴 공격의 대상으로 삼았다. 햇볕정책은 국제적으로는 폭넓은 지지를 받았지만 국내 반대파들의 공격과 이후 북미 관계의 악화, 북한의 핵무장 등 여러 상황 변화로 인해 현재까지 국민 대다수에게 긍정적 평가를 얻어내지 못하고 있다.

여기에는 '햇볕정책'의 수사적 약점도 어느 정도 작용한다. 한반도 긴장 완화와 북한의 개방 유도라는 두 가지 목표를 드러내는 데는 강점을 지닌 비유이지만, 대북 경제지원이 '퍼주기'가 아니라 '평화 비용'이라는 것, 실질적으로는 남한이 주체적으로 '통일 대박'을 준비하기 위한 선행 투자라는 것을 국민이나 반대파들에게 설득하는 데는 약점을 가진 비유였음을 반대파의 수사학과 비교하면 분명하게 볼 수 있다. 사실 '햇볕'이라는 비유의 힘은 '자유의 빛'이라든가 '빛과 소금'처럼 오래된 상징과 메타포의 자장 안에서 작동된다. 이는 기독교적 소명의식과 민주주의 실현 등 김대중에게 중요했던 보편주의의

58 이원섭, 『햇볕정책을 위한 변론』(서울: 필맥, 2003), p. 33.

59 퇴임 후의 표현을 보면, "냉전의 찬바람이 불던 한반도에 햇볕이 내리비쳐 따뜻한 한반도로 변화시키기 시작했습니다."("남북관계와 한반도의 미래", 2005년 스탠포드 대학 연설), "태양이 동서남북 고르게 따뜻한 햇볕을 보내듯이 남북한 양쪽도 냉전의 강풍을 잠재우고 평화공존, 평화교류, 평화통일의 공동승리의 성과를 발전을 이룩하자는 것입니다. (중략) 저는 '동방정책'이 동서독간의 평화와 우호 협력을 증진시켜 마침내 평화적 통일을 이룩하게 했듯이 우리나라에서도 '햇볕정책'이 다시 힘을 얻어서 한반도 평화와 남북의 공동번영이 이룩될 날이 머지않아 올 것이라고 확신하고 있습니다."("빌리 브란트와 나", 2009년 외국어대 강연)와 같이, 이 용어에 대한 그의 애정과 자부심을 볼 수 있다.

가치에 바탕을 둔 비유이다. 또한 '나그네(북한)'가 수동적이고 약한 존재가 아니라는 점에서 이솝우화와는 결정적 차이가 있겠지만, 결국 어떤 대상을 변화시키는 것은 외부의 힘이 아니라 그 대상의 '자발성과 의지'에 달려 있고, 외부의 존재는 단지 그 변화를 유도할 수 있을 뿐이라는 관점, 민주주의와 세계인권에 대한 김대중의 일관된 견해가 무의식적으로 반영된 비유이기도 하다. 그러나 결국 수사적 설득의 성패는 화자의 의도가 아니라 청중의 성격에 달려 있는 법이고, 아직 우리 사회의 많은 사람들에게는 따뜻한 '햇볕'의 정신적 메타포보다는 '대박'이라는 경제적 메타포가 더 실감나게 느껴지는 것 같다. 아니면 비유가 아닌 직설, 노무현 정부의 '평화번영정책'이 좀 더 내용과 표현의 조응에는 알맞은 것일 수도 있다. '햇볕정책'의 비유적 강점이 그 힘을 얻는 것은 결국, 대북정책에 대한 국민의 이해와 함께 앞으로 한반도 긴장완화와 민주주의 신장·인권 개선이 얼마나 이루어지는가, 근본적으로 남북한의 대다수가 과연 '외투'를 벗기를(평화와 통일을) 진정으로 원하는가에 달려 있다고 볼 수 있을 것이다. 김대중은 늘 '정치는 국민대중보다 딱 반걸음만 앞서 손잡고 나아가는 것'임을 강조했지만, 햇볕정책의 수사학에서 보듯이 그것은 그의 의도와는 달리 결코 쉬운 일이 아니었다.

(2) 좌우명의 수사학

한 정치학자의 표현대로, 그는 '말의 정치가'이다. "정치가로서 김대중의 특성은 '대중연설과 강연'에서 가장 잘 드러난다. 그의 전형적 이미지는 지지자들 앞에서 연설 또는 강연을 하는 것이고, '선생님'이란 호칭도 그러한 특성에서 비롯된 것이다."[60] 인생에 관한 작은 이야기로부터 동서고금의 수많은 역사적 사실에 이르기까지 수많은 인용이 등장하는 것이 그의 강연이

60 전인권, 『편견없는 김대중 이야기』(서울: 무당미디어, 1997), p. 112.

었다. 세상에 대한 할 말이 많고 복잡한 생각이 많은 사람들이 모여서 서로 그 사실을 확인하며 위로하며 희망을 얻는 장소가 그의 강연장이었다. 이러한 '선생님'의 에토스는 대통령 연설문에도 그대로 드러났다. 각계 여론을 수렴하고 전문가 집단의 조언을 받아 조심스럽게 말을 골랐다는 그의 연설문은 "배경에서부터 파급효과에 이르기까지 친절하게 풀어서 설명하는 방식"[61]을 택해서 논리적 인과관계가 분명하고 그 분량이 길었다. 그러나 2002년 퇴임 후 그가 남긴 공식적 기록을 보면 비교적 말을 아끼는 경향이 보인다. 각종 인터뷰 외에는, 한반도 평화와 햇볕정책을 중심으로 한 강연과 6·15 기념행사 연설이 거의 전부이다. 그가 남북관계의 진전 외에 특별한 관심을 표한 사건은 '촛불집회'였다. 2008년 6·15 8주년 기념식에서 촛불집회에 대해서, 그리스 아테네에서 시작된 직접민주주의가 온라인과 오프라인의 연대 속에 한국에서 전국적으로 행해지려고 한다고 말했던 그는 2009년 일기에도 다음과 같이 적었다.

> 인류의 역사는 맑스의 이론 같이 경제형태가 주도하는 것이 아니라 지식인이 헤게모니를 쥔 역사 같다. 1. 봉건시대는 농민은 무식하고 소수의 왕과 귀족 그리고 관료만이 지식을 가지고 국가 운영을 담당했다. 2. 자본주의 시대는 지식과 돈을 겸해서 가진 부르주아지가 패권을 장악하고 절대 다수의 노동자 농민은 피지배층이었다. 3. 산업사회의 성장과 더불어 노동자도 교육을 받고 또한 교육을 받은 지식인이 노동자와 합류해서 정권을 장악하게 되었다. 4. 21세기 들어 전 국민이 지식을 갖게 되자 직접적으로 국정에 참가하기 시작하고 있다. 2008년의 촛불시위가 그 조짐을 말해주고 있다.(2009년 3월 18일 일기)

---

61 강원국, 『대통령의 글쓰기』(서울: 메디치미디어, 2014), p. 291.

위의 인용은 그의 낙관주의적 역사관을 그대로 보여준다. 전 국민의 국정 참여, 그것이 그가 생각하는 민주주의의 핵심이고 완성이었다. 1970년에 등장하는 '대중정치'의 지향, "민주주의는 한 마디로 요약하면 'government by the people'이다. 참여의 정치다."(옥중서신)라는 1982년의 단상, "국민 참여의 정치, 직접민주주의를 해보겠다"는 1997년 대선 출마 기자회견문의 다소 생뚱맞은 표현에 이르기까지 그는 일관된 지향성을 보여 주었다. 그는 자신의 희망이 '촛불'로서 희미하지만 구체적인 모습을 드러냈음에, 더구나 자신이 설계한 지식정보화강국의 비전으로 드러났음에 고무됐던 것 같다. 물론 이러한 그의 사유와 표현에서 대의민주주의의 마지막 단계로서의 참여민주주의와 직접민주주의의 차이에 대한 의식 같은 것은 잘 보이지 않는다. 아마도 자신의 신앙의 대상인 '역사와 국민'이 궁극적으로는 그 차이의 벽을 무너뜨릴 것이라 낙관했는지도 모른다.

그러나 2009년 5월 노무현의 죽음 앞에서, 그는 "내 몸의 반이 무너진 것 같다"고 표현하면서 어린애처럼 울음을 참지 못한다. "노무현 대통령 당신, 죽어서도 죽지 마십시오."라는 추도사의 역설적 표현은 그의 비통함을 강조하는 수사법이다. "우리는 당신이 필요합니다. 노무현 당신이 우리 마음속에 살아서 민주주의 위기, 경제 위기, 남북관계 위기, 이 3대 위기를 헤쳐 나가는 데 힘이 되어주십시오. 당신은 저승에서, 나는 이승에서 우리 모두 힘을 합쳐 민주주의를 지켜냅시다."라며 결연한 의지를 다지고, "10년 동안 이제 좀 민주주의를 해보려고 했는데 어느새 되돌아가고 있습니다. 민주주의가 되돌아가고 경제가 양극화로 되돌아가고, 남북관계가 위기를 맞고 있습니다. 나는 이것이 꿈같습니다, 정말 꿈같습니다." 하고 통탄했던 그는 그 해를 넘기지 못하고 '이승'을 떠나 '저승'의 사람이 된다. 그가 남긴 마지막 연설문은 6·15 기념사였다.

나는 여러분께 말씀드립니다.
자유로운 나라가 되려면 양심을 지키십시오.
진정 평화롭게 정의롭게 사는 나라가 되려면 행동하는 양심이 돼야 합니다.
방관하는 것도 악의 편입니다.
그리고 독재자에 고개를 숙이고 아부하고 벼슬하고 이런 것은 말할 필요가 없습니다.
우리나라가 자유로운 민주주의, 정의로운 경제, 남북 간 화해 협력을 이룩하는 모든 조건은 우리가 마음에 있는 양심의 소리에 순종해서, 그렇게 해서 온 국민들이 바른 생각도 갖고, 표현이나 행동해야 합니다.
선거 때는 나쁜 정당 말고 좋은 정당 투표해야 하고, 여론조사도 그렇게 해야 합니다.
그래서 4700만 국민이 모두 양심을 갖고 서로 충고하고 비판하고 격려한다면, 어디서 이 땅에 독재가 다시 일어나고, 어디서 소수 사람들만 영화를 누리고, 다수 사람들이 힘든 이런 사회가 되겠습니까. (6·15 9주년 기념사)

그가 '사랑하고 존경하는' 국민에게 남긴 마지막 말은 '행동하는 양심이 되자'는 간절한 호소였다. 그를 지지하고 사랑하는 사람도, 반대하고 증오하는 사람도 모두가 아는 유명한 좌우명이었다. 초선의원 시절 김대중의 좌우명은 '서생적 문제의식과 상인적 실물감각'의 균형이었다. '순수한 원리원칙에 의해서 문제를 한번 보고, 그것이 현실에 어떻게 적용될 수 있는지 다시 생각하는 것'이고, 비슷한 얘기로 '망원경처럼 넓고 멀리 보고, 현미경처럼 좁고 깊게 봐야' 한다는 것이다.[62] 민주화투쟁 이후에는 '무엇이 될 것이냐가 아니라 어떻게 살 것이냐가 인생의 목표'라는 말을 자주 했다. 'A가 아니라 B'라는 부정법의 수사가 좌우명에도 적용된 이 말은 그가 대선 도전에

62 김대중 (대담 박명림), "민주적 시장경제와 평화공존에의 여정," 『역사비평』 84호 (2008), p. 33.

나설 때마다 비난과 조롱의 빌미가 되기도 했다. '행동하는 양심' 역시 마찬가지였다.

하지만 전임 대통령들이 "뭉치면 살고 흩어지면 죽는다"나 "하면 된다" 같은 슬로건으로 기억되듯이, 김대중이란 이름은 결국 '행동하는 양심'으로 기억될 것이다. 이 좌우명은 '행동하지 않는 양심은 악의 편이다'라는 문장을 줄인 제유적 표현이다. 어떤 행위에 대한 옳고 그름, 선악을 분별하는 도덕의식으로서의 '양심'은 인류 보편적 가치를 가진 개념이다. 인간에게는 '양심'과 선한 갈망이 있고 그것이 곧 '하늘의 뜻'이라는 그의 확신은 국민과 역사에 대한 믿음의 바탕을 이룬다. 여기에서 행동, 양심, 악마 같은 단어의 선택과 배치는 다분히 기독교적이다. 성경에 의하면 양심은 '마음에 기록된 율법'(로마서)이며, 행동/양심의 대조는 '행함 없는 믿음은 죽은 믿음'(야고보서)이라는 행위/믿음의 대조와 연관이 깊다. '마음에 있는 양심의 소리에 순종'한다는 표현 역시 양심을 '신의 목소리'라고 보는 관점에서 나온 것이다.

이렇게 청중의 도덕 감정과 보편적 가치에 호소하는 '스승의 에토스'는, 더구나 그것이 화자의 '마지막 말'이 되었을 때 듣는 이를 숙연해지게 하는 강한 설득력을 가지는 것이 사실이다. 하지만 또 한편으로는 선악의 대립구도와 기독교적 에토스로 인해 강한 반문을 만들어낸다. "악의 편이라니? '악의 축'(Axis of Evil)을 규탄하며 대량살상무기를 구실로 전쟁을 일으킨 부시의 수사학과는 무엇이 다른가?"라고 묻는 이도 있을 것이고, "북한의 인권문제를 알면서도 화해와 협력을 말하는 이들은 악의 편이 아닌가?"라고 묻는 이도 있을 것이다. 누가 '신의 편'이고 누가 '악의 편'인지를 어떻게 판단할 것인지 묻는 이도 있을 것이다. 아니, 꼭 그렇게 '편'을 갈라야 되느냐고 묻는 이도 있을 것이다. 이에 대해서는 '악마와도 대화는 할 수 있고, 해야 한다'며 부시에게 북미대화를 설득했던 김대중의 태도가 그 차이를 보여주는 것이지만, 위의 연설문에서 그 답을 찾자면, "4700만 국민이 모두 양심을 갖고 서로 충고하고 비판하고 격려"하자는 것이다. 『노무현, 마지막 인터뷰』 추천사에서 그가 밝힌 바대로 노무현의 말을 빌려와 말하자면 "시민이 각성해서 시민이 지도자가 될 정도"가 되자는 것이다. "우리 모두 행동하는 양심, 각성하는 시민이 됩시다. 그래야 이깁니다."[63] 이것이 '김-노 시대' 민주정부 10년의 가치를 계승하기를 바라는 '후배 여러분'에게 그가 남긴 마지막 메시지였다. 선악 구도의 대립, 도덕적 확신의 어조라는 점에서는 반대파의 수사학과 닮아 있지만, 증오와 전쟁, 혐오와 테러를 부추기는 것이 아니라 '국민 모두의 비판과 격려'를 촉구한다는 점에서 그의 수사학은 화해와 평화를 지향한다.

4. 맺음말

그는 비주류 중의 비주류로 정치를 시작했고, 지역감정과 용공 조작의 피해자이면서도 지역주의와 이념 갈등을 부추긴 분열의 정치인으로 매도됐지만, 그의 말과 글은 화해와 평화의 열망으로 가득하다. 그는 '광주의 한'을 푸는 길은 궁극적으로 '민주 회복과 조국 통일'임을 주창함으로써 개인의 한을 집단의 한에, 집단의 한을 민족 전체의 한에 전이시켜 긍정적 비전으로 전화시키는 방식으로 지지자들을 설득했다. 그의 목소리는 죽음 직전까지도 강한 도덕적 확신의 어조와 간절한 기원의 파토스를 담고 있었다. 그러나 한편, 아직도 그 이름은 그의 진의와 무관하게 우리 사회의 일각에서 '화해 불가능한 적대적 감정'[64]을 상기시키는 존재이다. 한국 사회는 아직 '반대

63 김대중, 『노무현, 마지막 인터뷰』 추천사, (http://www.ohmynews.com/NWS_Web/View/at_pg.aspx? CNTN_CD=A0001169690&CMPT_CD=SEARCH, 2009년 7월 3일)

64 1997년 대선에 앞서, 전인권은 '김대중 문제를 계산하자'면서 김대중 문제의 시급성을 ①국민

파 용인의 단계'를 돌파하지 못하고 있는 것이다. 수사학의 관점에서 보더라도, 그는 지지자들을 설득하는 데는 탁월했지만, 반대파들을 설득하는 데는 약점과 한계를 보인 정치인이었다. 그 원인이 무엇인지, 그것을 어떻게 넘어설 수 있을지는 그가 남긴 글과 말을 꼼꼼히 읽어보고 이념과 실천, 정치 행위와 정책의 현실정합성을 검토하는 데까지 이르러야 알 수 있을 것이다. 이 글은 그것을 촉구하기 위한 시론의 의미로 쓰였다.

이 글은 김대중 글쓰기의 변화과정을 시기별로 살펴보면서, 특히 연설문을 중심으로 로고스·파토스·에토스의 수사학적 특성을 분석했다. 우선 로고스의 측면을 보면, 모든 시기를 통틀어 김대중의 글과 말에서 가장 중요한 단어는 '민주주의'와 '국민대중'이다. 대한민국이 6·25 전란의 빈곤에서 벗어나 근대화를 하려면 경제개발이 우선이고 분단 상황에서 민주주의는 유보되거나 특수한 무엇으로 변형될 수 있다고 주장하는 주류적 담론에, '민주주의와 시장경제의 병행 발전' '민주주의만이 진정한 반공의 길'이라는 주장으로 맞섰다. 그는 애국의 대상인 국가의 실체가 '정부'가 아니라 '국민'임을 강조했고, 자신의 신앙의 대상이 역사와 국민임을 거듭 강조했다. 그에게 신앙이란 '의지적 결단'이었으므로, 그의 글과 말은 믿음의 근거들을 찾아 자신을 설득하고 또 국민을 설득해서 역사를 만들어나가는 정치 행위였다. 주류 담론에 맞선 대안 담론의 수사적 특성으로서, 그리고 80년대 이후에는 중도 개혁파의 수사적 특성으로서, 그의 주요 명제들은 대조법과 부정법의 문장들로 이루어졌다.

파토스와 에토스를 통한 설득의 측면을 보면, 국민 대중을 민주주의 정치의 주체로 만드는 것이 자신의 주장을 입증하고 정치적 승리를 얻는 길이었

통합의 문제 ②한국 민주주의의 문제 ③통일의 문제로 이야기한 바 있다. 그는 특히 민주주의의 기반은 '화해 불가능한 적대감정 사이'의 중간 지점에서 '반대파 용인의 단계'를 돌파해야만 다져진다는 점을 강조한다.(전인권, 『편견없는 김대중 이야기』(서울: 무당미디어, 1997), pp. 20-24) 필자는 전인권의 지적이 지금도 의미 있다고 생각한다.

으므로, 그는 청중을 논리적으로 설득하기 위한 정책 대안의 제시와 함께, 문답법을 비롯한 다양한 수사법을 통해 청중과 화자의 거리를 가깝게 하고 연대의식과 감정이입을 불러일으키는 연설을 했다. 화자와 청중이 공유하는 '한의 파토스'를 화해 의지로 변화시켜 반대파를 설득하고 '준비된 대통령'에 이르기까지는 지난한 과정이 필요했다. 그의 에토스는 지지자들에게는 존경하는 '선생님'이고 역사의 진보를 이끄는 스승이었지만, 반대파는 물론이고 그에게 중립적인 다수의 국민들에게도 역사라는 냉엄한 법정 앞에 선 피고였을 뿐이다. 그의 말과 글은 그가 이 사실을 얼마나 의식하고 있었는지 보여준다. 그의 글에 스승인 동시에 역사의 심판 앞에 선 자의 에토스가 강하게 나타나는 것은 그 때문이다.

또한 그의 글쓰기에서 가장 두드러진 특징은 민주주의와 인권이라는 보편적 가치를 중심으로 사고하고 말했다는 점이다. 현재에도 '한국적 특수성'을 빌미로 종종 왜곡되는 보편적 가치에 대한 강조는 그의 세대에는 더 특별한 것이었음을 기억할 필요가 있다. 박정희의 '한국적 민주주의'나 리콴유의 '아시아적 가치'에 비교해 보면, 그가 '서구적 보편주의'의 핵심인 민주주의와 인권을 중심으로 사고하고 행동했음은 주목할 만하다. 그것은 그에게 중요한 의미를 지닌 기독교 신앙과 밀접한 연관을 가지고 있었다. 또한 보편과 특수의 관계, 그 완만한 변화과정도 흥미롭다. 그가 "한국 민주주의, 희망이 있는가?"라는 미국 의원의 말에 수치와 분노를 느낀 이후, 이십 년 동안 그 희망을 만들어낸 승리의 경험을 통해 "민주주의는 우리의 운명"이라고 세계를 향해 아시아의 대표 정치인으로 발언하기까지의 과정에서, 그의 자신감은 서구적 보편주의를 넘어서는 지향점으로 나아간 것으로 보인다. 비록 '지구적 민주주의'나 '보편적 세계주의'라는 단순 소박한 이념의 제안에 머물렀지만, 그가 '더 보편적인' 보편주의나 '진정한' 세계주의의 비전을 그

렸음은 분명하다.[65] 지식정보화국가, 생산적 복지, 햇볕정책에 기초한 남북 화해와 평화의 시대라는 확장된 비전을 통해 그는 한국이 세계주의의 실현에 기여하기를 소망했다. 민주주의와 인권, 세계 평화 등 보편적 가치를 중심으로 한 그의 '희망의 논리'와 '화해의 수사학'은 정치적 수사 이상의 연구와 분석 대상으로서 가치를 지니고 있다. 우리 사회는, 특히 지식인 사회는 더더욱 김대중이 남긴 유산을 다시 '계산'할 필요가 있다.

65 서구적 보편주의와 기독교의 관계, 서구적 보편주의를 넘어서는 '보편적 보편주의'에 대해서는 월러스틴, 『유럽적 보편주의: 권력의 레토릭』(서울: 창비, 2006) 참조. 김대중의 사유는 1970년대까지는 '근대성'을 열망하는 오리엔탈리즘의 강한 영향 아래 있었던 것으로 보이며, 차츰 그것을 의식하며 넘어서려는 지향성을 가지게 된 것으로 보인다. 이에 대해서는 더 깊은 논의와 연구가 필요할 것이다.

제2장

주요 사료 해제

01

김대중 대통령 유소년기 학교 관련 사료

1) 김대중 대통령 유소년기 학교 관련 사료의 성격

김대중 대통령 유소년기 학교 사료는 1934년도부터 1940년까지 총 16점으로 구성되어 있다. 학교 성적이 기입된 통지표와 임명장과 각종 상장 등이 포함된 귀중한 사료이다. 본 사료는 김대중 대통령의 초기 시절 연구와 당시 시대상을 연구하는 데에 있어서 중요한 기여를 할 수 있다.

2) 김대중 대통령 기증 자료 목록

1934년 하의공립보통학교 2학년 통신부
1935년 하의공립보통학교 3학년 통신부
1936년 부급장 임명장(하의공립보통학교 4학년)
1936년 부조장 임명장(하의공립보통학교 4학년)
1937년 통신표(목포공립제일보통학교 5학년)
1937년 상장(목포공립제일보통학교 5학년 체육대회 도보 150m 3등상)
1937년 학력우등상(목포공립제일보통학교 5학년)

1937년 암산 일등상(목포 공립제일보통학교 5학년)

1938년 통신표(목포북교공립소학교 6학년)

1939년 졸업증서(목포북교공립소학교)

1939년 목포일보 신문사장상

1939년 성적통지표(목포공립상업학교 1학년)

1939년 급장임명장(목포공립상업학교 1학년)

1939년 수료증(목포공립상업학교 1학년, 근로보국대생활)

1940년 성적통지표(목포공립상업학교 2학년)

1940년 급장임명장(목포공립상업학교 2학년)

3) 김대중 대통령 유소년기 시절에 관해서

김대중(金大中)은 1924년 1월 8일 전남 신안군 하의면(荷衣面) 후광리(後廣里)에서 아버지 김운식(金雲植)과 어머니 장수금(張守錦)의 차남으로 태어났다. 하의도는 섬임에도 불구하고 농업이 발달하였다. 그래서 일제에 의한 수탈이 심했으며 이에 저항하는 농민들이 소작 쟁의 운동을 전개하였다. 하의도 시절 김대중은 서당을 다녔다. 당시 훈장이었던 초암은 김대중의 총명함을 높이 평가하였다고 한다.

초암선생님 문집 -고의숙기증사료

하의도에 4년제 하의공립보통학교(현 하의초등학교)가 생기게 되자 1934년 김대중은 2학년으로 편입하였다. 당시 통지표에 따르면 김대중의 학교 성적은 우수했다. 또한 학급에서 여러 직책을 맡기도 하였다.

1936년 9월 4학년에 재학중이던 김대중은 진학을 위하여 목포로 이사해서 목포제일보통학교(현 목포북교초등학교)로 전학하였다. 열심히 공부를 한 결과 동교를 1939년에 수석으로 졸업해서 목포일보 사장상을 수상하기도 하였다.

1938년 조선어 수업이 폐지되었다. 당시 통지표를 보면 1937년까지는 조선어 수업이 이뤄졌다가 1938년에는 통지표에 조선어 과목이 빠져 있는 것을 알 수 있다.

조선어 수업 폐지는 소년 김대중에게 큰 마음의 상처를 주었다. 김대중 대통령은 그 사건과 관련된 일화를 자서전에서 이렇게 언급하고 있다.

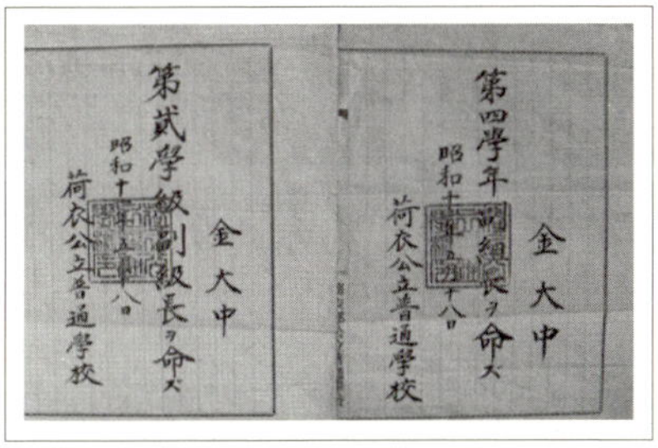
金大中

第四學年

荷衣公立普通學校

1936년 부급장 임명장(하의공립보통학교 4학년),
1936년 부조장 임명장(하의공립보통학교 4학년)

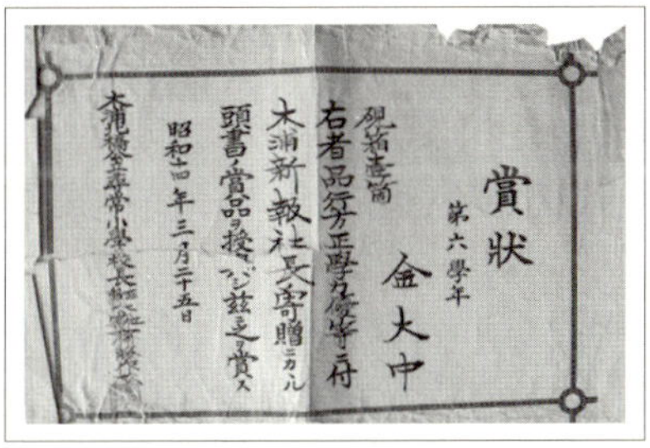
賞狀

第六學年

金大中

목포 일보사 사장상

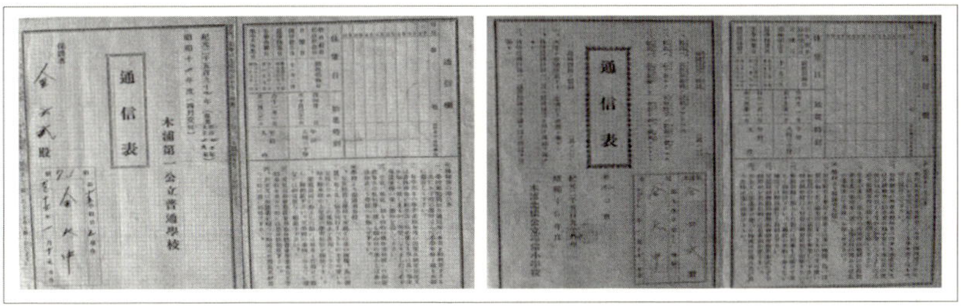
通信表

通信表

1937년 통신표와 1938년 통신표

'아버지가 학교에 있는 내게 볼일이 있어서인지 찾아오셨다. 그런데 아버지는 일본말을 할 줄 몰랐다. 아예 배우려고 하지 않으셨기 때문이다. 나도 학교에서는 우리말을 쓰면 안 되었기 때문에 아무 말도 할 수 없었다. 아버지는 난처한 표정으로 뭔가 얘기하려 했지만 입을 열지 못하셨고 나도 마찬가지였다. 그래서 아무 말도 못하고 그냥 뒤돌아서서 헤어진 적이 있었다. 분명히 어떤 용무가 있어서 아버지가 직접 오신 것일 텐데도 부자는 그냥 헤어지고 말았던 것이다. 학교가 끝나서 내가 집에 돌아왔을 때에도 아버지는 어떤 일인지 그 용무에 대해서는 아예 말씀을 하지 않으셨다. 나도 마찬가지였다. 끝내 아버지께 여쭤 볼 수 없었으며 그 때문에 더욱 가슴아픈 기억으로 남아있다.'

– 김대중 자서전(1999) –

1939년 목포공립상업학교에 수석으로 입학하였다. 초기에는 성적이 좋았으나 고학년이 되면서 일본인들과의 갈등 등의 이유로 성적이 떨어지기 시작했다. 목포 상고 시절 김대중은 학생들 사이에서 신망을 얻는 학생이었다. 목포 상고 동창생 정진태는 다음과 같이 증언을 하고 있다.

'일본인 교사가 한국 학생들을 괴롭히기 위해서 일반적으로 암기가 불가능한 양을 내주면서 다음 날까지 외워올 것을 숙제로 내었다. 다들 걱정하고 있었는데 김대중이 '내가 할 수 있다'는 말을 하였다. 다음날 일본인 선생이 묻자 김대중이 손을 들면서 '암기를 하겠다'고 말을 했다. 그러더니 한참 동안 그 많은 양의 내용을 모두 외워서 발표를 하였다. 전체 분량의 2/3 정도가 지나자 일본인 선생이 당황해하더니 김대중을 제지시켰다. 일본인 선생은 자신이 궁지에 몰리게 될까봐 도중에 그만 두게 한 것이다.

– 목포 상고 동창 정진태 증언 –

당시 목포 상고 학적부에 따르면 청소년 시기 김대중의 성품과 특성에 대해서 다음과 같이 나와 있다.

1학년 : 담백, 치밀, 활발, 이해력 사고력 우수, 명석, 주산 우수, 취미가 수영

5학년 : 독서를 좋아함, 사물을 비판적으로 보니 경계가 필요함

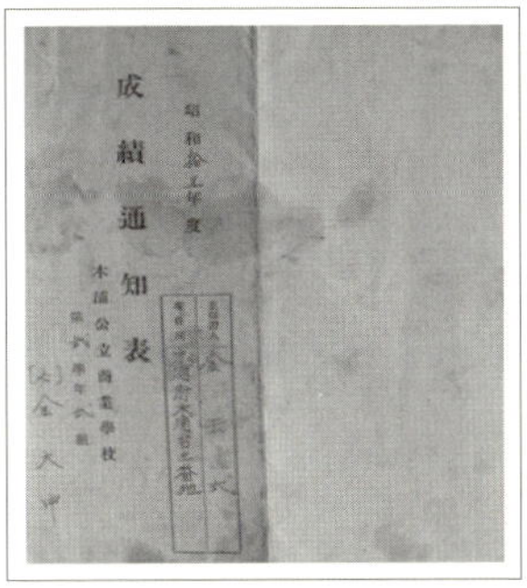

1939년 성적통지표
(목포공립상업학교 1학년)

목포 상고 학적부에 따르면 청소년 시기 김대중은 명석하고 사고력이 뛰어났다고 평가할 수 있다. 또한 현상에 대한 비판적인 의식을 갖고 논리적으로 문제제기를 하려고 했다는 점을 알 수 있다.

4) 기증과정

김대중 대통령은 2005년 8월 25일 김대중도서관의 사료수집 및 연구 작업의 기초가 되고 전시 자료로서 활용될 수 있도록 개인적으로 소장하고 있던 많은 귀중한 사료들을 기증하였다. 지금까지 공개되지 않았던 사료들이 다수 포함되어 앞으로 김대중 대통령의 생애와 사상, 한국 민주화 운동의 역사, 재임시기의 정책을 연구하는 데 중요한 기여를 할 것이다.

02

1950년대 청년 김대중의 시대 인식 관련 사료

1) 사료 성격

1950년대 스크랩북

김대중은 평소 독서와 글쓰기를 좋아했으며 자료 관리를 철저하게 했던 인물로 알려져 있다. 서거 직전까지도 자신이 발표한 연설문 내용을 모두 검토할 정도로 기록과 자료에 대한 그의 태도는 철저하였다. 그런데 이와 같은 그의 성격은 그가 정치적으로 성장한 이후에 형성된 것이 아니다. 김대중은 젊었을 때부터 자신과 관련된 자료를 꼼꼼하게 정리하고 관리하는 습관을 갖고 있었다. 이와 관련된 대표적인 증거가 1950년대 자신의 기고문과 인터뷰 자료가 실린 언론자료를 본인이 직접 스크랩하여 만든 오래된 노트이다. 김대중은 1950년대 중후반 시사평론가로서 활동할 당시의 언론 매체 기고문을 중심으로 일부 인터뷰 내용이 포함된 전체 34점을 스크랩한 노트를 남겼다.

2) 사료 내용

이 노트에 수록된 내용을 살펴보면 30세 전후 청년 시절 김대중은 국내정치, 노동, 경제, 국제정치 등 다방면에 걸친 주제를 다루고 있음을 알 수 있다. 김대중은 1953년 9월 5일 『민주여론』에 기고한 '네루 수상의 공개장'이라는 글에서 다음과 같이 언급하고 있다

네루首相에의公開狀

1953년 민주여론 기고문 '네루 수상의 공개장'

> "아세아에 있어서의 제국주의 잔재의 청소는 공산주의에 대항하는 가장 근본적인 과제인 것입니다. 그 전염병의 어떠한 불결한 위생환경 속에서 발생하였을 때에 일방적으로는 그 불결한 주위를 철저히 청소해야 발생의 근본을 다스리는 동시에 타방 旣(기)히 발생하여 맹위를 발휘하는 전염병 자체의 박멸의 노력이 병행되는 것만이 옳은 대항방법인 것을 의학상의 ABC的 상식입니다."

이 글은 이 스크랩북에 수록된 글 중에서 가장 오래된 것이며, 기록으로 확인된 김대중의 기고문 중에서 2번째(이 스크랩북에는 정리되어 있지 않지만 김대중은 전쟁 직전인 1950년 4월 『호남평론』에 "목포해운업의 실상과 그 발전책"이라는 글을 기고했고 이것이 현재까지 기록으로 확인된 가장 오래된 김대중의 글이다)로 오래된 것으로서 의미가 있다. 이 글을 쓸 당시 김대중의 나이는 29세로 부산에 거점을 두면서 해운업을 하고 있을 때였다. 1953년 7월에 정전협정이 체결되었기 때문에 그 해 9월은 한국전쟁 직후에 해당하여 반공주의 이데올로기가 가장 강렬하게 형성되었을 때이다. 이 글

을 보면 김대중은 과거 제국주의 국가에 의해 식민통치를 받았던 국가들 내에서 반공주의가 뿌리 내리기 위해서는 식민잔재의 완전한 청산을 통해서 공산주의가 발생할 수 있는 근거를 없애는 것이 근본적인 대책이라고 인식을 하고 있음을 알 수 있다. 이 내용은 매우 중요하다. 박정희-전두환 정권에서 민주화 운동 세력을 억압할 때 동원한 논리가 반공주의였다. 김대중은 그 때도 진정한 반공을 위해서는 권위주의 정권하에서 발생하는 사회경제적 모순을 민주주의를 통해서 해소하는 것이 필요하다고 강조했었다. 이는 한국전쟁 직후 1953년 청년 김대중의 시대인식과 궤를 같이 하고 있음을 알 수 있다. 이 노트는 민주화 운동 시기 김대중의 인식의 역사적 기원을 파악할 수 있다는 점에서 매우 중요한 의미를 갖는다.

1954년 1월 15일 『민주여론』에는 김대중의 인터뷰가 게재되어 있다. 이 인터뷰 내용을 보면 정치 및 민주주의에 대한 김대중의 인식을 알 수 있다.

> **질문 :** 기탁금제를 어떻게 보시는지요?
>
> **김대중 :** 기탁할 금액이 적으면 누구나 낼수 있으니 본 제도의 목적인 난립의 방지에 하등의 도움이 못될 것이며 금액이 많을 때는 청빈한 인사나 근로대중 속에서는 입후보할 수 있는 길이 봉쇄되는 본의 아닌 결과를 가져오게 될 것입니다. 더욱이 본 제도는 헌법에 명시된 국민의 정치참여에 대한 기회균등의 정신과도 상반되는 것임으로 마땅히 삭제하여야 할 것 입니다.

이 인터뷰 내용을 보면 김대중은 참여 민주주의 정신을 1950년대부터 강조하고 있음을 확인할 수 있다. 김대중은 그 당시부터 정치의 문턱을 낮춰서 일반 대중이 정치참여의 기회를 자유롭게 갖는 것이 민주주의 발전에 중요하다고 인식하고 있음을 확인할 수 있다. 이는 민주주의에 대한 김대중의 인식을 이해하는 데에 매우 중요한 함의를 갖고 있다고 할 수 있다.

3) 사료 의미

1950년대는 연령대로 보면 20대 후반부터 30대 초중반 시절에 해당하는 나이로서 청년시절 김대중의 현실 인식을 알 수 있는 귀중한 자료이다. 물론 그 전에도 『사상계』와 『동아일보』에 기고했던 글 몇 점의 존재는 알려졌었다. 그러나 그 주제는 모두 노동문제에 관한 것이었다. 이 노트가 알려지기 전에는 당시 그가 〈한국노동문제연구소〉 주간을 맡았기에 노동문제에 대한 평론만을 한 것으로 알려졌으나 이 노트를 통해 김대중은 국제정세, 민주주의, 역사 등 다양한 주제에 걸쳐 평론을 하고 있음을 확인할 수 있다. 더불어 여기에 확인된 언론 매체들을 보면 지금은 존재하지 않는 경우가 많아서 만약 김대중이 스스로 스크랩북을 하지 않았더라면 당시의 자료를 현재 확인하는 것은 매우 어려웠을 것이다. 김대중은 당시 주요 일간지를 포함한 시사월간지에도 활발한 기고 활동을 하고 있었던 것을 감안하면 1950년대 김대중의 활동은 새롭게 재조명해 볼 필요가 있다. 그 동안 1950년대 김대중의 활동에 대해서는 별로 알려진 바가 없었으며 이 시기의 연구는 선거출마 및 낙선, 장면과의 인연과 민주당 입당, 노동문제연구가로서의 활동에 초점이 맞춰져 있었다. 그런데 이 사료를 통해서 시사평론가로서의 김대중의 활동상을 새롭게 조명할 수 있게 되었다. 더군다나 이 스크랩북에는 청년 시절 김대중의 정치철학을 확인할 수 있는 수많은 자료가 수록되어 있다는 점에서 이 자료는 김대중 사상의 시대적 궤적과 역사적 기원을 분석하는 데 큰 학문적 의미를 갖는다고 할 수 있다.

03

1971년 대선 관련 사료

1) 사료의 성격 및 내용

김대중 대통령 기증사료 중 특히 눈에 띄는 자료는 1970년 10월부터 대선을 한 달도 채 남겨 놓지 않은 1971년 3월 29일까지 작성된 25건의 연설문 육필 원고이다. 이들 모두 지금까지 공개되지 않은 것들이다. 다수는 국회에서 인쇄한 편지지에, 일부는 A4 용지에 적게는 1쪽에서 많게는 8쪽까지의 분량으로 쓰여 있다. 이들은 각 테마별로 연설문의 부분적 밑그림을 그린 것이다.

이 연설문들은 3선개헌을 통해 1인 장기집권을 향하여 치닫고 있던 당시 한국사회가 당면하고 있던 주요 개혁과제들을 망라해서 다루고 있다. 절반 이상의 원고들이 장기집권의 폐해를 강조하고 정권안보 수단으로 악용되고 있는 반민주적 법률이나 중앙정보부의 개폐, 평화적 정권교체를 위한 공명선거의 보장을 쟁점화하고 있

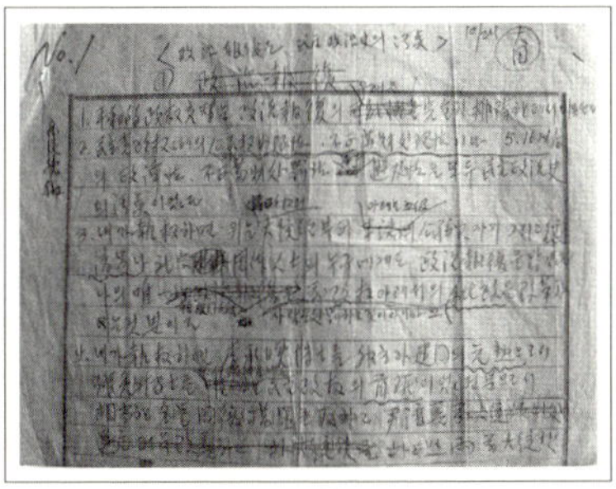

유세 원고

다. 다음으로는 외교 및 통일, 군사, 교육, 노동 등도 비중 있게 다루어졌다. 이 사료들 중 특히 다음 4개가 우리의 주목을 끈다.

政治報復은 民主政治史의 汚點 (1970년 10월 24일, 大田)

1. 平和的 政權交替는 政治報復의 우려를 完全히 排除한데서 비롯된다.
2. 民主黨 政權 때의 公民權 制限法, 不正蓄財處罰法이나 5·16 이후의 政黨法, 不正腐敗處罰法 等의 遡及法은 모두 民主政治史의 汚點이었다.
3. 내가 執權하면 위는 前 政權의 大統領부터 아래는 5級公務員까지 그리고 經濟界나 社會團體 人士의 누구에게도 政治報復을 않겠다. 나의 唯一한 執權目的은 사람을 處罰하는 것이 아니라 舊政權 아래서의 秕政을 改革하는 것뿐이다.(중략)

이것은 정치보복의 배제가 곧 평화적 정권교체의 전제조건이라는 김대중 후보의 신념에서 비롯된 것이었으며 후에 그는 소위 '김대중 내란음모사건' 1심 공판 최후진술(1980년 9월 13일)에서 정치보복 하지 말 것을 유언으로 남기기까지 했다.

地方色 助長은 千秋에 씻지 못할 民族的 罪惡 (1970년 10월 25일, 釜山)

1. 朴政權 10年의 最大 罪過
   民族分裂 (貧富, 都農 특히 地方差別 對立)
2. 明年 選擧에 地域對立 助長하려는 情報政治의 움직임을 보고 憤怒와 慨歎不禁(중략)
5. 李朝와 日帝의 殘滓인 行政區域 특히 道와 郡을 均衡있게 再編成하고 그 名稱도 時代感覺에 알맞게 改稱해서 地方色을 云云할 根據를 없애겠다.
6. 本籍地制度를 없애고 出生地나 現住所만을 記錄토록 한다.

1971년 대선 포스터

1971년 대선 유세장

1970년 10월 신민당 대통령 후보 지명대회

김대중 후보는 당시 박정희 정부가 지역감정을 부추겨 선거에 승리하려는 것을 보고 그 위험성을 분명하게 경고하고 행정구역의 개편과 개칭, 본적지 제도의 폐지, 인재등용에서의 탕평책 등을 통해 지방색을 타파할 대안까지 제시했다.

地方自治는 議會政治의 骨幹이다 (1970년 10월 31일, 仁川)

(중략)

2. 國民의 自治能力 向上, 各 地方의 特色 있는 發展, 官權의 濫用과 腐敗의 防止 그리고 國民的 團結을 위한 參與意識 向上을 위해서 꼭 必要하다. (중략)
4. 現政權은 憲法의 明文規定에 있는 地方自治를 回避하고 있는데 이는 不正選擧를 恣行하고 行政機關을 政治道具化 하는데 地方自治가 이를 不可能케 하는 障碍物이 되기 때문이다.(중략)

김대중 의원은 6대 국회 때부터 '지방자치의원'이라는 별명이 붙을 정도로 지방자치 문제에 깊은 관심을 보였다. 이 원고는 그가 왜 이 문제에 적극적인 관심을 보였는지를 잘 알려준다. 여기 제시된 여러 가지 원인들 중에도 여러 차례 선거에서 부당한 관권의 개입으로 고배를 마시거나 곤경을 치렀던 개인적 경험이 크게 작용한 것으로 보인다.

反民主的 法律의 改廢 (1970년 11월 21일, 全州)

(중략)

가. 反共法의 改正

同法 制四條는 反國家團體를 이롭게 할 何等의 目的이 없는 者도 讚揚·鼓舞·同調한 結果만 되면 處罰케 하는 民主國家에서는 想像도 할 수 없는 惡法일 뿐 아니라 이것이 執權者의 恣意에 의해서 수많은 學者·言論人·文人·學生 등에게 反共 아닌 政治的 目的을 위해서 惡用되어 온 事實을 우리는 잘 알고 있다. 新民黨政權 아래서는 이 條項은 뚜렷한 目的犯에 限해서 適用하므로써 愛國的 意圖에서 國政을 批判하고 創作活動에 從事할 모든 國民, 특히 知識人을 保護할 것이다.(중략)

이 사료는 반공법 개정과 즉결재판 운용의 시정 외에도 적절한 보상 없는 사유재산 몰수에 대한 반대, 개악된 사립학교법의 환원 등을 요구하고 있다. 근래의 국가보안법 폐지를 둘러싼 논의와 관련하여 반공법 개정 요구는 특히 흥미롭다. 5·16 쿠데타 직후 박정희 정권은 반공법을 제정 선포하였다. 그 중 특히 문제가 된 조항은 제4조였다. 여기서 행위자가 의도하지 않았어도 찬양·고무·동조 행위가 반국가단체에 이로운 결과만 초래하면 처벌할 수 있게 됨으로써 정부정책에 대한 야당이나 시민사회의 비판 등 언론의 자유가 심각히 위축될 수밖에 없었다. 당시 야당의 대통령후보가 이 문제를 공식적으로 제기하고 선거공약으로 삼아 여론을 환기시킨 것은 정치적 의미가 크다 할 수 있다.

2) 사료적 가치

(1) 김대중 후보가 내면화한 정치적 신념을 반영하는 핵심 사료이다.

이 원고들은 지방 유세 중에 참고문헌의 도움이 거의 없이 작성된 것이므로 김대중 후보가 오랫동안 숙고하고 자기 것으로 내면화한 사상들을 드러내는 것이라 할 수 있다. 주요 정치 분야 대부분이 여기서 다루어지고 있으므로 당시 그의 정치사상을 연구하는 데 핵심적인 사료로서 평가된다.

(2) 대중연설가로서의 그의 면모를 이해하는 데 적합한 사료이다.

이들 원고들과 1970년 11월 14일 서울 효창운동장, 1971년 4월 18일 장충단 공원에서의 실제 연설문과의 비교를 통해, 대중을 염두에 둔 연설에서 그것을 구성하는 소 테마들의 개요가 어떻게 조합되고 어떻게 대중적 언어로 변형되는지에 대한 비교분석을 통해서 그의 대중에 대한 이해와 연설의 방식을 파악할 수 있을 것이다.

(3) 정치적 현안에 대한 그의 대응 방식을 잘 보여주는 사료이다.

대선을 치르면서 야당 후보로서 심각한 불이익과 장애요인들을 경험하면서 한국 정치의 문제점을 어떻게 돌파하려 했는지를 본 자료들은 잘 보여준다. 여러 원고들이 장기집권의 폐해를 강조하고 정권안보 수단으로 악용되고 있는 반민주적 법률이나 중앙정보부의 개폐를 이슈화하고 있다. 전태일 열사가 "근로기준법을 준수하라"고 외치며 분신자살하자 김대중 후보는 8일 후 전주에서 "勞動政策에 一大 反省과 是正을 촉구"했다. 이것은 노동과 인권문제에 대한 그의 깊은 관심과 대응을 잘 입증해 준다.

(4) 이 사료에 반영된 김대중 후보의 정책구상들은 당시 민심의 소재를 보여준다.

1971년 제7대 대선에서 김대중 후보는 46%를 얻어 94만 7천표의 차이로 박정희 후보에게 패배했다. 하지만 광범위한 금권선거와 지역감정의 동원을 고려할 때 김대중 후보가 그러한 악조건 속에서도 46%나 득표할 수 있었던 것은 그의 선거공약이 당시 국민들의 바램을 잘 대변해 주고 있었기 때문이었다.

3) 1971년 대선 관련 사건일지

1969.	3선개헌 반대 투쟁의 선두에 나섬
1970.01.24	신민당 대통령후보 지명선거전에 출마선언
09.29	신민당 전당대회에서 제7대 대통령후보로 선출
1970.10.24	대전에서 지방유세 시작
1970.11.14	서울 효창운동장에서 유세
1971.02	신민당 대통령후보로 미국과 일본 방문
1971.04.18	장충단공원 유세
1971.04.27	제7대 대통령선거 낙선(46% 득표)

4) 사료기증 과정

김대중 대통령은 2005년 8월 25일 김대중도서관의 사료수집 및 연구 작업의 기초가 되고 전시 자료로서 활용될 수 있도록 개인적으로 소장하고 있던 많은 귀중한 사료들을 기증하였다. 지금까지 공개되지 않았던 사료들이 다수 포함되어 앞으로 김대중 대통령의 생애와 사상, 한국 민주화 운동의 역사, 재임시기의 정책을 연구하는 데 중요한 기여를 할 것이다.

04

김대중 1차 미국 망명 시기 사료

1) 김대중 1차 미국 망명시기 사료의 성격

이근팔이 기증한 김대중 1차 미국 망명시기(1972.10-1973.8)사료에는 미국에서의 김대중의 활동에 관한 자세한 내용이 포함되어 있다. 특히 일본에서의 활동을 알려주는 자료도 부분적으로 포함되어 있다.

종류별로 보면 정세분석을 한 친필메모와 원고, 각종 친필 연설문과 영문 팜플렛, 주요 인사들에게 보낸 편지, 시, 사무실 가계부와 여행기록 자료, 일본에서의 연설문, 일본에서 온 편지, 각종 신문스크랩, 김대중의 활동을 기록한 이근팔 수첩, 사진, 강연 테잎 등 수많은 자료가 있다.

그런 점에서 본 사료는 그 동안 잘 알려지지 않았던 김대중 1차 망명 시기의 활동과 사상을 연구하는 데에 있어서 획기적인 기여를 할 것으로 보인다.

2) 김대중 1차 망명과 납치사건

1972년 10월 17일 유신이 선포되었을 때 김대중은 일본 도쿄에 있었

강연 모습, 서신 교환 관련

다. 김대중은 유신선포를 비난하고 반유신운동을 전개하기 위하여 망명을 결정하였다. 그 후 김대중은 미국과 일본을 오고가면서 유신체제의 부당성을 알리는 데에 주력하였다. 김대중은 교포 사회 내에서 반유신 세력을 규합하여 해외에서의 활동공간을 확보하려고 하였다. 또한 미국과 일본의 엘리트 그룹을 접촉하여 독재 정권을 지지하는 미국과 일본의 대한 정책을 비판하였다. 김대중은 각종 대중강연과 인터뷰, 기고 등 대언론 활동 각종 간담회 개최, 서신 교환 등을 통한 우호 세력 확보 등의 활동을 전개하였다.

김대중의 논리적인 설득과 적극적인 활동을 통하여 미국과 일본 내에서 유신에 대한 비판의 목소리가 커져갔다. 이는 박정희 정권에 큰 부담으로 작용하였다. 박정희 정권은 김대중의 활동을 근본적으로 봉쇄하기 위해서 1973년 8월 8일 일본 동경에서 김대중을 납치하였다. 사건 직후 한국 정부의 소행임을 알게 된 미국이 개입하여서 김대중은 극적으로 목숨을 건질 수 있었다. 그 결과 1973년 8월 13일 동교동 자택 부근에서 풀려나게 되었다.

2) 김대중 1차 망명 시기 주요 사건

1972.10.17　박정희 유신 선포, 반유신 운동을 위해서 김대중 망명

1972.11.13　김대중 도미

1973.01.05	김대중 도일, 일본의 정치인과 지식인등과 접촉, 대중강연회 개최
1973.03.25	김대중 도미, 미국의 정계, 지식인 그룹들과 접촉, 대중강연회 개최
1973.07.06	한국민주회복 통일촉진국민회의(한민통) 미국 본부 준비위원회 결성
1973.07.10	도일, 반유신을 위한 운동 전개
1973.08.08	도쿄 그랜드 팔레스 호텔에서 중앙정보부에 의해서 납치
1973.08.13	동교동 자택으로 극적으로 생환

3) 사료를 통해서 본 김대중 1차 망명 시기 활동과 사상

'민주주의의 회복을 위하여' (1973년 4월 27일)

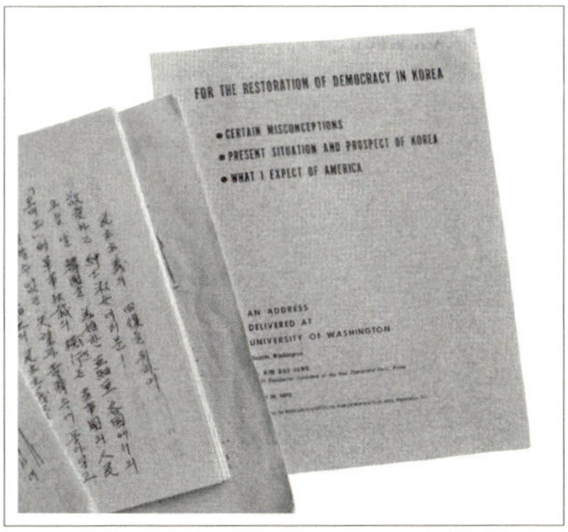
FOR THE RESTORATION OF DEMOCRACY IN KOREA
• CERTAIN MISCONCEPTIONS
• PRESENT SITUATION AND PROSPECT OF KOREA
• WHAT I EXPECT OF AMERICA
AN ADDRESS
DELIVERED AT
UNIVERSITY OF WASHINGTON

사료 '민주주의의 회복을 위하여' 초안과 수정 완성본, 영문 팸플렛

'한국을 포함한 아세아 민주주의의 기본적 결함이 우리의 해방과 민주주의적 자유를 우리 자신의 힘에 의해서 주로 쟁취한 것이 아니기 때문에 민주주의를 수호해나갈 전통과 주체세력의 형성에 큰 약점이 있다는 것을 우리는 잘 알고 있습니다. 그러므로 이번에는 우리의 자력에 의해서 독재정치를 종식시키고 민주적 자유를 회복하고야 말겠다는 것이 나와 우리 국민들의 신념인 것입니다. 동시에 한국민의 숙원인 남북통일도 남한에 통일에 대한 민족적 양심을 가진 지도자가 집권자로서 등

장하고 일방 민주주의적 자유가 회복되어서 국민의 자발적인 지지 속에 북한과 대등한 교섭을 할 수 있는 정권이 탄생되었을 때 비로서 진전을 보일 것입니다. 박대통령은 통일이란 민족적 대의를 자신의 집권연장에 악용했을 뿐 진실로 통일에 성의가 없다는 것은 그의 과거나 현재의 행적이 너무도 이를 명백히 입증해주고 있습니다. 또한 박정권 아래에서는 북한과 대등하게 통일을 성취해나갈 수 있는 실력도 있을 수 없다는 점을 우리는 잘 알고 있는 것입니다.'

1차 망명 시기 자료를 보면 김대중의 정치 사상에 관한 중요한 내용을 파악할 수 있다. 당시에 김대중이 강조한 부분은 4가지이다. 우선 자주적 민주화론이다. 김대중은 한국의 민주체제는 쟁취한 것이 아니라 주어진 것이기 때문에 독재자들에 의해서 위협을 받게 되었다고 생각했다. 그렇기 때문에 국민의 힘으로 독재 체제를 극복하는 역사적 전통을 창조하는 일이 한국의 민주화를 토착화시키는 데에 중요하다는 인식을 하고 있다. 둘째로 김대중은 선민주 후통일 노선을 강조하고 있다. 김대중은 민주화와 통일이 모두 중요하지만 한국에 민주정부가 들어서는 것이 우선적인 일이라는 입장을 취했다. 이는 이상과 현실을 조화시키는 김대중의 정치관을 보여준다. 세 번째로 연방제(영연방과 같은 느슨한 형태)에 기초한 3단계 통일론이다. 1971년 대선 과정에서 제기된 3단계 통일론보다 이론적으로 완성된 형태를 보여주고 있다. 네 번째로 독재 체제를 지원하는 미국과 일본의 대한정책의 문제점을 지적하고 있다. 김대중은 한국이 민주화가 되었을 때 진정한 의미의 안정을 이룰 수 있다는 입장을 밝히고 있다.

4) 기증자

이근팔은 재미 인권운동가로서 김대중이 1972년 망명할 당시부터 김대중과 함께 한국의 민주화와 평화통일을 위해서 헌신해왔다. 이근팔은 한민통 미주본부와 인권문제연구소 등에서 중요한 활동을 하였다.

이근팔

5) 기증과정

이근팔 기증 사료는 1972년부터 1993년까지의 내용을 담고 있다. 이근팔은 한민통 미주본부 사무총장 한국인권문제연구소 사무총장 등을 하면서 수많은 자료를 수집 관리해왔다. 이근팔은 1993년 6월 은퇴할 때 인권문제연구소 관련 자료는 사무실에 그대로 넘기고 그 외 활동에 관한 자료를 관리 보관하였다. 문서는 전체 10만 페이지 책 200여 권 시청각 자료 120여 개이다. 이 모든 자료를 2005년 8월 연세대학교 김대중 도서관에 기증하였다.

05

한국민주회복 통일촉진국민회의 미주 본부 관련 사료

1) 한민통 미주본부 관련 사료의 성격

이근팔 기증 사료의 중요 내용 중의 하나는 한민통 미주본부에 관한 부분이다. 한민통 미주본부에 관한 기존 연구는 사실상 없다. 또한 연구의 기초가 되는 기초 사료에 대해서도 알려진 바가 거의 없었다. 그러나 본 사료에는 한민통 미주본부에 관한 수많은 자료가 포함되어 있다. 한민통 미주본부 총회 회의록과 성명서, 조직도, 한민통 일본본부와 교류, 중요 인물별 파일, 한민통 소식지, 회의 상황을 녹음한 테이프 등 한민통 미주본부 연구에 필수적으로 필요한 자료들이 대거 포함되어 있다. 한민통 미주본부가 미주 지역 대표적인 민주화 인권 운동 단체라는 고려해볼 때 본 사료는 향후 한민통 미주본부 연구와 더 나아가서 미주 지역 민주화 운동을 연구하는 데에 크게 기여할 것으로 판단된다.

2) 한민통 미국본부의 결성

미국 교포 사회의 대표적인 민주화 운동 단체인 한국민주회복 통일촉진

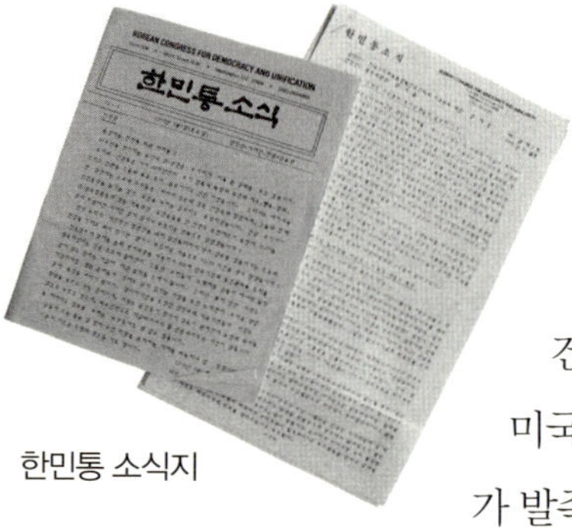

한민통 소식지

국민회의 미국본부(이하 한민통 미국본부)는 1973년 7월 6일 준비위원회(준비위원장 김대중)가 구성되었다. 그리고 8월 8일 김대중 납치사건이 발생한 이후인 8월 19일에 한민통 미국본부(의장 김대중, 의장대행 안병국)가 발족되었다. 박정희 정권의 탄압에 의해서 김대중이 해외로 나갈 수 없게 되자 1974년 2차 총회에서 김재준이 의장이 되었다. 그 이후 안병국, 송정율, 이재현, 동원모 등이 의장을 역임하였으며 1982년 8월 13~15일 10차 총회 및 국민연합과의 통합회의를 거쳐서 민통연합으로 조직 개편이 이뤄지게 되었다.

한민통 미국본부는 워싱턴 D.C(Washington, D. C.)에 본부를 두고 미국 주요 도시에 지방위원회를 두는 광범위한 네트워크를 거느린 조직이었다. 1975년 10월에는 한민통 기관지인 '한민통 소식'을 발간하기 시작하였고 한국 내 주요 사건이 발생할 때마다 즉각적인 대응을 하는 등 지속적으로 체계적인 운동을 전개하였다. 재원은 주로 회원들이 내는 회비와 독지가들의 후원을 통해서 충당되었다.

3) 한민통 미국본부의 활동

한민통 미국 본부의 주요 활동은 5가지 차원에서 분류할 수 있다. 첫째, 김대중 구명 운동(납치사건 이후와 사형선고 이후)과 김지하를 비롯한 민주인사 석방 운동과 국내 민주 운동에 대한 지지 활동에 관한 부분이다. 둘째, 미국 사회 엘리트 그룹(정치인, 관료, 학자, 언론인) 중에서 한국 민주화 문제에 관심을 갖는 인사들과의 접촉을 통해서 미국의 대한정책의 변화를 촉구하는 일을 전개하였다. 셋째, 한민통 일본본부와의 논의를 통해서 해외 교포 민주화 운동의 노선에 관한 협의를 하였다. 미국에서는 이근팔, 일본에서는 배동호, 곽동의, 조활준, 정경모 등이 주된 접촉 창구였다. 넷째, 재미 교포 사회에서 한국 민주화 문제에 대한 관심을 환기시키기 위한 활동도 전개하였다. 다섯째, 한국에 있는 김대중과 직접 연락을 통해서 운동의 전략에 관한 논의를 하기도 하였고 일본에 거주하는 김대중 측근인사인 김종충(미국에서의 접촉은 이근팔)을 통하는 간접적인 방식을 취하기도 하였다.

한민통 미국본부는 김대중이 내세운 선민주 후통일 노선을 일관되게 주장하였다. 그 과정에서 일부 급진민족주의자들과 갈등을 빚기도 하였으며 한민통 일본본부 내의 선통일 후민주론자들과 노선 갈등을 빚기도 하였다. 해외 교포 사회 여러 조직 중에서 한민통 미국본부는 김대중 노선과 동일한 입장에서 운동을 전개해온 단체라고 평가할 수 있다.

4) 한민통 미국 본부 관련 사건

1973.07.06	한국민주회복통일촉진 국민회의 미국본부 준비위원회 발족 준비위원장 김대중, 부위원장 안병국
1973.08.08	김대중 의장 납치를 기하여 한·민 시민위원회 구성
1973.08.19	한민통 미국본부 발족 의장 김대중, 의장대행 안병국
1974.11.23	2차 총회 개최 의장 김재준
1974.07.11	김지하씨 등 구속 인사들의 석방을 호소하는 성명서 발표
1974.11.13	포드 미국 대통령 방한을 앞두고 백악관앞에서 데모 및 성명서 발표
1975.10	한민통 소식 제 1권 제 1호 발행
1977.08.20-21	제 5차 총회 의장 송정율

1978년 8월 총회

1978.12.05	미 하원국제관계소위원회 도널드 프레이져(Donald Fraser) 위원장 초정 만찬회
1979.08.17-19	제 7차 총회 의장 이재현
1980.	신군부에 의한 김대중 체포, 김대중에 대한 사형선고 이후 김대중 구명 운동 전개
1982.08.13-15	제10차 총회 및 국민연합과의 통합회의

5) 사례

| 사례 1 |

제2조 (목적) 본회는 재미 한국인의 비영리 단체이며 한국에 있어서의 자유 민주주의 회복과 남북한의 평화적 통일촉진을 목적으로 한다. (1974년 헌장)

해외 교포 사회는 한국 내에서보다 민족과 통일 문제를 언급하는 데에 있어서 보다 자유로운 입장에 있었다. 그래서 분단과 독재의 고통을 받고 있는 한민족의 현실에 대한 문제의식이 일찍 발생하게 되었다. 그와 같은 이유로 민족문제에 대해서 한국 내에서보다 자유롭고 적극적인 사유와 의사표현이 가능하였다.

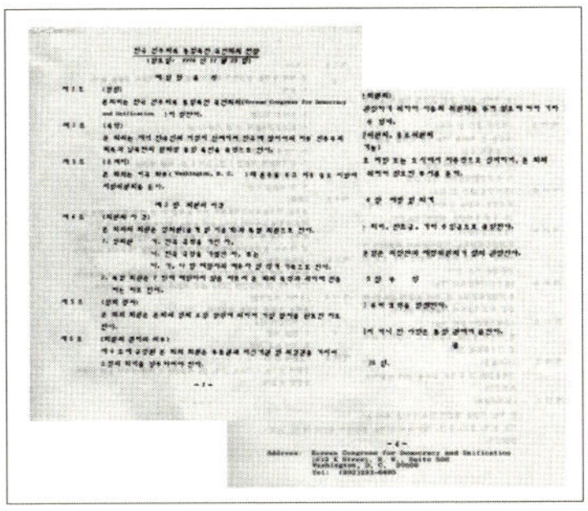
제2차 총회 헌장

또한 한민통 미국본부 구성에 있어서 중요한 역할을 한 김대중은 한국 내에서 통일 문제에 관한 가장 선진적이고 실질적인 대안과 이론을 제시한 인물이었다. 김대중과 해외 민주화 세력의 결합은 그와 같은 관점에서 이뤄졌다고 할 수 있으며 이는 1970~80년대 한국 민주화 운동에 있어서 큰 의미를 갖는다고 할 수 있다.

| 사례 2 |

'한국민주회복 통일촉진국민회의(의장 송정율)가 주최한 미 하원 국제관계소위원회 도널드 프레이저(Donald M. Fraser) 위원장 초청 만찬회가 지난 12월 5일 저녁 시내 메이플라워 이스트 룸에서 100여명의 교포와 일본 등 일간신문 워싱턴 주재 기자들이 참석한 가운데 열렸다.'

한민통 미국본부는 미국의 대한정책의 변화 촉구를 운동의 중요한 내용으로 삼고 있었다. 그래서 미국 사회에 중요한 영향력을 갖는 인사들과의 교류를 통해서 독재 정권을 지지하는 미국 정책의 문제점을 지적하였다. 이와 같은 운동은 미국에 의존하는 군사 독재 정권에게 큰 부담을 주게 되었다.

한민통 소식
(FRIDAY, DECEMBER 22, 1978)

당시 주로 접촉한 인물들은 에드윈 라이샤워(Edwin O. Reischauer) 교수와 제롬 코헨(Jerome A. Cohen) 교수 등이며 워싱턴 주재 일본 특파원들과도 잦은 접촉을 통해서 국제 여론에 호소하는 운동을 전개하였다.

6) 기증자

이근팔은 재미 인권운동가로서 김대중이 1972년 망명할 당시부터 김대중과 함께 한국의 민주화와 평화통일을 위해서 헌신해왔다. 이근팔은 한민통 미주본부와 인권문제연구소 등에서 중요한 활동을 하였다.

7) 기증과정

이근팔 기증 사료는 1972년부터 1993년까지의 내용을 담고 있다. 이근팔은 한민통 미주본부 사무총장 한국인권문제연구소 사무총장 등을 하면서 수많은 자료를 수집 관리해왔다. 이근팔은 1993년 6월 은퇴할 때 인권문제연구소 관련 자료는 사무실에 그대로 넘기고 그 외 활동에 관한 자료를 관리 보관하였다. 문서는 전체 10만 페이지 책 200여 권 시청각 자료 120여 개이다. 이 모든 자료를 2005년 8월 연세대학교 김대중 도서관에 기증하였다.

06

김대중-김종충 서간집

1) 사료의 성격 및 내용

김대중-김종충 서간집은 김대중 대통령이 일본에서 함께 활동했던 인사들에게 준 서신과 이희호 여사의 서신 등 50여 편으로 구성되어 있다. 이 문서에는 이들에 대한 고마움과 염려, 반독재투쟁에 대한 결의, 국내외 민주화 운동 노선 등에 관한 진솔한 육성이 들어 있다.

미국에서 본격적으로 활동하기 시작한 1972년 11월 이후, 김대중은 이 서신의 수신자인 김종충과 서신 교환을 통해 일본과 미국의 조직 운영 및 활동 방침 등을 논의했다. 김대중은 그를 통해서 지속적으로 '한국민주회복통일촉진회(한민통)'등 일본 내 결성된 조직의 활동 방향 및 관련 사항 등을 전달했다.

더욱이 당시 김대중이 망명 정치인이었으므로, 이 서신들의 교환은 극도로 비밀리에 이루어졌다. 편지 연락은 주로 일본 언론의 한국특파원에 의해 이루어졌는데, 몇몇 서신은 내용상 발신자가 김대중으로 추정되지만, 발각될 것을 우려하여 키무라(木村), 이춘아(李春我) 등의 가명을 쓰고 있다.

이 서신의 내용을 소개하면 다음과 같다.

敬愛하는 佐藤·沼田先生 (1975년 12월 21일)
(중략) 제가 日本 있을 때 屢屢히 말한대로 「韓民統」은 大韓民國의 立場을 뚜렷이 하고 共産主義와의 一線을 明白히 그어가는 姿勢를 언제나 堅持해나가야 합니다. (중략) 萬一 本意 아니게라도 日本서의 努力이 反大韓民國으로 國民에게 烙印찍이면 모처럼의 애쓴 것이 逆으로 되어버릴 것입니다. 특히 「민족시보」의 編輯에 嚴格히 留意해 주시기 바랍니다.(중략) 제가 너무 자주 이런 말을 해서 或 짜증스러울는지 모르오나 이 点은 우리의 豫測에서 보나 實際現實에서 보나 너무도 重要하기 때문에 또 危險性이 至大하기 때문에 거듭 强調합니다.

1975년 김대중은 대통령 선거법 위반 혐의로 기소되어 재판을 받고 있었다. 편지가 작성된 1주일 전인 12월 13일은 그의 1년 금고형의 판결이 난 때였다. 그가 서신에서 구체적으로 언급하였듯이, 그는 선거법 위반 재판을 1971년 자동차 사건, 1973년의 납치 사건의 연장선에서 이해했다. 이 서신에 따르면, 김대중은 이러한 위험하고 암울한 상황에 다음과 같이 대처한 것 같다. 첫째는 민주회복과 평화통일에 대한 보다 확고한 다짐이며, 둘째는 용공에 대한 엄중경계이다. 그는 이 시기 다른 편지에서와 마찬가지로 「한민통」은 "대한민국의 입장을 뚜렷이 하고 공산주의와의 일선을 명백히 그을 것"을 강조하고 있다.

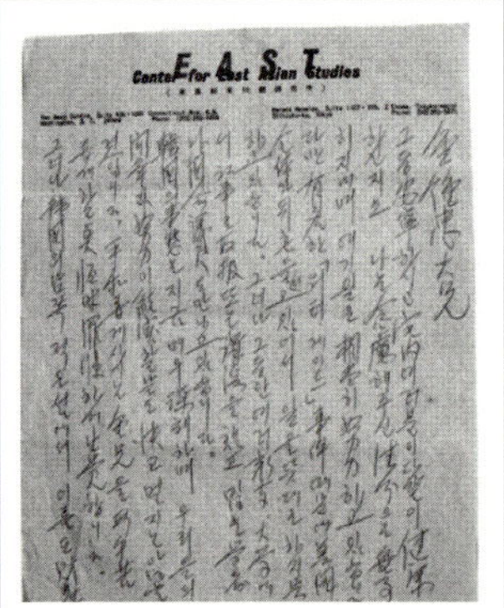

김종충에게 보내는 서신
(1974년 5월 16일)

沼田께 (날짜 미상)
별고 없으신지요? 리드씨가 일본 여행할 때 다음의 책을 구입하여 보내줄 수 있도록 부탁드리겠습니다.

역사와 국가 ———————— 나가이(永井)著 (中公新書)
일본과 일본인 ———————— 오자키 히데키(尾崎秀樹)著
하리마나다 이야기(상중하) ———— 시바 료타로(司馬遼太郎)著 (下巻未刊)
아사히 연감 또는 시베리아 극동의 고고학(일본어판) — 아·베·오쿠라도니코프 著 (極東篇既刊)

그 외의 책 (중략)

키무라(木村)

위의 서신은 더글라스 리드(Doglas Reed)편에 도서 구입을 요청하는 서신이다. 일본의 역사와 일본인에 관한 서적 및 연감 등 다양한 내용의 도서를 요청하고 있으며, 저자와 출판사를 상세히 기록하고 있다. 특히 시바 료타로의 『하리마나다 이야기(播磨灘物語)』는 일본 전국시대를 才智로 살아간 명장(名將), 쿠로다 칸베에 요시타(黑田官兵衛孝高) 이야기이다. 료타로는 칸베에를 "약간 무모하게 보이지만, 근본을 고수하는 야심가, 그러나 사적인 욕심은 없는 사람"으로 그리고 있다. 또한 흥미 있는 것은 김대중이 키무라(木村) 라는 가명을 쓰고 있다는 점이다.

金 先生님(1983년 6월 16일)
其間 참으로 어려운 많은 狀況 아래서 얼마나 苦楚가 크셨습니다. (중략) 지난 10年間은 우리에게 너무도 어렵고 참을 수 없는 일이 겹치고 겹쳤으나 80年 5月 17日後부터는 超人的인 忍耐없이는 사라 나갈 수가 없었읍니다. 不安과 恐怖 속에서 떨고 있는 悲慘한 모습, 목숨이 사라 숨 쉬는 것이

사라있다는 것 뿐이었읍니다. 한 人間이 死境을 헤메는 것도 힘든 일이나 옆에서 지켜보고 또 周圍에 많은 側近들이 피맺이는 아픔과 拷問으로 悽慘함 狀態에 놓여지는 것을 監禁된 生活 속에서 돌보지도 못하는 괴로움 또한 컸었읍니다. 형언할 수 없는 나날들이 旅行의 自由도, 만남의 自由도 아사간 것입니다. 이곳 와서도 여러 가지로 不自由한 點이 많습니다.

이 서신은 이희호 여사가 김대중 전 대통령의 제2차 망명시기인, 1983년 미국에서 체류한 시기에, 지난 10년의 고통스러웠던 세월을 회고하면서 김종충에게 보낸 서신이다. 이 서신에는 1980년 9월 김대중의 사형 선고가 난 이후, 죽음에의 불안과 공포, 주변에서 바라보는 아픔, 부자유한 삶의 고통 등이 직접적으로 토로되고 있다.

2) 김대중-김종충 서간집의 사료적 가치

(1) 한국 민주화 운동의 진솔한 육성 자료라는 점이다.

이들 서신에는 민주화 운동을 함께 했던 동지들에 대한 고마움과 염려, 반독재 민주화 투쟁에 대한 결의, 국내외 민주화 운동에 대한 협의와 지시, 금전적 지원 요청 등 1970-80년대 한국 민주화 운동의 공식 기록에서 확인할 수 없었던 내면의 육성이 담겨 있으므로 사료로서 큰 가치를 지닌다.

(2) 일본 민주화 운동 노선 및 한민통에 대한 직접적인 언급을 확인할 수 있다.

이들 서신에는 김대중의 일본에서의 민주화 운동노선이 잘 드러나 있다. 특히 조총련 등 친북 단체에 대한 김대중의 비판적 입장, 그리고 한민통 조직이 취해야 할 방침 등에 대한 직접적인 언급들을 확인시켜 준다는 점에서 사료적 가치가 있다. 김대중의 운동 노선은 첫째, 대한민국 지지 입장을 관철할 것, 둘째, 선민주회복, 후통일의 원칙에 설 것, 셋째, 공산주의와는 분명한 획을 그을 것 등이다.

3) 기증자

김종충

이 서신을 기증한 누마다 타다시(沼田忠)는 김대중 전대통령의 하의보통학교 동창인 재일교포인 김종충이다. 그는 1973년 8월 김대중 납치사건 발생 직후부터, 한국의 민주화와 통일을 위한 운동 조직으로 출범했던 한국민주회복통일촉진회(한민통)의 국제부장으로 활동했다. 그가 김대중과 동향의 의(誼)로서 우정을 맺기 시작한 것은 1963년 제6대 국회의원 당선이후 도쿄에서이다. 1972년 유신(維新)으로 김대중이 망명하자 그는 망명객의 측근의 한 사람으로, 반독재 민주화 투쟁을 위한 조직의 일원으로 김대중의 정치적 동지가 되었다.

그는 이 서신들을 33년 동안 보관하고 있다가 지난 2005년 7월 말 동경에서 김대중 도서관에 기증하였다.

07

1980년 김대중 구명 관련 사료: 미 국무부 체로키 문서

1) 사료의 성격 및 내용

미 국무부 체로키(Cherokee) 문서 중 김대중 구명 관련 사료를 소개하고자 한다. 체로키 문서는 1979년 10·26 사건이 발생한 후, 카터 행정부가 한국의 긴급한 정치상황을 모니터하기 위해 행정부 내 극소수 최고위관리들을 중심으로 구성한 비상대책회의의 중대한 내용을 담고 있다. 미 국무부는 한국문제와 관련한 통상적인 노디스 전문과 구분하여, 비선라인(Privacy Series)에서 소통한 전문을 특별히 노디스 체로키(Nodis Cherokee)라고 명명하였다. [KOREA FOCUS: Establishment of Series(1979년 11월 6일), 워싱턴 국무부→서울 미대사관]

이 노디스/체로키 문서 중 핵심 타이틀인 '코리아 포커스'(Korea Focus) 문서는 5·18 광주 민주화운동 이후 미국 대한정책의 주요하고 유일한 목표가 김대중 재판(Kim Dae Jung Case)과 그의 구명이었다는 점을 확인시켜 준다. 광주 민주화운동 이후, 김대중 구명은 한미관계에서 인도적 차원의 관심 이상의 '사활적 중요성'(vital importance)을 지닌 정치적 사안이었다.

이와 관련된 문서의 내용을 소개하면 다음과 같다.

김대중의 사형이 공표된 1980년 9월 17일 며칠 후, 리차드 홀브룩(Richard Holbrooke, 국무부 동아태 담당 차관보)은 윌리엄 글라이스틴(William Gleysteen, 주한 미국대사)에게 김대중 문제에 관해 입장을 분명히 하자는 내용의 서신을 보냈다. 그의 주장은 "김대중의 처형이 미국의 대한정책에 가장 심각한 결과(the most serious consequences)를 초래할 것"이라는 점이었다. 그는 만약 한국정부가 김대중을 처형한다면, 미국정부가 어떻게 할 것인지에 대해 글라이스틴 대사가 얼마나 구체적인 대안을 갖고 있는지 묻고 있다. [KOREA FOCUS: KIM DAE JUNG AFFIR(1980년 9월 22일) 워싱턴 국무부→서울 미대사관]

글라이스틴 대사 또한 국무부에 보낸 전문에서 한미관계에서 김대중 재판이 갖는 사활적 중요성에 관해 거듭 말하였다. 그는 다음과 같은 전문을 국무부에 보냈다.

나는, 김대중에 대한 인도주의적인 결단이 한미동맹을 재정비하는 접촉을 포함하여, 전두환 정부와 레이건 정부 사이의 최상급의 관계를 위한 길을 열어 놓을 것이나, 반대의 경우에는 평양을 향해 문을 열어야 한다는 미국 일부의 요구를 포함하여 극단적인 어려움을 초래할 수 있을 것임을 강조했다.(I stressed that a humane resolution would open the way for an excellent relationship–including contacts refitting allies–between the Chun government and the new administration, while the opposite would lead to extreme difficulties, including calls in some quarters of U.S. for an opening towards Pyungyang.)
[KOREA FOCUS: DISCUSSION ON KIM DAE JUNG WITH(1980년 11월 21

일) 서울 미대사관→워싱턴 국무부]

글라이스틴 대사가 전두환 대통령과 30분간 김대중에 관해 논의한 기록을 살펴보면 다음과 같다. 그는 이날 회담에서 "민주당이건 공화당이건 상원의원들이 모두 김대중 사건에 초점을 맞추고 있다"는 사실을 전두환 대통령에게 주지시켰다.

> 1981년에 한국과 미국 신정부(레이건 정부)가 상당한 협력관계를 수립하는 데에는 보다 특별한 기회가 주어질 것이다. 그런데 김대중이 처형되면, 그러한 기회는 사라지게 될 것이다. 그럴 경우, 미국 신정부가 바라는 것이 무엇이든지간에 한국정부는 상호이익에 엄청난 손상이 될 정도로 미국과의 관계가 악화될 것이라는 사실을 발견하게 될 것이다.
> [KOREA FOCUS: NOVEMBER 21 CONVERSATION WITH PRESIDENT CHUN RE KIM DAE JUNG (1980년 11월 21일) 서울 미대사관→워싱턴 국무부]

글라이스틴은 1980년 한 해 동안, 김대중 문제와 관련하여 미국정부가 실질적으로 가능한 모든 것을 해왔다고 국무부에 보고하였다(보고내용: 카터 대통령의 서신, 브라운 국방장관의 서신, 전두환과 그의 군부 동료들에게 우리의 의사전달, 하원과 상원의 서신, 정부의 시의적절한 행동 등.)

이후 그가 권고할만한 추가 조치는 레이건 정부의 국무장관 서리 알렉산더 헤이그(Alexander Haig)가 전두환에게 편지를 보내는 것이며, 편지에서 "국무장관 서리는 한국과 미국의 긴밀한 관계의 발전을 기대하며, 김대중 문제가 이것을 촉진하는 방식으로 다루어지기를 희망한다"는 식으로 작성되어야 한다고 주장하였다

이 문서에 따르면, 글라이스틴은 1980년 12월 말일 경에 김대중의 구

명에 대해 낙관적인 전망을 갖고 있었다. 외무부장관 노신영은 “전두환 대통령이 글라이스틴 대사의 명예를 지지하는 방식으로 김대중 사건을 다룰 것이라고 말했다”고 전했다. 이것을 글라이스틴은 김대중의 생명을 구하겠다는 말로 받아들였다.[KOREA FOCUS: PROSPECTS ON KIM DAE JUNG (1980년 12월 31일) 서울 미대사관→워싱턴 국무부]

2) 사료의 가치

미국무부 전문은 1980년 미국이 한국 ‘민주주의’와 ‘인권’보다 ‘안정’과 ‘질서’를 우선시하고, 신군사정부를 승인했다는 주장의 근거를 확인시켜 준다. 카터 정부의 인권외교에도 불구하고, 10·26 이후 미국은 한국의 민주주의와 인권보다 군사안보를 우선시했다. 그러한 정책이 특수부대의 이동을 가능하도록 했고, 결과적으로 광주의 비극을 초래했다. 이러한 주장의 근거가 되는 일부 문서들은 지난 1996년 2월 팀 셔록(Tim Shorrock) 기자에 의해 공개되었다. 비밀 해제된 이 국무부 전문들은 광주민주화운동에 대한 미국의 책임, 신군부 정권의 수립에 대한 미국의 개입 및 승인 문제 등과 관련하여 새로운 사실들을 보여주었으므로 언론 및 학계에 관심과 논쟁을 불러 일으켰다.

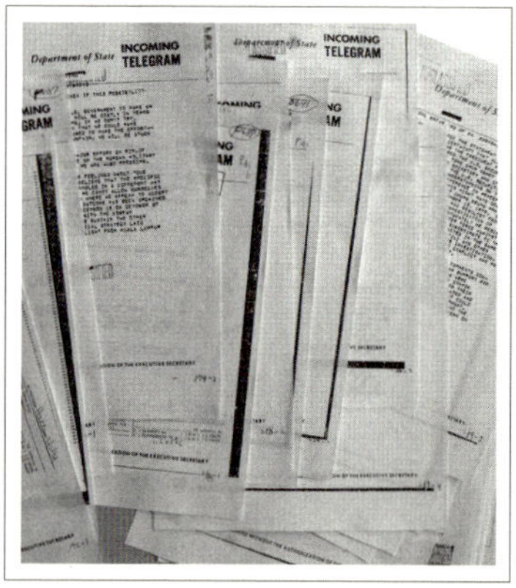

체로키 문서

체로키 문서는 5·18 광주민주화운동 이후 미국 대한정책의 주요한 목표는 김대중 구명이었다는 점을 확인시켜 준다. 당시 주한 미국대사 글라이스틴은 “1980년 전두환을 10여 차례 만났을 때, 주요 혹은 유일한 의제”가 “김대중 문제”였다고 고백했으며 체로키 문서에서는, “공화당이건 민주당이건 김대중 문제에 포커스를 맞추었다"고 기술했다. 더욱이 1980년 12월 13일 카터 대통령의 특사로 브라운 국방장관이 파견된 것은 김대중 구명에 관한 카터 정부의 비중을 짐작케 한다.

즉, 1980년 한국 군사정부의 등장을 사실상 받아들인 카터 정부는 그 부담을 상쇄하기 위해 이후 김대중 구명을 대한정책의 핵심목표로 삼았다. 체로키 문서에는 이러한 미국 정부의 구상과 정책이 잘 드러나 있다.

미 국무부 전문은 레이건 정부가 김대중 구명을 조건으로 전두환 군사정부를 승인하고, 한미관계 정상화를 유도했다는 점을 보여준다. 1981년 1월 20일 출범한 레이건 정부는, 레이건 대통령 당선 전후부터 은밀히 추진했던 김대중 구명과 관련된 협상을 취임 후 본격화하여 한미관계를 정상화하는 기회로 활용했다. 레이건 정부는 취임 다음날 전두환의 방미를 발표했다. 사흘 뒤 전두환 대통령은 김대중의 감형을 발표했다. 2월 2일 백악관에 도착한 전두환 대통령은 레이건 대통령이 접견한 두 번째 외국 원수가 되었다. 레이건은 국무성의 권고를 훨씬 넘어선 환대를 표시했다. 즉, 민주주의를 지지하고 한국 인권에 유의한다는 표면적인 언표 뒤에 군사정부를 승인하고 지지하려는 보다 기본적인 목표가 있었던 것이다.

1980년 한국 군사정부가 정권안보를 위해 미국과 은밀히 김대중 구명문제를 거래했음을 확인시켜 준다. 1980년 군사정부가 미국의 승인을 얻기 위해 이용한 최대의 카드는 바로 김대중의 생명이었다. 그들은 계속해서 사형의 위협을 가하면서도 비밀리에 이순자의 삼촌 이규광을 미국에 파견하여 레이건 당선자측과 협상하고자 했다.[Report of Chun Emissary to the US (1980년 12월 6일) 서울 미대사관→워싱턴 국무부]

08

김대중-이희호 미공개 옥중서신

1) 김대중의 못으로 쓴 옥중서신

(1) 역사적 배경

김대중 전 대통령은 박정희, 전두환 군사 정권하에서 여러 차례 감옥생활을 하였다. 1976년 3·1민주구국선언사건으로 진주교도소와 서울대학교 감옥병동에서 수감생활을 하였고 1980년 내란음모사건으로 육군교도소와 청주교도소에서 수감생활을 하였다. 김대중은 옥중에서 한 달에 한 번 가족들에게 서신을 보냈는데 그 중에서 내란음모사건으로 수감되었을 당시 작성된 29통의 편지는 이미 『옥중서신』이란 책으로 발간되었다. 김대중은 한 달에 한 번 밖에 없는 기회를 잘 활용하기 위해 봉함엽서 한 장에 14,000여 자의 글자를 써서 세상 사람들을 놀라게 했다. 이 내용은 이미 발간된 『옥중서신』에서 잘 알려져 있다.

이번에 연세대학교 김대중도서관에서 처음으로 공개하는 못으로 쓴 옥중서신 원본은 김대중이 3·1민주구국선언사건으로 서울대학교 감옥병동에 수감되었을 당시에 작성한 것이다. 3·1민주구국선언은 김대중, 문익환, 윤보선, 정일형 등 당시 한국을 대표하는 민주화 운동 지도자들과 개신교 목사와 카톨릭 신부 등이 연루되어 있어서 그 파장이 컸다. 특히 당시 박정희 유신체제의 인권탄압에 대한 국제적 비난 여론이 높아지는 시점에서 이 사건이 발생하게 되자 박정희 정권은 큰 부담을 느끼게 되었다. 결국 초기에 강경대응으로 일관하던 박정희 정권은 1977년 사건 관련자들을 석방조치했는데 김대중은 예외였다. 박정희 정권은 인권탄압에 대한 국제적 비난을 피하는 것과 동시에 김대중에 대한 구금을 이어가기 위하여 진주교도소에 수감되어 있던 김대중을 병 치료 명분으로 서울대학교 병원으로 이송하였다. 원래 3·1민주구국선언 사건은 국내외적으로 이렇게 큰 파장이 일어날 사건이 아니었다. 그런데 박정희 대통령이 선언서명자에 김대중이 포함된 사실을 알게 되고 정부가 강경 대응을 하면서 정치적으로 큰 사건이 된 것이다.

김대중이 이송된 서울대학교 병실은 감옥으로 특수 개조된 곳이었다. 김대중은 이곳에서 교도소보다 더욱 심한 인권탄압을 받았다. 김대중은 감옥 병실 바깥으로 이동조차 하지 못하였다. 또한 교도소에서는 한 달에 한 번씩 편지 쓰는 것이 허락되었지만 이곳에서는 그조차도 금지되었다. 김대중은 감옥보다 더욱 고립되고 기초적인 자유마저 제한되는 고난을 겪게 되었다. 김대중은 이와 같은 상황에서 못을 이용하여 몰래 서신을 쓰기로 한 것이다.

(2) 작성 및 전달 과정

김대중은 이희호 여사에게 못을 가져다 달라고 비밀리에 요청하였고 이희호 여사는 감시를 피하기 위해 속옷 등에 못을 넣어서 몰래 전달하였다. 김대중은 전해 받은 못을 가지고 과자 종이나 빵 포장지에 못으로 한 글자 한 글자를 눌러서 메모 형식의 편지를 작성하였다.

김대중은 못으로 작성한 메모 편지를 이희호 여사와 사전에 약속한 장소인 화장실 화장지 속에 넣었고, 이희호 여사는 이 메모를 하루에 두 번 식사를 갖고 오면서 몰래 가지고 나왔다.

못으로 쓴 이 편지는 당시 김대중의 둘째 아들인 김홍업 씨가 거울에 비추고, 전등에 비추어 그 내용을 이희호 여사에게 알려주었다. 이희호 여사는 그 내용을 옮겨 적은 후 민주화 운동 동지들에게 김대중의 메시지를 전했다.

(3) 주요 내용 및 특징

가. 못으로 눌러서 쓴 옥중서신은 세계에서 그 유례를 찾아볼 수 없는 귀중한 역사기록이다.

> **1978년 8월 31일**
> 3. 못 한 개(이쑤시개) 끝이 연한 것 넣어주시오.

나. 기존에 공개된 옥중서신은 감옥에서 공식적으로 허락한 봉함엽서 위에다가 쓴 것이었으므로 비밀스러운 내용은 포함되지 않았다. 그런데 이번에 공개한 옥중서신은 당국의 감시를 피해서 몰래 작성한 것이므로 국내외 인사들에게 민주화 운동의 방향 제시 및 전략 수립 등 민감하면서도 비밀스러운 내용이 많이 포함되어 있다.

> **1978년 9월 9일자 메모**
> 3. 어제의 데모는 큰 성공인 것 같아요. 더구나 세계적으로 보도되었으니 그 효과도 컸을 것이오. 앞으로 농성 중 그 분들 잘 돌보며 10일간으로 보면 그간의 스케쥴을 짜서 다양한 투쟁을 생각해 보시오.(3·1재판 때 같이)

다. 이 옥중서신에는 압축적인 표현이 많이 사용되고 있다. 그 중에서도 인물 명칭을 영문 이니셜로 사용하고 있다. 영문 이니셜을 사용한 이유는 두 가지이다. 첫 번째 이유는 메모가 적발될 경우 민주화 운동 동지들에게 피해가 돌아가지 않도록 하기 위한 것이고 두 번째 이유는 자유롭게 글을 쓸 수 없는 형편이기 때문에 단어 사용을 최대한 절제하려는 것이다.

1978년 8월 19일자 메모
7. 윤보선 = Y, 문익환 = M으로 아시오.

(4) 사료적 가치

정치사상범의 옥중서신은 전 세계사적으로 볼 때 훌륭한 작품으로 평가받는 경우가 많다. 그런데 서신 작성이 금지된 상황에서 못으로 글을 남긴 경우는 그 유례가 없다. 그런 면에서 이 옥중서신은 특별한 의미를 갖는다.

이 사료를 통해서 김대중 전 대통령의 신념, 의지, 정신과 인간 김대중을 새롭게 인식하게 된다. 또한 옥중에 있으면서도 국내외 인사들에게 자신의 메시지를 보내 치열하게 민주화 운동을 계속 하고 있었다는 확인할 수 있다는 점에서 한국 민주화 운동 역사의 중요한 사료가 된다.

민주구국선언 당시
(1976년 3월 1일)

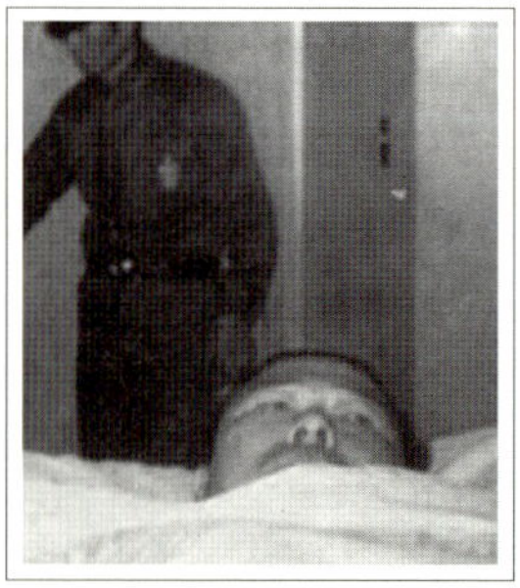

서울대 병원으로 이감되면서
(1977년 12월 19일)

못으로 쓴 편지

2) 이희호 여사의 미공개 서신 원본설명

(1) 배경

가. 이번에 공개하는 이희호 여사의 미공개 서신은 총 709통이다.

나. 이번에 공개한 편지는 김대중이 미국과 일본에 망명(1972-1973년) 했을 당시 김대중에게 보낸 편지 27통과 김대중이 진주교도소에 수감 중(1977년)일 당시 보낸 33통과 김대중이 육군교도소와 청주교도소에 수감 중(1980-1982년)일 때 보낸 649통으로 구성되어 있다. 이희호 여사는 수감 중인 김대중에게 편지를 매일 썼다.

다. 이 중에서 김대중이 망명 중일 때 보낸 편지 27통은 유신 선포 이후 김대중의 자택이 심한 감시를 받고 있었기 때문에 인편을 통해서 보낸 것이다. 외신기자(일본 TBS의 미요시, 미국 CBS의 한영도)와 당시 서울외곽 지역이었던 강남 지역 등에서 만나 인편을 통해서 김대중에게 편지를 보냈으며 김대중이 보낸 편지도 그와 같은 경로를 통해서 받았다.

(2) 주요 내용

이 편지는 이희호 여사가 부인이자 정치적 동지로서 남편인 김대중에게 보낸 것이다. 이 편지에는 부부의 인간적 사랑, 종교적 신앙, 용기 등에 관한 다양하면서도 따뜻한 내용을 확인할 수 있다.

(3) 사료적 가치

김대중이 망명 시기에 보낸 27통의 편지는 당시 국내 사정에 관한 요약 보고서 성격을 띠고 있기도 하다. 그런 점에서 김대중이 유신 시절 1차 망명 생활을 할 당시에 김대중의 행적에 대한 이해를 높이는 데에 도움이 된

당시 이희호 여사가 보낸 편지들

다. 당시 고난의 현대사를 재조명함과 동시에 이희호 여사의 삶, 신앙, 철학을 이해할 수 있는 중요한 자료가 된다. 또한 이 편지를 통해서 민주화 운동 과정에서 인간적 고난을 함께 극복해나가는 김대중-이희호 부부의 모습을 새롭게 확인할 수 있다.

09

김대중 귀국 관련 사료

1) 김대중 귀국 관련 사료의 성격

김대중 2차 망명 기간의 활동을 몇 가지 차원에서 분류해볼 수 있는데 그 중 하나가 김대중 귀국 문제에 관한 것이다. 김대중 귀국 문제는 한미 관계와 한국 정치 등 여러 가지 차원에서 중요한 이슈였고 그 파장은 심대했다. 그런데 김대중 2차 망명 시기에 관한 연구가 거의 이뤄지지 않았으므로 김대중 귀국문제에 관한 연구는 사실상 전무한 상황이다.

김치환 기증 사료에는 김대중 2차 망명 시기(1982.12-1985.2)에 관한 수많은 자료가 포함되어 있다. 망명 기간 동안의 전체 행적을 파악할 수 있을 정도로 자료의 양도 많고 질적으로도 귀중한 자료가 많다. 김대중 귀국과 관련된 사료에는 미국 주요 인사들의 서한과 서명, 환송행사 준비과정과 내용, 신문, 팜플렛, 언론 홍보 자료, 인터뷰 자료 등이 포함되어 있다.

2) 김대중 2차 망명과 활동

1971년 대선, 1973년 납치 사건, 1976년 3·1 민주구국선언사건과 1980년

김대중 2차 망명 활동

사형선고 등을 거치면서 김대중은 한국 민주화 인권 운동을 대표하는 정치인이자 운동가로서의 국제적 명성을 얻게 되었다. 1982년 12월 미국으로 떠난 김대중은 그와 같은 국제적 지도력을 바탕으로 한국의 민주 회복을 위한 실천적인 활동을 활발하게 전개하였다.

미국 체류기간 중 김대중은 한국인권문제연구소를 창립하여 민주화 운동을 전개하였다. 그리고 미국 내 저명한 인사들과의 교류를 통하여 미국 사회에 한국민주화의 필요성을 설득하기도 하였다. 위와 같은 김대중의 노력은 미국을 비롯한 해외에 큰 반향을 불러일으켰고 그 여파는 국내에까지 영향을 주게 되었다. 이처럼 1980년대 2차 망명 시절의 운동은 국제적인 민주지도자로서의 김대중의 위상을 파악하는 데에 있어서 중요한 의미를 갖는다.

3) 김대중 귀국 문제

미국 내에서 활발한 활동을 한 김대중은 1984년 8~9월경 귀국의사를 밝혔다. 김대중은 귀국을 결정한 이유를 4가지를 언급하였다. 첫째, 국내에서 고통받는 민주세력들에게 힘이 되고자 하는 것이며 둘째, 국내 현실에 좌절하여 실망과 극단화 경향을 보이는 세력들을 위로하고 대화협력의 길로 나아갈 수 있도록 하는 것이며 셋째, 남북 간의 화해와 협력의 길을 여는 데 기여하기 위한 것이며 넷째, 지병 치료와 하버드 연구가 끝난 것 등이다.

김대중 귀국 문제는 당시 중요한 정치적 현안이었고 한국과 미국 등 국내외에 뜨거운 관심을 불러일으켰다. 필리핀의 아키노 암살 사건이 발생한 후였기 때문에 김대중의 신변 안전 문제는 미국 내에서 중대한 사안으로 대두되었다. 그 결과 교포 민주화 운동 단체들과 미국 각계 중요 인사들은 김대중의 안전 귀국을 위한 다방면에 걸친 활동을 전개하였다. 또한 김대중은 각종 언론과의 인터뷰, 환송 행사에서의 강연 등을 통하여 귀국 문제가 한국 민주화 운동의 활성화에 기여할 수 있도록 노력하였다. 김대중은 1985년 2·12 총선을 앞두고 귀국을 하였고 이는 총선 정국에서 야당 붐을 일으키는 데에 결정적 역할을 하게 된다.

메디슨 스퀘어 가든에서의 환송식(민중신문)

이처럼 김대중 귀국 문제는 한국 민주화와 한미 관계 등에 많은 영향을 주었다는 점에서 중요한 역사적 의미를 갖는다고 할 수 있다.

4) 귀국문제 관련 사건

1984.08.22	에이브람즈 미국무성 인권담당 차관보와 회담, 귀국문제 한국정부와 협의 용의가 있음 확인
1984.09.11	전두환 대통령에게 귀국의사를 밝히는 내용의 서한 발송
1984.09.21	한국정부, 김대중 귀국과 관련 공식 발표. 귀국할 경우 의법조치를 취하겠다고 밝힘
1984.10.11	Los Angeles Times지에 "Why an Exile Wants to Go Home" 기고해 위험에도 불구하고 한국으로 돌아가려는 이유들을 밝힘
1984.10.25	64명의 미 국회의원들이 김대중 귀국시 안전보장을 요청

하는 서한을 전두환대통령에게 전달

1984.12.02 뉴욕, 매디슨 스퀘어가든 펠트포럼에서 귀국환송대회 참석(3천여 명 참석)

1985.02.06 미국시각으로 오전 10시 15분에 워싱턴의 내셔널 공항을 통해 귀국길에 오름

1985.02.08 김포공항을 통해 귀국 후 삼엄한 경비 속에 외부접촉을 차단당한 채 동교 동 자택에 도착

5) 김대중이 말하는 귀국 이유

"하나는, 지금 고난 속에 싸우고 있는 국내의 민주 세력, 이 동지들의 그 고난에 동참하고 이제는 가서 같이 협력해서 싸우는 것이 필요하다 이렇게 생각하는 것이 그 하나고요, 둘째는 내가 상당히 위험스럽게 느끼는 문제로서, 지금 한국 국민의 절대다수가 현 독재정치를 반대하고 있습니다. 그러나 많은 사람들이 무력감 또는 이기주의 등에 빠져서 방관 상태에 있습니다. 이래 가지고는 민주주의가 회복될 수 없습니다. 동시에 정반대로 또 일부에는 극히 소수지만 아주 레디컬리즘으로 흘러가는 경향도 있습니다. 이 모두가 우리 민주주의 회복을 위해서는, 그 심정들은 이해하지만, 도움이 안된다고 생각합니다. 그래서 내가 돌아가서 이분들과도 대화를 해서 격려하고 고무하고 또는 서로 의견교환을 해서 우리가 같이 일치 단결해서 민주회복의 대열에 나갈 수 있도록 하고자 하는 것입니다."

– 1984년 11월 4일, 워싱턴에서 한국기자단과의 인터뷰 중에서 –

김대중이 귀국을 결정한 가장 큰 이유는 당시 한국 사회에 퍼지고 있던 정치적 회의주의와 일부세력의 과격화 경향을 막기 위해서였다. 김대중은 정치적 허무주의와 운동의 과격화가 민주회복과 평화통일의 길을 여는 데에 있어서 도움

이 되지 않는다는 입장을 갖고 있었다. 김대중은 암울한 국내 현실을 타개하기 위해서 자신의 귀국이 필요하다는 판단을 내리게 되었다.

목숨을 건 민주화 투쟁을 통해서 국내외 민주 세력들에게 도덕적 지도력을 확보하고 있던 김대중은 비폭력, 비용공, 비반미 등 3비 노선을 내세웠다. 이를 통해 민주회복을 위한 최대단결을 이끌어내어서 자주적인 힘으로 한국의 민주회복과 더 나아가서 평화통일의 길을 열겠다는 것이 김대중의 일관된 입장이었다. 그와 같은 역사의식에 바탕을 두고 있던 김대중은 독재정권의 신변 위협에도 불구하고 귀국을 단행하였다. 그리고 김대중의 귀국은 한국 민주화 운동의 활성화에 큰 기여를 하게 되었다.

6) 기증자

김치환은 재미인권동가로서 한국인권문제연구소 중앙이사와 사무총장으로 활동을 하였다.

김치환

7) 기증과정

김치환 기증사료는 인권문제연구소 자료이다. 한국인권문제연구소 자료는 김대중 대통령 당선 이후에 사무실에 보관되어 있다가 2003년 2월부터 김치환이 창고에 보관 관리를 해온 것이다. 김치환 기증 사료는 문서 20만 페이지, 책 1000권 정도의 분량이다. 이 모든 자료를 2005년 8월 연세대학교 김대중 도서관에 기증하였다.

10

1960~70년대 야당 활동관련 사료

1) 사료 성격

김대중은 민주당 신파로서 장면 총리의 신임을 받고 있었다. 그런데 민주당 신파는 5·16 이후 장면이 정치적인 재기를 하지 못하게 되자, 구파와 다르게 구심점을 갖지 못하여 1963년 민정 이양 이후 이뤄진 의회정치 복원과정에서 중심적인 역할을 하지 못했다. 반면에 민주당 구파는 윤보선, 유진산을 중심으로 구심점을 형성하여 의회정치가 복원된 6대 국회부터 야당의 헤게모니를 장악했다. 이러한 상황 속에서 1963년 6대 국회의원에 당선된 김대중은 파벌 정치에 함몰되기보다는 국민을 상대로 한 대중정치와 정책개발능력을 통해서 정치적 활로를 개척하고자 하였다. 그리하여 김대중은 〈내외문제연구소〉를 창립하여 당대 주요 지식인들과 교류하고 대중강연회를 개최하여 자신의 저변을

내외문제연구소 발간물들

확대해나갔다. 김대중은 자신의 이와 같은 활동을 저서 및 자신과 관련된 연구단체의 명의로 된 소책자에 기록으로 남겼다. 이와 같은 자료는 국회회의록에 실리지 않은 내용으로서 당시 김대중의 활동을 파악하는 데에 매우 의미가 있다.

2) 사료 내용

김대중은 6대 국회의원으로 활동을 하면서 박정희 정권의 여러 문제점에 대한 비판과 대안을 제시하면서 주목을 받았다. 그 결과 박정희 정권의 견제를 받게 되어 1967년 7대 국회의원 선거에서 매우 어려운 여건 속에서 선거운동을 진행한 바 있다. 아래 소개된 김대중의 연설은 1967년 6월 8일 국회의원 선거를 앞두고 6월 4일 목포역 앞에서 진행된 것이다.

> "모든 시민 여러분! 6대 국회의 국회의의원이 되어 가지고 내가 국회에서 한 발언이 증명하고, 아까 말씀드린 나의 정치인으로서의 소원이 천명하다시피 나는 헐벗고 굶주린 국민들을 위해서 중상공업자의 이익과 그 보호를 위해서 노동자와 농민의 권익을 위해서 내가 법률을 만들고 예산을 통과시키고 모든 책임을 다하겠습니다. (중략) 여러분이시여! 여러분이 나를 밀어주십시오. 무언가 뜻을 가지고 이 나라 문제를 한번 바르고 희망차게 해보겠다는 이 젊은 청년을 여러분이 버리지 말고 이 자리에서 죽이지 말고 한 번만 여러분이 키워주시기를 바랍니다"

당시 7대 총선은 김대중의 정치인생을 좌우하는 매우 중대한 선거였다. 박정희 정권이 김대중의 낙선을 위해서 많은 노력을 기울였기 때문에 김대중의 재선은 쉽지 않은 상황이었다. 만약 이 당시 선거에서 김대중이 낙선했다면 그가 야당의 중심적인 인물로 성장하는 데 더 많은 시간이 소요되었을 것이다. 그러나 김대중은 악전고투 속에서 재선에 성공하였고, 정권의 견제를 뚫고 나가는 저력을 보여줌으로써 야당의 중심적인 인물로 서서히 각인되기 시작했다. 특히 이 연설에도 나오듯이 김대중은 시종일관 민중의 힘을 강조하고 있는데 이 부분을 의미있게 살펴볼 필요가 있다. 김대중은 야당 파벌 정치에서도 비주류에 속하고 정권으로부터 강력한 견제를 받고 있었다. 이러한 상황에 처해 있던 김대중은 자신을 둘러싼 구조적 한계를 극복하기 위해서는 결국 국민의 직접적인 지지가 필요함을 절감하고 있었다. 이에 그는 국민 속으로 들어가서 국민과 직접 호흡하고 그들의 힘을 통해서 권위주의적 질서를 극복하고자 하는 정치노선을 갖게 된 것이다. 이와 같은 김대중의 인식이 이미 이 당시 선거과정에서 뚜렷하게 나타나고 있음을 확인할 수 있다. 이와 같은 그의 정치노선은 단순히 이론적 학습에서 형성된 것이 아니라 실제 민중의 정치 현장에서 체험되고 구체화 되었다는 점을 확인시켜준다.

제7대 국회의원 선거유세에서
사인공세를 받는 김대중

김대중은 또한 활발한 의원외교를 전개하였다. 지금과 다르게 당시에는 해외 방문 자체가 일부 극소수 사람들만이 할 수 있었던 시절이었는데, 김대중은 국회의원 신분을 활용하여 해외 방문을 할 수 있었다. 그 과정에서 그는 국제정세에 대한 이해를 높였고 이를 자신의 정책 대안으로 반영하였다. 다음에 소개할 1972년 2월 24일 일본 외국특파원 협회에서 진행한 기조강연문도 그에 해당하는 대표적인 사례이다.

> "평화는 지상의 선이요 전쟁은 최대의 악입니다. 우리는 모든 기회를 포착해서 평화를 지켜 나가야 할 것이며 이 땅 위에서 전쟁을 절멸토록 힘써야 할 것입니다. 닉슨 대통령의 중국 방문은 세계의 모든 인류가 평화의 증진을 위해 커다란 기대를 걸어볼만한 절호의 계기가 될 것이며 또한 이를 그와 같은 방향으로 선용해야 할 것입니다. (중략) 나는 이번의 닉슨 대통령의 중국방문은 우리의 활용여하에 따라서는 한반도의 긴장을 완화시키고 항구적 평화를 확보하는데 커다란 기회가 될 수 있다고 믿고 있습니다"

닉슨 독트린 이후 1970년대 초반, 중국과 미국은 이전의 적대관계를 청산하려는 움직임을 보이기 시작하였다. 이는 한반도 정세에 큰 영향을 줄 수 있는 커다란 사건으로서 이에 대해서 국익중심의 객관적인 전략을 세우는 것이 한국으로서는 매우 중요한 사안이었다. 이와 같은 상황에서 김대중은 당시 시대적 변화의 흐름과 그 성격을 정확하게 파악하고 있었다. 지금은 인터넷을 통해서 정보의 유통이 국경을 넘나들며 자유롭게 이뤄지고 있지만 당시만 해도 외국과의 인적, 정보 교류는 매우 한정된 조건 속에서만 이뤄지고 있었다. 정권의 독점적 관리와 통제 속에서 허용된 정보만을 접하는 대다수 사람들은 사안의 실제 성격을 제대로 파악하는 것이 매우 어려운 일이었다. 그러나 김대중은 1950년대부터 중고서점 등에서 유통되던 일본의 시사잡지를 읽으면서 국제정세의 흐름을 정확히 짚고 있었다.

더불어 국회의원이라는 신분을 통해 직접 해외 방문을 하여 견문을 넓힐 수 있었다. 이는 매우 중요한 의미를 갖고 있다. 당시 한국은 반공주의의 위세가 매우 강력하여 정치이념 및 지식 역시 매우 제한되고 검열이 강하였던 시절이었다. 그런 상황에서 김대중은 젊은 시절부터 일본의 시사잡지를 통해서 세계사의 흐름을 객관적으로 파악할 수 있었고, 국회의원이 된 이후에는 국회의원의 신분으로 정권으로부터 통제되지 않은 국제정세의 본질적 모습을 접할 수 있는 기회를 가질 수 있었던 것이다. 따라서 위와 같은 편협한 이념이나 정치적 왜곡에 굴하지 않고 실용주의적이고 현실주의적인 인식을 통해서 한국의 발전 전략을 구체화할 수 있었다.

3) 사료 의미

위에서 소개한 것은 국회 밖에서 이뤄진 김대중의 활동을 확인할 수 있는 귀중한 자료이다. 국회 발언은 시간과 내용 등에 있어서 일정 정도의 제약이 있었다. 그것과 다르게 김대중이 단독으로 진행한 연설이나 성명 등은 그것에 구애받지 않고 자유롭게 이뤄졌다는 특징이 있다. 이런 점에서 이 자료는 김대중의 인식을 좀 더 객관적으로 그리고 폭넓게 이해하는 데에 매우 중요한 근거가 된다. 이 소책자는 김대중이 자신의 주요 지지세력 및 지식인들에게 배포하기 위해서 제작한 것으로서 조직관리를 위한 김대중의 전략을 확인할 수 있는 좋은 자료이다. 김대중이 야당 정치의 쇄신을 위해서 가장 강조한 것은 '정책 정당', '대안있는 비판' 바로 두 가지였다. 이러한 김대중의 인식을 확인할 수 있는 대표적 증거자료가 바로 이 소책자이다. 그런 면에서 이 자료는 김대중의 인식을 더욱 폭넓게 이해하는 데에 도움이 될 뿐만 아니라 그의 조직관리 방식을 이해하는 데에도 큰 의미가 있다고 평가할 수 있다.

11

아태평화재단 관련 사료

1) 사료 성격

1992년 14대 대선에서 패배한 김대중은 정계은퇴를 선언하고 1993년 1월부터 7월까지 6개월간 영국에서 유학생활을 한다. 김대중은 영국 유학기간 동안 통일 이후 독일의 상황과 탈냉전이 본격화되고 있던 국제 질서의 새로운 현상에 주목하였다. 그리고 그 과정에서 한국과 한민족이 나아갈 방향에 대해서 구상을 가다듬게 된다. 그와 같은 사유의 결과를 실천적 차원에서 접목시키기 위하여 김대중은 1994년 1월 〈아태평화재단〉을 창설하여 이사장을 맡게 된다. 1993년과 아태평화재단 시절 김대중이 남긴 사료는 연설문, 대담 및 기고문 등의 형태를 띠고 있다. 특히 이 시기 사료는 다른 어느 시기보다도 구체적인 국내 정치 현안에 대한 견해를 밝히기보다는 역사, 문명, 철학 등 비교적 추상 수위가 높은 주제를

아태평화재단 창립기념식

다루고 있다는 특징이 있다. 당대 최고 지식인과 장기간에 걸친 심층 대담을 하기도 하고, 『포린 어페어스(Foreign Affairs)』지를 통해서 아시아 민주주의에 관해서 싱가포르 리콴유(李光耀) 수상과 논쟁을 하기도 하는 등 현실 정치인이 아닌 민주주의와 평화에 대한 철학적 방향성을 제시하는 정치 사상가로서의 모습을 보여주기도 하였다.

2) 사료 내용

김대중은 1994년 『월간중앙』 1월호에 "20세기의 회고와 21세기의 전망"이라는 기고문을 통해서 다음과 같이 말하고 있다.

> "21세기는 모든 분야에서 세계화의 추세가 보편화되는 시기가 될 것이다. (중략) 전면적인 민주주의 시대가 될 것이다. (중략) 21세기의 경제에 있어서는 20세기와는 달리 체제간 경쟁이 없어지게 된다. 모두가 하나같이 자유시장경제체제 속에서 국경과 민족을 초월해서 전면적인 경쟁을 벌이게 된다"

김대중은 탈냉전의 시대사적 전환의 성격을 '세계화'와 '민주화'의 두 가지 키워드로 파악하고 있었다. 특히 민주주의의 승리와 확산를 강조하는 김대중의 진단은 탈냉전을 '자본주의 시장경제의 승리'로 인식하는 프랜시스 후쿠야마(Francis Fukuyama)의 시각과는 다른 면을 보여준다. 후자의 시각이 시장의 승리와 그에 따른 재편을 강조하는 보수주의적 전략의 인식론적 기초가 되었다는 것을 고려하면 '민주주의의 승리'로 인식하는 김대중의 시각은 현실적이면서도 중용의 가치를 중시하는 자유주의적인 김대중의 역사 인식이 반영된 것이라고 할 수 있다.

또한 김대중은 1994년 미국의 『포린 어페어스(Foreign Affairs)』 지에 "문화란 운명인가?"라는 글에서 '아시아 민주주의'의 역사적 기반과 현실을 아래와 같이 강조한 바 있다.

> "이광요 씨가 반대여론을 전혀 용납하지 않았다는 사실과 아시아의 많은 국가들에서 반체제 인사들에 대한 탄압이 계속되고 있다는 사실을 고려할 때 우리는 또한 아시아에서 민주주의가 정착할 수 있도록 허용되었는지 물어보지 않을 수 없다. 보다 철저한 분석을 해보면 아시아엔 민주주의적인 철학과 전통이 풍부하다는 것이 분명해진다. 그뿐만 아니라 아시아는 민주화에 있어서 상당한 발전을 하였으며, 서구 민주주의보다 높은 수준의 민주주의로 발전시킬 수 있는 조건을 충분히 가지고 있다"

김대중은 민주화 운동을 할 때에도 미국을 중심으로 한 서구사회에서 아시아 민주주의에 대해 회의를 갖는 서구중심적인 시각에 대해서 비판적인 견해를 갖고 있었다. 그래서 그와 같은 인식을 불식시키기 위하여 한국 민주화는 한국 민중의 힘으로 쟁취해야 한다는 민주화론을 제시했던 것이다. 리콴유(李光耀) 수상과의 논쟁은 그와 같은 김대중의 인식과 관련해서 이해할 수 있는 귀중한 자료이다.

A Response to Lee Kuan Yew

Is Culture Destiny?

The Myth of Asia's Anti-Democratic Values

Kim Dae Jung

In his interview with *Foreign Affairs* (March/April 1994), Singapore's former prime minister, Lee Kuan Yew, presents interesting ideas about cultural differences between Western and East Asian societies and the political implications of those differences. Although he does not explicitly say so, his statements throughout the interview and his track record make it obvious that his admonition to Americans "not to foist their system indiscriminately on societies in which it will not work" implies that Western-style democracy is not applicable to East Asia. Considering the esteem in which he is held among world leaders and the prestige of this journal, this kind of argument is likely to have considerable impact and therefore deserves a careful reply.

With the collapse of the Soviet Union in 1991, socialism has been in retreat. Some people conclude that the Soviet demise was the result of the victory of capitalism over socialism. But I believe it represented the triumph of democracy over dictatorship. Without democracy, capitalism in Prussian Germany and Meiji Japan eventually met its tragic end. The many Latin American states that in recent decades embraced capitalism while rejecting democracy failed miserably. On the other hand, countries practicing democratic capitalism or democratic socialism, despite temporary setbacks, have prospered.

In spite of these trends, lingering doubts remain about the applicability of and prospects for democracy in Asia. Such doubts have been raised mainly by Asia's authoritarian leaders, Lee being the most articulate among them. They have long maintained that cultural

KIM DAE JUNG was a dissident, human rights activist, and presidential candidate during a political career of more than four decades in the Republic of Korea. He is currently Chairman of the Kim Dae Jung Peace Foundation for the Asia-Pacific Region.

FOREIGN AFFAIRS · November/December 1994 [189]

포린 어페어스(Foreign Affairs) 기고문

김대중은 이 시기에 한반도와 국제적인 평화지도자로서 대단히 중요한 활동을 한다. 제1차 북핵위기가 고조되어 한반도의 전쟁위험이 고조되었던 1994년, 김대중은 5월 12일 미국 내셔널프레스클럽 연설을 통해서 '일괄타결'과 '카터의 방북'을 미국 정부에 제안하였다.

내셔널 프레스 클럽 연설

"나는 가장 적합한 지도자 한 사람, 원로 정치인은 카터 대통령임에 틀림없다고 생각합니다. 카터 대통령은 중국과의 외교관계를 수립한 대통령입니다. 따라서 그가 아주 적당합니다. 그리고 또한 그는 국제사회에서 널리 존경과 신뢰를 받고 있는 분입니다. (중략) 만약 미국이 이러한 원로 지도자를 북한에 보낸다면, 이것은 김일성으로 하여금 미국에 대한 어떤 결정적인 양보를 끌어내게 될 것입니다"

이와 같은 김대중의 제안을 미국 정부는 수용하였다. 카터의 방북에 대해서 우려의 목소리가 많았지만 결국 김대중의 판단대로 제1차 북핵위기는 해소될 수 있었다. 이처럼 이 시기 김대중은 한반도를 둘러싼 거시적인 국제사회 변동에 슬기롭게 대처하기 위한 전략을 구상하고 실천하고 있었다.

3) 사료 의미

이 시기 김대중이 남긴 사료에는 냉전해체 이후 세계사적 변화과정에 대한 진단과 그 속에서 한민족의 생존전략에 대한 내용이 담겨 있다. 이 사료를 통해서 김대중은 거시적인 역사와 사회변동의 본질을 포착하고 그에 대한 이론적이면서도 구체적인 방법론을 고민하고 있음을 확인할 수 있다. 김대중이 위와 같은 식견과 능력을 갖고 있었기 때문에 대통령이 된 이후 외환위기 극복, 남북관계 개선, 지식정보화의 선도적 추진, 생산적 복지의 도입 등 5년간의 짧은 기간 동안 커다란 변화를 이끌어낼 수 있었던 것으로 평가된다. 이같은 맥락에서 김대중 집권 5년의 성격을 이해하기 위해서는 그 기반이 되었던 1993년, 1994년 시기 김대중의 생각과 활동에 대한 재조명이 필요하다.

12

김대중 구술 사료: 총 41회

1) 사료 성격

구술하는 김대중

김대중은 한국 현대사에서 중요한 역할을 했기 때문에 학문적인 연구 대상으로서의 가치가 매우 높다. 더불어 김대중은 방대한 양의 사료를 남겼기 때문에 그가 가진 역사적 비중만큼 다양한 영역에서의 연구가 진행될 수 있다는 특징이 있다. 그 중에서도 김대중이 퇴임 이후에 남긴 구술자료는 여러 측면에서 특별한 의미를 갖는다. 김대중은 2006년부터 2007년까지 연세대학교 김대중도서관과 총 41차례 걸쳐서 60여 시간 분량의 구술 자료를 남겼다. 김대중은 출생부터 재임시기까지 자신의 전 생애에 걸친 주요 활동에 대해 구술을 하였다. 이 구술자료는 모두 동영상으로 촬영되었기 때문에 구술의 내용뿐만 아니라 김대중의 모습까지 생생하게 담겨져 있다.

2) 사료 내용

김대중은 김대중도서관과의 구술을 통해서 기존에 알려지지 않았던 주요 사실, 개인적 내용, 주요 역사적 순간에 대한 평가 및 본인의 소회 등 다양한 영역에서 중요한 언급을 많이 했다. 그 중 두 가지를 여기서 소개하려고 한다. 먼저 김대중은 2006년 7월 27일 김대중도서관과 진행한 1차 구술에서 다음과 같은 내용을 말하고 있다.

> "여하튼 자식욕심이 아주 굉장히 강한 분이시고. 특히 나한테 대해서는 그랬어요. (중략) 아버지보고 내가 잠자면서 들으니까 '이 얘가 공부를 잘하는데 여기서 이대로 썩히기는 아까우니까 그러니까 목포로 우리 나가자'고. '나가서 거기서 뭐 장사라도 해 갖고 가르치자.' 그런데 그때 30년대의 시골이라는 것은 캄캄하던 곳인데 거기서 자기가 안정된 생활을 하고 있는 농업이라든가 뭐 여러 가지 자산 놔두고 그리고 목포로 나올 결심을 한단 것은 그건 보통 결심이 아니었거든요. 어머니가 그렇게 해서 하니까 아버지가 또 동의를 하시고 그래갖고 결국 목포로 나왔는데. 어머니가 그런 결정 안 했으면 나는 오늘날 나는 없는 거지요.(중략) 어머니가 그걸 안 했으면 나는 지금 시골서 그대로 있는 거거든요. 그래서 그런 부모의 은혜지만 특별한 은혜를 느끼고 있지요."

이 사료를 통해서 우선 부모의 은혜에 대한 김대중의 각별한 생각을 확인할 수 있다. 김대중이 부모 특히 자신의 어머니에 대한 깊은 생각을 하고 있다는 사실은 이미 많이 알려진 사실이기는 했다. 그런데 위와 같은 일화를 통해서 설명한 경우는 없었다는 점에서 이 증언의 가치는 크다. 이 구술을 통해서 당시 일반 민중생활사의 한 단면을 이해할 수 있다는 점에서도 의미가 있다. 김대중이 소개한 위의 대화가 이뤄지던 시기는 1930년대로서

이 당시에는 유교적인 가부장적 문화가 아직 지배적인 이데올로기로 확고히 자리잡고 있었던 시기이다. 그런데 김대중 부모의 대화를 보면 여성인 김대중의 어머니가 의사 결정을 주도하는 모습이 나타나고 있다. 그렇게 보면 가부장적인 문화가 지배적이기는 해도, 그것이 절대적이지는 않았다는 점을 알 수 있다.

그 다음으로 자신을 박해했던 독재 정권을 용서한 김대중의 인식을 알 수 있는 부분이다. 김대중은 2007년 2월 13일 진행된 23차 구술에서 다음과 같이 말하고 있다.

> "그건 사람이란 건요 누구나 악을 행할 수 있어요. 사람 마음 속에는 악과 선이 있어요. 종교적으로 얘기하면 천사와 악마가 있는 것이고. 그러기 때문에 그 악마에 끌려갔던 사람도 개심하면 천사가 될 수 있어요. 그런 예는 얼마든지 있어요. 그러기 때문에 말하자면 사람은 용서해야 한다. 그러나 나쁜 죄, 그런 제도, 법률 이런 것은 반드시 없애야 한다. 시정시켜야 한다. 그렇게 되면 사람 마음속에 있는 악마가 작동할 여지가 크게 없어지는 거란 말이야. 그래서 악은 안 되는데. 사람은 선인도 될 수 있고 악인도 선인이 될 수 있기 때문에 사람에 대해서는 용서하고 관대해야 한다. 사람이 영 악인이 선인이 못 된다면 그건 용서할 수가 없지요. 그런데 악인이 선인이 된 예도 얼마든지 있단 말이야. 또 선인이 악인된 예도 얼마든지 있단 말이야. 그러기 때문에 사람은 노력에 따라서 선인도 됐다, 악인도 됐다 하는 거니까. 그래서 사람에 대해서는 관대해야 한다. 그건 그 사람이 한 행동됨은 용서하기가 어렵고 마음을 그렇게 먹기 어렵지만 그것은 우리가 결단을 해야 한다. 그 대신 그런 죄를 행하는 그런 말하자면 법률이라든지 제도라든가 사회적 여러 가지 관행이라든가 이런 것은 단호히 없애야 한다 이거여. 이것이 내 일관된 생각이여."

용서와 화해에 대한 김대중의 철학은 확고하였다. 정치인의 정치적 선택을 대체로 정치적인 이해관계 속에서 해석하는 경향이 강한 풍토 속에서 김대중의 '용서와 화해'의 철학 역시 평가절하 되기도 하였다. 하지만 이미 나온 여러 저작과 구술에서 확인되는 김대중의 용서와 화해의 철학은 단순한 정치전략이 아니었고, 그의 소신이자 실천적 의지였고 종교적인 신앙이었음을 알 수 있다. 특히 구술은 표정을 통해서 전달되는 무언의 의미도 큰데, 극단적 고난 속에서도 용서와 화해를 역설한 김대중의 표정은 구술 동영상 장면으로만 확인할 수 있는 강렬한 무언의 메시지라고 할 수 있다.

3) 사료 의미

김대중의 구술은 연세대학교 김대중도서관 연구팀(류상영 당시 관장, 장신기 연구원, 이충은 사서)이 객관적 사료에 기초해서 작성한 질문지에 근거했다. 연구진은 사실의 정확성과 해석의 객관성을 중시하여, 김대중에게 부담스러운 질문들도 서슴지 않았고, 그 역시 사전에 질문지를 꼼꼼히 검토하면서 자신의 구술 내용을 미리 준비하였으며, 구술 과정에서 질문자의 반론이나 문제제기 등에 대해서도 진솔하고 솔직하며 개방된 자세로 임하였다. 관련자 모두는 김대중 도서관이 학술적이고 객관적인 연구기관으로 정착하고, 이 구술 자료들이 향후에 귀중한 역사교육 컨텐츠가 되어 연세대학교가 세계적인 한국학의 중심으로 성장하는데도 기여할 수 있도록 최선의 노력을 기울였다. 김대중의 구술사료는 김대중의 생애, 사상, 활동은 물론 한국현대 정치사의 격동의 순간들을 생생하게 기억하고 연구하며 재조명하는데 정확하고 객관적이며 흥미로운 자료가 될 것으로 믿어 의심치 않는다.

4) 김대중 구술 리스트

구술차수	구술일	면담자	주제
1차	2006년 7월 27일	류상영	어린 시절에 대한 회고
2차	2006년 9월 5일	류상영	학창 시절에 관해서
3차	2006년 9월 11일	류상영	해방 직전 상황
4차	2006년 9월 19일	류상영	해방 이후 사회활동 관련
5차	2006년 9월 26일	류상영	한국전쟁 당시 상황
6차	2006년 10월 24일	장신기	정계진출 결심과 1954년 첫 출마
7차	2006년 11월 6일	류상영	언론인으로서의 활동과 1950년대 개인사
8차	2006년 11월 16일	장신기	제2공화국 시절 활동
9차	2006년 11월 21일	류상영	이희호 여사와의 결혼과 6대 총선 출마
10차	2006년 11월 28일	류상영	6대 국회 시절 활동
11차	2006년 12월 4일	류상영	6대 대선 및 7대 총선
12차	2006년 12월 12일	류상영	3선 개헌 반대 투쟁 및 40대 기수론
13차	2006년 12월 19일	장신기	7대 대선
14차	2006년 12월 23일	장신기	8대 총선과 당권 경쟁
15차	2007년 1월 2일	장신기	대중경제론 및 유신 직전 정치상황
16차	2007년 1월 11일	장신기	유신 직후 망명 선언 및 망명 활동
17차	2007년 1월 13일	장신기	한민통 관련 내용
18차	2007년 1월 23일	류상영	납치사건
19차	2007년 1월 26일	류상영	납치사건 이후 정치결착 및 진상규명활동
20차	2007년 1월 30일	류상영	3·1민주구국선언 사건
21차	2007년 2월 6일	류상영	1979년 정치상황과 10·26
22차	2007년 2월 10일	장신기	서울의 봄
23차	2007년 2월 13일	장신기	광주항쟁과 사형선고
24차	2007년 2월 27일	장신기	옥중서신 및 미국 망명
25차	2007년 3월 6일	류상영	2차 미국 망명 생활
26차	2007년 3월 13일	류상영	귀국 후 민주화 투쟁 및 6월 항쟁

구술차수	구술일	면담자	주제
27차	2007년 3월 20일	류상영	1987년 대선 관련
28차	2007년 3월 24일	류상영	13대 총선과 3당 합당
29차	2007년 3월 27일	류상영	단식투쟁과 14대 대선
30차	2007년 4월 3일	류상영	아태평화재단 및 정계복귀
31차	2007년 4월 17일	류상영	1997년 대선 및 당선
32차	2007년 4월 24일	장신기	김대중 평화통일사상의 기원: 1960년대와 1970년대 초
33차	2007년 5월 1일	류상영 장신기	7대 대선 이후 통일정책의 내용과 변화
34차	2007년 5월 22일	류상영	대중경제론의 발전과정
35차	2007년 5월 29일	류상영	민주주의와 시장경제의 병행발전론
36차	2007년 8월 30일	백학순	햇볕정책의 추진 동기 및 기본 방향
37차	2007년 9월 4일	백학순	재임 초기 국제 관계 및 남북관계
38차	2007년 10월 9일	백학순	페리 프로세스
39차	2007년 10월 13일	백학순	남북정상회담
40차	2007년 10월 16일	장신기	남북정상회담 이후 남북관계 및 북미관계
41차	2007년 10월 25일	백학순	미국 부시 정권의 등장과 한미, 남북, 북미 관계

13

인간 김대중 관련 사료

1) 사료 성격

대통령 김대중, 정치인 김대중, 민주투사 김대중, 행동하는 양심 김대중 등 김대중에 따라붙는 주요 수식어의 공통점은 모두 공적 인물로서의 김대중의 정체성을 나타낸다는 점이다. 물론 한국 현대사에서 차지하는 김대중의 위상을 고려할 때 위와 같은 다양한 수사가 존재하는 것은 어쩌면 당연하다고 할 수 있다. 그런데 그런 김대중도 사적으로 볼 때는 누군가의 자식이고 누군가의 남편이 되며 그리고 누군가의 아버지였다. 강경한 투사의 이미지로 각인되었던 김대중이지만 그가 남긴 편지, 수필, 시 등에서 우리는 가정적이고 인간적이며 매우 여린 김대중의 모습을 확인할 수 있다. 이와 관련된 자료의 경우 출판 등의 형태로 외부에 일부 공개된 적이 있으나 대부분 미공개된 상태이며 현재 1차 자료 형태로 김대중도서관이 소장하고 있다. 김대중 본인, 이희호 여사, 이근팔(재미인권운동가)에게 기증받았다.

2) 사료 내용

김대중은 1972년 초에 미국과 유럽을 방문하였다. 김대중은 당시 해외 방문을 통해서 미중화해와 빌리브란트의 동방정책으로 인해 기존의 강고한 냉전체제가 약해지고 있는 현실을 목도하였다. 그런데 김대중이 해외 방문을 할 당시 김대중의 모친 장수금 여사는 병환으로 투병중이었다. 이런 상황에서 김대중은 오스트리아 본을 방문 하던 중에 부인 이희호 여사에게 아래와 같은 내용의 엽서를 보냈다.

> "오늘은 구정입니다. 지금 본의 호텔에서 이 글을 씁니다. 집안이 두루 무고한지 궁금합니다. (중략) 어머니의 병환은 어떠한지 궁금합니다. (중략) 홍업이의 입대도 임박했겠지요? (중략) 홍일이는 합격이 됐는지요? (중략) 홍걸이는 건강한지 두루 궁금합니다. 동경서 전화하겠오.
>
> – 이희호 여사에게 보낸 엽서 1972년 2월 15일 –

김대중이 이희호에게 보낸 엽서

이 엽서의 내용을 보면 한 집안의 평범한 가장의 모습을 확인할 수 있다. 김대중의 어머니 장수금 여사는 당시 건강이 좋지 못했고 결국 그 해 5월 10일 별세하였다. 김대중이 출국을 할 때에도 이에 대해서는 많은 걱정을 하고 있었음을 확인할 수 있다. 그리고 자식 3형제에 관한 이야기를 묻는 부분에서는 자애로운 아버지의 모습을 확인할 수 있다.

평소에도 메모 습관이 철저했던 김대중은 2003년 2월 퇴임한 이후에 일기를 쓰기 시작했다. 퇴임 후에도 김대중은 국내외 방문, 강연, 인터뷰 등의 일정으로 결코 한가로운 시간을 보낸 것은 아니었다. 정기적으로 투석을 받아야했던 것을 감안하면 퇴임 후에도 김대중은 바쁜 시간을 보냈다고 할 수 있다. 그러나 민주화 투쟁, 야당 대표, 대통령 재임 시기 등과 비교해보면 상대적으로 개인적인 여유를 가질 수 있었다고 할 수 있으며, 그와 같은 이유로 일기를 쓸 수 있는 약간의 여유를 가질 수 있게 된 것으로 판단된다. 2009년 8월 서거 중 일기의 일부를 소책자로 펴내기도 했었다. 김대중의 일기는 단문 형식이며 몇 개의 문장으로 구성된 압축적인 성격을 띠고 있다. 이 일기에는 일상 속의 단상을 다루고 있는데 주로 부인과 자식 및 손주 등 가족과 관련된 언급이 특히 눈에 띈다.

김대중 마지막 일기(2009년)

"오늘은 날씨가 몹시 춥다. 그러나 일기는 화창하다. 점심 먹고 아내와 같이 한강변을 드라이브했다. 요즘 아내와의 사이는 우리 결혼 이래 최상이다. 나는 아내를 사랑하고 존경한다. 아내 없이는 지금 내가 있기 어려웠지만 현재도 살기 힘들 것 같다. 둘이 건강하게 오래 살도록 매일 매일 하느님께 같이 기도한다" – 2009년 1월 11일

김대중은 이희호와 결혼한 이후 정치활동과 민주화 투쟁을 하면서 가장으로서 역할을 다하지 못했으며 정상적인 가정생활을 영위하기 힘들었다. 민주화 투쟁 시기에는 도청에 대비하기 위하여 이희호 여사와 집에서 자유롭게 대화를 하지도 못하고 필담으로 의사소통을 나누기도 할 정도였으니 김대중과 그의 가족이 겪었던 고통은 매우 심했다. 이런 상황 속에서 부

이희호 여사 자서전『동행』출판기념회.
평생 고생한 아내에게 고맙다며 고개 숙여 인사

인 이희호 여사와 함께 여행을 하는 것은 물리적으로 불가능했다. 설령 여건이 가능했다고 해도 김대중은 그런 자유를 느낄 여유를 갖지 못했다. 일례로 김대중은 1980년대 미국 망명 기간 중에 지지자들의 강력한 권유로 여행을 떠난 적이 있었는데 단 하루 만에 일정을 중단하고 돌아온 적이 있었다. 그만큼 정치활동과 민주화 투쟁을 전개한 이후부터는 그에게는 사적인 시간이 없었던 것이다. 그래서 전보다는 여유를 가질 수 있었던 당시에 김대중이 부인 이희호와 함께 시간을 보내는 것에 대해서 큰 행복감을 가지고 있었음을 확인할 수 있다. 그리고 당대 현안에 대한 본인의 생각을 적은 것도 있다. 2009년 1월 20일자 일기에는 당시 용산사건에 대한 자신의 생각을 다음과 같이 적고 있다.

> “용산구의 건물 철거 과정에서 단속 경찰의 난폭진압으로 5인이 죽고 10여인이 부상 입원했다. 참으로 야만적인 처사다. 이 추운 날씨에 쫓겨나는 빈민들의 처지가 너무 눈물겹다”

이렇듯 김대중은 일기를 통해서 사적인 영역뿐만 아니라 공적인 문제에 있어서도 진솔한 자신의 생각을 가감없이 표현하고 있음을 알 수 있다.

3) 사료 의미

한국 현대사에서 중요한 역할을 한 김대중은 공식적인 자료를 많이 남겼다. 현존하는 사료만으로도 그의 정치적 인식과 실천을 파악하는 데에 부족함이 없을 정도이다. 김대중이 남긴 자료를 보면 물론 공적 성격을 띠는 자료의 양이 압도적으로 많지만, 개인적 성격의 자료도 일부 존재한다. 역사적으로 중요한 역할을 한 인물의 경우에는 그의 개인사적인 부분에 대한 연구도 이뤄진다. 무엇보다 개인적인 자료를 통해서 인물의 내면 세계에 대한 좀 더 깊은 이해가 가능하기 때문이다. 역사적 인물이 강조했던 특정 사상과 이념의 형성과정과 중요한 역사적 실천의 배경에 대한 이해를 높일 수 있다. 또한 역사적 인물은 시간이 지날수록 전통의 대상이 되고 문화 컨텐츠로서 활용되기도 한다. 이것이 좀 더 효과적으로 이뤄지기 위해서는 해당 인물의 인간적인 측면을 파악할 수 있는 자료가 있어야 한다. 그런 측면에서 김대중이 남긴 편지, 수필, 일기 등은 인간 김대중과 당시의 사회상을 그려내는 데 많은 도움이 될 것으로 생각된다.

제3장 | 김대중 저작 목록

1924~2009

| 일러두기 |

1. 목록집의 항목은 연번, 시기구분, 제목, 행적일시, 언어, 저작유형 순으로 배열하였다.
2. 제목은 원자료의 제목을 그대로 사용하는 것을 원칙으로 하였고, 저작에 대한 간단한 설명을 [ ]를 이용하여 정리하였다.
3. 저작이 외국어인 경우 제목은 해당 언어을 사용하는 것을 원칙으로 하였다.
4. 행적일시는 김대중이 저작을 직접 작성한 날을 원칙으로 한다. 단, 연월일을 정확히 알 수 없는 경우에는 저작이 게재 된 날 또는 생산 된 날을 행적일시로 간주하였다. 행적일시 표기는 연월일로 표시하되, 추정일자는 *로 표시하였다.
5. 저작유형은 연설문, 국회회의록, 서신류, 대담 · 인터뷰, 기고문, 축사, 성명서, 기자회견문, 대화록, 법률안, 추도사, 서문, 수상 등이다.

제1시기
(1924~1972.09)

꿈을 꾸는 소년에서 열정적인 정치인으로

1) 제1시기 저작의 개관과 특징

1924년 1월 전라남도 신안군 하의면에서 태어난 김대중은 어린 시절부터 총명하고 리더십이 있었다. 학창시절에는 학업성적도 우수하였으며 청년시절에는 『목포일보』와 해운회사를 직접 경영하기도 하는 등 다양한 분야의 경험을 쌓았다. 김대중은 대학교를 다니지 않았지만 국내에서 발간된 각종 서적과 일본에서 출간된 시사교양지 등을 독학하면서 상당한 지식을 쌓았다. 20대에 한국전쟁 이전인 1950년 4월부터 언론에 기고활동을 한 것이 기록으로 확인되고 있으며 1950년대 중반부터는 이미 당대 유수의 일간지와 시사교양지에 다양한 주제로 기고활동을 하였다. 국제, 노동, 경제, 정치 문제 등 여러 분야에 걸친 전문적인 내용을 나이 30세 전후의 시점부터 국내 주요 언론에 기고하였던 것이다. 청년기 시절 기고문 등은 김대중이 직접 스크랩을 해놓은 노트에 주로 수록 되어 있다. 김대중이 스크랩하지 않았던 글은 도서관이나 헌책방 등을 다니면서 소재를 파악하였다.

이와 같은 활동을 기반으로 한 김대중은 1956년 민주당 입당을 통해 정치인으로서 본격적인 활동을 시작하였다. 1963년 6대 국회의원에 당선된 이후에는 자신이 직접 설립한 정책연구소인 내외문제연구소를 기반으로 정책능력을 강화했다. 당시에는 국회의원이 정책연구소를 설립하는 것이 아주 드문 일이었다. 그 결과 김대중은 야당의 정책통으로서 성장하였으며, 이와 같은 김대중의 활약상은 국회회의록에 생생히 기록으로 남아 있다.

또한 김대중은 야당의 정책통이자 대변인 생활을 오래하였기 때문에 야당을 대표하는 입장에서 언론과의 접촉이 많았다. 이미 청년 시절부터 확인된 그의 높은 지식은 이 시기 기고문 및 언론 대담 등에서도 확인할 수 있다. 김대중은 대중연설능력이 뛰어난 정치인이었고 야당의 대중 집회 및 시민단체와 연합해서 개최한 집회 등의 단골 연사로 활약하였다. 이 시기에는 그와 같은 기록도 많이 남아 있다.

위처럼 국회의원으로서 다양한 활동을 펼친 김대중은 1971년 신민당 대통령 후보로 선출될 수 있었고, 그 이후 한국 야당 및 한국 정치사에 핵심적인 인물로 자리한다. 특히 이 시기는 김대중이 직접 작성한 친필 자료 등이 많아 남아 있다는 점에서 의미가 크다. 1966년 해외 여행 중에 이희호 여사에게 보낸 엽서가 친필로 남아 있는 가장 오래된 자료인데, 1971년 대선 시기에는 친필로 작성한 성명서, 연설문 요지 등이 여러 점 존재한다는 점에서 각별한 의미를 갖는다.

전체적으로 이 시기 자료는 김대중이 한국을 대표하는 정치가이자 민주화 운동가로서 성장하게 된 배경을 이해하는 데에 매우 큰 의미를 갖는다.

제1시기(1924~1972.09) 저작유형 건수

유형	국회 회의록	기고문	연설문	법률안	성명서	대담/인터뷰	서신류	토론문	수상	기타	합계
건수	410	94	39	27	15	15	7	5	4	5	621

2) 제1시기 저작목록

연번	시기 구분	제목	행적일	언어	저작유형
1	1	[‘호남평론’ 기고] 목포해운계의 실상과 그 발전책	1950.04.01	한국어	기고문
2	1	[‘민주여론’ 기고] 네–루 수상에의 공개장	1953.09.05	한국어	기고문
3	1	[출처 미상] 한일우호의 길(상)	1953.10.02	한국어	기고문
4	1	[출처 미상] 한일우호의 길(하)	1953.10.03	한국어	기고문
5	1	[출처 미상] 임진왜란·부산해전(상) : 광영(光榮)의 날을 맞이하여	1953.10.08	한국어	기고문
6	1	[출처 미상] 임진왜란·부산해전(하) : 광영(光榮)의 날을 맞이하여	1953.10.09	한국어	기고문
7	1	[‘주간 국제’ 기고] 내성(内省)에의 길 : 망진자(亡秦者)는 호야(胡也)라	1953.11.21	한국어	기고문
8	1	[출처 미상] 독립이래 최중(最重)의 해	1954.01.01	한국어	기고문
9	1	[‘새벌’ 기고] 갑오년 2대과업 : 자력의 노력으로 통일과 민생해결	1954.01.07	한국어	기고문
10	1	[‘민주여론’ 설문] 평론가 김대중	1954.01.15	한국어	대담/인터뷰
11	1	[‘신천지’ 기고] 공정선거에의 희원(希願)	1954.04.01	한국어	기고문
12	1	[출처 미상] (낙선의 변) 민주주의의 전진 : 패전자가 본 선거민도(選擧民度)	1954.06.01	한국어	기고문
13	1	[출처 미상] (한일관계와 시비) 신뢰할 수 없는 일본 : 반공 가장하고 용공에 광분	1955.05.29	한국어	기고문
14	1	[출처 미상] 이범석 장군에게 올리는 글(상) : 족청재기(族靑再起)에 앞서는 것	1955.05.30	한국어	기고문
15	1	[출처 미상] 이범석 장군에게 올리는 글(중) : 족청재기(族靑再起)에 앞서는 것	1955.06.06	한국어	기고문

연번	시기 구분	제목	행적일	언어	저작유형
16	1	[출처 미상] 이범석 장군에게 올리는 글(하) : 족청재기(族靑再起)에 앞서는 것	1955.06.13	한국어	기고문
17	1	[출처 미상] 신당운동은 왜 좌절했나	1955.06.15	한국어	기고문
18	1	[출처 미상] 연안해군계의 현황	1955.07.28	한국어	기고문
19	1	['국제신보' 기고] 노동운동의 정로(正路) : 한국적 불합리의 시정을 위하여	1955.09.11	한국어	기고문
20	1	['동아일보' 기고] 「노총」분규와 우리의 관심(상)	1955.09.14	한국어	기고문
21	1	['동아일보' 기고] 「노총」분규와 우리의 관심(하)	1955.09.15	한국어	기고문
22	1	['동아일보' 기고] 노총대회 참관소감	1955.09.24	한국어	기고문
23	1	['사상계' 기고] 한국노동운동의 진로	1955.10.01	한국어	기고문
24	1	['동아일보' 시론] 노조는 유해한가(상) : 기업주(남전(南電))의 간섭을 보고	1955.10.29	한국어	기고문
25	1	['동아일보' 시론] 노조는 유해한가(하) : 기업주(남전(南電))의 간섭을 보고	1955.10.30	한국어	기고문
26	1	[출처 미상] 신당에의 멧세지에 답함 : 진·현양씨의 소론(所論)을 읽고	1956.01.**	한국어	기고문
27	1	['부흥시보' 기고] 한국노동운동의 애로 : 무엇이 그 발전을 조해(阻害) 하는가	1956.01.**	한국어	기고문
28	1	[월간 '정경' 창간호] 민정당의 기본방향	1956.04.15	한국어	기고문
29	1	['경향신문' 기고] 당의 굴레를 벗어나라(상) : 한국노동운동의 소생을 위하여	1956.06.19	한국어	기고문
30	1	['경향신문' 기고] 당의 굴레를 벗어나라(하) : 한국노동운동의 소생을 위하여	1956.06.20	한국어	기고문
31	1	['중앙일보' 기고] 양식에 입각한 행정을 : 무허가음식점 폐쇄에 관련하여	1956.08.27	한국어	기고문

연번	시기 구분	제목	행적일	언어	저작유형
32	1	[민주당 입당 성명서]	1956.09.25	한국어	성명서
33	1	['경향신문' 기고] 노동대회에 기(寄)함(상) : 자아혁신과 과감한 결단을	1956.10.10	한국어	기고문
34	1	['경향신문' 기고] 노동대회에 기(寄)함(하) : 자아혁신과 과감한 결단을	1956.10.11	한국어	기고문
35	1	['신태양' 기고] 북한해방과 남한의 노동자 : 내일이면 늦으리	1957.10.01	한국어	기고문
36	1	['인물계' 기고] 부산정치파동 이면 비사 : 7·7구락부사건을 중심으로	1957.11.01	한국어	기고문
37	1	['고시계' 논설] 위기에 선 실업자문제 : 과연 세계적인 통례인가	1957.12.01	한국어	기고문
38	1	[출처 미상] 서독의 반가운 비명 : 전독국민(全獨國民)을 대변하는 실질적 정부	1957.**.**	한국어	기고문
39	1	['경향신문' 기고] 후생(後生)이 가외(可畏)	1958.08.30	한국어	기고문
40	1	['신태양' 기고] 민주당의 생태 : 안에서 본 보수야당의 이모저모	1958.11.01	한국어	기고문
41	1	['인물계' 기고] 앞을 내다본다 : 미증유(未曾有)의 정국혼란과 금후의 전망	1959.04.01	한국어	기고문
42	1	장면박사 대통령지명 추천 취지문	1959.10.**	한국어	성명서
43	1	[출처 미상] (논단) 민생·멸공·통일 : 구호 아닌 실천을	195*.**.**	한국어	기고문
44	1	[출처 미상] 낙관(樂觀)의 배경	195*.**.**	한국어	기고문
45	1	['인물계' 기고] 자유당이여! 하늘이 두렵지 않은가?	1960.04.01	한국어	기고문
46	1	['인물계' 기고] 4월혁명의 역사적 의의	1960.05.01	한국어	기고문
47	1	['인물계' 기고] 민주당 선거공약과 총예산안	1960.11.01	한국어	기고문

연번	시기 구분	제목	행적일	언어	저작유형
48	1	['경향신문' 기고] 민주당의 비극	1961.02.05	한국어	기고문
49	1	['조선일보' 주최 4당 대변인 토론] 만성혼미증(慢性昏迷症)의 정국	1963.06.09	한국어	토론문
50	1	['경향신문' 기고] (박의장의 민정참여 시비(是非) (하) : 그는 왜 정계서 물러나야 하나) 국민의 신뢰도상실	1963.07.10	한국어	기고문
51	1	['조선일보'기고] (통합이냐?연합이냐?) 통합을 강행하면 전열의 약화 초래	1963.07.12	한국어	기고문
52	1	['조선일보' : 공화당 서인석과의 대담] (선거포진(選擧布陣)) 라이벌의 망중한	1963.08.08	한국어	대담/인터뷰
53	1	['신세계' 기고] (민주당 선전부장이 말하는 민주당) 민주당을 말한다 : 중산층에 의하고 중산층을 위하고 중산층을 만든다	1963.09.01	한국어	기고문
54	1	[제6대 국회 제39회 제4차 본회의 회의록] 2. 대통령·국무총리 및 외무장관 출석요구에 관한 결의(안)	1963.12.21	한국어	국회회의록
55	1	국정감사실시에 관한 결의안	1963.12.26	한국어	법률안
56	1	[제6대 국회 제39회 제9차 본회의 회의록] 6. 경제위기 타개책과 민생고의 해결·물가앙등대책·대일외교의 저자세 문제·대야 망언문제 및 부정선거문제 등에 관한 질문	1963.12.28	한국어	국회회의록
57	1	[제6대 국회 상임위원회 제39회 제2차 재정경제위원회 회의록] 2. 위원회 운영에 관한 건	1964.01.15	한국어	국회회의록
58	1	['조선일보' 서면 대담] 특사의 「망각지대」, 혁신계의 옥살이	1964.01.25	한국어	대담/인터뷰
59	1	[제6대 국회 상임위원회 제40회 제4차 재정경제위원회 회의록] 1. 재무부 현황(중소기업은행·국민은행) 청취의 건	1964.01.28	한국어	국회회의록

연번	시기 구분	제목	행적일	언어	저작유형
60	1	[제6대 국회 제40회 제5차 본회의 회의록] 1. 1964년도 총예산에 대한 국회의 재심의 요청에 관한 결의(안)	1964.01.30	한국어	국회회의록
61	1	[제6대 국회 상임위원회 제40회 제5차 재정경제위원회 회의록] 1. 재무부 현황 청위(한국증권거래소) 의견	1964.01.30	한국어	국회회의록
62	1	[제6대 국회 제40회 제5차 본회의 회의록] 2. 정부시책에 대한 질문	1964.01.30	한국어	국회회의록
63	1	[제6대 국회 상임위원회 제40회 제7차 국회운영위원회 회의록] 3. 국정감사 실시에 관한 결의(안)	1964.01.31	한국어	국회회의록
64	1	['신사조' 기고] 앞으로 4년 우리당의 진로 〈민주당〉 : 새로운 차원의 자세로	1964.02.01	한국어	기고문
65	1	[제6대 국회 제40회 제8차 본회의 회의록] 1. 국정감사 실시에 관한 결의(안)	1964.02.03	한국어	국회회의록
66	1	[제6대 국회 상임위원회 제40회 제6차 재정경제위원회 회의록] 1. 제청원서 심사 절차에 관한 건	1964.02.03	한국어	국회회의록
67	1	[제6대 국회 상임위원회 제40회 제8차 재정경제위원회 회의록] 1. 대정부 경제정책 질문의 건	1964.02.05	한국어	국회회의록
68	1	[제6대 국회 상임위원회 제40회 제11차 재정경제위원회 회의록] 1. 대정부 경제정책 질문	1964.02.08	한국어	국회회의록
69	1	[제6대 국회 상임위원회 제40회 제12차 재정경제위원회 회의록] 1. 대정부 경제정책 질문	1964.02.10	한국어	국회회의록
70	1	[제6대 국회 상임위원회 제40회 제13차 재정경제위원회 회의록] 1. 당면한 민생문제 해결에 관한 건의안 심사를 위한 소위원회 구성에 관한 건	1964.02.11	한국어	국회회의록
71	1	[제6대 국회 상임위원회 제40회 제15차 재정경제위원회 회의록] 1. 잡지영업세 부과 면제 요망에 관한 청원	1964.02.18	한국어	국회회의록

연번	시기 구분	제목	행적일	언어	저작유형
72	1	[제6대 국회 상임위원회 제40회 제15차 재정경제위원회 회의록] 2. 주류 및 약탁주 제조회사 전입허가 시정 요망에 관한 청원	1964.02.18	한국어	국회회의록
73	1	[제6대 국회 상임위원회 제40회 제15차 재정경제위원회 회의록] 4. 본회의 폐회 중 상임위원회 안건 심사에 관한 건	1964.02.18	한국어	국회회의록
74	1	노동쟁의 조정법 중 개정법률안	1964.02.19	한국어	법률안
75	1	노동조합법 중 개정법률안	1964.02.19	한국어	법률안
76	1	노동위원회법 중 개정법률안	1964.02.19	한국어	법률안
77	1	[제6대 국회 상임위원회 제40회 제16차 재정경제위원회 회의록] 1. 제1차 5개년 계획 상황 청취의 건	1964.02.22	한국어	국회회의록
78	1	[제6대 국회 상임위원회 제40회 제17차 재정경제위원회 회의록] 1. 제1차 경제개발 5개년 계획 상황 청취의 건	1964.02.24	한국어	국회회의록
79	1	[제6대 국회 상임위원회 제40회 제18차 재정경제위원회 회의록] 1. 제1차 경제개발 5개년 계획 상황 청취의 건	1964.02.25	한국어	국회회의록
80	1	[제6대 국회 상임위원회 제40회 제20차 재정경제위원회 회의록] 1. 한국조폐공사 위조지폐사건 진상에 관한 질문	1964.02.28	한국어	국회회의록
81	1	[제6대 국회 상임위원회 제40회 제21차 재정경제위원회 회의록] 2. 청원심사 소위원회 심사 촉구의 건	1964.03.11	한국어	국회회의록
82	1	[제6대 국회 상임위원회 제40회 제21차 재정경제위원회 회의록] 3. 정치자금 양성화에 대한 법안작성소위원회 구성의 건	1964.03.11	한국어	국회회의록
83	1	[제6대 국회 상임위원회 제40회 제21차 재정경제위원회 회의록] 4. 1964년도 외원(外援) 현황 청취의 건	1964.03.11	한국어	국회회의록

연번	시기 구분	제목	행적일	언어	저작유형
84	1	정부조직법 중 개정법률안	1964.03.24	한국어	법률안
85	1	[제6대 국회 제41회 제2차 본회의 회의록] 1. 양곡대책·비료수급대책 및 한일회담에 관한 정부의 보고	1964.03.25	한국어	국회회의록
86	1	[제6대 국회 상임위원회 제41회 제1차 재정경제위원회 회의록] 1. 1964년도 비료조작자금 및 인수자금의 한은 차입금상환에 대한 국가보증 동의안	1964.03.28	한국어	국회회의록
87	1	[제6대 국회 제41회 제5차 본회의 회의록] 5. 평시병력동원에 관한 질문	1964.03.28	한국어	국회회의록
88	1	[제6대 국회 제41회 제6차 본회의 회의록] 2. 일본자금 사전 수수발언 진상조사특별위원회 설치에 관한 결의안	1964.03.30	한국어	국회회의록
89	1	[제6대 국회 상임위원회 제41회 제2차 재정경제위원회 회의록] 1. 1964년도 비료조작자금 및 인수자금의 한은 차입금 상환에 대한 국가보증 동의안	1964.03.31	한국어	국회회의록
90	1	[제6대 국회 상임위원회 제41회 제1차 농림위원회 회의록] 2. 누락농지(간척지) 매수분배결정에 관한 청원	1964.03.31	한국어	국회회의록
91	1	[제6대 국회 상임위원회 제41회 제3차 재정경제위원회 회의록] 2. 외자도입에 관한 대정부질문	1964.04.01	한국어	국회회의록
92	1	[제6대 국회 상임위원회 제41회 제4차 재정경제위원회 회의록] 1. 각종협정요금 재조정에 관한 건의안	1964.04.03	한국어	국회회의록
93	1	[제6대 국회 상임위원회 제41회 제5차 재정경제위원회 회의록] 1. 3분업자 과제상황에 대한 경과보고 및 사직공원 불하사건에 대한 경과보고	1964.04.06	한국어	국회회의록
94	1	[제6대 국회 상임위원회 제41회 제5차 재정경제위원회 회의록] 2. 정부조달업무규정 중 시설공사 한도액 인상에 관한 건의안	1964.04.06	한국어	국회회의록

연번	시기 구분	제목	행적일	언어	저작유형
95	1	[제6대 국회 상임위원회 제41회 제6차 재정경제위원회 회의록] 1. 연합철강 및 화일산업에 대한 외자도입에 관한 소위원회 심사보고	1964.04.09	한국어	국회회의록
96	1	[제6대 국회 상임위원회 제41회 제6차 재정경제위원회 회의록] 3. 중소기업은행법개정요망에 관한 청원	1964.04.09	한국어	국회회의록
97	1	[제6대 국회 제41회 제14차 본회의 회의록] 1. 수복지구 영농자 과세시정에 관한 청원	1964.04.10	한국어	국회회의록
98	1	[제6대 국회 상임위원회 제41회 제3차 내무위원회 회의록] 1. 정부조직법 중 개정법률안	1964.04.10	한국어	국회회의록
99	1	국회법 중 개정법률안	1964.04.10	한국어	법률안
100	1	[제6대 국회 상임위원회 제41회 제9차 재정경제위원회 회의록] 1. 외환예치제한실시에 관한 건의안	1964.04.15	한국어	국회회의록
101	1	[제6대 국회 상임위원회 제41회 제10차 재정경제위원회 회의록] 1. 수출산업공업단지 개발조성법안	1964.04.18	한국어	국회회의록
102	1	[제6대 국회 제 41회 제19차 본회의 회의록] *김준연(金俊淵) 의원에 대한 구속동의안 상정 지연을 위해 5시간 19분 동안 의사진행을 한 회의록.	1964.04.20	한국어	국회회의록
103	1	[제6대 국회 제41회 제2차 국공유지 등 부정 불하 진상조사 특별위원회 회의록] 1. 정부측 의견 청취의 건	1964.04.27	한국어	국회회의록
104	1	[제6대 국회 제41회 제3차 국공유지 등 부정 불하 진상조사 특별위원회 회의록] 1. 정부측 의견 청취의 건	1964.04.28	한국어	국회회의록
105	1	[제6대 국회 제41회 제4차 국공유지 등 부정 불하 진상조사 특별위원회 회의록] 1. 시유도로 불하 사건에 관한 보고	1964.04.30	한국어	국회회의록

연번	시기 구분	제목	행적일	언어	저작유형
106	1	[제6대 국회 제41회 제4차 국공유지 등 부정 불하 진상조사 특별위원회 회의록] 2. 조사방법 토의 및 사직공원, 삼청공원 현지답사의 건	1964.04.30	한국어	국회회의록
107	1	[제6대 국회 제41회 제5차 국공유지 등 부정 불하 진상조사 특별위원회 회의록] 2. 증언 청취의 건	1964.05.01	한국어	국회회의록
108	1	[제6대 국회 제41회 제6차 국공유지 등 부정 불하 진상조사 특별위원회 회의록] 2. 구속중인 부정 불하 관련자 조사의 건	1964.05.02	한국어	국회회의록
109	1	['경향신문' 기고] (토론의 광장) 255대 1과 금후(今後)의 대책	1964.05.04	한국어	기고문
110	1	은행적금에 대한 3·14조치해제에 관한 건의안	1964.05.07	한국어	법률안
111	1	[제6대 국회 제42회 제8차 국공유지 등 부정 불하 진상조사 특별위원회 회의록] 1. 정부측 의견 청취의 건	1964.05.08	한국어	국회회의록
112	1	[제6대 국회 제42회 제4차 본회의 회의록] 4. 환율제도개정과 이에 따른 경제대책에 관한 보고와 질문(계속)	1964.05.08	한국어	국회회의록
113	1	정쟁법 계류자 전면해제에 관한 건의안	1964.05.09	한국어	법률안
114	1	[제6대 국회 제42회 제9차 국공유지 등 부정 불하 진상조사 특별위원회 회의록] 1. 육지수씨 증언청취의 건	1964.05.12	한국어	국회회의록
115	1	[제6대 국회 제42회 제9차 국공유지 등 부정 불하 진상조사 특별위원회 회의록] 2. 위원회 운영에 관한 건	1964.05.12	한국어	국회회의록
116	1	[제6대 국회상임위원회 제42회 제2차 재정경제위원회 회의록] 2. 수출산업공업단지 개발조성법안	1964.05.13	한국어	국회회의록
117	1	[제6대 국회상임위원회 제42회 제3차 상공위원회 회의록] 3. 정부조직법 중 개정법률안	1964.05.13	한국어	국회회의록

연번	시기 구분	제목	행적일	언어	저작유형
118	1	해무서사법안	1964.05.14	한국어	법률안
119	1	[제6대 국회 제42회 제10차 국공유지 등 부정불하 진상조사 특별위원회 회의록] 1. 정부측 의견 청취의 건	1964.05.15	한국어	국회회의록
120	1	[제6대 국회 제42회 제10차 국공유지 등 부정불하 진상조사 특별위원회 회의록] 1. 청원서 처리의 건	1964.05.15	한국어	국회회의록
121	1	[제6대 국회 상임위원회 제42회 제4차 재정경제위원회 회의록] 2. 경제정책 질문에 관한 건	1964.05.19	한국어	국회회의록
122	1	[제6대 국회 제42회 제11차 국공유지 등 부정불하 진상조사 특별위원회 회의록] 2. 청원 처리의 건	1964.05.19	한국어	국회회의록
123	1	[제6대 국회 제42회 제12차 국공유지 등 부정불하 진상조사 특별위원회 회의록] 2. 증언 청취의 건	1964.05.21	한국어	국회회의록
124	1	[제6대 국회 제42회 제14차 국공유지 등 부정불하 진상조사 특별위원회 회의록] 1. 조사 중간보고서 토의의 건	1964.05.25	한국어	국회회의록
125	1	[제6대 국회 제42회 제15차 국공유지 등 부정불하 진상조사 특별위원회 회의록] 1. 조사 중간보고서 토의의 건	1964.05.26	한국어	국회회의록
126	1	한일무역 불균형 상태 시정에 관한 건의안	1964.05.26	한국어	법률안
127	1	[제6대 국회 상임위원회 제42회 제8차 재정경제위원회 회의록] 3. 임시특별 관세법안	1964.05.27	한국어	국회회의록
128	1	[제6대 국회 상임위원회 제42회 제8차 재정경제위원회 회의록] 1. 경제정책에 관한 질문	1964.05.27	한국어	국회회의록
129	1	[제6대 국회 상임위원회 제42회 제9차 재정경제위원회 회의록] 1. 임시특별 관세법안	1964.05.28	한국어	국회회의록
130	1	[제6대 국회 상임위원회 제42회 제10차 재정경제위원회 회의록] 1. 임시특별 관세법안	1964.05.29	한국어	국회회의록

연번	시기 구분	제목	행적일	언어	저작유형
131	1	[제6대 국회 상임위원회 제42회 제12차 재정경제위원회 회의록] 2. 석유류세법 중 개정법률안	1964.06.01	한국어	국회회의록
132	1	물가조절에 관한 임시조치법 폐지법률안	1964.06.01	한국어	법률안
133	1	[제6대 국회 상임위원회 제42회 제13차 재정경제위원회 회의록] 1. 석유류세법 중 개정법률안	1964.06.02	한국어	국회회의록
134	1	[제6대 국회 제43회 제2차 본회의 회의록] 1. 의사진행에 관한 건	1964.06.12	한국어	국회회의록
135	1	[제6대 국회 상임위원회 제43회 제4차 재정경제위원회 회의록] 1. 석유류세법 중 개정법률안	1964.06.22	한국어	국회회의록
136	1	[제6대 국회 상임위원회 제43회 제4차 재정경제위원회 회의록] 3. 이자제한법 폐지에 관한 법률안	1964.06.22	한국어	국회회의록
137	1	[제6대 국회 상임위원회 제43회 제5차 재정경제위원회 회의록] 2. 1964년도 농지개량 사업자금융자에 관한 국가보증동의안	1964.06.29	한국어	국회회의록
138	1	[제6대 국회 상임위원회 제43회 제4차 상공위원회 회의록] 1. 한일무역 불균형 상태 시정에 관한 건의안	1964.06.29	한국어	국회회의록
139	1	[제6대 국회 상임위원회 제43회 제5차 재정경제위원회 회의록] 1. 은행법 중 개정법률안	1964.06.29	한국어	국회회의록
140	1	[제6대 국회 상임위원회 제43회 제5차 재정경제위원회 회의록] 3. 물가조절에 관한 임시조치법 폐지에 관한 법률안	1964.06.29	한국어	국회회의록
141	1	[제6대 국회 상임위원회 제43회 제6차 재정경제위원회 회의록] 3. 수출산업 공업단지 개발조성법안	1964.06.30	한국어	국회회의록
142	1	영업세법 중 개정법률안	1964.07.01	한국어	법률안
143	1	국회법 중 개정법률안	1964.07.07	한국어	법률안

연번	시기 구분	제목	행적일	언어	저작유형
144	1	[제6대 국회 상임위원회 제44회 제3차 재정경제위원회 회의록] 1. 1964년도 농지개량 사업자 금융자에 대한 국가보증 동의안	1964.07.09	한국어	국회회의록
145	1	[제6대 국회 상임위원회 제44회 제4차 재정경제위원회 회의록] 2. 1964년도 농지개량 사업자 금융자에 대한 국가보증 동의안	1964.07.20	한국어	국회회의록
146	1	목포·부산간 기차 직통 운행실시에 관한 건의안	1964.07.30	한국어	법률안
147	1	['조선일보' 7월 31일자 : 민관식·이정래와의 좌담] (정담(鼎談)) 3당대표가 말하는 정국안정의 방향	1964.07.30	한국어	토론문
148	1	[제6대 국회 상임위원회 제44회 제6차 재정경제위원회 회의록] 1. 영업세법 중 개정법률안	1964.07.31	한국어	국회회의록
149	1	[제6대 국회 상임위원회 제44회 제7차 교통체신위원회 회의록] 1. 해무서사법안	1964.07.31	한국어	국회회의록
150	1	[제6대 국회 상임위원회 제44회 제6차 재정경제위원회 회의록] 4. 국무위원(경제기획원·재무부) 출석요구에 관한 건	1964.07.31	한국어	국회회의록
151	1	[제6대 특별위원회 제52회 제2차 한일간 조약과 제협정 비준동의안 심사특별위원회 회의록] 3. 전문위원 파견 요청의 건	1964.08.02	한국어	국회회의록
152	1	시·군 행정구역 변경에 관한 법률안	1964.08.04	한국어	법률안
153	1	[제6대 국회 제45회 제6차 본회의 회의록] 3. 국회법 중 개정법률안	1964.09.08	한국어	국회회의록
154	1	[제6대 국회 제45회 제6차 본회의 회의록] 4. 전기요금 인상 및 이에 관련된 물가정책에 관한 질문	1964.09.08	한국어	국회회의록
155	1	[제6대 국회 상임위원회 제45회 제1차 재정경제위원회 회의록] 1. 국정감사 실시요강 토의	1964.09.09	한국어	국회회의록

연번	시기 구분	제목	행적일	언어	저작유형
156	1	[제6대 국회 상임위원회 제45회 제4차 법제사법위원회 회의록] 9. 물가조절에 관한 임시조치법 폐지에 관한 법률안	1964.09.09	한국어	국회회의록
157	1	[제6대 국회 상임위원회 제45회 제2차 재정경제위원회 회의록] 1. 국정감사 일정 토의	1964.09·28	한국어	국회회의록
158	1	[제6대 국회 상임위원회 제45회 제6차 재정경제위원회 회의록] 1. 1964년도 제1회 추가경정예산안(경제기획원 소관)	1964.10.06	한국어	국회회의록
159	1	[제6대 국회 상임위원회 제45회 제7차 재정경제위원회 회의록] 1. 1964년도 제1회 추가경정예산안	1964.10.07	한국어	국회회의록
160	1	[제6대 국회 예산결산특별위원회 제45회 제3차 회의록] 1. 1964년도 제1회 추가경정 예산안	1964.10.09	한국어	국회회의록
161	1	[제6대 국회 예산결산특별위원회 제45회 제4차회의록] 1. 1964년도 제1회 추가경정 예산안	1964.10.10	한국어	국회회의록
162	1	[제6대 국회 제45회 제12차 본회의 회의록] 1. 이사임명(강문학원)에 관한 청원	1964.10.12	한국어	국회회의록
163	1	[제6대 국회 제45회 제12차 본회의 회의록] 1. 이사임명(강문학원)에 관한 청원	1964.10.12	한국어	국회회의록
164	1	[제6대 국회 제45회 제13차 본회의 회의록] 3. 1964년도 추곡매입가격 및 1965미곡년도 정부관리양곡 판매가격 결정에 관한 동의안	1964.10.13	한국어	국회회의록
165	1	[제6대 국회 상임위원회 제45회 제11차 재정경제위원회 회의록] 1. 의사진행에 관한 건	1964.10.16	한국어	국회회의록
166	1	[제6대 국회 상임위원회 제45회 제11차 재정경제위원회 회의록] 2. 1964년산 엽연초 수납에 관한 건의안	1964.10.16	한국어	국회회의록

연번	시기 구분	제목	행적일	언어	저작유형
167	1	[제6대 국회 상임위원회 제45회 제11차 재정경제위원회 회의록] 3. 귀속 임야 부정불하 시정에 관한 청원·잡종지 불하 시정에 관한 청원·귀속재산 매매계약 복구에 관한 청원·귀속재산 처리에 관한 특별조치법 개정에 관한 청원·피임용구 제조용 원자재 수입에 대한 특관세 및 물품세 면제에 관한 청원·탁구도장 면세에 관한 청원	1964.10.16	한국어	국회회의록
168	1	[제6대 국회 상임위원회 제45회 제13차 재정경제위원회 회의록] 1. 각종세법 중 개정법률안(조세범 처벌법 중 개정법률안·통행세법 중 개정법률안·주세법 중 개정법률안·입장세법 중 개정	1964.10.20	한국어	국회회의록
169	1	[제6대 국회 상임위원회 제45회 제14차 재정경제위원회 회의록] 1. 의사진행에 관한 건	1964.10.23	한국어	국회회의록
170	1	[제6대 국회 상임위원회 제45회 제14차 재정경제위원회 회의록] 2. 각종 세법 개정법률안	1964.10.23	한국어	국회회의록
171	1	[제6대 국회 제45회 제18차 본회의 회의록] 3. 현하 국제 정세에 관한 질문	1964.10.26	한국어	국회회의록
172	1	[제6대 국회 상임위원회 제45회 제15차 재정경제위원회 회의록] 1. 의사진행에 관한 건	1964.10.27	한국어	국회회의록
173	1	[제6대 국회 상임위원회 제45회 제15차 재정경제위원회 회의록] 2. 1965년도 예산안(경제기획원·재무부·전매청·조달청 소관)	1964.10.27	한국어	국회회의록
174	1	[제6대 국회 상임위원회 제45회 제16차 재정경제위원회 회의록] 1. 의사진행에 관한 건	1964.10.28	한국어	국회회의록
175	1	[제6대 국회 제45회 제19차 본회의 회의록] 5.잡종지 불하 시정에 관한 청원	1964.10.28	한국어	국회회의록
176	1	[제6대 국회 제45회 제19차 본회의 회의록] 6. 귀속임야 부정 불하 시정에 관한 청원	1964.10.28	한국어	국회회의록
177	1	[제6대 국회 상임위원회 제45회 제17차 재정경제위원회 회의록] 1. 1965년도 예산안(경제기획원 소관)	1964.10.29	한국어	국회회의록

연번	시기 구분	제목	행적일	언어	저작유형
178	1	[제6대 국회 상임위원회 제45회 제18차 재정경제위원회 회의록] 1. 1965년도 예산안(재무부 소관)	1964.10.30	한국어	국회회의록
179	1	[제6대 국회 상임위원회 제45회 제20차 재정경제위원회 회의록] 1. 1965년도 예산안(경제기획원 소관)	1964.11.03	한국어	국회회의록
180	1	['경향신문' 기고] 새 예산안 비판 : 민주당의 주장	1964.11.03	한국어	기고문
181	1	[제6대 국회 상임위원회 제45회 제22차 재정경제위원회 회의록] 1. 1965년도 예산안(재무부 소관)	1964.11.05	한국어	국회회의록
182	1	['조선일보' 11월 10일자 : 김재순 공화당 국회의원·노석찬 공보부 차관·송욱 시인과의 좌담] 통일논의를 어떻게 볼 것인가?	1964.11.05	한국어	토론문
183	1	[제6대 국회 상임위원회 제45회 제23차 재정경제위원회 회의록] 1. 1965년도 예산안(재무부 소관)	1964.11.06	한국어	국회회의록
184	1	[제6대 국회 상임위원회 제45회 제24차 재정경제위원회 회의록] 1. 1965년도 예산안(재무부 소관)	1964.11.07	한국어	국회회의록
185	1	영화법 폐지에 관한 법률안	1964.11.07	한국어	법률안
186	1	[제6대 국회 상임위원회 제45회 제25차 재정경제위원회 회의록] 1. 1965년도 예산안(재무부 소관)	1964.11.09	한국어	국회회의록
187	1	[제6대 국회 상임위원회 제45회 제26차 재정경제위원회 회의록] 1. 1965년도 예산안(전매청 소관)	1964.11.10	한국어	국회회의록
188	1	[제6대 국회 상임위원회 제45회 제27차 재정경제위원회 회의록] 1. 1965년도 예산안(전매청 소관)	1964.11.11	한국어	국회회의록
189	1	[제6대 국회 상임위원회 제45회 제28차 재정경제위원회 회의록] 1. 1965년도 예산안(재무부 소관)	1964.11.12	한국어	국회회의록

연번	시기 구분	제목	행적일	언어	저작유형
190	1	[제6대 국회 상임위원회 제45회 제29차 재정경제위원회 회의록] 1. 1965년도 예산안(재무부 소관)	1964.11.13	한국어	국회회의록
191	1	[제6대 국회 상임위원회 제45회 제30차 재정경제위원회 회의록] 1. 1965년도 예산안(재무부 소관)	1964.11.14	한국어	국회회의록
192	1	[제6대 국회 상임위원회 제45회 제31차 재정경제위원회 회의록] 1. 1965년도 예산안	1964.11.16	한국어	국회회의록
193	1	[제6대 국회 상임위원회 제45회 제32차 재정경제위원회 회의록] 2. 1965년도 예산안	1964.11.17	한국어	국회회의록
194	1	[제6대 국회 상임위원회 제45회 제33차 재정경제위원회 회의록] 1. 1965년도 예산안	1964.11.18	한국어	국회회의록
195	1	[제6대 국회 예산결산특별위원회 제45회 제8차 회의록] 1. 1965년도 예산안(정책질의)	1964.11.19	한국어	국회회의록
196	1	[제6대 국회 예산결산특별위원회 제45회 제9차 회의록] 1. 1965년도 예산안(법제사법위원회 소관)	1964.11.20	한국어	국회회의록
197	1	[제6대 국회 예산결산특별위원회 제45회 제10차 회의록] 1. 1965년도 예산안(내무위원회소관)	1964.11.21	한국어	국회회의록
198	1	[제6대 국회 예산결산특별위원회 제45회 제10차 회의록] 2. 1965년도 예산안(외무위원회소관)	1964.11.21	한국어	국회회의록
199	1	[제6대 국회 예산결산특별위원회 제45회 제11차 회의록] 1. 1965년도 예산안(재정경제위원회 소관)	1964.11.22	한국어	국회회의록
200	1	[제6대 국회 예산결산특별위원회 제45회 제12차 회의록] 2. 1965년도 예산안(문교공보위원회 소관)	1964.11.23	한국어	국회회의록
201	1	[제6대 국회 예산결산특별위원회 제45회 제13차 회의록] 2. 1965년도 예산안(농림위원회 소관)	1964.11.24	한국어	국회회의록
202	1	[제6대 국회 예산결산특별위원회 제45회 제13차 회의록] 3. 1965년도 예산안(상공위원회 소관)	1964.11.24	한국어	국회회의록

연번	시기 구분	제목	행적일	언어	저작유형
203	1	[제6대 국회 예산결산특별위원회 제45회 제14차 회의록] 1. 1965년도 예산안(보건사회위원회 소관)	1964.11.25	한국어	국회회의록
204	1	[제6대 국회 예산결산특별위원회 제45회 제15차 회의록] 1. 1965년도 예산안(교통체신위원회소관)	1964.11.26	한국어	국회회의록
205	1	[제6대 국회 예산결산특별위원회 제45회 제15차 회의록] 2. 1965년도 예산안(건설위원회소관)	1964.11.26	한국어	국회회의록
206	1	[제6대 국회 예산결산특별위원회 제45회 제16차 회의록] 1. 1965년도 예산안(국방위원회 소관)	1964.11.27	한국어	국회회의록
207	1	[제6대 국회 예산결산특별위원회 제45회 제16차 회의록] 2. 1965년도 예산안(국회운영위원회 소관)	1964.11.27	한국어	국회회의록
208	1	[제6대 국회 예산결산특별위원회 제45회 제16차 회의록] 3. 의사진행에 관한 건	1964.11.27	한국어	국회회의록
209	1	[제6대 국회 예산결산특별위원회 제45회 제17차 회의록] 1. 1965년도 예산안심사방침안	1964.11.28	한국어	국회회의록
210	1	[제6대 국회 예산결산특별위원회 제45회 제18차 회의록] 1. 1965년도 예산안	1964.11.29	한국어	국회회의록
211	1	[제6대 국회 예산결산특별위원회 제45회 제19차 회의록] 1. 1965년도 예산안	1964.11.30	한국어	국회회의록
212	1	['경영연구' 기고] 초과 이윤확보를 위한 「카르텔」 형성은 소비자 수탈과 경쟁기반의 약화를 초래한다 : 기업집중과 「카르텔」 형성에 따르는 제문제	1964.11.30	한국어	기고문
213	1	[제6대 국회 상임위원회 제45회 제36차 재정경제위원회 회의록] 1. 의사진행에 관한 건	1964.12.03	한국어	국회회의록
214	1	[제6대 국회 상임위원회 제45회 제37차 재정경제위원회 회의록] 1. 정부시정연설에 대한 질문	1964.12.04	한국어	국회회의록
215	1	[제6대 국회 상임위원회 제45회 제38차 재정경제위원회 회의록] 1. 중소기업은행법 중 개정법률안	1964.12.10	한국어	국회회의록

연번	시기 구분	제목	행적일	언어	저작유형
216	1	[제6대 국회 상임위원회 제45회 제39차 재정경제위원회 회의록] 1. 재무부 소관 정책 질의	1964.12.14	한국어	국회회의록
217	1	[제6대 국회 상임위원회 제45회 제41차 재정경제위원회 회의록] 1. 국세징수법 중 개정법률안	1964.12.16	한국어	국회회의록
218	1	[제6대 국회 상임위원회 제45회 제41차 재정경제위원회 회의록] 3. 경제기획원장관 서독방문 귀국 인사	1964.12.16	한국어	국회회의록
219	1	[제6대 국회 상임위원회 제45회 제41차 재정경제위원회 회의록] 4. 석유류 세법 중 개정법률안	1964.12.16	한국어	국회회의록
220	1	[제6대 국회 상임위원회 제45회 제41차 재정경제위원회 회의록] 6. 귀속재산 처리에 관한 특별조치법 중 개정법률안	1964.12.16	한국어	국회회의록
221	1	[제6대 국회 상임위원회 제45회 제42차 재정경제위원회 회의록] 1. 석유류 세법 중 개정법률안	1964.12.18	한국어	국회회의록
222	1	[제6대 국회 상임위원회 제45회 제42차 재정경제위원회 회의록] 2. 귀속재산 처리에 관한 특별조치법 중 개정법률안	1964.12.18	한국어	국회회의록
223	1	[제6대 국회 상임위원회 제45회 제42차 재정경제위원회 회의록] 3. 1964년도 토지개량 사업자금 추가분 융자에 관한 국가보증 동의안	1964.12.18	한국어	국회회의록
224	1	[제6대 국회 상임위원회 제45회 제42차 재정경제위원회 회의록] 4. 법인세법 중 개정법률안	1964.12.18	한국어	국회회의록
225	1	[제6대 국회 상임위원회 제45회 제42차 재정경제위원회 회의록] 5. 국공유 재산처리 임시특례법 중 개정법률안	1964.12.18	한국어	국회회의록
226	1	[제6대 국회 상임위원회 제45회 제42차 재정경제위원회 회의록] 6. 물품세법 중 개정법률안	1964.12.18	한국어	국회회의록
227	1	[제6대 국회 상임위원회 제46회 제1차 재정경제위원회 회의록] 1. 물품세법 중 개정법률안·소득세법안	1964.12.29	한국어	국회회의록

연번	시기 구분	제목	행적일	언어	저작유형
228	1	[제6대 국회 제47회 제6차 본회의 회의록] 3. 월남공화국 지원을 위한 국군부대의 해외 추가파견에 관한 동의안	1965.01.25	한국어	국회회의록
229	1	[제6대 국회 상임위원회 제47회 제2차 재정경제위원회 회의록] 1. 소득세법 중 개정법률안	1965.01.27	한국어	국회회의록
230	1	[제6대 국회 상임위원회 제47회 제2차 재정경제위원회 회의록] 2. 1965년도 지불보증 연차 계획안 및 1965년도 재정차관 협정체결에 대한 국가보증 동의안(제3 제4 비료공장·부산시 상수도)	1965.01.27	한국어	국회회의록
231	1	[제6대 국회 상임위원회 제47회 제2차 재정경제위원회 회의록] 3. 관세법 중 개정법률안	1965.01.27	한국어	국회회의록
232	1	[제6대 국회 상임위원회 제47회 제2차 재정경제위원회 회의록] 4. 자산재평가법안	1965.01.27	한국어	국회회의록
233	1	[제6대 국회 상임위원회 제47회 제2차 재정경제위원회 회의록] 5. 입장세법 중 개정법률안(외 1건)	1965.01.27	한국어	국회회의록
234	1	[제6대 국회 상임위원회 제47회 제2차 재정경제위원회 회의록] 6. 1965년도 지불보증 연차 계획안 및 1965년도 재정차관 협정체결에 대한 국가보증 동의안(계속)	1965.01.27	한국어	국회회의록
235	1	[제6대 국회 상임위원회 제47회 제3차 재정경제위원회 회의록] 3. 주세법 중 개정법률안	1965.01.28	한국어	국회회의록
236	1	[제6대 국회 상임위원회 제48회 제1차 재정경제위원회 회의록] 1. 의사일정에 관한 건	1965.02.27	한국어	국회회의록
237	1	['경영연구' 기고] 경영자의 창의와 노력은 경제성장을 위한 민족의 계획과 함께 있어야 한다.	1965.02.28	한국어	기고문
238	1	[제6대 국회 제48회 제3차 본회의 회의록] 1. 한일회담 진행 상황에 관한 질문	1965.03.02	한국어	국회회의록
239	1	[제6대 국회 상임위원회 제48회 제3차 재정경제위원회 회의록] 1. 금융정책에 관한 질문	1965.03.03	한국어	국회회의록

연번	시기 구분	제목	행적일	언어	저작유형
240	1	[제6대 국회 상임위원회 제48회 제5차 재정경제위원회 회의록] 1. 위원(고흥문) 신상발언의 건	1965.03.05	한국어	국회회의록
241	1	[제6대 국회 상임위원회 제48회 제6차 재정경제위원회 회의록] 2. 1965년도 비료조작자금 및 인수금의 한은 차입금 상환에 대한 국가보증 동의안	1965.03.08	한국어	국회회의록
242	1	[제6대 국회 상임위원회 제48회 제7차 재정경제위원회 회의록] 1. 금융정책에 관한 질문	1965.03.09	한국어	국회회의록
243	1	[제6대 국회 상임위원회 제48회 제8차 재정경제위원회 회의록] 1. 금융정책에 관한 질문	1965.03.11	한국어	국회회의록
244	1	[제6대 국회 상임위원회 제48회 제11차 재정경제위원회 회의록] 1. 재일교포 신용조합 대표의 금융상황 청취 및 재일교포 경제문제에 관한 건	1965.03.15	한국어	국회회의록
245	1	[제6대 국회 상임위원회 제48회 제12차 재정경제위원회 회의록] 2. 금융정책에 관한 질문	1965.03.15	한국어	국회회의록
246	1	[제6대 국회 상임위원회 제48회 제12차 재정경제위원회 회의록] 6. 1965년도 토지개량사업 자금융자에 대한 국가보증 동의안	1965.03.17	한국어	국회회의록
247	1	[제6대 국회 상임위원회 제48회 제12차 재정경제위원회 회의록] 7. 금융정책에 대한 처리방안	1965.03.17	한국어	국회회의록
248	1	[제6대 국회 상임위원회 제48회 제13차 재정경제위원회 회의록] 1. 금융정책에 대한 처리방안	1965.03.19	한국어	국회회의록
249	1	[제6대 국회 상임위원회 제48회 제14차 재정경제위원회 회의록] 1. 1965년도 지불보증 연차계획안 및 1965년도 재정차관 협정체결에 대한 동의안	1965.03.21	한국어	국회회의록
250	1	[제6대 국회 상임위원회 제48회 제16차 재정경제위원회 회의록] 1. 1965년도 지불보증 연차계획안 및 1965년도 재정차관 협정체결에 대한 동의안(계속)	1965.03.23	한국어	국회회의록
251	1	[제6대 국회 상임위원회 제48회 제17차 재정경제위원회 회의록] 1. 의사진행에 관한 건	1965.03.24	한국어	국회회의록

연번	시기 구분	제목	행적일	언어	저작유형
252	1	[제6대 국회 상임위원회 제48회 제17차 재정경제위원회 회의록] 2. 1965년도 지불보증 연차계획안 및 1965년도 재정차관 협정체결에 대한 동의안(계속)	1965.03.24	한국어	국회회의록
253	1	[제6대 국회 제 48회 제16차 본회의 회의록] 5. 대일 2000만불 연불신용거래 도입에 관한 교환각서 및 운영에 대한 보고	1965.03.24	한국어	국회회의록
254	1	[제6대 국회 상임위원회 제48회 제18차 재정경제위원회 회의록] 1. 의사진행에 관한 건	1965.03.25	한국어	국회회의록
255	1	[제6대 국회 상임위원회 제48회 제18차 재정경제위원회 회의록] 2. 1965년도 지불보증 연차계획안 및 1965년도 재정차관 협정체결에 대한 동의안	1965.03.25	한국어	국회회의록
256	1	[제6대 국회 상임위원회 제48회 제19차 재정경제위원회 회의록] 1. 1965년도 지불보증 연차계획안 및 1965년도 재정차관 협정체결에 대한 동의안(계속)	1965.03.26	한국어	국회회의록
257	1	데모학생 사인규명 및 구타 진상조사특별위원회 구성에 관한 결의안	1965.04.16	한국어	법률안
258	1	[제6대 국회 상임위원회 제49회 제10차 국회 운영위원회 회의록] 3. 「데모」학생 사인규명 및 구타 진상조사특별위원회 구성에 관한 결의안	1965.04.26	한국어	국회회의록
259	1	[제6대 국회 상임위원회 제49회 제2차 재정경제위원회 회의록] 1. 「로스토우」박사와의 간담회 개최의 건	1965.04.30	한국어	국회회의록
260	1	[제6대 국회 상임위원회 제49회 제2차 재정경제위원회 회의록] 2. 금융정책에 대한 건의안의 처리 결과보고 촉구의 건	1965.04.30	한국어	국회회의록
261	1	[제6대 국회 상임위원회 제49회 제2차 재정경제위원회 회의록] 3. 1963년도 결산	1965.04.30	한국어	국회회의록
262	1	[제6대 국회 상임위원회 제49회 제3차 재정경제위원회 회의록] 3. 엽연초 수출진흥 촉구에 관한 건의안	1965.05.01	한국어	국회회의록

연번	시기 구분	제목	행적일	언어	저작유형
263	1	['정경연구' 1965년 6월호 : 엄민영 사회, 김기양, 신범식, 유봉영과의 좌담] 현 시국을 이렇게 본다	1965.05.03	한국어	토론문
264	1	[제6대 국회 상임위원회 제49회 제4차 재정경제위원회 회의록] 3. 1965년도 지불보증 연차계획안 및 1965년도 재정차관 협정체결에 대한 동의안	1965.05.05	한국어	국회회의록
265	1	[제6대 국회 상임위원회 제49회 제5차 재정경제위원회 회의록] 1. 1965년도 지불보증 연차계획안 및 1965년도 재정차관 협정체결에 대한 동의안	1965.05.06	한국어	국회회의록
266	1	[제6대 국회 제49회 제16차 본회의 회의록] 2. 한일관계 진행상황에 관한 보고에 대한 질문	1965.05.07	한국어	국회회의록
267	1	['경향신문' 기고] (공약만기-돌맞이 정내각이 한일은 무엇인가) 공약관 달리 실정 투성이	1965.05.10	한국어	기고문
268	1	구속학생 석방 등에 관한 건의안	1965.05.22	한국어	법률안
269	1	[제6대 국회 상임위원회 제50회 제1차 재정경제위원회 회의록] 1. 1965년도 한국수산개발공사 정부출자금 사용 사전승인을 위한 투자계획에 관한 동의안에 대한 설명 청취의 건	1965.05.29	한국어	국회회의록
270	1	[제6대 국회 상임위원회 제50회 제2차 재정경제위원회 회의록] 1. 위원회 운영에 관한 건	1965.05.31	한국어	국회회의록
271	1	[제6대 국회 상임위원회 제50회 제3차 법제사법위원회 회의록] 4. 구속학생 석방 등에 관한 건의안	1965.06.03	한국어	국회회의록
272	1	[제6대 국회 제50회 제6차 본회의 회의록] 2. 1965년도 지불보증 연차계획안 및 1965년도 재정차관 협정체결에 대한 동의안(계속)	1965.06.09	한국어	국회회의록
273	1	[제6대 국회 상임위원회 제50회 제6차 문교공보위원회 회의록] 1. 영화법 폐지에 관한 법률안·영화법 폐지 반대에 관한 청원·영화법 개정에 관한 청원	1965.06.10	한국어	국회회의록

연번	시기 구분	제목	행적일	언어	저작유형
274	1	[제6대 국회 예산결산특별위원회 제50회 제21차 회의록] 1. 1965년도 제1회 추가경정 예산안	1965.06.16	한국어	국회회의록
275	1	[제6대 국회 상임위원회 제50회 제6차 재정경제위원회 회의록] 1. 위원회 운영에 관한 건	1965.07.06	한국어	국회회의록
276	1	[제6대 국회 상임위원회 제51회 제1차 재정경제위원회 회의록] 1. 1965년도 제2회 추가경정 예산안	1965.07.21	한국어	국회회의록
277	1	[제6대 국회 예산결산특별위원회 제51회 제23차 회의록] 1. 1965년도 제2회 추가경정 예산안	1965.07.21	한국어	국회회의록
278	1	[제6대 국회 제52회 제2차 본회의 회의록] 2. 한일조약 비준동의 저지투쟁 교란에 관한 질문	1965.07.31	한국어	국회회의록
279	1	[제6대 국회 제52회 제2차 한일간 조약과 제협정 비준동의안 심사특별위원회 회의록] 1. 위원장 선임에 관한 건	1965.08.02	한국어	국회회의록
280	1	[제6대 국회 제52회 제3차 한일간 조약과 제협정 비준동의안 심사특별위원회 회의록] 1. 대한민국과 일본국 간의 조약과 제협정 및 그 부속문서의 비준에 관한 동의안	1965.08.03	한국어	국회회의록
281	1	['동아일보' 설문 : 한일협정비준 관련] (비준 조기 강행 그 의도는) 국가이익 앞세우라	1965.08.03	한국어	대담/인터뷰
282	1	[제6대 국회 제52회 제6차 한일간 조약과 제협정 비준동의안 심사특별위원회 회의록] 1. 위원회운영에 관한 건	1965.08.06	한국어	국회회의록
283	1	[제6대 국회 제52회 제9차 한일간 조약과 제협정 비준동의안 심사특별위원회 회의록] 1. 대한민국과 일본국 간의 조약과 제협정 및 그 부속문서의 비준에 관한 동의안	1965.08.10	한국어	국회회의록
284	1	[제6대 국회 상임위원회 제53회 제2차 재정경제위원회 회의록] 1. 국정감사 실시에 관한 건	1965.10.20	한국어	국회회의록
285	1	[제6대 국회 상임위원회 제53회 제4차 재정경제위원회 회의록] 1. 국정감사 실시에 관한 건	1965.10.30	한국어	국회회의록

연번	시기 구분	제목	행적일	언어	저작유형
286	1	[제6대 국회 상임위원회 제53회 제15차 재정경제위원회 회의록] 1. 의사진행에 관한 건	1965.11.24	한국어	국회회의록
287	1	[제6대 국회 예산결산특별위원회 제53회 제3차 회의록] 1. 1966년도 예산안	1965.11.27	한국어	국회회의록
288	1	[제6대 국회 예산결산특별위원회 제53회 제5차 회의록] 1. 1966년도 예산안	1965.11.29	한국어	국회회의록
289	1	[제6대 국회 제53회 제6차 예산결산특별위원회 회의록] 1. 1966년도 예산안	1965.11.30	한국어	국회회의록
290	1	[제6대 국회 제53회 제7차 예산결산특별위원회 회의록] 1. 1966년도 예산안	1965.12.01	한국어	국회회의록
291	1	[제6대 국회 제53회 제8차 예산결산특별위원회 회의록] 1. 1966년도 예산안	1965.12.02	한국어	국회회의록
292	1	[제6대국회 제53회 제9차 예산결산특별위원회 회의록] 1. 1966년도 예산안	1965.12.03	한국어	국회회의록
293	1	[제6대 국회 상임위원회 제53회 제19차 재정경제위원회 회의록] 1. 1965년도 제3회 추가경정 예산안(재무부·경제기획원 소관)	1965.12.08	한국어	국회회의록
294	1	[제6대 국회 제53회 제10차 예산결산특별위원회 회의록] 1. 1965년도 제3회 추가경정 예산안	1965.12.09	한국어	국회회의록
295	1	[제6대 국회 상임위원회 제53회 제21차 재정경제위원회 회의록] 1. 1966년도 비료조작 및 인수자금의 한은 차입금 상환에 대한 국가보증 동의안	1965.12.18	한국어	국회회의록
296	1	[제6대 국회 상임위원회 제53회 제21차 재정경제위원회 회의록] 3. 금융기관의 연체대출에 대한 특별조치법안	1965.12.18	한국어	국회회의록
297	1	['조선일보' 기고] (야당의원들의 반성) 자금사용의 책임	1965.12.29	한국어	기고문
298	1	['조선일보' 기고] 통한방안수정론(統韓方案修正論)	1966.01.08	한국어	기고문

연번	시기 구분	제목	행적일	언어	저작유형
299	1	['경향신문' 기고] (한미 행협(行協) 조인(調印) 앞둔 문제점은) 조인 전 재검토를	1966.01.19	한국어	기고문
300	1	[제6대 국회 상임위원회 제54회 제1차 재정경제위원회 회의록] 1. 경제기획원 및 재무부 현황 청취의 건	1966.01.20	한국어	국회회의록
301	1	[제6대 국회 상임위원회 제54회 제2차 재정경제위원회 회의록] 1. 경제기획원 및 재무부 현황 청취의 건	1966.01.21	한국어	국회회의록
302	1	['조선일보' 기고] 근대화와 중산층	1966.01.27	한국어	기고문
303	1	[제6대 국회 상임위원회 제54회 제4차 재정경제위원회 회의록] 2. 경향신문사 공매 및 일산승용차 수입에 대한 질문	1966.01.31	한국어	국회회의록
304	1	호남선 야간열차 신규증설에 관한 건의안	1966.01.31	한국어	법률안
305	1	[제6대 국회 상임위원회 제54회 제5차 재정경제위원회 회의록] 1. 청구권자금의 운용 및 관리에 관한 법률안·청구권자금 등의 운용 및 관리에 관한 법률안(대안)	1966.02.02	한국어	국회회의록
306	1	[제6대 국회 상임위원회 제54회 제6차 재정경제위원회 회의록] 1. 청구권자금의 운용 및 관리에 관한 법률안·청구권자금 등의 운용 및 관리에 관한 법률안(대안)	1966.02.03	한국어	국회회의록
307	1	[제6대 국회 상임위원회 제54회 제9차 재정경제위원회 회의록] 1. 청구권자금의 운용 및 관리에 관한 법률안·청구권자금 등의 운용 및 관리에 관한 법률안(대안)	1966.02.06	한국어	국회회의록
308	1	[제6대 국회 상임위원회 제54회 제10차 재정경제위원회 회의록] 1. 청구권자금관리 특별회계법안	1966.02.09	한국어	국회회의록
309	1	[제6대 국회 상임위원회 제54회 제11차 재정경제위원회 회의록] 1. 청구권자금의 운용 및 관리에 관한 법률안 재심사의 건	1966.02.11	한국어	국회회의록

연번	시기 구분	제목	행적일	언어	저작유형
310	1	[제6대 국회 상임위원회 제54회 제12차 재정경제위원회 회의록] 1. 군용시설 교외 이전 특별회계법안(대안)	1966.02.14	한국어	국회회의록
311	1	['경영연구' 기고] 첩경은 「인프레」 요인의 억제에 있다 : 물가 현실화 정책의 전망	1966.02.28	한국어	기고문
312	1	['비지네스' 기고] 대중자본주의의 진로 : 여야 경제정책의 대결	1966.03.01	한국어	기고문
313	1	[구미시찰 기간 중 미국 샌프란시스코에서 이희호에게 보내는 안부서신]	1966.03.02	한국어	서신류
314	1	[구미시찰 기간 중 미국 로스앤젤레스에서 이희호에게 보내는 안부서신]	1966.04.05	한국어	서신류
315	1	[구미시찰 기간 중 영국 런던에서 이희호에게 보내는 안부서신]	1966.05.01	한국어	서신류
316	1	[구미시찰 기간 중 인도 뉴델리에서 이희호에게 보내는 안부서신]	1966.05.12	한국어	서신류
317	1	['조선일보' 기고] (밖에서 본 한국, 한국문제) 미국의 극동정책과 국군파월 평가	1966.05.19	한국어	기고문
318	1	[제6대 국회 상임위원회 제57회 제2차 재정경제위원회 회의록] 1. 조세 및 금융정책에 관한 질문	1966.06.20	한국어	국회회의록
319	1	[제6대 국회 상임위원회 제57회 제3차 재정경제위원회 회의록] 1. 조세 및 금융정책에 관한 질문	1966.06.21	한국어	국회회의록
320	1	[제6대 국회 상임위원회 제57회 제4차 재정경제위원회 회의록] 1. 조세 및 금융정책에 대한 질문	1966.06.22	한국어	국회회의록
321	1	[제6대 국회 상임위원회 제57회 제4차 재정경제위원회 회의록] 2. 공인회계사법안	1966.06.22	한국어	국회회의록

연번	시기 구분	제목	행적일	언어	저작유형
322	1	[제6대 국회 상임위원회 제57회 제5차 재정경제위원회 회의록] 1. 금융공영법안 및 금융기관의 연체대출금에 관한 특별조치법안	1966.06.23	한국어	국회회의록
323	1	[제6대 국회 상임위원회 제57회 제5차 재정경제위원회 회의록] 2. 독립유공자 및 대일 민간청구권 보상에 관한 법률안	1966.06.23	한국어	국회회의록
324	1	[제6대 국회 상임위원회 제57회 제5차 재정경제위원회 회의록] 4. 관세법 중 개정법률안(6건)	1966.06.23	한국어	국회회의록
325	1	[제6대 국회 상임위원회 제57회 제8차 재정경제위원회 회의록] 2. 한국환금은행법안·외국환관리법 중 개정법률안·은행법 중 개정법률안	1966.06.28	한국어	국회회의록
326	1	[제6대 국회 상임위원회 제57회 제8차 재정경제위원회 회의록] 4. 공인회계사법안	1966.06.28	한국어	국회회의록
327	1	[제6대 국회 상임위원회 제57회 제8차 재정경제위원회 회의록] 5. 청원 심사의 건	1966.06.28	한국어	국회회의록
328	1	[제6대 국회 상임위원회 제57회 제9차 재정경제위원회 회의록] 1. 한국환금은행법안·외국환관리법 중 개정법률안·은행법 중 개정법률안	1966.06.29	한국어	국회회의록
329	1	[제6대 국회 상임위원회 제57회 제9차 재정경제위원회 회의록] 2. 부정축재자 환수금 면제에 관한 청원·부정축재 벌과금환수 처분취소에 관한 청원	1966.06.29	한국어	국회회의록
330	1	[제6대 국회 제57회 제13차 본회의 회의록] 3. 통일문제와 반공법의 운용 등에 관한 질문	1966.07.01	한국어	국회회의록
331	1	[제6대 국회 상임위원회 제57회 제11차 재정경제위원회 회의록] 1. 1966년도 토지개량사업자금(추가분) 융자에 대한 국가보증 동의안	1966.07.05	한국어	국회회의록
332	1	[제6대 국회 상임위원회 제57회 제11차 재정경제위원회 회의록] 2. 외자도입법안	1966.07.05	한국어	국회회의록

연번	시기 구분	제목	행적일	언어	저작유형
333	1	[제6대 국회 상임위원회 제57회 제11차 재정경제위원회 회의록] 3. 독립유공자 및 대일민간청구권 보상에 관한 법률안·독립유공자 피징용자 사상자 및 대일민간청구권 보상에 관한 법률안(대안)	1966.07.05	한국어	국회회의록
334	1	[제6대 국회 상임위원회 제57회 제12차 재정경제위원회 회의록] 2. 독립유공자 및 대일민간청구권 보상에 관한 법률안·독립유공자 피징용자 사상자 및 대일민간청구권 보상에 관한 법률안(대안)	1966.07.06	한국어	국회회의록
335	1	[제6대 국회 상임위원회 제57회 제16차 재정경제위원회 회의록] 1. 조세감면규제법 중 개정법률안	1966.07.11	한국어	국회회의록
336	1	[제6대 국회 상임위원회 제57회 제17차 재정경제위원회 회의록] 2. 조세감면규제법 중 개정법률안(외1건)	1966.07.12	한국어	국회회의록
337	1	[제6대 국회 상임위원회 제57회 제17차 재정경제위원회 회의록] 3. 예산회계법 중 개정법률안	1966.07.12	한국어	국회회의록
338	1	[제6대 국회 상임위원회 제57회 제18차 재정경제위원회 회의록] 1. 조세감면규제법 중 개정법률안(계속)	1966.07.13	한국어	국회회의록
339	1	[제6대 국회 상임위원회 제57회 제18차 재정경제위원회 회의록] 2. 한국조폐공사법 중 개정법률안	1966.07.13	한국어	국회회의록
340	1	[제6대 국회 제57회 제24차 본회의 회의록] 10. 농산물가격안정기금법안(대안)·수산업협동조합법 중 개정법률안(대안)·토지개량사업법 중 개정법률안	1966.07.14	한국어	국회회의록
341	1	[제6대 국회 제57회 제24차 본회의 회의록] 10. 농산물가격안정기금법안(대안)·수산업협동조합법 중 개정법률안(대안)·토지개량사업법 중 개정법률안	1966.07.14	한국어	국회회의록

연번	시기 구분	제목	행적일	언어	저작유형
342	1	[제6대 국회 상임위원회 제57회 제19차 재정경제위원회 회의록] 2. 조세감면규제법 중 개정 법률안(계속)	1966.07.14	한국어	국회회의록
343	1	[제6대 국회 상임위원회 제57회 제10차 외무위원회 회의록] 1. 대일외교에 관한 대정부 질의	1966.08.05	한국어	국회회의록
344	1	[제6대 국회 상임위원회 제57회 제11차 외무위원회 회의록] 1. 대일외교에 관한 대정부 질의	1966.08.06	한국어	국회회의록
345	1	[제6대 국회 상임위원회 제57회 제12차 외무위원회 회의록] 1. 대일외교에 관한 대정부 질의	1966.08.08	한국어	국회회의록
346	1	[제6대 국회 상임위원회 제57회 제14차 외무위원회 회의록] 1. 대일외교에 관한 대정부 질의	1966.08.10	한국어	국회회의록
347	1	[제6대 국회 상임위원회 제57회 제15차 외무위원회 회의록] 1. 대일외교에 관한 대정부 질의	1966.08.11	한국어	국회회의록
348	1	저개발지역 공업개발 촉진법안	1966.08.18	한국어	법률안
349	1	[제6대 국회 상임위원회 제57회 제20차 재정경제위원회 회의록] 2. 잉여농산물 도입보류에 대한 질문	1966.08.25	한국어	국회회의록
350	1	[제6대 국회 상임위원회 제57회 제21차 재정경제위원회 회의록] 1. 의사진행에 관한 건	1966.08.26	한국어	국회회의록
351	1	[제6대 국회 상임위원회 제57회 제24차 재정경제위원회 회의록] 1. 1966년도 지불보증 연차계획안 및 재정차관 협정체결에 대한 비준동의안·1966년도 수정지불보증 연차계획안	1966.08.31	한국어	국회회의록
352	1	['신동아' 앙케이트] (2차 5개년계획의 이상과 현실) 내가 보는 2차 5개년계획의 맹점 : 한국경제의 특질을 무시	1966.09.01	한국어	기고문
353	1	[제6대 국회 제 58회 제14차 본회의 회의록] 2. 특정재벌 밀수 사건에 관한 질문(계속)	1966.09.22	한국어	국회회의록

연번	시기 구분	제목	행적일	언어	저작유형
354	1	[제6대 국회 상임위원회 제58회 제6차 재정경제위원회 회의록] 2. 1966년도 제2회 추가경정예산안	1966.09.27	한국어	국회회의록
355	1	['경향신문' 기고] (국회 예산심의 얼마나 늦어지나) 밀수사건 처리에 좌우	1966.10.03	한국어	기고문
356	1	['조선일보' 기고] (삼성밀수 사건처리와 정계의 비판) 무죄를 법적지원	1966.10.09	한국어	기고문
357	1	['조선일보' 10월 11일자 : '재벌밀수규탄대회' 연설 요지]	1966.10.09	한국어	연설문
358	1	[제6대 국회 제58회 제29차 본회의 회의록] 1. 대한민국과 「아메리카」 합중국 간의 상호방위조약 제4조에 의한 시설과 구역 및 대한민국에서의 합중국 군대의 지위에 관한 협정의 체결에 관한 비준동의안(계속)	1966.10.14	한국어	국회회의록
359	1	[제6대 국회 제58회 제1차특정 재벌 밀수사건 진상조사특별위원회 회의록] 2. 간사 선임의 건	1966.10.14	한국어	국회회의록
360	1	[제6대 국회 제58회 제1차특정 재벌 밀수사건 진상조사특별위원회 회의록] 3. 전문위원 파견 요청의 건	1966.10.14	한국어	국회회의록
361	1	소득세법 중 개정법률안	1966.10.14	한국어	법률안
362	1	[제6대 국회 제58회 제3차특정 재벌 밀수사건 진상조사특별위원회 회의록] 1. 수사 및 조사경위 청취	1966.10.17	한국어	국회회의록
363	1	[제6대 국회 제58회 제30차 본회의 회의록] 1. 1966년산 추곡매입가격 및 1967미곡년도 정부관리 양곡판매 가격결정에 관한 동의안·1967미곡년도 정부관리 양곡수급계획에 관한 동의안	1966.10.18	한국어	국회회의록
364	1	[제6대 국회 제58회 제30차 본회의 회의록] 3. 1966년도 제2회 추가경정예산안	1966.10.18	한국어	국회회의록
365	1	[제6대 국회 제58회 제4차 특정 재벌 밀수사건 진상조사특별위원회 회의록] 1. 증언청취에 관한 건	1966.10.19	한국어	국회회의록

연번	시기 구분	제목	행적일	언어	저작유형
366	1	[제6대 국회 제58회 제5차 특정 재벌 밀수사건 진상조사특별위원회 회의록] 1. 증언 청취의 건	1966.10.20	한국어	국회회의록
367	1	[제6대 국회 제58회 제6차 특정 재벌 밀수사건 진상조사특별위원회 회의록] 1. 증언 청취 및 현장검증	1966.10.24	한국어	국회회의록
368	1	[제6대 국회 제58회 제7차 특정 재벌 밀수사건 진상조사특별위원회 회의록] 1. 증언 청취 및 현장검증	1966.10.25	한국어	국회회의록
369	1	[제6대 국회 제58회 제8차 특정 재벌 밀수사건 진상조사특별위원회 회의록] 1. 위원회 운영에 관한 건	1966.10.26	한국어	국회회의록
370	1	[제6대 국회 제58회 제8차 특정 재벌 밀수사건 진상조사특별위원회 회의록] 2. 증언 청취의 건	1966.10.26	한국어	국회회의록
371	1	[제6대 국회 제58회 제9차 특정 재벌 밀수사건 진상조사특별위원회 회의록] 1. 증언 청취의 건	1966.10.27	한국어	국회회의록
372	1	[제6대 국회 제58회 제10차 특정 재벌 밀수사건 진상조사특별위원회 회의록] 2. 증언 청취의 건	1966.10.28	한국어	국회회의록
373	1	[제6대 국회 제58회 제11차 특정 재벌 밀수사건 진상조사특별위원회 회의록] 1. 증언 청취의 건	1966.10.29	한국어	국회회의록
374	1	[제6대 국회 제58회 제12차 특정 재벌 밀수사건 진상조사특별위원회 회의록] 1. 증언 청취의 건	1966.10.31	한국어	국회회의록
375	1	[제6대 국회 제58회 제13차 특정 재벌 밀수사건 진상조사특별위원회 회의록] 1. 증언 청취의 건	1966.11.01	한국어	국회회의록
376	1	[제6대 국회 제58회 제14차 특정 재벌 밀수사건 진상조사특별위원회 회의록] 1. 증언 청취의 건	1966.11.02	한국어	국회회의록
377	1	[제6대 국회 제58회 제16차 특정 재벌 밀수사건 진상조사특별위원회 회의록] 1. 의사 진행에 관한 건	1966.11.08	한국어	국회회의록

연번	시기 구분	제목	행적일	언어	저작유형
378	1	[제6대 국회 제58회 제17차 특정 재벌 밀수사건 진상조사특별위원회 회의록] 1. 의사 진행에 관한 건	1966.11.09	한국어	국회회의록
379	1	[제6대 국회 제58회 제18차 특정 재벌 밀수사건 진상조사특별위원회 회의록] 1. 한비 및 판본 밀수처리에 관한 결의안	1966.11.10	한국어	국회회의록
380	1	[제6대 국회 제58회 제19차 특정 재벌 밀수사건 진상조사특별위원회 회의록] 1. 한비 및 판본 밀수처리에 관한 결의안	1966.11.11	한국어	국회회의록
381	1	[제6대 국회 제58회 제33차 본회의 회의록] 3. 대한석유공사법 중 개정법률안	1966.11.11	한국어	국회회의록
382	1	[제6대 국회 제58회 제33차 본회의 회의록] 4. 대한석탄공사법 중 개정법률안	1966.11.11	한국어	국회회의록
383	1	[제6대 국회 상임위원회 제58회 제14차 재정경제위원회 회의록] 1. 1966년도 지불보증 연차계획안 및 재정차관 협정체결에 대한 비준동의안·1966년도 수정지불보증 연차계획안에 대한 동의안·1966년도 추가 수정지불보증 연차계획안에 대한 동의안·1966년도 추가 지불보증 연차계획안(제2차분) 및 재정차관(영남화전) 협정체결에 대한 동의안	1966.11.12	한국어	국회회의록
384	1	[제6대 국회 제58회 제34차 본회의 회의록] 1. 수출진흥법 중 개정법률안(계속)	1966.11.12	한국어	국회회의록
385	1	[제6대 국회 상임위원회 제58회 제15차 재정경제위원회 회의록] 1. 1966년도 지불보증 연차계획안 및 재정차관 협정체결에 대한 비준동의안·1966년도 수정지불보증 연차계획안에 대한 동의안·1966년도 추가 수정지불보증 연차계획안에 대한 동의안·1966년도 추가 지불보증 연차계획안(제2차분) 및 재정차관(영남화전) 협정체결에 대한 동의안	1966.11.13	한국어	국회회의록
386	1	[제6대 국회 제58회 제35차 본회의 회의록] 2. 대한석유공사법 중 개정법률안(계속)	1966.11.14	한국어	국회회의록

연번	시기 구분	제목	행적일	언어	저작유형
387	1	[제6대 국회 제58회 제35차본회의 회의록] 4. 대한석탄공사법 중 개정법률안(계속)	1966.11.14	한국어	국회회의록
388	1	[제6대 국회 제58회 제36차 본회의 회의록] 1. 집회방해사건 진상규명에 관한 질문	1966.11.15	한국어	국회회의록
389	1	[제6대 국회 상임위원회 제58회 제16차 재정경제위원회 회의록] 1. 1967년도 예산안	1966.11.16	한국어	국회회의록
390	1	[제6대 국회 상임위원회 제58회 제17차 재정경제위원회 회의록] 1. 1967년도 예산안	1966.11.18	한국어	국회회의록
391	1	['동아일보' 기고] 공화당 처리방안을 반박한다	1966.11.19	한국어	기고문
392	1	[제6대 국회 상임위원회 제58회 제20차 재정경제위원회 회의록] 1. 1967년도 예산안	1966.11.22	한국어	국회회의록
393	1	[제6대 국회 제58회 제1차 예산결산특별위원회 회의록] 3. 위원회 운영에 관한 건	1966.11.22	한국어	국회회의록
394	1	[제6대 국회 상임위원회 제58회 제21차 재정경제위원회 회의록] 1. 1967년도 예산안	1966.11.23	한국어	국회회의록
395	1	[제6대 국회 상임위원회 제58회 제22차 재정경제위원회 회의록] 1. 1967년도 예산안	1966.11.24	한국어	국회회의록
396	1	[제6대 국회 제58회 제41차 본회의 회의록] 1. 1966년도 지불보증 연차계획안 및 재정차관협정체결에 대한 비준동의안(계속)·1966년도 추가 지불보증 연차계획안에 대한 동의안(계속)	1966.11.25	한국어	국회회의록
397	1	[제6대 국회 상임위원회 제58회 제3차예산결산특별위원회] 1. 1967년도 예산안	1966.11.28	한국어	국회회의록
398	1	[제6대 국회 제58회 제4차 예산결산특별위원회 회의록] 1. 1967년도 예산안	1966.11.29	한국어	국회회의록
399	1	[제6대 국회 제58회 제6차 예산결산특별위원회 회의록] 1. 1967년도 예산안	1966.12.01	한국어	국회회의록
400	1	[제6대 국회 제58회 제44차 본회의 회의록] 10. 중기사업특별회계법안	1966.12.02	한국어	국회회의록

연번	시기 구분	제목	행적일	언어	저작유형
401	1	[제6대 국회 제58회 제7차 예산결산특별위원회 회의록] 1. 1967년도 예산안	1966.12.02	한국어	국회회의록
402	1	[제6대 국회 제58회 제9차 예산결산특별위원회 회의록] 1. 1967년도 예산안	1966.12.04	한국어	국회회의록
403	1	염업 긴급대책 및 영업정책 시정을 위한 건의안	1966.12.05	한국어	법률안
404	1	[제6대 국회 제58회 제10차 예산결산특별위원회 회의록] 1. 1967년도 예산안	1966.12.05	한국어	국회회의록
405	1	[제6대 국회 제58회 제11차 예산결산특별위원회 회의록] 1. 1967년도 예산안	1966.12.06	한국어	국회회의록
406	1	[제6대 국회 상임위원회 제58회 제28차 재정경제위원회 회의록] 1. 조달기금법안	1966.12.21	한국어	국회회의록
407	1	[제6대 국회 상임위원회 제58회 제29차 재정경제위원회 회의록] 1. 독립유공자 및 민간청구권 보상법안에 대한 소위원회 합의사항 보고	1966.12.23	한국어	국회회의록
408	1	한 정치인의 자전적 고백	1967.**.**	한국어	수상
409	1	['경향신문' 기고] 중산층의 몰락이 큰 원인 : 집권하면 치부와 직통해	1967.01.21	한국어	기고문
410	1	[제6대 국회 상임위원회 제59회 제4차 재정경제위원회 회의록] 5. 주택금고법안	1967.01.27	한국어	국회회의록
411	1	[제6대 국회 상임위원회 제59회 제4차 재정경제위원회 회의록] 1. 농업협동조합법 중 개정법률안에 대한 심사경과보고	1967.01.27	한국어	국회회의록
412	1	[제6대 국회 상임위원회 제59회 제4차 재정경제위원회 회의록] 2. 1967년도 토지개량사업 자금융자에 대한 국가보증 동의안	1967.01.27	한국어	국회회의록
413	1	[제6대 국회 제59회 제7차 본회의 회의록] 2. 정부경제정책 및 농촌문제 전반에 관한 질문	1967.01.27	한국어	국회회의록

연번	시기구분	제목	행적일	언어	저작유형
414	1	[제6대 국회 상임위원회 제59회 제4차 재정경제위원회 회의록] 3. 대한민국과 「아메리카」 합중국간의 상호방위조약 제4조에 의한 시설과 구역 및 대한민국에서의 합중국 군대의 지위에 관한 협정의 실시에 따른 관세법 등의 임시특례에 관한 법률안	1967.01.27	한국어	국회회의록
415	1	[제6대 국회 제59회 제10차 본회의 회의록] 1. 국토통일연구특별위원회 보고	1967.01.31	한국어	국회회의록
416	1	[제6대 국회 제59회 제15차 예산결산특별위원회 회의록] 1. 1965년도 세입세출예산 및 1965년도 예비비 지변 승인의 건	1967.01.31	한국어	국회회의록
417	1	[제6대 국회 상임위원회 제60회 제1차 재정경제위원회 회의록] 1. 의사진행에 관한 건	1967.02.28	한국어	국회회의록
418	1	[제6대 국회 상임위원회 제60회 제1차 재정경제위원회 회의록] 2. 한국과학기술연구소 육성법 중 개정법률안	1967.02.28	한국어	국회회의록
419	1	[제6대 국회 상임위원회 제60회 제1차 재정경제위원회 회의록] 3. 1967년도 제1회 추가경정예산안	1967.02.28	한국어	국회회의록
420	1	['경향신문' : 칼 하인리히 뤼브케(Karl Heinrich Lubke) 서독 대통령 내한 담화] 「뤼브케」를 맞으면서 각계의 환영과 바라는말	1967.03.02	한국어	성명서
421	1	[제6대 국회 제60회 제16차 예산결산특별위원회 회의록] 1. 1967년도 제1회 추가경정예산안	1967.03.06	한국어	국회회의록
422	1	[제6대 국회 제60회 제8차 본회의 회의록] 1. 의사진행에 관한 건	1967.03.09	한국어	국회회의록
423	1	['경향신문' 서면 대담] (한일국교·월남파병이 가져온 것) 격동 그로부터 2년 우리 외교를 말한다	1967.03.11	한국어	대담/인터뷰
424	1	['세대(世代)' 4월호 : 신동준(申東峻) 공화당 대변인과의 대담] (라이벌 대담) 이번 선거에 자신있다	1967.03.11	한국어	대담/인터뷰
425	1	['청맥' 기고] 왜 우리당이 이겨야 하나 : 신민당	1967.04.01	한국어	기고문

연번	시기 구분	제목	행적일	언어	저작유형
426	1	[제7대 국회의원 선거 합동 정견 발표회] 승리냐? 죽음이냐?	1967.05.31	한국어	연설문
427	1	[제7대 국회의원 선거 합동 정견 발표회] 유달산이여, 넋이 있는가	1967.06.04	한국어	연설문
428	1	['신동아' 7월호 : 공화당 선전부장 신동준과의 대담] (68선거의 반성) 부정선거를 따진다 : 대변인들이 말하는 여·야당의 견해	1967.06.17	한국어	토론문
429	1	[제7대 국회 제70회 제18차 본회의 회의록] 3. 조세감면규제법 중개정법률안	1967.07.10	한국어	국회회의록
430	1	['조선일보' 기고] (증세 118억의 문제점) 공약위배, 수탈적인 개혁	1967.08.22	한국어	기고문
431	1	['정경연구' 기고] (귀 정당에 묻는다) 공화당의 반성을 촉구한다	1967.10.01	한국어	기고문
432	1	['매일경제' 논단] (세법 개정안 심의 이견) 신민당 세 수입 극대화에만 치중 법인우대로 문제점 많아	1967.11.10	한국어	기고문
433	1	[제7대 국회 상임위원회 제62회 제8차 건설위원회 회의록] 2. 간사선임의 건	1967.12.01	한국어	국회회의록
434	1	[제7대 국회 상임위원회 제62회 제10차 건설위원회 회의록] 1. 1968년도 예산안	1967.12.08	한국어	국회회의록
435	1	[제7대 국회 상임위원회 제62회 제11차 건설위원회 회의록] 1. 1968년도 예산안	1967.12.09	한국어	국회회의록
436	1	[제7대 국회 상임위원회 제62회 제12차 건설위원회 회의록] 1. 1968년도 예산안	1967.12.10	한국어	국회회의록
437	1	[한국 저명인사 수상록집 『사향(思鄕)의 념(念)』 수록 수필] 사향(思鄕)의 념(念)	1967.12.10	한국어	수상

연번	시기 구분	제목	행적일	언어	저작유형
438	1	[제7대 국회 제62회 제31차 본회의 회의록] 6. 등록세법 중 개정법률안(계속)·주세법 중 개정법률안(계속)·관세법 중 개정법률안(계속)·전화세법 폐지에 관한 법률안(계속)·법인세법 중 개정법률안(계속)·석유류세법 중 개정법률안(계속)·물품세법 중 개정법률안(계속)·부동산 투기억제에 관한 특별조치법 폐지에 관한 법률안(계속)·소득세법 중 개정법률안(계속)	1967.12.14	한국어	국회회의록
439	1	[제7대 국회 제62회 제7차 예산결산특별위원회 회의록] 1. 1968년도 예산안	1967.12.17	한국어	국회회의록
440	1	[제7대 국회 제62회 제8차 예산결산특별위원회 회의록] 1. 1968년도 예산안 심의토론	1967.12.18	한국어	국회회의록
441	1	[제7대 국회 제62회 제1차 선거관리위원회법, 선거관계법, 정당법, 정치자금에 관한 법률 등(경찰관 등 공무원의 선거관여 행위에 관한 특별법) 개정에 관한 특별위원회 회의록] 1. 위원장 및 간사 선임의 건	1968.01.22	한국어	국회회의록
442	1	[제7대 국회 제62회 제1차 선거관리위원회법, 선거관계법, 정당법, 정치자금에 관한 법률 등(경찰관 등 공무원의 선거관여 행위에 관한 특별법) 개정에 관한 특별위원회 회의록] 2. 위원회 운영에 관한 건	1968.01.22	한국어	국회회의록
443	1	[제7대 국회 제63회 제6차 본회의 회의록] 1. 중요한 국내외 정세에 관한 질문	1968.02.07	한국어	국회회의록
444	1	[제7대 국회 상임위원회 제63회 제1차 건설위원회 회의록] 3. 기존도로 확보에 관한 청원	1968.02.19	한국어	국회회의록
445	1	[제7대 국회 상임위원회 제63회 제1차 건설위원회 회의록] 1. 유료도로법 중 개정법률안	1968.02.19	한국어	국회회의록
446	1	[제7대 국회 상임위원회 제63회 제1차 건설위원회 회의록] 6. 현황 청취의 건	1968.02.19	한국어	국회회의록
447	1	[제7대 국회 상임위원회 제63회 제2차 건설위원회 회의록] 1. 건설부 현황 청취의 건	1968.02.20	한국어	국회회의록

연번	시기 구분	제목	행적일	언어	저작유형
448	1	[제7대 국회 상임위원회 제63회 제3차 건설위원회 회의록] 1. 건설부 현황 청취의 건	1968.02.22	한국어	국회회의록
449	1	[제7대 국회 제63회 제13차 본회의 회의록] 3. 중소기업은행법 중 개정법률안	1968.02.23	한국어	국회회의록
450	1	[제7대 국회 상임위원회 제63회 제4차 건설위원회 회의록] 1. 도로정비촉진법 중 개정법률안	1968.02.27	한국어	국회회의록
451	1	[제7대 국회 제63회 제17차 본회의 회의록] 1. 의사진행에 관한 건	1968.02.28	한국어	국회회의록
452	1	[제7대 국회 제63회 제17차 본회의 회의록] 2. 부재선고 등에 관한 특별조치법 중 개정법률안	1968.02.28	한국어	국회회의록
453	1	[제7대 국회 제63회 제17차 본회의 회의록] 3. 한국외환은행법 중 개정법률안(대안)	1968.02.28	한국어	국회회의록
454	1	[제7대 국회 제63회 제17차 본회의 회의록] 4. 반공법 중개정법률안	1968.02.28	한국어	국회회의록
455	1	['매일경제' 기고 : 소비자의 날 맞이] (이날에 붙여온 온국민의 외침) 밝은 사회를 이룩	1968.03.23	한국어	기고문
456	1	[제7대 국회 상임위원회 제63회 제5차 건설위원회 회의록] 2. 계화도 간척지 분배에 관한 청원	1968.03.25	한국어	국회회의록
457	1	[제7대 국회 상임위원회 제63회 제6차 건설위원회 회의록] 3. 건설부 현황 청취의 건	1968.03.26	한국어	국회회의록
458	1	[제7대 국회 상임위원회 제65회 제1차 건설위원회 회의록] 2. 도시계획법 중 개정법률안	1968.04.23	한국어	국회회의록
459	1	[제7대 국회 상임위원회 제65회 제2차 건설위원회 회의록] 1. 도시계획법 중 개정법률안(계속)	1968.04.29	한국어	국회회의록
460	1	[제7대 국회 상임위원회 제65회 제2차 건설위원회 회의록] 2. 정부조직법 중 개정법률안	1968.04.29	한국어	국회회의록
461	1	['신세계' 기고] 신민당이 집권한다면	1968.05.01	한국어	기고문

연번	시기 구분	제목	행적일	언어	저작유형
462	1	[第7대 국회 상임위원회 第66회 第3차 건설위원회 회의록] 1. 도로정비사업 특별회계법안	1968.06.18	한국어	국회회의록
463	1	[第7대 국회 상임위원회 第66회 第4차 건설위원회 회의록] 1. 1968년도 第1회 추가경정 예산안	1968.06.19	한국어	국회회의록
464	1	[第7대 국회 第66회 第13차 예산결산특별위원회 회의록] 1. 1966년도 결산 및 예비비 지변 승인의 건	1968.06.22	한국어	국회회의록
465	1	[第7대 국회 第66회 第15차 예산결산특별위원회 회의록] 1. 1968년도 第1회 추가경정 예산안	1968.06.25	한국어	국회회의록
466	1	[第7대 국회 第66회 第16차 예산결산특별위원회 회의록] 1. 1968년도 第1회 추가경정 예산안	1968.06.26	한국어	국회회의록
467	1	[第7대 국회 第66회 第17차 예산결산특별위원회 회의록] 1. 1968년도 第1회 추가경정 예산안	1968.06.27	한국어	국회회의록
468	1	[第7대 국회 第66회 第8차 본회의 회의록] 1. 소득세법 중개정법률안	1968.06.28	한국어	국회회의록
469	1	[第7대 국회 第66회 第10차 본회의 회의록] 3. 의사진행에 관한 건	1968.07.01	한국어	국회회의록
470	1	[第7대 국회 第66회 第11차 본회의 회의록] 3. 국민은행법 중 개정법률안	1968.07.02	한국어	국회회의록
471	1	[第7대 국회 第66회 第12차 본회의 회의록] 3. 1968년 산하곡 매입 가격결정에 관한 동의안	1968.07.03	한국어	국회회의록
472	1	[第7대 국회 상임위원회 第67회 第1차 건설위원회 회의록] 1. 광주시 금남로 2가상가 「아파트」 건설반대에 관한 청원	1968.09.03	한국어	국회회의록
473	1	[第7대 국회 상임위원회 第67회 第2차 건설위원회 회의록] 1. 1968년도 第2회 추가경정 예산안	1968.09.04	한국어	국회회의록
474	1	[第7대 국회 상임위원회 第67회 第3차 건설위원회 회의록] 1. 1968년도 第2회 추가경정 예산안	1968.09.05	한국어	국회회의록

연번	시기 구분	제목	행적일	언어	저작유형
475	1	[제7대 국회 상임위원회 제67회 제3차 건설위원회 회의록] 2. 청원처리에 관한 건	1968.09.05	한국어	국회회의록
476	1	[제7대 국회 제67회 제20차 예산결산특별위원회 회의록] 1. 1968년도 제2회 추가경정 예산안	1968.09.07	한국어	국회회의록
477	1	[제7대 국회 상임위원회 제67회 제8차 국회운영위원회 회의록] 1. 괴벽보사건 등 진상조사특별위원회 구성에 관한 결의안	1968.09.12	한국어	국회회의록
478	1	괴벽보사건 등 진상조사특별위원회 구성에 관한 결의안	1968.09.12	한국어	법률안
479	1	[제7대 국회 제67회 제10차 본회의 회의록] 2. 괴벽보사건 등 진상조사특별위원회 구성에 관한 결의안	1968.09.13	한국어	국회회의록
480	1	[제7대 국회 제67회 제2차 괴벽보사건 등 진상조사특별위원회 회의록] 1. 괴벽보사건 등 수사상황 청취의 건	1968.09.25	한국어	국회회의록
481	1	[제7대 국회 제67회 제4차 괴벽보사건 등 진상조사특별위원회 회의록] 1. 괴벽보사건 등 수사상황 청취의 건	1968.10.15	한국어	국회회의록
482	1	[제7대 국회 제67회 제5차 괴벽보사건 등 진상조사특별위원회 회의록] 1. 괴벽보사건 등 진상조사의 건	1968.10.16	한국어	국회회의록
483	1	[제7대 국회 상임위원회 제67회 제7차 건설위원회 회의록] 1. 1969년도 예산안	1968.10.28	한국어	국회회의록
484	1	[제7대 국회 상임위원회 제67회 제10차 건설위원회 회의록] 2. 1969년도 예산안	1968.10.31	한국어	국회회의록
485	1	[제7대 국회 상임위원회 제67회 제12차 건설위원회 회의록] 1. 1969년도 예산안	1968.11.02	한국어	국회회의록
486	1	[제7대 국회 제67회 제17차 본회의 회의록] 1. 의사진행에 관한 건	1968.11.05	한국어	국회회의록

연번	시기 구분	제목	행적일	언어	저작유형
487	1	[제7대 국회 상임위원회 제67회 제13차 건설위원회 회의록] 1. 1969년도 예산안	1968.11.06	한국어	국회회의록
488	1	[제7대 국회 상임위원회 제67회 제14차 건설위원회 회의록] 1. 1969년도 예산안	1968.11.08	한국어	국회회의록
489	1	[제7대 국회 제67회 제24차 예산결산특별위원회 회의록] 1. 1969년도 예산안	1968.11.20	한국어	국회회의록
490	1	[제7대 국회 제67회 제26차 예산결산특별위원회 회의록] 1. 1969년도 예산안	1968.11.22	한국어	국회회의록
491	1	[제7대 국회 제67회 제27차 예산결산특별위원회 회의록] 1. 1969년도 예산안	1968.11.23	한국어	국회회의록
492	1	[제7대 국회 제67회 제28차 예산결산특별위원회 회의록] 1. 1969년도 예산안	1968.11.25	한국어	국회회의록
493	1	[제7대 국회 제67회 제29차 예산결산특별위원회 회의록] 1. 1969년도 예산안	1968.11.26	한국어	국회회의록
494	1	[제7대 국회 제67회 제30차 예산결산특별위원회 회의록] 1. 1969년도 예산안	1968.11.27	한국어	국회회의록
495	1	[제7대 국회 제67회 제31차 예산결산특별위원회 회의록] 1. 1969년도 예산안	1968.11.28	한국어	국회회의록
496	1	[제7대 국회 제67회 제32차 예산결산특별위원회 회의록] 1. 1969년도 예산안	1968.11.30	한국어	국회회의록
497	1	[제7대 국회 제67회 제28차 본회의 회의록] 8. 조세감면규제법 중 개정법률안	1968.11.30	한국어	국회회의록
498	1	[제7대 국회 제67회 제6차 괴벽보사건 등 진상조사특별위원회 회의록] 1. 괴벽보사건 등 진상조사보고서 작성에 관한 건	1968.12.04	한국어	국회회의록
499	1	[제7대 국회 상임위원회 제67회 제18차 건설위원회 회의록] 1. 1967년도 세입세출 결산 및 1967년도 예비비 지출승인의 건	1968.12.07	한국어	국회회의록

연번	시기 구분	제목	행적일	언어	저작유형
500	1	[제7대 국회 상임위원회 제67회 제18차 건설위원회 회의록] 2. 1968년도 일반 국정감사 결과 처리에 관한 건	1968.12.07	한국어	국회회의록
501	1	[제7대 국회 상임위원회 제67회 제18차 건설위원회 회의록] 3. 남대문시장 재개발 계획 반대에 관한 청원	1968.12.07	한국어	국회회의록
502	1	[제7대 국회 제67회 제30차 본회의 회의록] 1. 사립대학실태파악을 위한 특별 국정감사 실시에 관한 결의안	1968.12.09	한국어	국회회의록
503	1	저개발지역 공업개발 촉진법안	1968.12.17	한국어	법률안
504	1	[제7대 국회 제67회 제36차 본회의 회의록] 7. 1969년도 도로 국채발행동의안	1968.12.19	한국어	국회회의록
505	1	[제7대 국회 제67회 제38차 본회의 회의록] 9. 물품세법 중개정법률안(대안)	1968.12.23	한국어	국회회의록
506	1	[제7대 국회 제67회 제42차 본회의 회의록] 31. 가정의례준칙에 관한 법률안	1968.12.29	한국어	국회회의록
507	1	['가톨릭시보' 기고] (아가페) 용기	1969.01.12	한국어	기고문
508	1	['가톨릭시보' 기고] (아가페) 불신	1969.03.02	한국어	기고문
509	1	[제7대 국회 제68회 제5차 본회의 회의록] 6. 국정 전반에 관한 질문(계속)	1969.03.07	한국어	국회회의록
510	1	['가톨릭시보' 기고] (아가페) 원만	1969.03.30	한국어	기고문
511	1	[제7대 국회 상임위원회 제69회 제1차 건설위원회 회의록] 2. 건설부 현황 청취의 건	1969.04.03	한국어	국회회의록
512	1	[제7대 국회 상임위원회 제69회 제2차 건설위원회 회의록] 1. 건설부 현황 청취의 건(계속)	1969.04.04	한국어	국회회의록
513	1	['매일경제' 신문의 날 맞이 기고] (생각하는 목탁) 언론은 민권	1969.04.07	한국어	기고문

연번	시기 구분	제목	행적일	언어	저작유형
514	1	[제7대 국회 상임위원회 제69회 제4차 건설위원회 회의록] 1. 건설부 현황 청취의 건(계속)	1969.04.21	한국어	국회회의록
515	1	[제7대 국회 상임위원회 제69회 제5차 건설위원회 회의록] 1. 건설부 현황 청취의 건(계속)	1969.04.22	한국어	국회회의록
516	1	[제7대 국회 상임위원회 제69회 제6차 건설위원회 회의록] 1. 건설부 현황 청취의 건(계속)	1969.04.24	한국어	국회회의록
517	1	['가톨릭시보' 기고] (아가페) 젊음의 이유	1969.05.04	한국어	기고문
518	1	국회부의장(장경순) 불신임에 관한 결의안	1969.07.02	한국어	법률안
519	1	[제7대 국회 제70회 제13차 본회의 회의록] 1. 국회부의장(장경순) 사임 권고에 관한 결의안	1969.07.03	한국어	국회회의록
520	1	[제7대 국회 제70회 제37차 예산결산특별위원회 회의록] 2. 1969년도 제1회 추가경정 예산안	1969.07.06	한국어	국회회의록
521	1	[제7대 국회 제70회 제38차 예산결산특별위원회 회의록] 1. 1969년도 제1회 추가경정 예산안	1969.07.07	한국어	국회회의록
522	1	[제7대 국회 제70회 제18차 본회의 회의록] 8. 한국수출입은행법안	1969.07.10	한국어	국회회의록
523	1	['삼선개헌반대 시국대강연회 연설'] 삼선개헌은 국체의 변혁이다	1969.07.19	한국어	연설문
524	1	[막내처남 이성호에게 보내는 친필 서신]	1969.08.03	한국어	서신류
525	1	[제7대 국회 제71회 제40차 예산결산특별위원회 회의록] 1. 1969년도 제2회 추가경정 예산안	1969.08.20	한국어	국회회의록
526	1	[제7대 국회 제71회 제41차 예산결산특별위원회 회의록] 2. 1969년도 제2회 추가경정 예산안	1969.08.21	한국어	국회회의록
527	1	[제7대 국회 제71회 제9차 본회의 회의록] 1. 국회사무처법 중 개정법률안·국회도서관법 중 개정법률안·국회사무처직제 중 개정안·국회도서관직제 중 개정안	1969.08.29	한국어	국회회의록

연번	시기 구분	제목	행적일	언어	저작유형
528	1	[제7대 국회 제72회 제2차 본회의 회의록] 1. 헌법개정안(계속)	1969.09.10	한국어	국회회의록
529	1	[제7대 국회 제72회 제5차 본회의 회의록] 2. 헌법개정안 철회에 관한 건	1969.09.13	한국어	국회회의록
530	1	['동아일보' 기고 : 제6차 개헌안(삼선 개헌) 에 대한 국민투표 관련] (결단의 한표 마지막 호소) 민주와 독재 판가름하자	1969.10.16	한국어	기고문
531	1	['사상계' 기고] 체질개혁론 : 과감한 자기개혁만이 살길이다	1969.11.01	한국어	기고문
532	1	['신동아' 기고] 대중경제를 주창한다	1969.11.01	한국어	기고문
533	1	['주간 조선' 대담] 새해 물가와 세금	1969.12.28	한국어	대담/인터뷰
534	1	['사상계' 기고] 70년대의 비전 : 대중민주 체제의 구현	1970.01.01	한국어	기고문
535	1	['대한일보' 기고] 70년대의 국내정국 : 3선개헌은 헌정의 최저약속을 짓밟은 짓	1970.01.10	한국어	기고문
536	1	['동아일보' 기고] (신민당의 새 진로 40대에 들어본다) 강력한 후보 내세워 삼선 견제	1970.01.13	한국어	기고문
537	1	['한국일보' 신춘수필 릴레이 코너에 게재] 단절의 강에 오작교를	1970.01.14	한국어	기고문
538	1	['신아일보' 70년대의 인물주변 : 숙명여대 학생회장 이숙자양과의 대담] 젊은 세대와의 대화	1970.01.15	한국어	대담/인터뷰
539	1	['조선일보' 회견] (신민당이 가는길) 대통령후보 지명에 나선 3주자의 변	1970.01.15	한국어	대담/인터뷰
540	1	[신민당 공천 대통령 후보 지명전 출마의사 성명서]	1970.01.24	한국어	성명서
541	1	['국제신보' 기고] 40대 기수론	1970.01.27	한국어	기고문

연번	시기 구분	제목	행적일	언어	저작유형
542	1	[경희대학원 경제학 석사 학위논문] 대중경제의 한국적 전개를 위한 연구 : 한국경제의 구조개혁을 위한 서설	1970.02.27	한국어	논문
543	1	[컬럼비아대학교(Columbia University) 강연] NIXON DOCTRINE과 70년대의 새로운 한미관계의 수립	1970.03.10	한국어	연설문
544	1	['월간사월' 기고] 70년대의 새로운 한미관계의 수립	1970.05.01	한국어	기고문
545	1	[『청자인생훈(靑瓷人生訓)』 수록] 내가 믿는 길	1970.05.05	한국어	수상
546	1	[서울 외신기자 구락부 초청 연설] 내가 걷는 70년대	1970.05.12	한국어	연설문
547	1	[제7대 국회 제73회 제13차 본회의 회의록] 2. 언론자유 방해에 대한 질문	1970.06.04	한국어	국회회의록
548	1	[제7대 국회 상임위원회 제74회 제1차국방위원회 회의록] 1. 무장공비 침입사건에 관한 건	1970.06.24	한국어	국회회의록
549	1	[제7대 국회 제74회 제8차 예산결산특별위원회 회의록] 2. 1970년도 제1회 추가경정 예산안	1970.07.11	한국어	국회회의록
550	1	[제7대 국회 제74회 제4차 본회의 회의록] 1. 국가안전보장에 관한 질문(계속)	1970.07.13	한국어	국회회의록
551	1	[제7대 국회 제74회 제10차 예산결산특별위원회 회의록] 1. 1970년도 제1회 추가경정예산안	1970.07.14	한국어	국회회의록
552	1	[제7대 국회 상임위원회 제74회 제4차국방위원회 회의록] 1. 한미국방각료회담 결과보고	1970.07.27	한국어	국회회의록
553	1	['동아일보' 기고] (40대 단일화는 가능한가) 유당수의 조건부는 명분 찾으려는 기교	1970.09.23	한국어	기고문
554	1	[제7대 대통령 후보 선출 전당대회 수락 연설] 오늘 나의 승리는 삼천만의 승리	1970.09.29	한국어	연설문
555	1	['조선일보' 9월 30일자] 몇몇의 양심에 의한 당운영 안 될 말	1970.09.29	한국어	대담/인터뷰

연번	시기 구분	제목	행적일	언어	저작유형
556	1	[신민당 대통령 후보 지명 후 첫 기자회견] 희망에 찬 대중의 시대를 구현하자	1970.10.16	한국어	기자회견문
557	1	[제7대 대통령 선거 대전 공설운동장 유세 초안] 정치보복은 민주정치의 오점	1970.10.24	한국어	연설문
558	1	[제7대 대통령 선거 부산 유세 초안] 지방색 조장은 천추에 씻지 못할 민족적 죄악	1970.10.25	한국어	연설문
559	1	[제7대 대통령 선거 부산 유세 초안] 할슈타인 원칙은 폐지돼야 한다	1970.10.25	한국어	연설문
560	1	[서울 외신기자 구락부 초청 연설] Korean Diplomacy in the 1970's	1970.10.30	영어	연설문
561	1	[제7대 대통령 선거 인천 유세 초안] 지방자치는 의회정치의 골간이다	1970.10.31	한국어	연설문
562	1	[제7대 대통령 선거 광주 유세 초안] 농업발전의 기초 위에 공업화를 촉진한다	1970.11.01	한국어	연설문
563	1	[제7대 대통령 선거 광주 유세 초안] 민족교육에 힘써 새로운 한국인상을 정립	1970.11.01	한국어	연설문
564	1	[제7대 대통령 선거 대구 유세 초안] 민간 자금 미해결은 국민 기만 행위	1970.11.07	한국어	연설문
565	1	[제7대 대통령 선거 강원도 춘천 유세 초안] 군의 건립과 한미방위 태세의 강화에 대해서	1970.11.08	한국어	연설문
566	1	[제7대 대통령 선거 서울 효창운동장 유세 연설] 개발독재에서 대중시대로	1970.11.14	한국어	연설문
567	1	[제7대 대통령 선거 전북 전주 유세 초안] 근로기준법 무시한 노동정책에 획기적 시정을 촉구한다	1970.11.21	한국어	연설문
568	1	[제7대 대통령 선거 전북 전주 유세 초안] 4. 반민주적 법률의 개폐(改廢)	1970.11.21	한국어	연설문
569	1	[제7대 대통령 충북 청주 유세 초안] 5. 병무(兵務) 부패의 책임을 밝히라	1970.11.22	한국어	연설문

연번	시기 구분	제목	행적일	언어	저작유형
570	1	[제7대 대통령 충북 청주 유세 초안] 6. 육성회를 폐지한다	1970.11.22	한국어	연설문
571	1	['월간중앙' 기고] 지명전후의 새 포부를 말한다 : 대중민주체제에의 길	1970.11.30	한국어	기고문
572	1	공인회계사법 중 개정법률안	1970.12.22	한국어	법률안
573	1	['인물세계' 기고] 민족의 에너지에 방향을	1970.**.**	한국어	기고문
574	1	[월간 '다리' 앙케이트] 1971년 새해 앙케이트	1971.01.01	한국어	기고문
575	1	['동아일보' 기고] 신년사	1971.01.01	한국어	기고문
576	1	[1971년 연두기자회견] '대중반정'을 실현하자	1971.01.23	한국어	기자회견문
577	1	[순천 기자회견 초안] 평화 지향적인 나의 정책 자유우방(自由友邦) 서 환영	1971.02.26	한국어	성명서
578	1	[제7대 대통령 선거 경남 하동 유세 초안] 군의 지지 운운… 60만 국군에 대한 모독	1971.02.27	한국어	성명서
579	1	[제7대 대통령 선거 마산 기자회견 초안] 학원을 병영화 하지 말라	1971.03.01	한국어	성명서
580	1	[부산 기자회견 성명서 초안] 집권 경쟁 아닌 국가적 반독재 투쟁	1971.03.02	한국어	성명서
581	1	[신민당 제주도지부 기자회견 초안] 부통령제의 부활	1971.03.16	한국어	연설문
582	1	[제7대 대통령 선거 제주 유세 초안] 제주도 개발 담당 국무위원제 신설	1971.03.17	한국어	연설문
583	1	[제7대 대통령 선거 금호 초등학교 유세 연설]	1971.03.21	한국어	연설문
584	1	[제7대 대통령 후보 등록 후 성명서] 4·27을 민주혁명의 부활절로	1971.03.23	한국어	성명서
585	1	[제7대 대통령 집권공약발표연설 요지]	1971.03.24	한국어	선거공약

연번	시기 구분	제목	행적일	언어	저작유형
586	1	[제7대 대통령 선거 대구 유세 초안] 부정 막으면 승리 확신	1971.03.27	한국어	성명서
587	1	[강원도 황지(黃池) 성명서]	1971.03.29	한국어	성명서
588	1	['동아일보' 4월 12일자 : 제7대 대통령 선거 부산 유세 연설]	1971.04.10	한국어	연설문
589	1	['한국일보' 4월 18일자 : 제7대 대통령 선거 전북 전주 유세 요지] 종반의 열기… 영·호남서 불꽃	1971.04.17	한국어	연설문
590	1	[제7대 대통령 선거 서울 장충단공원 유세 연설]	1971.04.18	한국어	연설문
591	1	['한국일보' 4월 21일자 : 제7대 대통령선거 전남 여수·순천 유세 요지] 후보접전 「라스트·스퍼트」	1971.04.20	한국어	연설문
592	1	[제7대 대통령 선거 전북 유세 요지]	1971.04.21	한국어	연설문
593	1	['한국일보' : 제7대 대통령선거 전북 이리·군산 유세 요지] 투표 앞으로 4일	1971.04.23	한국어	연설문
594	1	['한국일보' : 제7대 대통령선거 전남 유세 요지] 투표 앞으로 72시간	1971.04.24	한국어	연설문
595	1	['한국일보' 4월 25일자 : 제7대 대통령선거 광주 유세 요지] 양 후보, 종결접전 치열	1971.04.24	한국어	연설문
596	1	[제7대 대통령선거 대구 유세 연설문 요지] 이 아침에 결단 여야 최후 호소	1971.04.25	한국어	연설문
597	1	[제7대 대통령선거 개표 후 성명서] 이미 신명을 조국에 바쳤다	1971.04.29	한국어	성명서
598	1	['동아일보' 4월 30일자 : 제7대 대통령선거 개표 후 회견] 부끄럼없이 싸웠다	1971.04.29	한국어	대담/인터뷰
599	1	[신한민주당 유진산 당수의 권한대행 관련 기자회견]	1971.05.09	한국어	대담/인터뷰

연번	시기 구분	제목	행적일	언어	저작유형
600	1	['경향신문' 회견] (결단을 기다린다) 개헌선(改憲線) 저지만이 새 활로	1971.05.24	한국어	대담/인터뷰
601	1	[제7대 대통령선거 및 제8대 총선 후 발표한 성명서] 양대선거를 마치고	1971.06.02	한국어	성명서
602	1	[월간 '다리' 7월호 : 에드윈 라이샤워(Edwin Reischauer) 교수와의 대담] 반공한국과 아시아의 내일	1971.06.25	한국어	대담/인터뷰
603	1	['동아일보' 회견] (신민 당권 겨냥한 세 주자) 당 파멸직전… 자구 위해 결단	1971.07.17	한국어	대담/인터뷰
604	1	[제8대 국회 제78회 제21차 본회의 회의록] 1. 국무총리 및 국무위원(내무·법무·국방·문교부장관)의 학원사태 등에 관한 정무보고(질의)	1971.10.23	한국어	국회회의록
605	1	위수령 발동에 따른 학원사태에 관한 건의안	1971.10.26	한국어	법률안
606	1	[제7대 대통령 선거 유세 초안] 6. 학원탄압(學園彈壓)을 중지하라	1971.**.**	한국어	연설문
607	1	[출처 미상] 대중은 결코 패배하지 않는다	1972.01.29	한국어	수상
608	1	[구미 정계 순방 중 서독 본에서 설날을 맞아 이희호에게 보낸 엽서]	1972.02.15	한국어	서신류
609	1	[구미 정계 순방 중 런던에서 이희호에게 보낸 엽서]	1972.02.19	한국어	서신류
610	1	[일본 외국특파원협회 연설] "닉슨"의 중공방문과 한국의 장래	1972.02.24	한국어	연설문
611	1	[재일한국청년동맹 제8회 동계강습회] 金大中新民党国会議員が第八回-韓青全国冬期講習会で行なつた記念講演	1972.02.27	일본어	연설문
612	1	[미국·영국·프랑스·독일·일본 등 5개국 순방 귀국성명서] 비상사태선포를 즉각 철회하라	1972.03.02	한국어	성명서

연번	시기 구분	제목	행적일	언어	저작유형
613	1	[미국·영국·프랑스·독일·일본 등 5개국 순방 귀국보고 강연] 국민은 나라의 주인 희망을 갖고 살자	1972.03.11	한국어	연설문
614	1	[현충일 기념] (통일논의 김대중 선생의 주장) 삼단계 통일방안	1972.06.06	한국어	연설문
615	1	[서울 외신기자 구락부 초청 연설] 남북성명과 나의 주장	1972.07.13	한국어	연설문
616	1	[월간 '다리' 9월호 : 창간 2주년 기념 김동길 교수와의 특별대담] 통제받지 않는 권력은 악이다	1972.08.11	한국어	대담/인터뷰
617	1	[반(反) 진산계 정무위원들에게 제시한 7가지 제안] 당의 단결과 발전을 위한 제안	1972.08.26	한국어	발표문
618	1	[평양에서 열린 제1차 남북적십자회담 관련 성명서]	1972.09.04	한국어	성명서
619	1	[제8대 국회 상임위원회 제84회 제3차 국방위원회 회의록] 1. 1972년도 제1회 추가경정 예산안(계속)	1972.09.16	한국어	국회회의록
620	1	['한국일보' 기고] (신민의 여섯 주역 당권경쟁 시시비비) 전례없는 금력 횡행, 구당은 류씨 퇴장에	1972.09.24	한국어	기고문
621	1	['경향신문' 기고] (당대회 강행시비…4자의 변) "상식 저버린 우의마(牛意馬) 의식"	1972.09.27	한국어	기고문

제2시기

(1972.10~1987)

민주화를 위한 투쟁과 역경의 나날들

1) 제2시기 저작의 개관과 특징

1971년 대선을 통해서 김대중은 야당을 대표하는 인물로 성장하였다. 그러나 1972년 10월 박정희 정권이 유신을 선포하여 의회 정치가 사실상 무력화되자 김대중은 야당 정치가가 아닌 재야 민주화 운동가로서 1972년부터 1987년까지 박정희 유신정권과 전두환 독재정권에 맞서 목숨을 건 민주화 투쟁을 전개하였다.

김대중은 두 차례에 걸친 망명생활을 하였다. 유신정권 시절에는 일본과 미국에서 망명생활을 하였고 전두환 정권 시절에는 미국에서 망명생활을 하였으며 일생동안 여러 번 죽을 고비를 넘기기도 했다. 1973년에는 일본 도쿄에서 중앙정보부에 의해서 납치되어 살해되기 직전 구명되었으며 1980년에는 신군부에 의해서 사형선고를 받기도 하였다. 이 시기에는 3·1 민주구국선언사건과 김대중내란음모사건으로 구속되어 5년 6개월여 동안 옥고를 치렀으며 수감되지 않은 때에는 가택연금을 당하거나 감시를 당하였다. 김대중에게 있어서 이 시기는 가장 큰 고난의 시간이었으며 민주화를 위한 헌신적인 투쟁의 시간이기도 하였다. 이 시기 남겨진 자료는 김대중 개인을 넘어서 한국 민주화 운동에 대한 중요한 의미를 담고 있다.

김대중은 두 차례에 걸쳐서 3년여 동안의 망명생활을 했는데, 이 시기에는 미국과 일본의 주요 인사들과의 교류를 하고 해외 동포들을 조직화하면서 민주화 운동을 전개했으며 이 당시 자료는 김대중 망명시절 해외에서 비서실장 역할을 했던 재미인권운동가 이근팔이 모두 정리하고 보관하여 김대중도서관에 기증하였다. 그리하여 망명시기의 중요한 역사적 기록이 온전히 자료로서 남을 수 있게 되었다. 자료 중에는 정권의 감시를 피하면서 한국과 교류하면서 민주화 운동의 방향을 고민하는 내용을 알 수 있는 것도 포함되어 있다. 5년 6개월 동안 수감되었을 당시의 모든 기록이 옥중서신의 형식으로 남아 있다. 특히 감옥에서조차 인권탄압이 자행돼 서신을 작성할 수 없게 되자, 궁여지책으로 못으로 쓴 편지는 당시 상황을 보여주는 생생한 역사적 기록이다. 그리고 1971년 대선과 반유신 투쟁을 거치면서 민주화 운동 세력의 구심점이 되었던 김대중은 제한된 조건 속에서 짧은 기간 동안이나마 자유가 주어질 때에는 어김없이 투쟁의 현장을 찾아가서 주옥같은 연설을 했으며 이 역시 모두 기록으로 남아 있다. 가택연금 기간 동안에는 해외 언론인들이 직접 동교동 자택으로 찾아와서 인터뷰를 진행하기도 하였다.

이 시기 김대중의 자료는 다양한 국가의 언어로 존재하기도 하고, 김대중의 친필 자료가 다른 어느 시기에 비해서 압도적으로 많다. 음성 및 영상 테이프 형태로 존재하는 경우도 많으며 자료 형태로 보아서도 당시 시대적 여건을 반영하고 있기도 하다. 이처럼 이 시기 김대중의 자료는 그의 민주화 투쟁사를 이해하는 데에 핵심적인 의미를 갖고 있으며 더 나아가서 한국 민주화 운동의 성격을 이해하는 데에도 매우 소중한 역사적 가치를 갖고 있다.

제2시기(1972.10~1987) 저작유형 건수

유형	서신류	연설문	대담/ 인터뷰	성명서	기고문	재판 자료	수상	기자 회견문	발표문	추도사	서문	토론문	기타	합계
건수	347	113	75	73	37	19	11	9	6	6	5	5	14	720

2) 제2시기 저작목록

연번	시기 구분	제목	행적일	언어	저작유형
1	2	[박정희 대통령의 비상계엄 선포(10월 유신)에 대해 일본 도쿄에서 발표한 성명서]	1972.10.18	한국어	성명서
2	2	[유신헌법(제7차 헌법개정안) 공고에 대해 일본 도쿄에서 발표한 성명서]	1972.10.27	한국어	성명서
3	2	['주간 아사히(週刊朝日)' 회견] 韓国戒厳令に直言する前大統領候補·金大中氏の悲痛な叫び	1972.11.03	일본어	대담/인터뷰
4	2	['선데이마이니치(サンデー毎日)' 회견] 私は韓国の『戒厳令』を怒る	1972.11.05	일본어	대담/인터뷰
5	2	[일본 외신기자클럽 모두발언 : 外人記者倶樂部に於ける演説]	1972.11.10	일본어	연설문
6	2	['주간포스트(週刊ポスト)' 회견] 金大中氏が韓国の危機を訴える	1972.11.17	일본어	대담/인터뷰
7	2	[김종충(누마다 타다시(沼田忠))에게 보내는 서신]	1972.11.21	한국어	서신류
8	2	[유신헌법(제7차 헌법개정안) 개헌을 위한 찬반 국민투표 실시에 대해 미국 워싱턴에서 발표한 성명서]	1972.11.21	한국어	성명서
9	2	Korean Situation And My Belief	1972.11.**	영어	발표문
10	2	[웨스트민스터대(Westminster College) 강연문]	1972.12.07	한국어	연설문
11	2	[해외에서 만남을 가진 인사에게 보내는 감사 서신]	1972.12.23	한국어	서신류
12	2	[워싱턴에서 만난 미상의 인물에게 일본 방문 계획을 밝히는 서신]	1972.12.26	영어	서신류
13	2	['뉴욕타임스(TheNewYorkTimes)' 기고] Asia, Korea and America	1972.12.30	영어	기고문
14	2	['주오고론(中央公論)' 기고] 祖国韓国の悲痛な現実:独裁政治のドミノ的波及	1973.01.01	일본어	기고문

연번	시기 구분	제목	행적일	언어	저작유형
15	2	['아사히저널(朝日ジャーナル)' 회견] 民衆は默っていない－韓新民쳃指導者·金大中氏に聞く－	1973.02.02	일본어	대담/인터뷰
16	2	[일본판 '주간 이코노미스트(エコノミスト)' 회견] 民主化こそ南北統一の前提	1973.02.06	일본어	대담/인터뷰
17	2	['아시아-아프리카 문제 연구회' 강연문]	1973.02.07	한국어	연설문
18	2	['석간 후지(夕刊フジ)' 회견] ソウル遥かなり奔る熱弁	1973.02.13	일본어	대담/인터뷰
19	2	['뉴욕타임스(The New York Times)' 기고] Advice on Asia	1973.02.23	영어	기고문
20	2	['뉴월드 아웃룩(New World Outlook)' 5월호 : 짐 스텐첼(Jim Stentzel), 조지 기시(George Gish) 기자와 대담] Restoring Democracy in Korea	1973.02.26	영어	대담/인터뷰
21	2	[이근팔에게 보내는 서신]	1973.03.06	한국어	서신류
22	2	['민족시보' 4월 1일자 : '재일 민주화 운동 활동자 연수회' 강연] 한국의 민주주의와 통일의 전망	1973.03.21	한국어	연설문
23	2	[3개월간의 일본 체류 후 미국으로 출국 시 발표한 성명서]	1973.03.23	일본어	성명서
24	2	[김지하 시집 『평시(評詩) : 오적(五賊)과 비어(蜚語)』 치사]	1973.04.24	한국어	치사
25	2	[워싱턴대(University of Washington) 4월 25일, 루터 신학교(Lutheran School of Theology) 4월 27일 강연] 민주주의의 회복을 위하여	1973.04.27	한국어	연설문
26	2	[수신 미상의 친필 서신]	1973.05.12	한국어	서신류
27	2	[조지 미니(George Meany) 미국노동총연맹 산업별조합회의(AFL-CIO) 회장에게 보낸 서신]	1973.05.14	영어	서신류
28	2	['코리아저널(The Korea Journal)' : 송선근 발행인과의 대담] (독점인터뷰) 한국의 남북통일에는 3단계가 필요	1973.05.21	한국어	대담/인터뷰

연번	시기 구분	제목	행적일	언어	저작유형
29	2	[스튜어트 사이밍턴(Stuart Symington) 미국 상원의원에게 보낸 서신]	1973.05.22	영어	서신류
30	2	['자유공화국' : 강영채 편집인과의 대담] (김대중씨와 대담) 북한의 WHO 가입환영 해야 할 일	1973.06.01	한국어	대담/인터뷰
31	2	[윌리엄 바움(William Baum) 대주교에게 보낸 서신]	1973.06.04	영어	서신류
32	2	[레스터 울프(Lester Wolff) 민주당 하원의원에게 보낸 서신]	1973.06.05	영어	서신류
33	2	[자작시] 국적있는 보헤미안	1973.06.12	한국어	수상
34	2	[자작시] 내마음의 눈물	1973.06.16	한국어	수상
35	2	[자작시] 세월이 오며는	1973.06.16	한국어	수상
36	2	[그레고리 헨더슨(Gregory Henderson) 교수에게 보내는 서신]	1973.06.26	영어	서신류
37	2	[한국민주회복통일촉진국민회의 미국본부 준비위원회의 회의록]	1973.07.06	한국어	기타
38	2	[가명 기무라(木村)를 사용하여 김중총(누마다 타다시(沼田忠))에게 보낸 서신]	1973.07.12	일본어	서신류
39	2	['세카이(世界)' 9월호 : 편집장 야스에 료스케(安江良介)와의 대담] 韓國民主化への道	1973.07.18	일본어	대담/인터뷰
40	2	['겐다이노마나코(現代の眼)' 7월호 : 혼다 카츠이치(本多勝一)와의 대담] 民族の真の独立とは何か	1973.07.**	일본어	대담/인터뷰
41	2	['아사히신문(朝日新聞)' 8월 14일자] 殺害覚悟した監禁の六日間	1973.08.13	일본어	기자회견문
42	2	['마이니치신문(毎日新聞)' 8월 14일자] 毎日新聞が国際電話をかけた時の問答	1973.08.14	일본어	기자회견문

연번	시기 구분	제목	행적일	언어	저작유형
43	2	['동아일보' 납치로부터 무사귀환 후의 내외신 기자회견 재구성] 김대중 씨가 말하는 피랍 닷새	1973.08.14	한국어	기고문
44	2	['자유공화국' 9월호 : 납치사건 직후의 심정을 서술한 기고] 태양은 또 다시 떠오른다	1973.08.16	한국어	기고문
45	2	['주간 겐다이(週刊現代)' : 오오모리 미노루(大森実)와의 전화 대담] (被害者金大中氏を直撃) ナゾの六日間のこれがほんとの出来事	1973.08.30	일본어	대담/인터뷰
46	2	[납치사건 발생 79일 후의 내외신 기자회견]	1973.10.26	한국어	기자회견문
47	2	['코리아저널(The Korea Journal)' 11월 10일자 : 송선근 발행인과의 전화대담] 정치에서 은퇴할 의사 없다	1973.11.01	한국어	대담/인터뷰
48	2	나의 MEMO	1973.**.**	한국어	기타
49	2	[김중총(누마다 타다시(沼田忠))에게 보내는 서신]	1974.01.05	한국어	서신류
50	2	[전(前) 주일 미대사 에드윈 라이샤워(Edwin Reischauer)에게 보내는 서신 : 남북관계의 악화 지적 및 자신에게 보여준 배려에 대한 감사]	1974.03.09	일본어	서신류
51	2	['한국일보' 4월 21일자] 신민 김후보 여수·순천 연설요지	1974.04.20	한국어	연설문
52	2	['한국일보'] 김대중후보 광주 연설요지	1974.04.25	한국어	연설문
53	2	['마이니치신문(毎日新聞)' 5월 12일자 : 후루노 요시마사(古野善政) 서울특파원과의 단독회견] 金大中氏, 出国問題を語る	1974.05.11	일본어	대담/인터뷰
54	2	[김종충에게 보내는 서신]	1974.05·16	한국어	서신류
55	2	['한국민주회복통일촉진국민회의 결성 발기인 대회' 연설]	1974.07.06	한국어	연설문
56	2	['아사히신문(朝日新聞)' 8월 6일자 : 타메다(為田) 특파원과의 회견] 祖国での自由なき一年	1974.08.05	일본어	대담/인터뷰

연번	시기 구분	제목	행적일	언어	저작유형
57	2	[마이클 아마코스트(Michael Armacost)에게 한국으로의 귀국 다짐을 전한 편지]	1974.08.07	영어	서신류
58	2	['아사히신문(朝日新聞)' 10월 31일자 : 타메다(為田) 특파원과의 회견] 金大中氏と一問一答	1974.10.30	일본어	대담/인터뷰
59	2	['민주회복국민선언대회' 연설 요지] 민주회복국민회의 발족은 3·1 독립선언과 비견	1974.11.27	한국어	연설문
60	2	['동아일보' 12월 9일자] 어떻게 지내십니까? ① 김대중 씨	1974.12.08	한국어	대담/인터뷰
61	2	결의문(決議文)	1974.**.**	한국어	성명서
62	2	['동아일보' 후원광고] 언론의 자유를 지키자	1975.01.01	한국어	기타
63	2	['동아일보' 회견] (새해에 다짐한다) 국민적 민주혁명 성취가 과제	1975.01.01	한국어	대담/인터뷰
64	2	['동아일보' 1월 24일자 광고란] 서민호선생을 추모하는 글	1975.01.21	한국어	추도사
65	2	우리의 당면문제와 난국 타계의 길	1975.01.25	한국어	성명서
66	2	['아사히신문(朝日新聞)' : 타메다(爲田) 특파원과의 회견] 金大中氏の政府批判內容	1975.01.25	일본어	성명서
67	2	['신동아' 2월호 : 손세일 논설위원과의 대담] 전(前) 신민당 대통령후보 김대중 씨	1975.02.01	한국어	대담/인터뷰
68	2	[유신헌법 국민투표 결과 관련 성명] 국민투표는 속임수, 민주회복 관철하자	1975.02.12	한국어	성명서
69	2	[긴급조치 구속 인사 석방 관련 박정희 정권 비판 성명] 사면·조사단 구성·공개재판을 요구한다	1975.02.20	한국어	성명서
70	2	['동아일보' 광고 : 정부의 언론탄압에 대한 항의] 국민여러분께 호소합니다「동아를 지킵시다」	1975.03.08	한국어	기타

연번	시기 구분	제목	행적일	언어	저작유형
71	2	[신문방송의 정상적인 제작 호소 성명] 동아사태 관련 재야인사 18인의 호소문	1975.03.14	한국어	성명서
72	2	['동아일보' 회견] 민주회복의 부름을 받고(3) 김대중 씨	1975.04.03	한국어	대담/인터뷰
73	2	['신동아' 5월호 : 김영삼 신민당 총재·양일동 민주통일당 당수·권오기 동아방송수석해설위원과의 4인 좌담] 민주회복·야당통합의 길	1975.04.10	한국어	토론문
74	2	['씨알의 소리' 창간 5주년 기념 시국강연회] 안보의 정자세	1975.04.19	한국어	연설문
75	2	[우리 민족의 역사적 특성에 입각한 '한국적 민주주의'에 대한 사설] 民族への敬愛と信頼	1975.04.**	일본어	연설문
76	2	[김종충(누마다 타다시(沼田忠))에게 한국민주회복통일촉진국민회의 일본본부의 운동 원칙을 밝힌 편지]	1975.06.21	일본어	서신류
77	2	[우쓰노미야 도쿠마(宇都宮德馬) 일본 자민당 의원에게 보낸 서신]	1975.06.21	일본어	서신류
78	2	['아사히신문(朝日新聞)' 8월 1일자] 民主国家がなぜ	1975.07.24	한국어	기자회견문
79	2	['아사히신문(朝日新聞)' 8월 8일자 : 카마다(鎌田) 특파원과의 단독 회견] "第三の決着"が必要に	1975.08.06	일본어	대담/인터뷰
80	2	[광복절 30주년 기념 성명서] 8·15 해방의 이상을 실현하자	1975.08.15	한국어	성명서
81	2	[김종충에게 선거법 위반사건으로 인한 연내 구속이 강행될 우려와 건강악화로 인한 고통을 알린 서신]	1975.09.24	한국어	서신류
82	2	[김지하 시인 석방 요구 성명서]	1975.10.07	한국어	성명서
83	2	['민족시보' 12월 1일자] 대법원장에게 항의서한	1975.11.05	한국어	기고문

연번	시기 구분	제목	행적일	언어	저작유형
84	2	[김홍걸의 아버지로서 민택 아버지에게 보내는 편지]	1975.12.07	한국어	서신류
85	2	[장공(長空) 김재준 목사에게 보내는 서신]	1975.12.21	한국어	서신류
86	2	[성호 군에게 보내는 서신]	1975.12.21	한국어	서신류
87	2	[일본의 김종충(누마다 타다시(沼田忠))과 사토(佐藤)에게 한민통에 대한 한국의 분위기를 전하며 '민족시보'의 편집에 주의를 당부하는 서신]	1975.12.21	한국어	서신류
88	2	[통일 및 외교 관련 성명서]	1975.**.**	한국어	성명서
89	2	[76노10 답변서 : 대통령 선거법 위반 등 기소 재판 답변서]	1976.02.03	한국어	재판자료
90	2	위헌입법 판결 제청 신청서	1976.02.03	한국어	재판자료
91	2	[함석헌 외 민주인사 12명과의 공동 성명서] 민주구국선언	1976.03.01	한국어	성명서
92	2	[이택돈 변호사와의 3·1 민주구국사건 1심 6차 공판록]	1976.06.19	한국어	재판자료
93	2	(사건76노1835호 대통령 긴급조치 제9호 위반) 상소이유서	1976.10.14	한국어	재판자료
94	2	[이택돈, 용남진 변호사와의 3·1 민주구국사건 2심 6차 공판록]	1976.12.13	한국어	재판자료
95	2	['민족시보' 1977년 11월 11일자 : 3·1 민주구국선언 사건 항소심 최후진술문] (김대중 씨 진술) 3·1 법정의 어록(9) 16인사최종진술	1976.12.20	한국어	재판자료
96	2	[3·1민주구국선언관련 재판자료 : 공판 당시 질의응답]	1976.**.**	한국어	재판자료
97	2	(사건77도44(119)호 대통령 긴급조치 9호 위반) 상고이유보충서	1977.03.01	한국어	재판자료
98	2	[진주교도소 옥중서신 제1신]	1977.04.29	한국어	서신류

연번	시기 구분	제목	행적일	언어	저작유형
99	2	[진주교도소 옥중서신 제2신 : 가족들에 대한 감사와 극복의지의 뜻을 밝히는 서신]	1977.05.28	한국어	서신류
100	2	[진주교도소 옥중서신 제3신 : 자녀들에게 훌륭한 사람이 되기 위해 길러야 할 품성에 관해 이야기한 서신]	1977.06.23	한국어	서신류
101	2	[진주교도소 옥중서신 제4신 : 이희호에게 성경의 여러 주제에 대한 묵상 내용을 전하는 서신]	1977.08.29	한국어	서신류
102	2	[진주교도소 옥중서신 제5신 : 구속된 이후의 1년 반 동안의 생활을 가족들에게 회고하는 서신]	1977.09.20	한국어	서신류
103	2	[진주교도소 옥중서신 제6신 : 가족들에게 한민족의 역사를 고찰하고 한국이 나아가야 할 바를 제시한 서신]	1977.10.25	한국어	서신류
104	2	[진주교도소 옥중서신 제7신 : 가족들에게 세계 각국의 수도와의 비교를 통해 한 나라의 수도가 역사적으로 지녀야 하는 의미에 대해 고찰한 서신]	1977.11.29	한국어	서신류
105	2	[진주교도소 옥중서신 제8신 : 친척, 친지, 동지, 변호사 선배에게 보내는 성탄절 기념 옥중서신]	1977.12.17	한국어	서신류
106	2	[김대중 외 3·1 민주구국선언사건 관련자 18명의 공동 성명] 명동사건 관련자 성명서	1978.01.06	한국어	성명서
107	2	[서울대학교병원 감옥 병실에서 보낸 메모 : 서신작성이 금지된 서울대 감옥병동에서 몰래 작성하여 이희호에게 전한 최초의 메모]	1978.07.20	한국어	서신류
108	2	[서울대학교병원 감옥 병실에서 보낸 메모 : 이희호의 건강을 걱정하고 건강관리에 유의할 것을 당부하는 못으로 쓴 메모]	1978.07.27	한국어	서신류
109	2	[서울대학교병원 감옥 병실에서 보낸 메모 : 이희호에게 김종완의 구속에 대해 안타까운 심정을 토로한 메모]	1978.08.05	한국어	서신류

연번	시기 구분	제목	행적일	언어	저작유형
110	2	[서울대학교병원 감옥 병실에서 보낸 메모 : 이희호에게 민주회복을 요구하는 1일 단식에 관해 변호사를 통해 밝힐 것을 당부하는 메모]	1978.08.06	한국어	서신류
111	2	[서울대학교병원 감옥 병실에서 보낸 메모]	1978.08.18	한국어	서신류
112	2	[서울대학교병원 감옥 병실에서 보낸 메모]	1978.08.19	한국어	서신류
113	2	[서울대학교병원 감옥 병실에서 보낸 메모 : 이희호에게 출국여부에 대한 고민을 밝히는 메모]	1978.08.20	한국어	서신류
114	2	[서울대학교병원 감옥 병실에서 보낸 메모 : 이희호에게 출국여부에 대한 계속된 고민을 밝히는 메모]	1978.08.21	한국어	서신류
115	2	[서울대학교병원 감옥 병실에서 보낸 메모 : 이희호에게 박대인 목사의 부인이 보낸 파이에 대해 감사의 뜻을 전해달라는 내용이 포함된 메모]	1978.08.22	한국어	서신류
116	2	[서울대학교병원 감옥 병실에서 보낸 메모 : 이희호에게 앞으로의 메모는 휴지통 안에 넣겠다는 뜻을 전하는 메모]	1978.08.25	한국어	서신류
117	2	[서울대학교병원 감옥 병실에서 보낸 메모 : 이희호에게 향후 출국문제가 불거질 경우 출국하지 않겠다는 뜻을 밝힌 메모]	1978.08.27	한국어	서신류
118	2	[서울대학교병원 감옥 병실에서 보낸 메모 : 이희호에게 문익환 목사, 박형규 목사, 이택돈 변호사의 견해를 물어볼 것을 부탁하는 메모]	1978.08.28	한국어	서신류
119	2	[서울대학교병원 감옥 병실에서 보낸 메모 : 이희호에게 단식 투쟁 계획을 알리는 메모]	1978.08.29	한국어	서신류
120	2	[서울대학교병원 감옥 병실에서 보낸 메모 : 이희호에게 한국인권문제에 대한 국제적 관심이 저하된 문제를 지적하는 메모]	1978.08.31	한국어	서신류
121	2	[서울대학교병원 감옥 병실에서 보낸 메모]	1978.08.**	한국어	서신류

연번	시기 구분	제목	행적일	언어	저작유형
122	2	[서울대학교병원 감옥 병실에서 보낸 메모 : 이희호에게 도널드 프레이저(Donald Fraser) 외 41명의 관계기사 사본을 보내줄 것을 요청하는 메모]	1978.09.01	한국어	서신류
123	2	[서울대학교병원 감옥 병실에서 보낸 메모 : 이희호에게 강제이동이 발생할 경우 박정희 정권의 정략적 조치를 비판할 것이라는 뜻을 밝힌 메모]	1978.09.02	한국어	서신류
124	2	[서울대학교병원 감옥 병실에서 보낸 메모 : 이희호에게 광주와 목포의 변호사에게 단식의 시작을 알려달라는 내용이 포함된 메모]	1978.09.03	한국어	서신류
125	2	[서울대학교병원 감옥 병실에서 보낸 메모 : 강제적 병실이동에 대한 단식투쟁 전개 내용 전문 작성을 요청한 메모]	1978.09.05	한국어	서신류
126	2	[서울대학교병원 감옥 병실에서 보낸 메모 : 교도소장에게 보낸 서신을 주변 사람들에게 알려줄 것을 이희호에게 당부하는 메모]	1978.09.06	한국어	서신류
127	2	요구사항	1978.09.06	한국어	성명서
128	2	[서울대학교병원 감옥 병실에서 보낸 메모 : 이희호에게 가족단식 중단을 요청하는 메모]	1978.09.07	한국어	서신류
129	2	[서울대학교병원 감옥 병실에서 보낸 메모 : 이희호에게 현재의 양호한 건강상태를 알리는 메모]	1978.09.08	한국어	서신류
130	2	[서울대학교병원 감옥 병실에서 보낸 메모 : 이희호에게 단식 계획을 전하는 메모]	1978.09.09	한국어	서신류
131	2	[서울대학교병원 감옥 병실에서 보낸 메모 : 박정희 대통령에게 사태 해결 요구 서신을 보내줄 것을 이희호에게 부탁하는 메모]	1978.09.10	한국어	서신류
132	2	[서울대학교병원 감옥 병실에서 보낸 메모 : 이희호에게 단식투쟁 중단 발표를 부탁하는 메모]	1978.09.12	한국어	서신류

연번	시기 구분	제목	행적일	언어	저작유형
133	2	[서울대학교병원 감옥 병실에서 보낸 메모 : 이희호에게 조직적이고 계획적인 가을 준비를 당부하는 메모]	1978.09.14	한국어	서신류
134	2	[서울대학교병원 감옥 병실에서 보낸 메모]	1978.09.17	한국어	서신류
135	2	[서울대학교병원 감옥 병실에서 보낸 메모]	1978.09.18	한국어	서신류
136	2	[서울대학교병원 감옥 병실에서 보낸 메모 : 단식경위서 공개 수준 관련 이희호와의 논의 메모]	1978.09.24	한국어	서신류
137	2	[서울대학교병원 감옥 병실에서 보낸 메모 : 이근팔에게 서신요청을 부탁해줄 것을 이희호에게 전하는 메모]	1978.09.26	한국어	서신류
138	2	[서울대학교병원 감옥 병실에서 보낸 메모 : 이희호에게 김상돈 전 의원에게 보내는 서신을 부탁하는 메모]	1978.09.28	한국어	서신류
139	2	[옥중생활 2년 반 동안 변호인과 가족면회시 발언 요점]	1978.09.**	한국어	발언록
140	2	[서울대학교병원 감옥 병실에서 보낸 메모 : 이희호에게 방한 교수들의 통일과 경제문제에 대한 의견 스크랩을 당부하는 메모]	1978.10.01	한국어	서신류
141	2	[서울대학교병원 감옥 병실에서 보낸 메모 : 이희호에게 세계 YWCA 총무에게 보내는 서신을 부탁하는 메모]	1978.10.02	한국어	서신류
142	2	[서울대학교병원 감옥 병실에서 보낸 메모 : 독방 이동 후의 지친 심경을 이희호에게 알리는 메모]	1978.10.03	한국어	서신류
143	2	[서울대학교병원 감옥 병실에서 보낸 메모 : 한국 민주화 운동을 지원하는 해외인사에게 보내는 서신을 이희호에게 부탁하는 메모]	1978.10.04	한국어	서신류
144	2	[서울대학교병원 감옥 병실에서 보낸 메모 : 김종환에게 보내는 서신을 이희호에게 부탁하는 메모]	1978.10.05	한국어	서신류

연번	시기 구분	제목	행적일	언어	저작유형
145	2	[서울대학교병원 감옥 병실에서 보낸 메모 : 이희호에게 '타임(TIME)'과 '뉴스위크(Newsweek)'의 주요 기사 반입을 부탁하는 메모]	1978.10.06	한국어	서신류
146	2	[서울대학교병원 감옥 병실에서 보낸 메모 : 이희호에게 '민주통일당보' 반입을 요청한 메모]	1978.10.07	한국어	서신류
147	2	[서울대학교병원 감옥 병실에서 보낸 메모 : 이희호에게 옥중면회 요지를 주변사람들에게 알려달라는 뜻을 밝힌 메모]	1978.10.08	한국어	서신류
148	2	[서울대학교병원 감옥 병실에서 보낸 메모 : 이희호에게 서신 공개 여부에 대한 고민을 밝히는 메모]	1978.10.09	한국어	서신류
149	2	[서울대학교병원 감옥 병실에서 보낸 메모 : 이희호에게 박정희 대통령에게 보낼 서한의 초안은 자신이 작성하겠다는 뜻을 전한 메모]	1978.10.10	한국어	서신류
150	2	[서울대학교병원 감옥 병실에서 보낸 메모 : 이희호에게 국회의원 선거 출마 예상자 명단이 나온 신문 반입을 요청한 메모]	1978.10.11	한국어	서신류
151	2	[서울대학교병원 감옥 병실에서 보낸 메모 : 민주화 운동 인사에게 보내는 메시지를 이희호에게 부탁하는 메모]	1978.10.12	한국어	서신류
152	2	[서울대학교병원 감옥 병실에서 보낸 메모 : 예춘호(추정)에게 전할 말을 이희호에게 부탁하는 메모]	1978.10.13	한국어	서신류
153	2	[서울대학교병원 감옥 병실에서 보낸 메모 : 이희호에게 YD(추정불가)에게 존경의 뜻을 전해줄 것을 부탁하는 메모]	1978.10.14	한국어	서신류
154	2	[서울대학교병원 감옥 병실에서 보낸 메모 : 이희호에게 전하는 당부 메모]	1978.10.15	한국어	서신류
155	2	[서울대학교병원 감옥 병실에서 보낸 메모 : 이희호에게 이용희 의원에게 실망의 뜻을 전해줄 것을 요청하는 메모]	1978.10.16	한국어	서신류

연번	시기 구분	제목	행적일	언어	저작유형
156	2	[서울대학교병원 감옥 병실에서 보낸 메모 : 뉴욕의 지인에게 한국 민주화 운동 협력요청을 전해줄 것을 이희호에게 부탁하는 메모]	1978.10.17	한국어	서신류
157	2	[서울대학교병원 감옥 병실에서 보낸 메모 : 이희호에게 박정희 정권의 수색이나 음모에 대비해 항상 방 관리를 세심히 할 것을 당부하는 메모]	1978.10.19	한국어	서신류
158	2	[서울대학교병원 감옥 병실에서 보낸 메모 : 이희호에게 12월 국회의원 선거에 대한 의견을 전하는 메모]	1978.10.21	한국어	서신류
159	2	[서울대학교병원 감옥 병실에서 보낸 메모 : 이희호에게 외부 진행 상황에 대한 궁금증을 토로하는 메모]	1978.10.24	한국어	서신류
160	2	[서울대학교병원 감옥 병실에서 보낸 메모 : 이희호에게 박정희 정권에 대한 비판과 조언을 전하는 메모]	1978.10.26	한국어	서신류
161	2	[서울대학교병원 감옥 병실에서 보낸 메모 : 이희호에게 문익환 목사가 구속될 경우 투쟁 전개의 뜻을 밝힌 메모]	1978.10.27	한국어	서신류
162	2	[서울대학교병원 감옥 병실에서 보낸 메모 : 이희호에게 코리아 게이트 사건을 이용하여 미국이 한국 독재체제의 문제점을 인식할 수 있도록 유도하는 전략을 제시하는 메모]	1978.10.29	한국어	서신류
163	2	[서울대학교병원 감옥 병실에서 보낸 메모 : 이희호에게 민주화 운동에 참여하지 않는 정치인들의 대한 외부인들의 의견을 전하는 메모]	1978.11.01	한국어	서신류
164	2	[서울대학교병원 감옥 병실에서 보낸 메모 : 이희호에게 출국 의사를 묻는 질문에 대한 답을 조언하는 메모]	1978.11.08	한국어	서신류
165	2	[3·1민주구국선언 형집행정지로 석방된 후 성명서]	1978.12.27	한국어	성명서
166	2	[3·1 민주구국선언 석방 후 연설] 牢獄を越えて	1978.12.29	일본어	연설문

연번	시기 구분	제목	행적일	언어	저작유형
167	2	[서울대학교병원 감옥 병실에서 보낸 메모 : 김수환 추기경에게 전달을 요청]	1978.**.28	한국어	서신류
168	2	['한국신보' 1월 20일자 : 문명자 기자와의 국제전화 인터뷰] (신춘 특별대담) 본사, 김대중 씨와의 전화인터뷰	1979.01.09	한국어	대담/인터뷰
169	2	[김상호에게 보내는 서신]	1979.01.22	한국어	서신류
170	2	[지미 카터(Jimmy Carter) 대통령에게 한국의 인권문제에 대한 관심을 요구하는 서신]	1979.02.09	영어	서신류
171	2	[3·1 운동 60주년에 발표한 민주구국선언문] 민주주의는 기본신념, 통일은 지상목표, 평화는 절실한 소망	1979.03.01	한국어	성명서
172	2	[김수환 추기경과 김관석 목사에게 보내는 서신]	1979.03.26	영어	서신류
173	2	[이철승 신민당 대표최고위원에게 가택연금의 부당성을 호소하는 서신]	1979.03.28	한국어	서신류
174	2	['뉴스위크(Newsweek)' 회견] WE SEEK DE-MOCRACY	1979.04.09	영어	대담/인터뷰
175	2	[지미 카터(Jimmy Carter) 대통령의 방한 관련 입장을 밝힌 논평]	1979.04.20	한국어	성명서
176	2	[중앙정보부 관계책임자, 내무부 관계책임자, 법무부 관계책임자를 피고발인으로 한 불법연금, 납치, 미행, 협박, 구타, 고문 등에 관한 고발장]	1979.05.01	한국어	재판자료
177	2	[김영삼 신한민주당 총재 후보 지지 연설] 국민을 살리는 마지막 선택	1979.05.29	한국어	연설문
178	2	[김영삼 신한민주당 총재 당선 축하 논평]	1979.05.30	한국어	성명서
179	2	[한국의 통일, 경제, 인권 문제에 대한 제안] A Personal Memorandum Concerning Problems Faced by Korea Today	1979.06.**	영어	발표문

연번	시기 구분	제목	행적일	언어	저작유형
180	2	[지미 카터(Jimmy Carter) 대통령과 박정희 대통령의 공동성명에 대한 논평]	1979.07.01	한국어	성명서
181	2	['세카이(世界)' 9월호 : '소저너스매거진(Sojourners Magazine)'의 제임스 스텐첼(James Stentzel)과의 대담] (インタビュー) カーターの訪韓と韓國の民主主義	1979.07.05	일본어	대담/인터뷰
182	2	카터 대통령의 방한이 한국의 인권에 미친 영향	1979.07.29	한국어	발표문
183	2	['민주주의와 민족통일을 위한 국민연합 공동의장(윤보선, 김대중, 함석헌)' 명의 성명서] 박 정권의 말기적 증세를 개탄한다	1979.09.24	한국어	성명서
184	2	[빌리 브란트(Willy Brandt) 독일 사민당 당수에게 쓴 서신]	1979.10.20	독일어	서신류
185	2	[박정희 사망 이후 발표 성명서]	1979.10.28	영어	성명서
186	2	Personal Statement on Resolving the Present Situation	1979.11.01	영어	성명서
187	2	[최규하 대통령권한대행 시국담화 관련 성명서]	1979.11.12	한국어	성명서
188	2	[안병무에게 10·26사건 보낸 서신]	1979.11.19	한국어	서신류
189	2	긴급조치 9호 해제에 즈음하여	1979.12.08	한국어	성명서
190	2	[이성호, 이근팔에게 이 달 귀국가능성을 언급한 서신]	197*.01.05	한국어	서신류
191	2	['한민통소식' 3월 1일자 : '미주동아' 하장보 기자와의 대담] 계엄 풀지 않은 속 개헌 논의 유감	1980.02.04	한국어	대담/인터뷰
192	2	['파이스턴 이코노믹 리뷰(Far Eastern Economic Review)' 대담] (Rivals in Search of a People's Victory) Kim Dae Jung : A Fair share for all	1980.02.22	영어	대담/인터뷰
193	2	['동아일보' 회견] 복권인사 5명에게 들어본다 : 김대중 전 대통령 후보	1980.02.29	한국어	대담/인터뷰

연번	시기 구분	제목	행적일	언어	저작유형
194	2	['한국일보' 인터뷰] 우리국민의 민주역량을 실감했다 복권이 이뤄지던 날... 새 시민이 된 인사들은 말한다 김대중 전 국회의원	1980.03.01	한국어	대담/인터뷰
195	2	[성명서 : 7년만에 국민 여러분을 대하면서]	1980.03.01	한국어	성명서
196	2	[임성희 박사를 소개하는 내용의 수신미상 서신]	1980.03.13	영어	서신류
197	2	[YWCA 수요강좌 강연] 민족혼과 더불어	1980.03.26	한국어	연설문
198	2	[Center for East Asian Studies Korean Institute for Democracy and Unification에 보내는 서신]	1980.03.27	한국어	서신류
199	2	['동아일보' 회견] (3김씨와 대화) 행동하지 않는 양심은 악의 편	1980.04.05	한국어	대담/인터뷰
200	2	[신민당 입당 포기 성명서]	1980.04.07	한국어	성명서
201	2	['민주농정을 위한 전국 농민대회' 강연] 민주주의와 농민의 권리	1980.04.11	한국어	연설문
202	2	[한국신학대학 강연] 도덕정치의 구현	1980.04.16	한국어	연설문
203	2	[동국대 '4·19혁명' 기념행사] 4·19와 민족통일	1980.04.18	한국어	연설문
204	2	[관훈클럽 연설 및 토론] 80년대의 좌표, 자유, 정의, 통일의 구현을 위하여	1980.04.25	한국어	연설문
205	2	[민주주의와 민족통일을 위한 국민연합 성명서] 민주화 촉진 국민선언	1980.05.07	한국어	성명서
206	2	[하라다(原田) 기자에게 보내는 편지]	1980.05·16	일본어	서신류
207	2	[김대중 내란음모사건 진술서]	1980.05.20	한국어	재판자료
208	2	[김대중 내란음모사건 진술서]	1980.05.25	한국어	재판자료
209	2	[내란음모사건 관련 육군계엄보통군법회의 1심 제2차 공판록]	1980.08.18	한국어	재판자료

연번	시기 구분	제목	행적일	언어	저작유형
210	2	[내란음모사건 관련 육군계엄보통군법회의 1심 제3차 공판 조서]	1980.08.19	한국어	재판자료
211	2	[내란음모사건 관련 육군계엄보통군법회의 1심 제7차 공판 조서]	1980.08.25	한국어	재판자료
212	2	[내란음모사건 관련 육군계엄보통군법회의 1심 제14차 공판 조서]	1980.09.02	한국어	재판자료
213	2	[내란음모사건 관련 육군계엄보통군법회의 1심 제15차 공판 조서]	1980.09.03	한국어	재판자료
214	2	[내란음모사건 관련 육군계엄보통군법회의 1심 제18차 공판록]	1980.09.13	한국어	재판자료
215	2	[내란음모사건 관련 육군계엄고등군법회의 항소심 제1차 공판록]	1980.10.24	한국어	재판자료
216	2	[내란음모사건 관련 육군계엄고등군법회의 항소심 제5차 공판록]	1980.10.29	한국어	재판자료
217	2	[청주교도소 옥중서신 제1신 : 아내 이희호에게 보내는 서신] 존경하며 사랑하는 당신에게	1980.11.21	한국어	서신류
218	2	[청주교도소 옥중서신 제2신 : 차남 홍업에게 보내는 서신] 사랑하는 아들 홍업이에게	1980.11.24	한국어	서신류
219	2	[청주교도소 옥중서신 제3신 : 삼남 홍걸(11월 25일자 편지)에 대한 회신] 사랑하는 홍걸아	1980.12.07	한국어	서신류
220	2	[청주교도소 옥중서신 제4신 : 맏며느리 윤혜라(장남 홍일의 처)에게 보내는 서신] 지영이 모에게	1980.12.19	한국어	서신류
221	2	확성기 있는 광장에서 만납시다	1980.**.**	한국어	서문
222	2	[1980년 11월 2일부터 1981년 1월 1일까지 옥중에서 쓴 수상 모음]	1981.01.01	한국어	수상
223	2	[청주교도소 옥중서신 제5신 : 아내 이희호에게 보내는 서신] 나의 경애하는 당신에게	1981.01.17	한국어	서신류

연번	시기 구분	제목	행적일	언어	저작유형
224	2	[청주교도소 옥중서신 제6신 : 장남 홍일과 그의 부인 윤혜라, 차남 홍업, 삼남 홍걸에게 보내는 서신] 사랑하는 자식들(홍일, 지영모, 홍업, 홍걸)에게 보내는 서신	1981.01.29	한국어	서신류
225	2	[청주교도소 옥중서신 제7신 : 가족들에게 보내는 서신] 경애하는 당신에게(그리고 사랑하는 자식들에게)	1981.02.21	한국어	서신류
226	2	[청주교도소 옥중서신 제8신 : 가족들에게 보내는 서신] 나의 존경하고 사랑하는 당신에게(그리고 사랑하는 자식들에게)	1981.03.19	한국어	서신류
227	2	[청주교도소 옥중서신 제9신 : 가족들에게 보내는 서신] 찬미예수, 존경하고 사랑하는 당신에게(그리고 나의 사랑하는 자식들에게)	1981.04.22	한국어	서신류
228	2	[청주교도소 옥중서신 제10신 : 가족들에게 보내는 서신] 존경하고 사랑하는 당신에게(그리고 사랑하는 자식들에게)	1981.05.22	한국어	서신류
229	2	[청주교도소 옥중서신 제11신 : 가족들에게 보내는 서신] 존경하고 사랑하는 당신에게(그리고 사랑하는 자식들에게)	1981.06.23	한국어	서신류
230	2	[청주교도소 옥중서신 제12신 : 가족들에게 보내는 서신] 존경하고 사랑하는 당신에게(그리고 사랑하는 자식들에게)	1981.07.29	한국어	서신류
231	2	[청주교도소 옥중서신 제13신 : 가족들에게 보내는 서신] 존경하고 사랑하는 당신에게(그리고 사랑하는 자식들에게)	1981.09.23	한국어	서신류
232	2	[청주교도소 옥중서신 제14신 : 가족들에게 보내는 서신] 존경하고 사랑하는 당신에게(그리고 사랑하는 자식들에게)	1981.09.30	한국어	서신류
233	2	[청주교도소 옥중서신 제15신 : 가족들에게 보내는 서신] 존경하고 사랑하는 당신에게(그리고 사랑하는 자식들에게)	1981.10.28	한국어	서신류

연번	시기 구분	제목	행적일	언어	저작유형
234	2	[청주교도소 옥중서신 제16신 : 가족들에게 보내는 서신] 존경하고 사랑하는 당신에게(그리고 사랑하는 자식들에게)	1981.11.27	한국어	서신류
235	2	[청주교도소 옥중서신 제17신 : 가족들에게 보내는 서신] 존경하고 사랑하는 당신에게(그리고 사랑하는 자식들에게)	1981.12.16	한국어	서신류
236	2	[청주교도소 옥중서신 제18신 : 가족들에게 보내는 서신] 존경하고 사랑하는 당신에게(그리고 사랑하는 자식들에게)	1982.01.29	한국어	서신류
237	2	[청주교도소 옥중서신 제19신 : 가족들에게 보내는 서신] 존경하고 사랑하는 당신에게(그리고 사랑하는 자식들에게)	1982.02.23	한국어	서신류
238	2	[청주교도소 옥중서신 제20신 : 가족들에게 보내는 서신] 존경하고 사랑하는 당신에게(그리고 사랑하는 자식들에게)	1982.03.25	한국어	서신류
239	2	[청주교도소 옥중서신 제21신 : 가족들에게 보내는 서신] 존경하고 사랑하는 당신에게(그리고 사랑하는 자식들에게)	1982.04.26	한국어	서신류
240	2	[청주교도소 옥중서신 제22신 : 가족들에게 보내는 서신] 존경하고 사랑하는 당신에게(그리고 사랑하는 자식들에게)	1982.05.25	한국어	서신류
241	2	[청주교도소 옥중서신 제23신 : 가족들에게 보내는 서신] 존경하고 사랑하는 당신에게(그리고 사랑하는 자식들에게)	1982.06.25	한국어	서신류
242	2	[청주교도소 옥중서신 제24신 : 가족들에게 보내는 서신] 존경하고 사랑하는 당신에게(그리고 사랑하는 자식들에게)	1982.07.27	한국어	서신류
243	2	[청주교도소 옥중서신 제25신 : 가족들에게 보내는 서신] 존경하고 사랑하는 당신에게(그리고 사랑하는 자식들에게)	1982.08.25	한국어	서신류
244	2	[청주교도소 옥중서신 제26신 : 가족들에게 보내는 서신] 존경하고 사랑하는 당신에게(그리고 사랑하는 자식들에게)	1982.09.23	한국어	서신류

연번	시기 구분	제목	행적일	언어	저작유형
245	2	[청주교도소 옥중서신 제27신 : 가족들에게 보내는 서신] 존경하고 사랑하는 당신에게(그리고 사랑하는 자식들에게)	1982.11.02	한국어	서신류
246	2	[청주교도소 옥중서신 제28신 : 가족들에게 보내는 서신] 존경하고 사랑하는 당신에게(그리고 사랑하는 자식들에게)	1982.11.26	한국어	서신류
247	2	[청주교도소 옥중서신 제29신 : 가족들에게 보내는 서신] 주님께 드리는 기도문	1982.12.15	한국어	서신류
248	2	Arrival Statement, Washington, D.C	1982.12.23	영어	성명서
249	2	[자작시] 인제 가면	1982.12.23	한국어	수상
250	2	[청주교도소 수감 당시 자작시] 옥중단시	1982.**.**	한국어	수상
251	2	[애틀란타 시장 앤드류 영(Andrew Young)에게 보내는 감사 서신]	1983.01.**	영어	서신류
252	2	[마틴 루터 킹(Martin Luther King)의 미망인 코레타 스콧 킹(Coretta Scott King)에게 보내는 감사 서신]	1983.01.**	영어	서신류
253	2	['아사히신문(朝日新聞)' 1월 3일자] 日本国民へのアピール	1983.01.01	일본어	기고문
254	2	[빌프리드 블랭크(Willfried Blank)에게 보내는 안부 서신]	1983.01.03	영어	서신류
255	2	[로널드 레이건(Ronald Reagan) 미 대통령에게 민주 인사들의 석방을 위한 노력을 요청하는 편지]	1983.01.03	영어	서신류
256	2	['CNN' 〈The Freeman Report〉 회견]	1983.01.05	영어	대담/인터뷰
257	2	[테렌스 쿡(Terence Cooke) 추기경에게 보내는 감사 서신]	1983.01.06	영어	서신류
258	2	['유에스에이 투데이(USA Today)' 회견] Majority in Korea longs for democracy	1983.01.06	영어	대담/인터뷰

연번	시기 구분	제목	행적일	언어	저작유형
259	2	['뉴욕목요기도회'와 '미주구락부' 주최 기도회] 민주와 통일이 나의 기본목표	1983.01.10	한국어	연설문
260	2	[미국교회협의회(NCC-USA) 주최 오찬 연설]	1983.01.10	한국어	연설문
261	2	[피에르 랑디(Pierre Landy)에게 근황을 알리는 회신]	1983.01.13	영어	서신류
262	2	[기독교교회협의회 클레어 랜달(Claire Randall)에게 보내는 감사 서신]	1983.01.15	영어	서신류
263	2	['민중신문' 1월 28일자 : 문부식, 김현장 구명 궐기대회 연설] 자유를 사랑하는 모든 사람의 양심의 구원	1983.01.15	한국어	연설문
264	2	[헨리 잭슨(Henry Jackson) 상원의원에게 보내는 서신]	1983.01.17	영어	서신류
265	2	[마샬 그린(Marshall Green) 외교관에게 감사의 뜻을 전하는 서신]	1983.01.25	영어	서신류
266	2	[올로프 팔메(Olof Palme) 스웨덴 총리의 지속적인 지지에 대한 감사 서신]	1983.01.26	영어	서신류
267	2	[다이앤 피터슨(Dyanne Petersen)과의 대담]	1983.01.26	영어	대담/인터뷰
268	2	[테레사 이노우에(Teresa Inoue)에게 보내는 서신]	1983.01.28	영어	서신류
269	2	[아모스 조르단(Amos Jordan)에게 미국 국제전략문제연구소(CSIS)에서의 펠로우십을 신청하는 서신]	1983.01.31	영어	서신류
270	2	['뉴스위크(Newsweek)' 회견] Korea Has to Become a Democracy	1983.01.31	영어	대담/인터뷰
271	2	[프랑수아 미테랑(Francois Mitterand) 프랑스 대통령에게 한국의 민주주의에 대한 계속적인 지지를 요청하는 서신]	1983.02.01	영어	서신류
272	2	[에드윈 버그만(Edwin Bergman) 목사 부부에게 보내는 서신]	1983.02.02	영어	서신류

연번	시기 구분	제목	행적일	언어	저작유형
273	2	[호머 잭(Homer Jack)에게 보내는 서신]	1983.02.02	영어	서신류
274	2	[헬무트 슈미트(Helmut Schmidt) 독일 총리에게 보내는 서신]	1983.02.04	영어	서신류
275	2	[앨런 맥커천(Allan MacEachen)에게 보내는 서신]	1983.02.07	영어	서신류
276	2	[폴린 주이트(Pauline Jewett) 캐나다 신민주당 의원에게 보내는 서신]	1983.02.07	영어	서신류
277	2	[1980년 재판에 고위급 참관인을 보내준 에드윈 머스키(Edwin Muskie)에게 보내는 감사 서신]	1983.02.08	영어	서신류
278	2	[티모시 힐리(Timothy Healy)에게 보내는 서신]	1983.02.08	영어	서신류
279	2	[테레사 이노우에(Teresa Inoue)에게 보내는 회신]	1983.02.10	영어	서신류
280	2	[이치카와 후사에(市川 房枝) 2주기 추모 전보]	1983.02.11	한국어	서신류
281	2	[헨리 키신저(Henry Kissinger)에게 보내는 서신]	1983.02.15	영어	서신류
282	2	[요한 바오로 2세(Pope John Paul Ⅱ)에게 보내는 서신]	1983.02.15	영어	서신류
283	2	[에드워드 케네디(EdwardKennedy) 상원의원 주최 환영 리셉션 연설]	1983.02.15	한국어	연설문
284	2	['민중신문' 창간 4주년 기념 격려사] 민중의 한과 민중신문의 사명	1983.02.25	한국어	기고문
285	2	[제임스 암스트롱(James Armstrong) 주교에게 보내는 격려와 지지 서신]	1983.02.25	영어	서신류
286	2	[이언 해밀턴(Ian Hamilton)에게 보내는 서신]	1983.02.25	영어	서신류
287	2	[이사벨 마틴(Isabel Martin)에게 보내는 서신]	1983.02.25	영어	서신류

연번	시기 구분	제목	행적일	언어	저작유형
288	2	[베른트 칼손(Bernt Carlsson) UN 사무차장보에게 보내는 서신]	1983.02.28	영어	서신류
289	2	[도널드 뉴비(Donald Newby)에게 보내는 애틀랜타 방문 불발 사과 서신]	1983.02.28	영어	서신류
290	2	[하루유키 마부우치(Haruyuki Mabuchi)에게 보내는 일본 총영사 취임 축하 서신]	1983.02.28	영어	서신류
291	2	[마르시아 쉔(Marcia Schwen)과의 대담] In prison: flowers, a spiderweb and prayer	1983.02.**	영어	대담/인터뷰
292	2	[코레미치 노마(Koremichi Noma)에게 보내는 허가 없이 자신의 이름이 들어간 책이 출판된 것에 대한 항의 서신]	1983.03.04	영어	서신류
293	2	[하버드대학교(Harvard University) 강연 및 질의 응답] 한국역사에서의 민주주의	1983.03.10	한국어	연설문
294	2	['민족현황' 8월호 : 3·1절 기념 초청강연회] 한국 민주주의에 희망이 있는가?	1983.03.12	한국어	연설문
295	2	[빈프리트 귈레르(Winfried Güler)에게 한국 인권단체를 소개하는 서신]	1983.03.14	영어	서신류
296	2	[1983년 부산 미국문화원 방화사건에 연루된 혐의로 사형선고를 받은 문부식, 김현장의 무기감형 요청 성명서]	1983.03.15	한국어	성명서
297	2	Remarks at the Reception: North American Coalition for Human Rights in Korea	1983.03.17	영어	연설문
298	2	[빈센트 호프만(Vincent Hoffman)에게 보내는 서신]	1983.03.18	영어	서신류
299	2	[매튜 맥널티(Matthew McNulty)에게 보내는 서신]	1983.03.18	영어	서신류
300	2	[리처드 워커(Richard Walker)에게 보내는 서신]	1983.03.23	영어	서신류

연번	시기 구분	제목	행적일	언어	저작유형
301	2	['미주동아' 4월 2일자 회견] (인터뷰) 김대중 씨 체미 1백일	1983.03.27	한국어	대담/인터뷰
302	2	[아모스 조르단(Amos Jordan)에게 보내는 미국 국제전략문제연구소(CSIS) 펠로십지원과정 취소 요청 서신]	1983.03.28	영어	서신류
303	2	[컬럼비아대학교(Columbia University) 연설] HUMAN RIGHTS AND DEMOCRACY IN KOREA	1983.03.28	영어	연설문
304	2	[에모리대학교(Emory University) 연설] 한국의 기독교, 인권, 민주주의	1983.03.30	한국어	연설문
305	2	['한우물' 1983년 4월(봄)호 : 한완상·문동환과의 대담]	1983.04.01	한국어	토론문
306	2	[사이러스 밴스(Cyrus Vance) 미국무장관에게 보내는 서신]	1983.04.04	영어	서신류
307	2	[즈비그뉴 브레진스키(Zbigniew Brzezinski)에게 보내는 서신]	1983.04.04	영어	서신류
308	2	[티모시 힐리(Timothy Healy)에게 보내는 서신]	1983.04.05	영어	서신류
309	2	[리하르트 폰 바이츠제커(Richard von Weizsäcker) 서베를린시장에게 보내는 축하 서신]	1983.04.07	영어	서신류
310	2	[윌리엄 번디(William Bundy)에게 보내는 서신]	1983.04.08	영어	서신류
311	2	[마이클 노박(Michael Novak)에게 보내는 서신]	1983.04.11	영어	서신류
312	2	['월드 폴리시 저널(World Policy Journal)' 가을호 : 리처드 포크(Richard Falk) 프린스턴대학교(Princeton University) 교수와의 대담] ON KOREA	1983.04.21	영어	대담/인터뷰
313	2	[프린스턴대학교(Princeton University) 연설] Prospects for Democracy in Korea	1983.04.21	영어	연설문
314	2	[스티븐 블론즈(Steven Blons)에게 보내는 서신]	1983.04.27	영어	서신류

연번	시기 구분	제목	행적일	언어	저작유형
315	2	[워싱턴대학교(University of Wahshington) 강연] KOREA'S ROLE IN EAST ASIA AND AMERICA'S ROLE IN KOREA	1983.04.30	영어	연설문
316	2	[미국 내슈빌(Nashville) 명예시민 부여 감사글]	1983.05.06	영어	연설문
317	2	[리처드 워커(Richard Walker) 주한미대사에게 보내는 서신]	1983.05.10	영어	서신류
318	2	[테어도어 가드너(Theodore Gardner)에게 보내는 납치사건 관련 서신]	1983.05.10	영어	서신류
319	2	['세계문제평의회' 강연] The United States and the Prospects for Democracy in Korea	1983.05.11	영어	연설문
320	2	['미주동아' : 상향지사장 김동옥과의 특별회견] 김대중 씨의 영광과 고난, 그리고…	1983.05.11	한국어	대담/인터뷰
321	2	['기독교교회협의회 운영위원회' 연설] MY FAITH AND MY POLITICAL PARTICIPATION	1983.05.12	영어	연설문
322	2	[캘리포니아 버클리대학교(UC Berkeley) 강연] Peace and Unification in Korea and America's Role in the Restoration of Democracy	1983.05.13	영어	연설문
323	2	[단식투쟁중인 김영삼 전 신민당 총재에게 보내는 서신]	1983.05.20	한국어	서신류
324	2	['민중신문' 6월 3일자] 광주의거희생자 3주년 추도식 추도사	1983.05.22	한국어	추도사
325	2	[김영산 전(前) 신민당 총재 단식투쟁에 대한 전두환 정권 대응 비판 성명]	1983.05.24	한국어	성명서
326	2	[아시아인권교회위원회 주최 강연회] The Human Rights Movement in Korea and America's Role	1983.05.26	영어	연설문
327	2	['민중신문' 6월 10일자] 개인 및 사회구원 병행해야	1983.05.27	한국어	연설문

연번	시기 구분	제목	행적일	언어	저작유형
328	2	[김영삼 단식투쟁 긴급위원회 회장 한승인에게 보내는 편지]	1983.06.02	한국어	서신류
329	2	[브루스 커밍스(Bruce Cummings) 교수에게 보내는 감사 서신]	1983.06.03	영어	서신류
330	2	[제임스 팔레(James Palais) 교수에게 보내는 감사 서신]	1983.06.03	영어	서신류
331	2	[빌리 브란트(Willy Brandt)에게 보내는 서신]	1983.06.03	영어	서신류
332	2	['뉴욕타임스(The New York Times)' 기고] Kim's Hunger Strike	1983.06.09	영어	기고문
333	2	[국제앰네스티 연례회의] 한 양심수의 보고 및 권고	1983.06.10	한국어	연설문
334	2	[캐나다 교포신문 '뉴코리아타임즈(The New Korea Times)' 6월 18일자 : 민주화를 위한 단식투쟁 지원 궐기대회 강연]	1983.06.12	한국어	연설문
335	2	['세카이(世界)' 9월호: 편집장 야스에 료스케(安江良介)와 대담] (インタビュー) 韓国現代史の問うもの	1983.06.16	일본어	대담/인터뷰
336	2	[한승인의 80번째 생일을 축하하는 편지]	1983.06.20	영어	서신류
337	2	[웨스트민스터 프레스(The Westminster Press)의 키이스 크림(Keith Crim) 편집장에게 보내는 저서출판 관련 서신]	1983.06.20	영어	서신류
338	2	[리처드 할로란(Richard Halloran)에게 보내는 서신]	1983.06.23	영어	서신류
339	2	[돈 오버도퍼(Don Oberdorfer) 기자에게 보내는 서신]	1983.06.23	영어	서신류
340	2	[국제앰네스티 '인권 운동 걷기 대회'] My dear friends of Amnesty International in Chicago	1983.06.26	영어	연설문
341	2	[국제인권법연구소와 국제인권연맹 리셉션] Remarks at the reception	1983.06.28	영어	연설문

연번	시기 구분	제목	행적일	언어	저작유형
342	2	[데이비드 칼리너(David Carliner)에게 보내는 감사 서신]	1983.06.29	영어	서신류
343	2	[제롬 쉬스택(Jerome Shestack)의 연설과 인권 관련 움직임에 경의를 표하는 서신]	1983.06.29	영어	서신류
344	2	[에이미 영(Amy Young)에게 보내는 서신]	1983.06.30	영어	서신류
345	2	[짐 리치(Jim Leach) 미 하원의원에게 보내는 서신]	1983.07.02	영어	서신류
346	2	[제임스 사우어(James Sours)에게 보내는 한국 민주주의 지지 요청 서신]	1983.07.07	영어	서신류
347	2	[도리스 슈트라이터(Doris Strieter)에게 국제엠네스티 활동에 대한 존경을 표하는 편지]	1983.07.07	영어	서신류
348	2	[하루나 미키오(Haruna Mikio)에게 국제엠네스티 활동에 대한 존경을 표하는 편지]	1983.07.12	영어	서신류
349	2	[존 크롤(John Krol) 추기경과의 면담 요청 서신]	1983.07.15	영어	서신류
350	2	['세카이(世界)' 편집장 야스에 료스케(安江良介)에게 보내는 서신]	1983.07.15	일본어	서신류
351	2	[한미관계에 대한 자신의 연설문과 글들을 동봉하여 필립 하비브(Philip Habib) 외 20명에게 보낸 서신]	1983.07.18	영어	서신류
352	2	[김정순에게 옥중서신의 책 제목을 '민족의 한을 안고'로 개진하고자 하는 의견을 담은 서신]	1983.07.19	한국어	서신류
353	2	[폴 슈나이스(Paul Schneiss) 목사에게 보내는 감사 서신]	1983.07.23	영어	서신류
354	2	[라디오 프로그램 'Casper Citron Program' 서면 인터뷰]	1983.07.26	영어	대담/인터뷰
355	2	[도널드 맥도널드(Donald MacDonald)에게 보내는 서신]	1983.07.27	영어	서신류
356	2	[커트 샤르프(Kurt Scharf)에게 보내는 서신]	1983.07.29	영어	서신류

연번	시기 구분	제목	행적일	언어	저작유형
357	2	삶의 태도	1983.07.**	한국어	수상
358	2	지식의 인격화	1983.07.**	한국어	수상
359	2	['마이니치신문(毎日新聞)' 8월 7일자 인터뷰] 金大中氏会見の詳報	1983.08.04	일본어	대담/인터뷰
360	2	[헤럴드 워싱턴(Harold Washington)에게 보내는 시카고 시장선거 승리 축하 편지]	1983.08.08	영어	서신류
361	2	[김대중·김영삼 공동 8·15 성명서] 민주화 투쟁은 민족의 독립과 해방을 위한 투쟁이다	1983.08.15	한국어	성명서
362	2	[로버트 브루스타인(Robert Brustein)에게 보내는 감사 서신]	1983.08.16	영어	서신류
363	2	[리처드 포크(Richard Falk)와의 대담문('ON KOREA') 수정본 동봉 서신]	1983.08.19	영어	서신류
364	2	[존 크롤(John Krol) 추기경에게 보내는 지지 요청 서신]	1983.08.20	영어	서신류
365	2	[납치 사건 당시 도움을 준 필립 하비브(Philip Habib)에게 보내는 감사 서신]	1983.08.20	영어	서신류
366	2	[김재화에게 보내는 서신]	1983.08.20	한국어	서신류
367	2	[피살당한 베니그노 아키노(Benigno Aquino)의 아내 코라손 아키노(Corazon Aquino)에게 보내는 전보]	1983.08.21	영어	서신류
368	2	[암살된 베그니노 아키노(Benigno Aquino)에 대한 애도 및 로널드 레이건(Ronald Reagon) 미국 대통령 필리핀 방문 취소 요청 성명]	1983.08.21	한국어	성명서
369	2	아키노씨의 죽음	1983.08.21	한국어	수상
370	2	인간의 지혜의 한계	1983.08.23	한국어	수상
371	2	[자신들의 안전을 염려해준 테렌스 쿡(Terence Cooke) 추기경에게 보내는 감사 전보]	1983.08.27	영어	서신류

연번	시기 구분	제목	행적일	언어	저작유형
372	2	['워싱턴 포스트(The Washington Post)' 기고] A Filipino Exile's Fate, a Korean Exile's Warning	1983.09.02	영어	기고문
373	2	[미국정치학회 연례학술대회 발표문] The United States and Democracy in Korea	1983.09.03	영어	연설문
374	2	[성명서 : KAL기 피격 관련]	1983.09.05	한국어	성명서
375	2	[로널드 레이건(Ronald Reagan) 미 대통령에게 보낸 서신 : 소련 KAL기 피격사건에 대한 슬픔과 분노를 전하고 문제해결 협력을 요청하는 전보]	1983.09.08	영어	서신류
376	2	[컬럼비아대학교(Columbia University) 한국 세미나] Democratic Aspects of Korean Tradition	1983.09.16	영어	연설문
377	2	['민중신문' 10월 12일자 : '워싱턴 한인 JC 주최 회원의 밤'] 오늘을 사는 한국의 경제인	1983.09.24	한국어	연설문
378	2	[토니 홀(Tony Hall) 미 하원의원에게 보내는 서신]	1983.09.27	영어	서신류
379	2	[에드윈 오브라이언(Edwin O'Brien)에게 보내는 테렌스 쿡 추기경 사망 애도 서신]	1983.10.06	영어	서신류
380	2	[베니그노 아키노(Benigno Aquino) 필리핀 상원의원 추도식 성명] Statement at Senator Aquino's Memorial Service	1983.10.06	영어	성명서
381	2	[베니그노 아키노(Benigno Aquino) 필리핀 상원의원 추도 강연] The Korean People's Struggle for Human Rights	1983.10.06	영어	연설문
382	2	[성명서 : 아웅산 테러 사건 관련]	1983.10.10	한국어	성명서
383	2	[클리블랜드 주립대학교(Cleveland State University) 강연] United States Policy : The Korean Situation, Central America, and the Third World	1983.10.12	영어	연설문
384	2	[남가주대학교(University of Southern California) 강연] The United States Stance Toward Democracy in Korea Since 1945	1983.10.13	영어	연설문

연번	시기 구분	제목	행적일	언어	저작유형
385	2	[로스앤젤레스 기자클럽 기자회견] Opening Statement	1983.10.14	영어	기자회견문
386	2	[필립 모건(Philip Morgan) 목사에게 보내는 근황 서신]	1983.10.15	영어	서신류
387	2	['뉴욕타임스(The New York Times)' 10월 31일자] South Korea's Priority Need Is Democracy	1983.10.19	영어	기고문
388	2	[하버드대학교(Harvard University) 아시아 법률센터 강연] Cultural Tradition and Democracy in Korea	1983.10.20	영어	연설문
389	2	[통일감리교회 연설] Christianity, Human Rights and Democracy in Korea	1983.10.22	영어	연설문
390	2	[통일감리교회 연설 전 이희호 여사 소개사]	1983.10.22	한국어	연설문
391	2	Opening Remarks at the Presbytery of Genesee Valley	1983.10.25	영어	연설문
392	2	[지미 카터(Jimmy Carter) 대통령 모친상 애도 서신]	1983.10.31	영어	서신류
393	2	[한국, 미국, 필리핀, 일본 4개국 대표에 의한 '인권과 평화를 위한 회합' 메세지]	1983.10.31	한국어	연설문
394	2	['세카이(世界)' 편집장 야스에 료스케(安江良介)에게 보내는 서신]	1983.10.31	일본어	서신류
395	2	[김운봉 모친상 애도 서신]	1983.11.01	영어	서신류
396	2	['월스트리트 저널(The Wall Street Journal)' 게재글에 대하여 에디터 로버트 바틀리(Robert Bartley)에게 보내는 서신]	1983.11.02	영어	서신류
397	2	[브라운대학교(Brown University) 강연] The United States and Korea : The Issue of Human Rights and Democracy	1983.11.03	영어	연설문
398	2	[『옥중서신』 일본어판 서문 초안]	1983.11.04	한국어	서문

연번	시기 구분	제목	행적일	언어	저작유형
399	2	[뉴욕로스쿨(New York Law School) 연설] United States Foreign Policy and Human Rights in the Third World	1983.11.09	영어	연설문
400	2	['보스턴 글로브(The Boston Globe)' 기고] US-Korean relations at a crossroads	1983.11.11	영어	기고문
401	2	[재미 대만인회 연설] United State Foreign Policy and Human Rights in the Third World	1983.11.12	영어	연설문
402	2	[아시아 베넷(Asia Bennett)과 로베르타 레벤바흐(Roberta Levenbach)에게 컨퍼런스 불참을 전하는 서신]	1983.11.14	영어	서신류
403	2	글렌 캠프(Glen Camp)에게 보내는 위원회 모임 초대 감사 서신]	1983.11.14	영어	서신류
404	2	['워싱턴포스트(The Washington Post)'지 게재 글에 대하여 에디터에게 보내는 서신]	1983.11.15	영어	서신류
405	2	[미시간대학교(University of Michigan) 연설] United States Policy : Korea and the Third World	1983.11.18	영어	연설문
406	2	[하버드대학교(Harvard University) 국제문제연구소 '미일관계에 관한 프로그램' 제출 논문] Korea and Japan	1983.11.22	영어	논문
407	2	['워싱턴 포스트(The Washington Post)' 기고] Human Rights in Korea	1983.11.23	영어	기고문
408	2	['크리스천 사이언스 모니터(The Christian Science Monitor)' 기고] Mixed feelings in South Korea	1983.11.23	영어	기고문
409	2	[도널드 쉬리버(Donald Shriver) 유니온 신학대(Union Theological Seminary) 총장에게 보내는 서신]	1983.11.27	영어	서신류
410	2	[국제앰네스티 보스턴 지부 강연] Remarks for Amnesty International Reception	1983.11.29	영어	연설문

연번	시기 구분	제목	행적일	언어	저작유형
411	2	[윤형남에게 보내는 귀국관련 설문조사 서신]	1983.12.**	한국어	서신류
412	2	[전(前) 일본 외상 기무라 토시오(木村俊夫) 애도 전보]	1983.12.01	영어	서신류
413	2	[고(故) 클레멘트 자블록키(Clement Zablocki) 미 하원의원 애도 조전]	1983.12.05	영어	서신류
414	2	[윌리엄 와이트허스트(William Whitehurst) 미 공화당 하원의원에게 보내는 서신]	1983.12.05	영어	서신류
415	2	[에드먼드 머스키(Edmund Muskie) 미 전(前) 국무장관에게 보내는 서신]	1983.12.07	영어	서신류
416	2	['로스앤젤레스타임스(Los Angeles Times)' 기고] Where Reagan Fails South Koreans	1983.12.20	영어	기고문
417	2	[김대중, 한완상, 문동환, 이문영 4인 간의 정치 및 민주운동에 관한 합의]	1983.12.20	한국어	기타
418	2	[빌리 브란트(Willy Brandt)에게 보내는 대통령 후보 지명 축하 서신]	1983.12.21	영어	서신류
419	2	['행동하는 양심' 창간사] 우리의 과업과 행동하는 양심	1984.01.01	한국어	발간사
420	2	[제임스 필립스(James Phillips)에게 북한의 기독교에 대한 관심을 표명하는 서신]	1984.01.03	영어	서신류
421	2	[차남 김홍업의 약혼녀(신선련)의 미국 방문을 도와준 윌리엄 글라이스틴(William Gleysteen, Jr.)에게 보내는 감사서신]	1984.01.04	영어	서신류
422	2	[대외관계 프로비던스위원회(Providence Committee on Foreign Relations) 강연] Critical Moments of the Korean-American Relationship	1984.01.19	영어	연설문
423	2	[윌리엄 와이트허스트(William Whitehurst)에게 귀국에 대한 고민을 전하는 서신]	1984.01.23	영어	서신류

연번	시기 구분	제목	행적일	언어	저작유형
424	2	[멜라니 커크패트릭(Melanie Kirkpatrick)의 저서를 위한 몇 가지 글을 동봉한 서신]	1984.01.23	영어	서신류
425	2	[귀국에 대한 설문조사 결과 회신]	1984.01.26	한국어	서신류
426	2	[앨런 크런스턴(Alan Cranston) 미국 상원의원에게 보내는 서신]	1984.01.29	영어	서신류
427	2	[다니엘 리버만(Daniel Lieberman)과 나딘 파커(Nadine Parker)에게 보내는 포럼 참석 수락 서신]	1984.01.31	영어	서신류
428	2	[쿠와나교회에 보내는 서신]	1984.01.**	일본어	서신류
429	2	[윌리엄 채프먼(William Chapman)에게 보내는 서신]	1984.02.13	영어	서신류
430	2	[리처드 포크(Richard Falk) 교수에게 보내는 서신]	1984.02.16	영어	서신류
431	2	[모리 타에코(Mori Daeko) 선생 서거 애도 전보]	1984.02.16	한국어	서신류
432	2	[유니언신학대(Union Theological Seminary) 강연] From Korea–A Message to the American Churches	1984.02.21	영어	연설문
433	2	[기독교교회협의회 연설] My Agony–The Existence of God and the Trials of this World	1984.02.21	영어	연설문
434	2	[기독교교회협의회 오찬 연설] The Present Situation in Korea	1984.02.21	영어	연설문
435	2	[리버사이드 교회 강연] THE KOREAN PENINSULA–PEACE AND REUNIFICATION	1984.02.22	영어	연설문
436	2	[유니언신학대 (Union Theological Seminary) 도널드 쉬리버(Donald Shriver) 총장에게 보내는 서신]	1984.02.25	영어	서신류
437	2	[조 바이든(Joseph Biden) 미 상원의원에게 보내는 서신]	1984.02.27	영어	서신류

연번	시기 구분	제목	행적일	언어	저작유형
438	2	[클로드 버스(Claude Buss)에게 보내는 만남 요청 서신]	1984.02.28	영어	서신류
439	2	[짐 리치(Jim Leach) 미 하원의원에게 한국정부 상황에 대한 의견을 전하는 서신]	1984.02.28	영어	서신류
440	2	[앨런 크랜스턴(Alan Cranston) 미 상원의원에게 보내는 서신]	1984.02.29	영어	서신류
441	2	['The International Experience of Dissidence 포럼' 강연] A Prisoner's Experience and a Report on His Country	1984.03.01	영어	연설문
442	2	[프랑수아즈 반달(Francoise Vandale)의 국제 앰네스티 영상 출연 요청을 수락하는 편지]	1984.03.06	영어	서신류
443	2	['Boston Committee on Foreign Relations' 강연] Peace and Reunification–the Role of korea and the United States	1984.03.07	영어	연설문
444	2	[북한의 3자 회담 제안 및 이에 대한 한국의 반응 관련 로널드 레이건(Ronald Reagan) 미국 대통령 외 190명에게 발송한 서신]	1984.03.08	영어	서신류
445	2	['이브닝선(The Evening Sun)' 에디터 그윈 오웬스(Gwinn Owens)에게 보내는 서신]	1984.03.15	영어	서신류
446	2	[출처 미상] At the Crossroads	1984.03.15	영어	기고문
447	2	[아메리칸대학교(American University) 강연] The Korean Peninsula – Peace, Reunification, and the Role of the United States	1984.03.21	영어	연설문
448	2	['이브닝선(The Evening Sun)' 기고] The quest for the restoration of Korean democracy	1984.03.23	영어	기고문
449	2	[한반도 정세에 관한 서신]	1984.03.30	영어	서신류
450	2	[남한의 인권향상 촉구 서신에 서명해준 20명의 미 하원의원에게 보내는 감사편지]	1984.04.05	영어	서신류

연번	시기 구분	제목	행적일	언어	저작유형
451	2	[케임브리지 로터리클럽(Cambridge Rotary Club) 연설] Korean-American Relations	1984.04.05	영어	연설문
452	2	['Conscience in Action'에 실린 성명서 요약문을 보내는 서신]	1984.04.06	영어	서신류
453	2	['행동하는 양심' 제2호 서문] 십자로에 선 조국의 운명 : 타개책에 대한 나의 소신	1984.04.10	한국어	기고문
454	2	[코넬대학교(Cornell University) 강연] My Observations of United States Foreign Policy Toward Third World Countries	1984.04.11	영어	연설문
455	2	[아메리카프렌즈봉사단(American Friends Service Committee) 강연] Peace and Unification in Korea	1984.04.13	영어	연설문
456	2	[일본에서 열린 '4·19 기념 행사' 축사]	1984.04.19	영어	축사
457	2	[전두환 대통령에게 편지를 보낸 토니 홀(Tony Hall) 외 25명의 미의원들에게 보내는 감사 서신]	1984.04.20	영어	서신류
458	2	['Conscience in Action'에 존 페어뱅크(John Fairbank)의 성명서 축약본 게재를 요청하는 서신(미전송)]	1984.04.20	영어	서신류
459	2	[학생데모 사태 관련 성명]	1984.04.22	한국어	성명서
460	2	[전두환 대통령에게 보내는 편지에 서명해 준 토마스 루켄(Thomas Luken) 외 25명의 의원들에게 보내는 감사 서신]	1984.04.26	영어	서신류
461	2	A Memorandum on the Korean Situation	1984.04.**	영어	기타
462	2	[코네티컷대학교(University of Connecticut) 강연] The Korean Peninsula-Peace, Reunification, and the Role of the United States	1984.05.01	영어	연설문
463	2	[개스턴 시거(Gaston Sigur)에게 한국 상황 관련 글을 첨부하여 보낸 서신]	1984.05.04	영어	서신류

연번	시기 구분	제목	행적일	언어	저작유형
464	2	[저서에 쓰일 하코트 요바노비치(Harcourt Jovanovich) 인용 허락을 구하는 서신]	1984.05.18	영어	서신류
465	2	[광주의거 4주년 추도사]	1984.05.18	한국어	연설문 (추도사)
466	2	[베그니노 아키노(Benigno Aquino)를 기리는 서신]	1984.05.23	영어	서신류
467	2	[웨스턴뉴욕평화센터와 사법센터 공동 주최 모임] From Korea – A Message to the American Churches	1984.05.25	영어	연설문
468	2	['민중신문' 5월 30일자 : 뉴욕 주립대학교(State University of New York) 연설문] 기로에 선 조국의 운명	1984.05.26	한국어	연설문
469	2	[로렌스 포크(Laurence Falk)에게 요청받은 글을 보내는 서신]	1984.05.28	영어	서신류
470	2	['미주매일' 창간 2주년 기념 축하 원고] 재미교포에게 부치는 글	1984.05.**	한국어	기고문
471	2	[마이크 맥과이어(Mike Maguire)에게 보내는 서신]	1984.06.01	영어	서신류
472	2	[로버트 뵈트허(Robert Boettcher) 사망 애도 서신]	1984.06.05	영어	서신류
473	2	[하버드 동료들에게 보내는 휘호] My Calligraphic Works As A Gift To You	1984.06.10	영어	서신류
474	2	[로널드 모스(Ronald Morse)에게 보내는 서신]	1984.06.11	영어	서신류
475	2	[바니 프랭크(Barney Frank)에게 보내는 귀국 전 만남 요청 서신]	1984.06.15	영어	서신류
476	2	['시카고 트리뷴(Chicago Tribune)' 기고] Let's back Korean democrats	1984.06.21	영어	기고문
477	2	[레슬리 브라운(Leslie Brown)에게 보내는 서신]	1984.06.30	영어	서신류

연번	시기 구분	제목	행적일	언어	저작유형
478	2	[데릭 복(Derek Bok) 하버드대학교(Harvard University) 총장에게 보내는 서신]	1984.07.09	영어	서신류
479	2	[성 콜롬반회의 허 프란치스코(Francis Holecek) 신부에게 보내는 서신]	1984.07.09	영어	서신류
480	2	[베른트 칼손(Bernt Carlsson) UN 사무차장보에게 보내는 편지]	1984.07.12	영어	서신류
481	2	[캐롤린 크로프트(Carolyn Croft)에게 보내는 케네디 인권상 후보 추천 서신]	1984.07.14	영어	서신류
482	2	(제헌절성명) 말살된 민주헌법을 소생시켜야 한다	1984.07.17	한국어	성명서
483	2	[서남동 목사 가족에게 조의를 표하는 전보]	1984.07.19	영어	서신류
484	2	[그윈 오웬스(Gwinn Owens)의 글에 대한 감동을 전한 편지]	1984.07.19	영어	서신류
485	2	['인디언 익스프레스(Indian Express)' : 찬드라 샤리(Chandra Chari)와의 인터뷰] People must need democracy	1984.07.22	영어	대담/인터뷰
486	2	[서유럽 방문에 도움을 준 하인즈 헬드(Heinz Held) 목사에게 보내는 감사 서신]	1984.07.24	영어	서신류
487	2	[리하르트 폰 바이츠제커(Richard von Weizsacker)에게 보내는 대통령 취임 축하 서신]	1984.07.25	영어	서신류
488	2	[메리 로크(Mary Locke)에게 보내는 공화당 전당대회 초대 관련 서신]	1984.07.27	영어	서신류
489	2	['세카이(世界)' 10월호] 韓国の運命と日韓関係	1984.08.02	일본어	기고문
490	2	[데렉 복(Derek Bok) 하버드대학교(Harvard University) 총장에게 보내는 서신]	1984.08.02	영어	서신류
491	2	[빌리 브란트(Willy Brandt) 독일 수상에게 보내는 서신]	1984.08.03	영어	서신류

연번	시기 구분	제목	행적일	언어	저작유형
492	2	['민중신문' 8월 22일자 : 한국민주회복통일촉진국민연합 3차총회 만찬연설 요지] 전두환씨 방일은 대일예속의 신기원	1984.08.11	한국어	연설문
493	2	[프랑수아 미테랑(Francois Mitterand) 프랑스 대통령에게 추후 유럽 방문에서의 만남을 요청하는 서신]	1984.08.13	영어	서신류
494	2	[신디 스프렌져(Cindy Sprunger)에게 보내는 공화당 전당대회 참석 요청 철회 관련 서신]	1984.08.14	영어	서신류
495	2	광복절 성명–군사통치의 종식으로 해방과 건국의 참의미를 회복하자	1984.08.15	한국어	성명서
496	2	[민주화추진협의회 발표 성명서] 광복절 메시지–민주화된 사회의 건설만이 참다운 해방의 완결이다	1984.08.15	한국어	성명서
497	2	[자신에 관한 책을 출판하고자 하는 존 마일즈(John Miles)에게 보내는 감사 서신]	1984.08.20	영어	서신류
498	2	[한스 쾨힐러(Hans Koechler)에게 보내는 국제회의 초청 여부 관련 서신]	1984.08.28	영어	서신류
499	2	[귀국 전 조지 슐츠(George Shultz)에게 보내는 감사 서신]	1984.09.07	영어	서신류
500	2	[데렉 복(Derek Bok) 하버드대학교(Harvard University) 총장의 의견에 찬사를 보내는 서신]	1984.09.10	영어	서신류
501	2	[전두환 대통령에게 귀국 결심을 알리는 서신]	1984.09.10	한국어	서신류
502	2	[귀국 표명 영문 성명서]	1984.09.12	영어	성명서
503	2	['월스트리트저널(The Wall Street Journal)' 편집국장 로버트 바틀리(Robert Bartley)에게 보내는 서신]	1984.09.12	영어	서신류
504	2	[스트라이드 라이트(Stride Rite) 사 사장 아놀드 하이어트(Arnold Hiatt)에게 사형선고 당시 받았던 도움에 대한 감사 서신]	1984.09.13	영어	서신류

연번	시기 구분	제목	행적일	언어	저작유형
505	2	['마이니치신문(毎日新聞)' 회견] 民主化へ闘いたい―ら致事件に関し訪日ない	1984.09.14	일본어	대담/인터뷰
506	2	['한국신보' 10월 10일자 : 미 하원의원 조찬간담회 질의응답]	1984.09.20	한국어	토론문
507	2	['주간 포스트(週刊ポスト)' : 요시다 루이코(吉田ルイ子)와의 대담] (緊急發言) 金大中氏が「全斗煥訪日」で	1984.09.21	일본어	대담/인터뷰
508	2	[에드워드 케네디(Edward Kennedy)에게 보내는 감사 서신]	1984.09.24	영어	서신류
509	2	[주아나 케네디(Juana Kennedy)에게 보내는 '로스앤젤레스타임스(Los Angeles Times)' 원고기고 서신]	1984.09.26	영어	서신류
510	2	[조르쥬 시버(Jorge Sever)에게 보내는 로스앤젤레스국제정세협의회(LAWAC)에서의 발언 기회 관련 서신]	1984.09.26	영어	서신류
511	2	[언론인보호위원회(Committe to Protect Journalists) 연설] My return and the critical situation in Korea	1984.09.27	영어	연설문
512	2	['뉴스위크(Newsweek)' 10월 15일자 : 폴 무니(Paul Mooney) 기자와의 인터뷰] Our People Have Become Desperate	1984.09.27	영어	대담/인터뷰
513	2	[아오치 신(靑地晨) 부고 관련 서신]	1984.09.**	일본어	서신류
514	2	[하버드대학교(Harvard University) 논문] MASS-PARTICIPATORY ECONOMY: A DEMOCRATIC ALTERNATIVE FOR KOREA	1984.09.**	영어	논문
515	2	['뉴월드 아웃룩(New World Outlook)' 9월호 : 패리스 하비(Pharis Harvey) 목사와의 인터뷰] Democracy and Korea	1984.09.**	영어	대담/인터뷰
516	2	[국가입법친우위원회(Friends Committee On National Legislation) 연설] My return and the critical situation in Korea	1984.10.02	영어	연설문

연번	시기 구분	제목	행적일	언어	저작유형
517	2	[밴스 하인드먼(Vance Hyndman)에게 보내는 서신]	1984.10.02	영어	서신류
518	2	[교회와 사회위원회(General Board of Church and Society) 주최 행사 연설] My return and the critical situation in Korea	1984.10.04	영어	연설문
519	2	['로스앤젤레스타임스(Los Angeles Times)' 기고] Why an Exile Wants to Go Home	1984.10.11	영어	기고문
520	2	[넛 입센(Knut Ipsen) 교수에게 보내는 서신]	1984.10.12	영어	서신류
521	2	[후펜 바우어(Huppen bauer) 목사에게 보내는 스위스 초청에 대한 응답 서신]	1984.10.15	영어	서신류
522	2	[이형례에게 보내는 서신]	1984.10.17	한국어	서신류
523	2	['로스앤젤레스타임스(Los Angeles Times)' 기고] Kim Dae Jung Bares Reasons for Return-ing Home	1984.10.17	영어	기고문
524	2	['하트퍼드 신보(The Hartford Courant)' 기고] A Pledge To Fight Repression and Corruption in South Korea	1984.10.17	영어	기고문
525	2	['뉴스위크(Newsweek)' 기자 폴 무니(Paul Mooney)에게 보내는 서신]	1984.10.20	영어	서신류
526	2	['뉴욕타임스(The New York Times)' 기자 클라이드 하버만(Clyde Haberman)에게 보내는 서신]	1984.10.30	영어	서신류
527	2	[제임스 레이니(James Laney) 에모리대학교(Emory University) 총장에게 보내는 서신]	1984.10.30	영어	서신류
528	2	[박우정의 관련 미국 정부에 보내는 서신]	1984.10.30	영어	서신류
529	2	[레슬리 브라운(Leslie Brown)에게 보내는 서신]	1984.10.30	영어	서신류
530	2	[빌리 브란트(Willy Brandt) 외 9명의 유럽국 정치인들에게 서신]	1984.10.31	영어	서신류

연번	시기 구분	제목	행적일	언어	저작유형
531	2	['국제관계 저널(Journal of International Affairs)' 겨울호 인터뷰] Democracy and Dissidence in South Korea	1984.11.**	영어	대담/인터뷰
532	2	[워싱턴에서 가진 한국 기자들과의 간담회] 80년대에는 이 땅에 민주주의가 온다	1984.11.04	한국어	기자회견문
533	2	[아메리칸대학교(American University) 아시아연구센터 연설] Democracy in Korea and the U.S.Role	1984.11.08	영어	연설문
534	2	[레오나르 웅거(Leonard Unger)에게 보내는 서신]	1984.11.09	영어	서신류
535	2	Democracy in Korea and U.S.Foreign Policy	1984.11.12	영어	연설문
536	2	[각계 인사들에게 보내는 귀국환송관련 서신]	1984.11.13	영어	서신류
537	2	[마샬 그린(Marshall Green) 주한미국 대사의 건강회복 기원 서신]	1984.11.14	영어	서신류
538	2	[카네기국제평화재단 주최 '대면 토론회' 강연] Human Rights in Korea And U.S.Foreign Policy	1984.11.20	영어	연설문
539	2	['아사히신문(朝日新聞)' 11월 23일자] 帰国の決意変わらぬ	1984.11.21	일본어	대담/인터뷰
540	2	[패리스 하비(Pharis Harvey) 목사에게 송별회 참여 여부를 묻는 편지]	1984.11.23	영어	서신류
541	2	[김영삼 모친상 애도 전보]	1984.11.29	영어	서신류
542	2	Human Rights in Korea and the United States Role	1984.11.29	영어	연설문
543	2	[미국 미니애폴리스(Minneapolis) 시장 면담] Remarks by Kim Dae Jung	1984.11.29	영어	연설문
544	2	[햄라인대학교(Hamline University) 강연] The United States Role and South Korea	1984.11.29	영어	연설문

연번	시기 구분	제목	행적일	언어	저작유형
545	2	[아이오와대학교(University of Iowa) 오찬] The United States and the Prospects for Democracy in Korea	1984.11.30	영어	연설문
546	2	[세계문제평의회 주최 행사 연설] The Korean Situation, the United States Role, and my Return	1984.12.04	영어	연설문
547	2	['인권 활동의 연례 만찬'에서의 귀국 전 고별 연설] Farewell Remarks by Kim Dae Jung	1984.12.07	영어	연설문
548	2	[민주화추진협의회 기자회견] 군사독재의 종식을 위해 선거투쟁을 전개한다	1984.12.11	한국어	기자회견문
549	2	[밴스 하인드먼(Vance Hyndman) 외 10명에게 보내는 서신]	1984.12.12	영어	서신류
550	2	[유럽방문 무산과 귀국일자를 밝힌 성명]	1984.12.17	영어	성명서
551	2	[에드윈 뤼덴(Edwin Luidens) 목사에게 보내는 쾌유 기원 전보]	1984.12.20	영어	서신류
552	2	[송별회 연사를 보내준 아가피토 아키노(Agapito Aquino) 외 8명에게 보내는 감사 서신]	1984.12.26	영어	서신류
553	2	[박종화에게 보내는 서신]	1984.12.27	한국어	서신류
554	2	[송별회 메시지를 보내준 알폰스 다마토(Alfonse D'Amato)에게 보내는 감사 서신]	1984.12.28	영어	서신류
555	2	[리하르트 폰 바이츠제커(Richard von Weizsacker) 독일 대통령에게 방문 불발에 대한 유감을 전하는 서신]	1984.12.28	영어	서신류
556	2	Why I am Returning to Korea	1984.**.**	영어	성명서
557	2	[올로프 팔메(Olof Palme) 스웨덴 총리에게 보내는 감사 서신]	1984.**.**	영어	서신류
558	2	[브루노 크라이스키(Bruno Kreisky)에게 보내는 1981년 인권상 수상 감사 서신]	1984.**.**	영어	서신류

연번	시기 구분	제목	행적일	언어	저작유형
559	2	['한미관계 리뷰(Korean-American Relations Review)' 봄/여름호 기고] Korea's Labor Relations Policy	1984.**.**	영어	기고문
560	2	[한국인권문제연구소를 지지해준 린다 존스(Linda Jones)에게 보내는 감사 서신]	1985.01.02	영어	서신류
561	2	[빌리 브란트(Willy Brandt)에게 방문 불발에 대한 유감을 전하는 서신]	1985.01.04	영어	서신류
562	2	[조지 슐츠(George Shultz) 미 국무부장관에게 보내는 감사 서신]	1985.01.07	영어	서신류
563	2	[메릴 피터슨(Merrill Peterson)에게 받은 저작 선물에 대한 감사 서신]	1985.01.07	영어	서신류
564	2	[로널드 레이건(Ronald Reagan)의 미 대통령 재당선 축하 서신]	1985.01.07	영어	서신류
565	2	[마이크 로니어스(Michael Launius) 의 초청에 대한 거절과 양해를 구하는 편지]	1985.01.08	영어	서신류
566	2	['워싱턴포스트(The Washington Post)' 부사장 벤자민 브래들리(Benjamin Bradlee)에게 보내는 서신]	1985.01.08	영어	서신류
567	2	[아놀드 하이어트(Arnold Hiatt)에게 보내는 편지]	1985.01.14	영어	서신류
568	2	[에드워드 케네디(Edward Kennedy) 미 상원의원에게 보내는 남아프리카 방문 관련 서신]	1985.01.16	영어	서신류
569	2	[스트롬 서먼드(Strom Thurmond)에게 민주주의에 대한 대화를 요청하는 편지]	1985.01.17	영어	서신류
570	2	[한국 귀국 일정 공개 성명]	1985.01.18	한국어	성명서
571	2	[성명 : 한국 내 화해와 민주화를 위한 제안]	1985.01.19	영어	성명서
572	2	[톰 하킨(Tom Harkin) 상원의원 외 5인에게 보내는 감사 서신]	1985.01.25	영어	서신류

연번	시기 구분	제목	행적일	언어	저작유형
573	2	[브루스 커밍스(Bruce Cummings) 교수 외 3인에게 보내는 감사 서신]	1985.01.28	영어	서신류
574	2	[캐롤린 크로프트(Caroline Croft)에게 보내는 로버트 케네디 인권상을 위한 국제 패널 활동 관련 감사 서신]	1985.01.28	영어	서신류
575	2	[지미 카터(JImmy Carter) 대통령 외 4명에게 보내는 감사서신]	1985.01.29	영어	서신류
576	2	[에드워드 코헨(Edward Cohen)에게 자신의 발표내용 출판을 허락하는 서신]	1985.01.31	영어	서신류
577	2	[국제인권법연구소와 국제인권연맹 공동 주최 고별연 연설] Remarks by Kim Dae Jung	1985.01.31	영어	연설문
578	2	[윌리엄 와이트허스트(William Whitehurst) 미 하원의원에게 한국에 대한 지속적인 관심을 부탁하는 서신]	1985.02.01	영어	서신류
579	2	[제임스 레이니(James Laney) 에모리대학교(Emory University) 총장에게 보내는 서신]	1985.02.01	영어	서신류
580	2	[모든 정치적 자유와 정치범들에 대한 시민권, 사면, 정치활동 제한 해제 요구 성명서]	1985.02.03	영어	성명서
581	2	[유일용, 황재선, 이정인에게 보내는 한국인권문제연구소의 이사 취임 축하 서신]	1985.02.05	영어	서신류
582	2	[귀국 이후 한국인권문제연구소의 변화 관련 서신]	1985.02.05	영어	서신류
583	2	[귀국목적 발표와 4자회담 개최 촉구 성명]	1985.02.05	한국어	성명서
584	2	[자신을 지지해준 사람들을 'Friend of the Institute'로 선정하여 감사를 전한 서신]	1985.02.06	영어	서신류
585	2	[(귀국 중 일본 나리타에서 발표) 일본 정부에 대한 감사 성명]	1985.02.07	일본어	성명서
586	2	[김대중 귀국 도착 성명서]	1985.02.08	한국어	성명서

연번	시기 구분	제목	행적일	언어	저작유형
587	2	[김대중·김영삼 3·1절 공동담화문]	1985.03.01	한국어	성명서
588	2	['동아일보' 3월 7일자 : 김영삼과의 공동기자회견문] 민주화 큰길 합심으로 열자	1985.03.06	한국어	대화록
589	2	['월간조선' 4월호 : 유정현 부차장과의 대담] 김대중 「민주 위해 누구와도 손잡겠다」	1985.03.11	한국어	대담/인터뷰
590	2	민주화 추진협의회 공동의장직을 수락하며	1985.03.18	한국어	연설문
591	2	['신동아' 4월호 : 여영무 논설위원과의 대담] 지금은 정권쟁취의 단계 아니다	1985.04.01	한국어	대담/인터뷰
592	2	['월간조선' 1987년 10월호 대담] 김대중이 말하는 김대중 납치사건 「나는 이렇게 납치됐다」	1985.04.15	한국어	대담/인터뷰
593	2	[김대중·김영삼 공동성명서 : 4·19 혁명 25주년에 즈음하여]	1985.04.19	한국어	성명서
594	2	[고(故) 정일형 박사 3주기 추도사]	1985.04.23	한국어	추도사
595	2	['월간조선' 6월호 : 이홍구 교수와의 대담] (특집대담/시국을 토론한다) 급진론은 '민주' 말살할 수도	1985.05.09	한국어	대담/인터뷰
596	2	[김대중·김영삼 공동성명서 : 민주화추진협의회 창립 1주년을 맞이하여]	1985.05.18	한국어	성명서
597	2	[김대중·김영삼 공동성명서 : 광주의거 5주년에 즈음하여]	1985.05.18	한국어	성명서
598	2	[김대중·김영삼 공동성명서 : 서울미국문화원학생 농성사태 관련] 정부의 자세 근본적 전환 있어야 미국은 한국의 군사독재 지원 말아야	1985.05.25	한국어	성명서
599	2	[한국인권문제연구소 서부지회 6월 정기정례회 안내문에 첨부된 김대중 서신]	1985.05.30	한국어	서신류
600	2	[이근팔에게 보내는 친필 서신]	1985.06.01	한국어	서신류
601	2	[이근팔에게 보내는 친필 서신]	1985.06.11	한국어	서신류

연번	시기 구분	제목	행적일	언어	저작유형
602	2	[이근팔에게 보내는 친필 서신]	1985.06.26	한국어	서신류
603	2	['신동아' 7월호] 「미국체류」 2년의 회고	1985.07.01	한국어	기고문
604	2	제37회 제헌절에 부쳐	1985.07.17	한국어	성명서
605	2	['월간조선' 8월호] 나의 입장 나의 포부	1985.08.01	한국어	기고문
606	2	[캐롤린 크로프트(Caroline Croft)에게 보내는 서신 : 한국의 이소선을 케네디 인권상에 추천]	1985.09.17	영어	서신류
607	2	[재미동포들에게 보내는 1986년 신년사]	1985.12.27	한국어	연설문
608	2	['목포 민주 송년의 밤' 송년사] 86년은 민주화의 분수령 나는 언제나 목포시민을 잊지 않을 것	1985.12.30	한국어	연설문
609	2	[한국 경제개발 프로그램 관련 서적(당시 출판 예정)의 일부] Free Trade, Multinational Corporations and Survival of the World	1985.**.**	영어	발표문
610	2	[연설집(1983~1984)] Kim Dae Jung in America : Second Edition	1985.**.**	영어	연설문
611	2	[민주화추진협의회 신년사] 새해는 민주회복에의 분기점 : 확신과 책임감으로 승리하자	1986.01.03	한국어	연설문
612	2	[코라손 아키노(Corason Aquino)에게 보내는 필리핀 대통령 선거 승리 기원 서신 초안]	1986.01.15	한국어	서신류
613	2	[전두환 대통령 국정연설에 대한 반박 연설문] 민주화보다 우선하는 정치없다	1986.01.22	한국어	성명서
614	2	[로널드 레이건(Ronald Reagan) 대통령에게 보내는 우주왕복선 챌린저호의 폭발사고 위로 서신]	1986.01.**	한국어	서신류
615	2	[신한민주당 이민우 총재·김영삼 상임고문·김대중 민추협 공동의장 공동발표문] 난국타개를 위한 우리의 일정을 밝힌다	1986.03.07	한국어	성명서

연번	시기 구분	제목	행적일	언어	저작유형
616	2	[1983년 7월에서 1986년 3월까지의 수상 모음] 수상록	1986.03.11	한국어	수상
617	2	['우리소식' 4월 5일자 : '개헌추진위 부산시지부 결성식' 축사] 승리의 봄을 쟁취하자	1986.03.23	한국어	연설문
618	2	[사법부에게 보내는 민주화추진협의회 공동의장 김대중·김영삼 공동명의 서신]	1986.03.25	한국어	서신류
619	2	[개헌추진 전남도지부 결성식 녹음 축사] 광주의 한을 푸는 길은 민주회복과 조국통일 뿐	1986.03.30	한국어	연설문
620	2	[개스턴 시거(Gaston Sigur)에게 보내는 미 국무성 동아시아·태평양 담당 차관보 취임 축하 전보]	1986.03.**	영어	서신류
621	2	['뉴스데이(Newsday)' 기고] South Korea will become another Philippines	1986.04.02	영어	기고문
622	2	['아시아위크(Asiaweek)' : 이종률 민주정의당 의원과의 대담] Korean Elections: How Fair?	1986.04.27	영어	대담/인터뷰
623	2	[반정부시위 분신자살 사건 관련 성명]	1986.04.29	영어	성명서
624	2	[인천시지부 결성대회 김대중 축사]	1986.05.03	한국어	축사
625	2	['워싱턴 포스트(The Washington Post)' 기고] Korea: What We Want	1986.05.05	영어	기고문
626	2	슐츠 미 국무장관의 방한과 개헌정국에 대한 나의 견해	1986.05.10	한국어	성명서
627	2	(긴급특집: 개헌 대토론) 김대중 씨가 말하는 개헌 방향 *'신동아' 6월호에 실릴 예정이었으나 안기부에 의해 인쇄과정에서 삭제	1986.06.01	한국어	기고문
628	2	['우리소식' : 장면 박사 20주기 추도식 추도사] 장면 시대의 재조명을 위하여	1986.06.04	한국어	추도사

연번	시기 구분	제목	행적일	언어	저작유형
629	2	[한국인권문제연구소 3주년 행사 축하연설 녹취문] Mr.Kim Dae Jung's Message to The Participants of The Third Anniversary Party of The Korean Institute for Human Rights	1986.07.23	영어	연설문
630	2	[부천 성고문 사건 피해자 권인숙의 옥중단식 중지 요청 성명] 친애하는 권양에게 보냅니다	1986.07.25	한국어	성명서
631	2	['행동하는 양심' 기고] 민주 승리의 길 : 군사독재 종식을 위한 대통령 직선제를	1986.08.**	한국어	기고문
632	2	['뉴욕타임스(The New York Times)' 서면 대담] Responses to New York Times Queries	1986.08.06	영어	대담/인터뷰
633	2	['미주동아' 8월 22일자 : 이인용 기자와의 단독 인터뷰] 군사력으로 정권탈취는 가능해도 군사력으로 정권유지는 어려운 법	1986.08.17	한국어	대담/인터뷰
634	2	[신한민주당 이민우 총재·김영삼 상임고문 공동성명서] On the Constitution Amendment Proposed by the Democratic Justice Party	1986.08.19	영어	성명서
635	2	[베니그노 아키노(Benigno Aquino) 추모 성명] Memorial Day Message for Late Senator Benigno Aquino From Mr. Kim Dae Jung of South Korea	1986.08.21	영어	성명서
636	2	['독립신문' 9월 21일자] (한국민주회복통일촉진국민연합 제5차 종기총회에 보내는 메시지) 민주운동, 막바지다	1986.08.24	한국어	기고문
637	2	[민주화추진협의회 공동의장 명의 성명] 민주주의는 대화를 요구한다	1986.08.31	한국어	성명서
638	2	[신한민주당과 민주화추진협의회 합동 세미나] 우리는 어떠한 시대에 살고 있는가	1986.09.11	한국어	연설문
639	2	[이민우 신한민주당 총재·김영삼 상임고문과의 회동 후 공동성명서]	1986.09.23	한국어	성명서
640	2	[신한민주당과의 공동결의문 : 국회 개헌특위 활동 중단 발표]	1986.09.29	한국어	성명서

연번	시기 구분	제목	행적일	언어	저작유형
641	2	[회기 중 원내 발언으로 국가보안법 위반 혐의 구속된 유성환 의원 관련 논평]	1986.10.17	한국어	성명서
642	2	[성명서 : 대통령중심 직선제 관련 조건부 대통령 불출마 공식선언] 구국을 위한 결단	1986.11.05	한국어	성명서
643	2	[신한민주당 주최 '대통령직선제 개헌추진 및 영구집권 음모 분쇄를 위한 범국민 서울대회' 격려사] 거국중립 내각구성하고 개헌 위해 국민투표하라	1986.11.29	한국어	연설문
644	2	['월드 폴리시 저널(World Policy Journal)' 1986/1987 겨울호 : 프레드 브랜프먼(Fred Branfman)과의 대담] South Korea : Voices for Democracy	1986.12.14	영어	대담/인터뷰
645	2	[민주인권연구회 송년모임 격려사] 1987년을 민주화 성취의 해로	1986.12.26	한국어	연설문
646	2	[신년기념 발표문] 한국의 정치상황	1987.01.01	한국어	발표문
647	2	[1987년 신년사] 단결과 건전로선으로 "87승리"를 쟁취합시다	1987.01.01	한국어	연설문
648	2	[이영작에게 보내는 서신]	1987.01.18	한국어	서신
649	2	[2·12 총선 2주년 성명서] 난국 타개를 위한 제언과 우리의 결의	1987.02.13	한국어	성명서
650	2	[이영작에게 보내는 서신]	1987.03.02	한국어	서신류
651	2	[민주화추진협의회 공동의장 김대중·김영삼 공동성명서] 고문추방 민주화 국민평화 대행진에 즈음하여 국민 여러분께 드리는 말씀	1987.03.03	한국어	성명서
652	2	[유종근에게 보내는 서신]	1987.03.10	한국어	서신류
653	2	[사법권의 독립과 공정한 사법운용 촉구 서신] 존경하는 대법원장 그리고 사법관 여러분	1987.03.23	한국어	서신류
654	2	[전두환 대통령의 호헌발표에 대한 논평]	1987.04.13	한국어	성명서

연번	시기 구분	제목	행적일	언어	저작유형
655	2	[민주화추진협의회 공동의장 김대중·김영삼 공동 규탄사] 민추협 결의문 : 규탄사	1987.06.10	한국어	성명서
656	2	['아사히신문(朝日新聞)' 6월 27일자 회견] (「平和大行進は成功だ」韓国・両金氏に聞く) 市民が主導権発揮した金大中氏	1987.06.26	일본어	대담/인터뷰
657	2	[민주정의당 노태우대표의 '6·29직선제개헌선언'에 대한 내외신기자들과의 기자회견 요지]	1987.06.29	한국어	기자회견
658	2	['월간조선' 8월호 : 오효진 부장대우와의 대담] 행동하는 양심 김대중	1987.07.03	한국어	대담/인터뷰
659	2	['아사히신문(朝日新聞)' 7월 6일자 회견] 韓国のカギ握る両金氏に核心会見 双方､大統領選出馬に意欲	1987.07.05	일본어	대담/인터뷰
660	2	['동아일보' 7월 9일자 : 박기정 정치부차장과의 대담] (김대중씨 특별인터뷰) 김총재와는 경합하며 협력하겠다	1987.07.08	한국어	대담/인터뷰
661	2	['신동아' 8월호 : 강인섭 논설위원과의 대담] (인터뷰 양김씨에게 듣는다) 김대중 민추협공동의장 「선의의 경쟁이 왜 나쁩니까」	1987.07.09	한국어	대담/인터뷰
662	2	['뉴욕타임스(The New York Times)' 기고] South Korea's Chief Should Go Now	1987.07.17	영어	기고문
663	2	['세계일보' 7월 27일자 : 「행동하는 양심」 뉴욕 출판기념회 유선 인사말] 한국, 9월 이후 어려운 고비 맞을듯	1987.07.24	한국어	인사말
664	2	['여성중앙' 회견] (단독인터뷰 : 양김일가 이렇게 산다) 김대중 이희호 부부	1987.08.01	한국어	대담/인터뷰
665	2	['통일민주당 입당 환영식'에서의 8대 정책 기조] 수권을 위한 기본 정책 8가지	1987.08.08	한국어	연설문
666	2	['조선일보' 8월 4일자] 김대중 씨가 답하는 글	1987.08.09	한국어	기고문
667	2	['월간경향' 9월호 : 이상문 기자와의 대담] (인터뷰) 김대중의 모든 것	1987.08.09	한국어	대담/인터뷰

연번	시기 구분	제목	행적일	언어	저작유형
668	2	['양심수 석방 및 민주화 쟁취 대회'] 어머니 아픈 가슴 다시 없는 민주주의	1987.08.10	한국어	연설문
669	2	['주간조선' 8월 23일자 : 이현구 편집위원과의 대담] (김대중 고문 민주당 입당 후 특별회견) 후보 경쟁은 자연스러운 일 노사분규도 모두 해결된다	1987.08.11	한국어	대담/인터뷰
670	2	[『김대중 사건의 진상』 서문] 이 책을 읽는 국민들에게	1987.08.18	한국어	서문
671	2	['중앙일보' 8월 25일자 : 성병욱 편집부국장 외 4인과의 대담] (김대중 민추의장 집중 인터뷰) 정치보복 앞장서서 막겠다	1987.08.18	한국어	대담/인터뷰
672	2	[린다 크루거(Linda Kruger) 외 미국 상원의원 보좌관 6명에게 보내는 서신]	1987.08.28	영어	서신류
673	2	[조 바이든(Joseph Biden) 외 미국 상원의원 13명에게 보내는 서신]	1987.08.28	영어	서신류
674	2	[『민추사』에 대한 김대중·김영삼 공동 축사]	1987.09.01	한국어	발간사
675	2	[5·18 광주민주항쟁 희생자 묘역 참배 후 추도사] 광주 민주 영령이여, 고이 잠드소서	1987.09.08	한국어	추도사
676	2	[제344회 흥사단 금요강좌 '민족발전을 위한 나의 정치철학' 강연] 독재를 이겨낸 위대한 우리 민족	1987.09.11	한국어	연설문
677	2	['주간한국' 9월 27일자 단독회견] (본지 창간 23주년 기념특집) 단일화 되는 겁니까	1987.09.16	한국어	대담/인터뷰
678	2	['동아일보' 9월 22일자 : 이낙연 기자와의 대담] 두 김씨의 단일화 의중	1987.09.21	한국어	대담/인터뷰
679	2	[출처 미상] The Current Situation, Prospects for Democracy, and their impact on Korea's Future	1987.09.29	영어	대담/인터뷰
680	2	['민주화 운동청년연합 창립 4주년 기념강연회'] 고통받는 형제들에게 희망을	1987.09.30	한국어	연설문

연번	시기 구분	제목	행적일	언어	저작유형
681	2	평민당 김대중 총재·민주당 김영삼 총재 초청 민주통일민중운동연합 주최 정책세미나 전문	1987.10.05	한국어	토론문
682	2	['경향신문' : 홍성만 정치부장과의 대담] (창간 41돌 기념 대권주자 특별인터뷰) 출마는 거역못할 국민의 명령	1987.10.09	한국어	대담/인터뷰
683	2	['동아일보' : 이상하 정치부장, 이현락 경제부장, 정구종 사회부장, 어경택 문화부장과의 그룹 대담] (본사데스크 그룹인터뷰 대권주자에게 묻는다) 여(與) 승리 예상되면 단일화로 막을 터	1987.10.21	한국어	대담/인터뷰
684	2	['거국중립내각구성 촉진대회'] 왜 거국 중립내각인가	1987.10.25	한국어	연설문
685	2	[미국노동총연맹산업별조합회의(AFL-CIO)에서 수여하는 조지 미니(George Meany) 인권상 수상]	1987.10.28	영어	연설문
686	2	[제13대 대통령 선거 출마 및 신당 창당 선언 성명]	1987.10.28	한국어	성명서
687	2	['관훈클럽 초청 토론회' : 언론인들과의 패널토의문] 민주주의의 십자가를 지고	1987.10.30	한국어	토론문
688	2	['평화민주당 창당 발기인 대회' 창당준비위원장 선출 인사말] Chairman's Address & Resolution	1987.10.30	영어	연설문
689	2	['김대중 평민당 창당준비위원장 시국대강연회'] 망국의 지방색을 타파하자	1987.11.01	한국어	연설문
690	2	['신동아' 11월호 : 납치사건 관련 이후락의 증언에 대한 인터뷰] 이후락 증언에 할말 있다 : 김대중·김치렬·육인수·최영근·김경인	1987.11.01	한국어	대담/인터뷰
691	2	['로스앤젤레스타임스(Los Angeles Times)' 기고] America Must Help Restrain the Korean Military	1987.11.06	영어	기고문
692	2	['평화민주당 창당대회 및 대통령 후보 지명대회' 후보 수락 연설] 자유와 정의, 평화, 통일에의 새 시대로	1987.11.12	한국어	연설문

연번	시기 구분	제목	행적일	언어	저작유형
693	2	['경향신문' : 대통령 선거 관련 기자회견] (불붙은 선거전 4당4약 4후보출사표) 역사와 국민은 나를 선택했다	1987.11.16	한국어	대담/인터뷰
694	2	[김대중, 이희호가 보내는 편지]	1987.11.18	한국어	서신류
695	2	['동아일보' 대담] (유세 바쁜 4후보 단하에서 '잠깐') 평민 김대중 공명선거 가장중요… 지역감정 극복가능	1987.11.28	한국어	대담/인터뷰
696	2	[제13대 대통령선거 유세 연설] 우리 승리 누가 막으랴	1987.11.29	한국어	연설문
697	2	['신동아' 11월호] 성장의 과실 고루 갖도록 하겠다.	1987.11.**	한국어	기고문
698	2	[서울외신기자클럽 기자회견] Remarks of Mr.Kim Dae Jung at the Luncheon of the Foreign Press Club	1987.12.01	영어	기자회견
699	2	[제13대 TV연설 : 'KBS' 12월 2일 방송] 16년 만에 국민 여러분 앞에	1987.12.01	한국어	연설문
700	2	['월간경향' 12월호] (특별기고 : 차기정권 내게 승산있다) 문민정치 뿌리 내릴 터	1987.12.01	한국어	기고문
701	2	[제13대 TV연설 : 'KBS' 12월 3일 방송] 독재는 짧지만 민족은 영원하다	1987.12.03	한국어	연설문
702	2	[제13대 TV연설 : 'KBS' 12월 7일 방송] 민주없이 안정 없다	1987.12.07	한국어	연설문
703	2	['경향신문' 12월 10일자] (4후보 대세판독 종반 전략) 검증 끝낸 개혁정책 공감 확산	1987.12.07	한국어	대담/인터뷰
704	2	[제13대 TV연설 : 'MBC' 12월 10일 방송] 안정 속의 개혁, 개혁있는 안정	1987.12.10	한국어	연설문
705	2	['동아일보' 회견] "이제 국민 손에 달렸다" 결판 앞둔 4후보 인터뷰	1987.12.14	한국어	대담/인터뷰

연번	시기 구분	제목	행적일	언어	저작유형
706	2	['경향신문' : 대선 유세] (이 말 한마디만… 심판 전야 마지막 호소) 신념·정책 살펴보고 한표를	1987.12.15	한국어	연설문
707	2	['매일경제' : 대선 유세] 표 몰아주면 민주당과 거국 내각	1987.12.15	한국어	연설문
708	2	['동아일보' : 제13대 대선투표 후 기자들과의 일문일답] (4후보 4당의 표정) 최선다해 뛰었다… 국민심판 기다릴뿐	1987.12.16	한국어	대담/인터뷰
709	2	[제13대 대선투표 후 국민에게 드리는 감사와 사과의 글] 감사와 함께 사과를 드립니다	1987.12.21	한국어	광고
710	2	[Kim Dae Jung Conscience In Action : Fore-word]	Fall 1987	영어	서문
711	2	[Basic Documents : Foreword]	winter 1987	영어	서문
712	2	[김종충(누마다 타다시(沼田忠))에게 보내는 서신]	****.01.30	한국어	서신류
713	2	[가명 키무라(木村) 를 사용하여 김종충(누마다 타다시(沼田忠))에게 보낸 서신]	****.02.10	일본어	서신류
714	2	[김종충(누마다 타다시(沼田忠))에게 보내는 서신]	****.03.04	한국어	서신류
715	2	[김종충에게 보내는 서신]	****.03.17	한국어	서신류
716	2	[가명 이춘아(李春我) 를 사용하여 김종충(누마다 타다시(沼田忠))에게 보내는 서신]	****.12.09	한국어	서신류
717	2	[김종충(누마다 타다시(沼田忠))에게 남긴 메모]	****.**.**	한국어	서신류
718	2	[김종충(누마다 타다시(沼田忠))에게 남긴 메모]	****.**.**	한국어	서신류
719	2	[김종충(누마다 타다시(沼田忠))에게 남긴 메모]	****.**.**	한국어	서신류
720	2	[김종충(누마다 타다시(沼田忠))에게 남긴 메모]	****.**.**	일본어	서신류

제3시기
(1988~1997.12)

평화적 정권교체를 위한 도전과 준비

1) 제3시기 저작의 개관과 특징

김대중은 1987년 6월 항쟁으로 민주화가 진전되자 선거에 의한 정권교체를 위해서 노력하였다. 김대중은 평화민주당, 신민주연합당, 민주당을 창당하면서 야당의 외연확장을 노력했고, 1987년 13대 대통령 선거, 1992년 14대 대통령 선거에 출마하였으나 낙선하였다. 14대 대선 패배 이후 정계은퇴를 선언하고 영국으로 유학을 가서 탈냉전의 국제 정세 변동에 주목하고 이에 대한 대안 창출을 위해서 1994년에는 아태평화재단을 창설하였다. 1995년에 새정치국민회의를 창당하면서 정계에 복귀한 김대중은 1997년 15대 대선에서 정권교체를 염원하는 국민의 지지를 받아 대통령에 당선되었다. 김대중의 대선 승리를 통하여 한국 헌정사상 최초의 수평적 정권교체가 이뤄져 한국의 민주주의는 더욱 진전되었다.

이 시기는 크게 보면 김대중이 야당 대표로서 활동하면서 평화적 정권교체를 실현하기 위해서 노력한 때라고 볼 수 있다. 그리고 이 시기 사료는 주로 언론 인터뷰와 연설 내용으로 구성되어 있다. 그리고 아태평화재단 이사장 시절인 1994년 아시아 민주주의와 관련하여 싱가폴 리콴유(李光耀) 수상과 논쟁하였던 『포린 어페어스(Foreign Affairs)』 지의 글은 아시아의 문화가 반민주주의적인 것이 아니고 보편적인 민주적인 요소를 갖고 있다고 주장함으로써 많은 세계 지성으로부터 호평을 받은 바 있다. 다만 기고문이 다른 시기에 비해서 줄어든 것이 눈에 띈다. 대신 단행본 발간을 목적으로 하여 쓴 책들이 여러 권 나온 것이 특이한 점이다. 김대중의 첫 번째 저서는 1967년에 나왔지만 이 당시는 국회 발언록 등 기존 자료를 묶어서 책을 낸 것이었으므로 처음부터 단행본 출간을 위해서 저술활동을 한 것은 아니었다. 김대중이 단행본 형식의 출간을 목적으로 처음으로 기획한 작품은 망명시기에 저술하여 일본에서 출간된 자신의 자서전 『독재와 나의 투쟁』이 처음이었다. 이 시기에는 베스트 셀러였던 『새로운 시작을 위하여』를 비롯하여 여러 권의 단행본이 출간되었다.

무엇보다 이 시기 사료 중에서 의미 있는 지점은 당대 최고 지식인과의 장시간에 걸친 대담이 존재한다는 점이다. 이는 주로 정계은퇴 상태에 있었던 2년 6개월 사이에 집중적으로 나타난다. 이는 김대중의 지적인 깊이를 증명하는 중요한 근거가 되며, 정치적 현안을 넘어선 김대중의 철학과 세계관을 이해하는 데에 매우 중요한 의미가 있다. 특히 탈냉전이라는 거시적인 역사 변동의 과정 속에서 한국과 한민족이 나아가야 하는 방향에 대한 그의 진단은 그가 1997년 대선에서 대통령에 당선된 이후 국민의 정부 5년의 국정 방향을 이해하는 데에 필수적인 의미를 갖는다.

이처럼 이 시기 자료는 대통령 집권을 위한 김대중의 노력과 '준비된 대통령'으로서의 그의 진면목을 확인할 수 있는 중요한 의미를 갖고 있다고 할 수 있다.

제3시기(1988~1997.12) 저작유형 건수

유형	연설문	대담/인터뷰	서신류	기고문	기자회견문	국회회의록	대화록	성명서	서문	토론문	발표문	추도사	발간사	축사	논문	기타	합계
건수	194	147	50	39	35	32	30	17	7	6	5	5	3	3	2	8	583

2) 제3시기 저작목록

연번	시기 구분	서명	행적일	언어	저작유형
1	3	['매일경제' 신년사] 국민적 공감대 확산 노력	1988.01.01	한국어	기고문
2	3	['AP통신' 회견] Kim Dae-jung Says New Government Will Face Instability	1988.01.05	영어	대담/인터뷰
3	3	['주간한국' 1월 17일자] (독점 연쇄 인터뷰) 세 김씨 낙선의 변	1988.01.05	한국어	대담/인터뷰
4	3	['월간경향' 2월호] (특집·3김(金) 씨 그 후의 심경록) '참 부끄럽게 됐습니다'	1988.01.05	한국어	대담/인터뷰
5	3	['제2회 평민당 공개정책토론회 선거법토론회' 인사말] 평화민주당은 왜 소선구제를 주장하는가	1988.02.06	한국어	연설문
6	3	['대통령부정선거 규탄 및 소선거구제 관철 대토론회']	1988.02.27	한국어	연설문
7	3	[제13대 대통령선거 부정백서 『조작된 승리를 고발한다』 발간사]	1988.02.**	한국어	발간사
8	3	[평화민주당 총재직 사퇴 성명서]	1988.03.17	한국어	성명서
9	3	['동아일보' 4당대표 서면대담] 평민 김대중 전 총재 여의도집회에 자신… 야다운 야 선택토록	1988.04.25	한국어	대담/인터뷰
10	3	['동아일보' 회견] 김대중 평민당 전 총재에게 정국운영 포부들어본다 "정당한 타협 외면하지 않겠다"	1988.04.29	한국어	대담/인터뷰
11	3	['주간조선' 5월 15일자] (「제1야당」 평민당 김대중씨 특별회견) 우린 온건파·안정 속 개혁추구 국민 정당 모습 보이겠다	1988.04.30	한국어	대담/인터뷰
12	3	[이근팔 및 워싱턴 지역 교민들의 평민당 13대 총선 성과 축하 서신에 대한 회신]	1988.05.07	한국어	서신류
13	3	['평화민주당 임시전당대회' 총재직 수락연설]	1988.05.07	한국어	연설문

연번	시기 구분	서명	행적일	언어	저작유형
14	3	['동아일보' 5월 7일자] 평민 총재로 복귀한 김대중 씨	1988.05.07	한국어	대담/인터뷰
15	3	['타임(TIME)' 대담] (After the Upheaval) I See Real Improvement	1988.05.16	영어	대담/인터뷰
16	3	['한겨레' 회견] (3야당총재의 4자회담 복안) "양심수 석방문제등 꼭 매듭 노 대통령의 발상전환 권고"	1988.05.28	한국어	대담/인터뷰
17	3	['제6회 평화민주당 공개정책토론회' 인사말] 언론관계법 개정을 위한 공청회	1988.06.07	한국어	연설문
18	3	['한국인간개발연구원 주최 조찬 간담회' 강연] 자유경제와 경제적 민주주의	1988.06.16	한국어	연설문
19	3	[제13대 국회 상임위원회 제142회 제1차 외무통일위원회 회의록] 1. 위원장(김현욱) 인사	1988.06.21	한국어	국회회의록
20	3	['제7회 평화민주당 공개정책토론회' 인사말] 중공의 최근 대외정책과 대한(對韓) 경제협력 전망	1988.06.23	한국어	연설문
21	3	['주간조선' 7월 10일자] "구속자 문제 등 실천 안됐지만 노대통령 민주화노력 기대"	1988.06.28	한국어	대담/인터뷰
22	3	[제13대 국회 제142회 제11차 본회의 회의록] 1. 국정에 관한 교섭단체 대표 연설(계속)	1988.06.29	한국어	국회회의록
23	3	['제8회 평화민주당 공개정책토론회' 인사말] 한국은행법 개정에 관한 공청회	1988.06.29	한국어	연설문
24	3	['제9회 평화민주당 공개정책토론회' 인사말] 중소기업 육성방안	1988.07.11	한국어	연설문
25	3	['제10회 평화민주당 공개정책토론회' 인사말] 노사관계 무엇이 문제인가	1988.07.12	한국어	연설문
26	3	['제11회 평화민주당 공개정책토론회' 인사말] 농어촌 무엇이 문제인가?	1988.07.13	한국어	연설문

연번	시기 구분	서명	행적일	언어	저작유형
27	3	['제12회 평화민주당 공개정책토론회' 인사말] 도시서민 생존권 보장대책	1988.07.14	한국어	연설문
28	3	[에드워드 케네디(Edward Kennedy) 외 의원 11명에게 미국 민주당 전당대회 참석과 관련하여 보낸 서신]	1988.07.15	영어	서신류
29	3	[주한 미대사 제임스 릴리(James Lilley)에게 보내는 미공화당 전당대회 참석 관련하여 보낸 서신]	1988.07.19	영어	서신류
30	3	['제13회 평화민주당 공개정책토론회' 인사말] 교육관계법개정에 관한 공청회	1988.07.27	한국어	연설문
31	3	['민족혼 3집' 기고] (김대중 선생의 통일논의) 연방정부 통일방안	1988.08.01	한국어	기고문
32	3	['민족혼 3집' 기고] 통일은 가능할까?	1988.08.01	한국어	기고문
33	3	[필리핀 기자클럽 연설] 함께 손잡고 아시아, 태평양시대를 열자	1988.08.19	한국어	연설문
34	3	['제15회 평화민주당 공개정책토론회' 인사말] 물가종합대책 방안	1988.08.29	한국어	연설문
35	3	['사회와 사상' 창간호] 3단계 통일방안의 제창	1988.09.01	한국어	기고문
36	3	['제16회 평화민주당 공개정책토론회' 인사말] 세제개편 방향	1988.09.01	한국어	연설문
37	3	['제17회 평화민주당 공개정책토론회' 인사말] 토지공개념 제도화 방안	1988.09.02	한국어	연설문
38	3	[담화문 : 군(軍) 관련]	1988.09.06	한국어	성명서
39	3	['월간조선' 10월호] (3김(金) 특별인터뷰/김대중 평화민주당총재) "노(盧) 대통령하기에 달렸다"	1988.09.13	한국어	대담/인터뷰
40	3	['제18회 평화민주당 공개정책토론회' 인사말] 추곡수매가 결정에 관한 공청회	1988.10.04	한국어	연설문

연번	시기 구분	서명	행적일	언어	저작유형
41	3	['동아일보' 대담] (올림픽 이후 정국(政局) : 김대중 평민당총재에게 듣는다.) "정부의 민주화 의지 미덥지않다"	1988.10.04	한국어	대담/인터뷰
42	3	[제13대 국회 1988년 국정감사 외무통일위원회 회의록]	1988.10.11	한국어	국회회의록
43	3	[제13대 국회 제144회 제5차 본회의 회의록] 1. 국정에 관한 교섭단체 대표 연설	1988.10.25	한국어	국회회의록
44	3	[권두언 : 평화민주당 1989]	1988.11.**	한국어	서문
45	3	['평화민주당 창당 1주년 기념 심포지움' 제1부 인사말] 여성정책과 평화민주당	1988.11.10	한국어	연설문
46	3	['평화민주당 창당 1주년 기념 심포지움' 제3부 인사말] 민주개혁과 평화민주당	1988.11.11	한국어	연설문
47	3	[제13대 국회 특별위원회 제144회 제7차 5·18 광주민주화 운동진상조사특별위원회 회의록] 1. 5·18 광주민주화 운동의 진상규명을 위한 청문회	1988.11.18	한국어	국회회의록
48	3	['제23회 평화민주당 공개정책토론회' 인사말] 지방자치에 관한 공청회	1988.12.05	한국어	연설문
49	3	['월간중앙' 1989년 1월호] (각계 10인의 신년구상(新年構想)) "정책정당화가 가장 큰 과제지요"	1988.12.09	한국어	대담/인터뷰
50	3	['동아일보' 회견] 「국민정치시대」 원년 열었다 김대중 평민당 총재 본지회견	1988.12.26	한국어	대담/인터뷰
51	3	['주간조선' 기고] (신년특집①, 4당대표 신년 정국구상) 신임투표 서두르지 않고 지자제 6월 이전 실현	1989.01.01	한국어	기고문
52	3	['인물계' 1월호] (표지인물) "2, 3월이면 결론 내리겠다"	1989.01.01	한국어	대담/인터뷰
53	3	[1989년 신년사] 90년대의 개화를 위하여	1989.01.01	한국어	연설문

연번	시기 구분	서명	행적일	언어	저작유형
54	3	['경향신문' 여야 4당대표 기고] 야권공조는 국민여망	1989.01.01	한국어	대담/인터뷰
55	3	['경향신문' 신년사] 소외된 이웃에 자유·정의의 기쁜 소식 선물	1989.01.01	한국어	기고문
56	3	['동아일보' 신년사] 김대중 평민총재 「국민정치 시대」 전진의 해 되길	1989.01.01	한국어	기고문
57	3	['뉴스위크(Newsweek)' 대담] Korea : Down on America	1989.01.02	영어	대담/인터뷰
58	3	[평화민주당국회의원·지구당위원장정책세미나 강연 : '한국정치와평민당']	1989.01.09	한국어	연설문
59	3	[1989년 연두기자회견] 국민정치시대의 찬란한 개화를 이룩하자	1989.01.28	한국어	연설문
60	3	[스웨덴 국제문제연구소 연설] The Democratization Process in Korea	1989.02.02	영어	연설문
61	3	[제13대 국회 상임위원회 제145회 제2차 외무통일위원회 회의록] 1. 외무부 현황 보고(계속)(질의)	1989.02.21	한국어	국회회의록
62	3	[제13대 국회 상임위원회 제145회 제5차 외무통일위원회 회의록] 1. 국토통일원 현황 보고(계속)(질의)	1989.02.24	한국어	국회회의록
63	3	[평민신문 지방주재기자 오리엔테이션 특강] 달라지는 세계	1989.02.28	한국어	연설문
64	3	['농경과 원예' 3월호 대담] (신춘대담) 농촌이 파멸되면 그 사회 전체가 파멸	1989.03.01	한국어	대담/인터뷰
65	3	[제13대 국회 상임위원회 제145회 제7차 외무통일위원회 회의록] 1. 조지 부시 미합중국 대통령 방한 결과 보고(질의)	1989.03.02	한국어	국회회의록

연번	시기 구분	서명	행적일	언어	저작유형
66	3	[제13대 국회 상임위원회 제145회 제8차 외무통일위원회] 1. 사할린 억류 한국인 귀환 촉구에 관한 청원(계속) (이기택 의원 외 18인의 소개로 제출)	1989.03.03	한국어	국회회의록
67	3	['동아일보' 회견] 중간평가로 엇갈린 양김의 의중	1989.03.13	한국어	대담/인터뷰
68	3	[평화민주당 경기도지부 결성대회 연설] 빈대잡기 위해 초가삼간 태울 수 없다	1989.03.18	한국어	연설문
69	3	[노태우 대통령의 중간평가 연기 발표 관련 김대중, 김영삼, 김종필 인터뷰] 중평없는 정국운영 3야총재의 복안은	1989.03.21	한국어	대담/인터뷰
70	3	[권두언 : 평화민주당 정책위원회 1988년도 정책과 전망]	1989.03.25	한국어	서문
71	3	[주한외교단 및 외신기자 초청 오찬 연설]	1989.03.27	영어	연설문
72	3	['동아일보' 인터뷰] 김대중 평민 총재 "내각제 개헌 여론 따를것"	1989.03.31	한국어	대담/인터뷰
73	3	[조한용 워싱턴 한인회장 귀국 환송사]	1989.04.01	한국어	연설문
74	3	[미 상원의원 샘 넌(Sam Nunn) 외 13명에게 보낸 권노갑 의원, 최운상 대사 소개 서신]	1989.04.07	영어	서신류
75	3	[평화민주당 기자회견 전문] (김대중 총재 기자회견) "다시 5공청산·민주화에 전념하자"	1989.04.20	한국어	기자회견문
76	3	['동아일보' 인터뷰] 김대중 평민총재 진실조작 우려해 조사수락	1989.05.02	한국어	대담/인터뷰
77	3	[제13대 국회 상임위원회 제146회 제3차 외무통일위원회 회의록] 1. 주요 현안 보고(질의) (계속)	1989.05.23	한국어	국회회의록
78	3	[제13대 국회 상임위원회 제146회 제5차 외무통일위원회 회의록] 1. 해외동포의 현황과 장래에 관한 공청회	1989.05.26	한국어	국회회의록

연번	시기 구분	서명	행적일	언어	저작유형
79	3	[광주교육대 시국강연] 광주문제 해결, 5공청산 반드시 해내겠다!	1989.06.03	한국어	연설문
80	3	[빌리 브란트(Willy Brandt) 전 서독 총리에게 보내는 인사] Message of President Kim Dae Jung to the XVIII Congress of S.I	1989.06.12	영어	서신류
81	3	[헨리 키신저(Henry Kissinge) 외 미국 내 인사들 11명에게 보내는 조세형 의원 소개 서신]	1989.06.15	영어	서신류
82	3	[김학민 서대문구 갑지구당 위원장과의 대담] 평화통일로 가는 길	1989.06.20	한국어	대담/인터뷰
83	3	['경향신문' 인터뷰] 「시국처방」 각 당대표에 듣는다 : 김대중 평민 총재	1989.06.27	한국어	대담/인터뷰
84	3	[평민당 도봉을 지구당 의정보고대회] 공안정치 부활의 저지와 민주화를 위하여	1989.07.16	한국어	연설문
85	3	[서경원 의원 사건 관련 기자회견] (김대중 총재 기자회견) "5공회귀냐? 민주전진이냐?" : 국민의 힘으로 공안통치에의 역전을 막읍시다!	1989.07.24	한국어	기자회견문
86	3	['동아일보' 7월 26일자] 야(野) 공조가 「공안통치」 막는길	1989.07.25	한국어	대담/인터뷰
87	3	[평화민주당 의원총회 인사말] 어려울수록 우리의 유일한 재산은 단합	1989.08.01	한국어	연설문
88	3	['한겨레' 8월 3일자] (김대중 총재 구인 전야 본지 단독회견) "6공에서조차 이런 일 겪을 줄이야…"	1989.08.01	한국어	대담/인터뷰
89	3	[서경원 의원 방북사건 관련 검찰조사 후 인사말]	1989.08.03	한국어	연설문
90	3	[서경원 의원 방북사건 관련 주요 진술 내용]	1989.08.03	한국어	재판자료
91	3	[평화민주당 개최 시국대강연회 연설]	1989.08.08	한국어	연설문
92	3	[미 국무부 산하 인권국 소속 조지 리스터(George Lister)에게 보낸 서신]	1989.08.10	영어	서신류

연번	시기 구분	서명	행적일	언어	저작유형
93	3	[서경원 의원 방북 사건 검찰수사결과 발표 관련 기자회견]	1989.08.14	한국어	기자회견문
94	3	['공안 당국의 평민당 탄압 분쇄를 위한 시국대강연회' 전(前) 기자회견]	1989.08.26	한국어	기자회견문
95	3	[제13대 국회 특별위원회 제146회 제13차 지역감정해소 특별위원회 회의록] 1. 지역감정 해소 방안 마련을 위한 공청회	1989.09.07	한국어	국회회의록
96	3	['평민신문' 9월 12일자] 김대중 총재 시인(詩人)과 한가위 정담(情談)	1989.09.09	한국어	대담/인터뷰
97	3	['평민신문' 9월 12일자 : 서울근교 농민들과의 대화록]	1989.09.09	한국어	대담/인터뷰
98	3	[제13대 국회 상임위원회 제147회 제1차 외무통일위원회 회의록] 1. 1988년도 국정감사계획(안)	1989.09.11	한국어	국회회의록
99	3	[경제기획원 국정감사 회의록] 제13대 국회 1989년 국정감사 경제과학위원회 회의록	1989.09.18	한국어	국회회의록
100	3	[제13대 국회 1989년 국정감사 경제과학위원회 회의록] 한국전자통신연구소 국정감사 회의록	1989.09.25	한국어	국회회의록
101	3	[한국 민주주의 관련 성명서(초안)] South Korea : Democratic Rollback(draft)	1989.10.03	영어	성명서
102	3	[제13대 국회 1989년 국정감사 경제과학위원회 회의록] 과학기술처 국정감사 회의록	1989.10.04	한국어	국회회의록
103	3	['경향신문' 창간 43돌 맞이 4당 대표 축하메시지] 민족의 횃불로 43개 성상… 새로운 탄생 기대	1989.10.06	한국어	기고문
104	3	[제13대 국회 제147회 제4차 본회의 회의록] 1. 국정에 관한 교섭단체 대표 연설(계속)	1989.10.11	한국어	국회회의록
105	3	[미 하원의장 톰 폴리(Tom Foley)에게 보내는 서신]	1989.10.16	영어	서신류

연번	시기 구분	서명	행적일	언어	저작유형
106	3	[제13대 국회 상임위원회 제147회 제7차 경제과학위원회 회의록] 1. 1990년도 예산안(계속)	1989.11.02	한국어	국회회의록
107	3	[평화민주당 창당 2주년 기념 기자회견]	1989.11.11	한국어	기자회견문
108	3	['시사저널' 인터뷰] 김대중 총재 때가 되면 '거국체제'고려	1989.11.14	한국어	대담/인터뷰
109	3	[도산아카데미 연구원 초청 세미나 강연] 한국사회와 90년대의 비전	1989.11.15	한국어	연설문
110	3	['여성중앙' 12월호] 공안정국 헤치고 정호용의원 사퇴 등 '5공 청산' 외치는 김대중 총재	1989.11.20	한국어	대담/인터뷰
111	3	[평화민주당 부산시지부 결성 대의원대회 시국강연 치사]	1989.11.25	한국어	연설문
112	3	12·15 청와대 영수회담 결과에 대하여	1989.12.18	한국어	연설문
113	3	[스티븐 솔라즈(Stephen J. Solarz) 미 하원의원에게 보내는 서신]	198*.**.**	영어	서신류
114	3	[사형선고까지의 삶에 대한 원고]	198*.**.**	영어	연설문
115	3	[홍성우 모친상 애도 전보]	198*.**.**	영어	서신류
116	3	['경향신문' 신년사] 남북화해로 「통일대로」 열자	1990.01.01	한국어	기고문
117	3	['매일경제' 신년사] (야3당총재 경오년 새해인사) 국민정치시대 실현 전력	1990.01.01	한국어	기고문
118	3	['뷰티코리아' 1월호 : 개그맨 김병조와의 신년대담] 대중을 위한 정치인과 예술인의 신년정담	1990.01.01	한국어	대담/인터뷰
119	3	['한겨레' 1월 5일자 신년대담] (김 평민총재 새해 정국구상을 듣는다) '지자제' 연합공천 성과 기대	1990.01.03	한국어	기고문
120	3	['미주한국일보' 기고] 미주교포에 보내는 신년사	1990.01.08	한국어	기고문

연번	시기 구분	서명	행적일	언어	저작유형
121	3	[노태우 대통령과의 단독회담 발언 내용 요지] 12·15 합의사항을 이행하라	1990.01.11	한국어	대화록
122	3	[1990년 연두기자회견] 국민에 의한 90년대와 우리 당의 청사진	1990.01.18	한국어	기자회견문
123	3	['경향신문' 1월 22일자 : 3당합당 관련 회견] ("합당태풍"… 운명의 3김 총재) 국민 무시한 비상식적 정치야합	1990.01.21	한국어	대담/인터뷰
124	3	['아사히신문(朝日新聞)' 1월 28일자] (新党は国民への背信) 金大中・平民党総裁と会見	1990.01.27	일본어	대담/인터뷰
125	3	[평화민주당 대표 기자회견] LET US BLOCK THE SECOND "YUSHIN" COUP D'ETAT!-WE MUST BE VICTORIOUS-	1990.01.29	영어	기자회견문
126	3	[평화민주당 경남도지부 결성대회 시국강연] 3·15와 부마정신으로 3당야합 저지를	1990.02.04	한국어	연설문
127	3	['옵서버' 3월호 대담] (김대중총재 특별 인터뷰) 거대여당은 강력여당 만든다	1990.02.07	한국어	대담/인터뷰
128	3	['한겨레' 2월 15일자] (김대중평민총재인터뷰) "지자제, 수도권 압승 확신"	1990.02.15	한국어	대담/인터뷰
129	3	[제13대 국회 제148회 제3차 본회의 회의록] 1. 국정에 관한 교섭단체 대표 연설(계속)	1990.02.27	한국어	국회회의록
130	3	['에레나' 3월호 대담] (김대중, 이희호 부부 인터뷰) "무엇이 되느냐보다 어떻게 사느냐가 더 중요합니다"	1990.03.01	한국어	대담/인터뷰
131	3	['천만인 서명운동' 발대식 대국민선언문] 천만인 서명운동을 시작하며 : 총선, 지자제, 민생보장을 요구한다	1990.03.21	한국어	연설문
132	3	['평화민주당 국정보고대회' 연설] 국민이 본때를 보여주어야	1990.04.01	한국어	연설문
133	3	['세카이(世界)' 대담] 民衆革命の時代は続いている:三党合同以後の韓国	1990.04.01	일본어	대담/인터뷰

연번	시기 구분	서명	행적일	언어	저작유형
134	3	[평화민주당 의원총회 발언]	1990.04.06	한국어	연설문
135	3	['가락종친회 수로왕 춘향대제 및 구지봉 묘역 성역화 기공식' 축사문] 자랑스런 건국 이야기	1990.04.10	한국어	축사
136	3	[지미 카터(Jimmy Carter) 미국 대통령 내외 한국 초청 서신]	1990.04.17	영어	서신류
137	3	['국정보고대회 및 충남도지부 결성대회' 연설]	1990.04.21	한국어	연설문
138	3	[『인권백서』 발간사] 정당사에 남을 획기적 업적	1990.05.**	한국어	발간사
139	3	[월간 '다리' 인터뷰] 정국 긴급인터뷰 김대중 총재 "국민이 정치를 심판한다"	1990.05.01	한국어	대담/인터뷰
140	3	['한국일보' 기고] (긴급 제언, 이 난국을 극복하자) 제2의 6·29 국민에 보여야	1990.05.04	한국어	기고문
141	3	['5·18 광주민중항쟁 10주년' 추도사] 광주의 뜻을 받들어	1990.05.18	한국어	추도사
142	3	['민주연합청년동지회 창립 10주년 기념식' 격려사] 민주·통일·웅비의 새지평을 열자	1990.05.29	한국어	연설문
143	3	[노태우 대통령과 김대중 총재의 여야 총재회담 발언 요지문]	1990.06.16	한국어	대화록
144	3	[빌리 브란트(Willy Brandt) 전 서독 총리에게 쓴 서신]	1990.07.02	영어	서신류
145	3	(Summary of Speech) Third Seminar on Peace and Democracy Under the Auspices of PPD Dobong "B" District	1990.07.07	영어	연설문
146	3	국회의 경색상태의 타결을 위하여	1990.07.09	한국어	기자회견문
147	3	['한겨레' 7월 13일자] (김대중 평민총재 긴급 인터뷰) "국회해산·총선 실시해야"	1990.07.12	한국어	대담/인터뷰
148	3	['경향신문' 7월 16일자] (김대중 평민총재 단독 인터뷰) "총선·지자제 실시 총력집중"	1990.07.15	한국어	대담/인터뷰

연번	시기 구분	서명	행적일	언어	저작유형
149	3	제42회 제헌절 기념사 요지	1990.07.17	한국어	연설문
150	3	[Opening Statement : Luncheon of Seoul Foreign Correspondent's Club(SFCC)]	1990.07.18	영어	연설문
151	3	[이기택 민주당 총재와의 회담]	1990.07.18	한국어	합의문
152	3	['민자당 폭거규탄과 의원직 사퇴선언 및 총선 촉구 결의대회'] 통합야당으로 정권교체를	1990.07.21	한국어	연설문
153	3	['제11차 하계 인간개발 경영자 세미나' 특별강연] 21세기를 향한 한국정치의 비전	1990.07.22	한국어	연설문
154	3	['평화민주당 정기전당대회' 총재 재추대 수락연설] 한 알의 밀알이 되어	1990.07.27	한국어	연설문
155	3	[1973년 납치사건 당시 미 국무부 한국 과장이었던 도널드 레나드(Donald Ranard)의 죽음을 애도하는 서신]	1990.08.03	영어	서신류
156	3	광복 45주년 기자간담회 발언요지	1990.08.14	한국어	기자회견문
157	3	[평화민주당 증시대책 발표문] 노태우 대통령은 오늘의 증시파탄에 대한 책임을 통감하고 자신이 직접 그 해결에 나서야 한다	1990.08.20	한국어	기자회견문
158	3	[9월 4일 개최 예정 남북총리회담 환영 기자회견]	1990.09.01	한국어	기자회견문
159	3	[에드윈 라이샤워(Edwin Reischauer) 교수 추모서신]	1990.09.01	영어	서신류
160	3	[평화민주당 대변인실 발표 기자간담회 질의응답]	1990.09.14	한국어	기자회견문
161	3	[한국인권을 위한 북미연합 의장 페기 빌링스(Peggy Billings)에게 상패 수여 의사를 밝히는 서신]	1990.09.15	영어	서신류

연번	시기 구분	서명	행적일	언어	저작유형
162	3	[3단계 통일방안 입장 표명 기자회견] PEACE-FUL CO-EXISTENCE, EXCHANGE AND RE-UNIFICATION(THREE STAGE REUNIFICATION PLAN, FIRST PROPOSED AT PRESIDENTIAL ELECTION ON APRIL 27 1971)	1990.09.20	영어	기자회견문
163	3	[빌리 브란트(Willy Brandt) 전(前) 서독 총리에게 쓴 서신]	1990.10.03	영어	서신류
164	3	[지방자치제 실시 및 여권의 내각제 시도 포기 요구 단식 발표 기자회견]	1990.10.08	한국어	기자회견문
165	3	[단식투쟁 후 기자회견] 단식투쟁의 의의와 성과	1990.10.29	한국어	기자회견문
166	3	['사목' (천주교중앙협의회 발행) 인터뷰] 나의 고백	1990.11.01	한국어	대담/인터뷰
167	3	['평화민주당 영광·함평 지구당 개편대회'] 지역감정 타파 위한 결단	1990.11.01	한국어	연설문
168	3	[평화민주당 총재로서의 기자회견 : 민자당 7·14 사건 후 국회 재개 관련]	1990.11.19	한국어	기자회견문
169	3	[제13대 국회 제151회 제12차 본회의 회의록] 1. 국정에 관한 교섭단체 대표 연설(계속)	1990.11.23	한국어	국회회의록
170	3	[제13대 국회 국정감사 노동위원회 회의록] 한국노동연구원	1990.12.01	한국어	국회회의록
171	3	[제13대 국회 국정감사 노동위원회 회의록] 한국직업훈련관리공단	1990.12.01	한국어	국회회의록
172	3	[제13대 국회 국정감사 노동위원회 회의록] 노동부(Ⅱ)	1990.12.03	한국어	국회회의록
173	3	['환경기자클럽 초청 간담회'] 90년대 환경정책과 평민당의 입장	1990.12.21	한국어	연설문
174	3	['월간 옵서버' 91년 신년호] 위대한 국민은 새 시대를 만든다	1991.01.01	한국어	기고문

연번	시기 구분	서명	행적일	언어	저작유형
175	3	[평화민주당 대표 1991년 신년사]	1991.01.01	한국어	연설문
176	3	[주한 외교사절 및 외신기자 초청 오찬] Address To Luncheon Party Of Foreign Correspondents' Club and Foreign Diplomatic Corps	1991.01.14	영어	연설문
177	3	[청와대 여야 영수회담 발언 요지] 90년대의 정치	1991.01.19	한국어	대화록
178	3	['평화민주당 대구·경북지부 결성대회'] 지방색타파 위한 러닝메이트제	1991.01.20	한국어	연설문
179	3	[평민대 지방자치연수 특별 강연] 91년 정치정세와 지자제선거전략	1991.01.25	한국어	연설문
180	3	[제13대 국회 제152회 제9차 본회의 회의록] 1. 국정에 관한 교섭단체 대표 연설(계속)	1991.01.30	한국어	국회회의록
181	3	[미주리대학교(University of Missouri) 방문 관련 존 헤일(JohnHeyl)에게 보내는 서신]	1991.01.30	영어	서신류
182	3	[1991년 2월 18일 미주리대학교(University of Missouri) 강연(미발표)] Korea Today: Democracy, Unification, and Prospect for Korea–U.S.Relations	1991.02.04	영어	연설문
183	3	['우리문학' 1991년 봄호 : 윤채한 발행인과의 대담] 김대중 총재 인터뷰	1991.02.06	한국어	대담/인터뷰
184	3	[수서비리규탄 국민대회 연설] 수서문제, TV토론으로 흑백 가리자	1991.03.09	한국어	연설문
185	3	[신민당 총재로서 발표한 공화국연합제 통일 방안 발표문] 공화국연합제 통일의 제창 : 3원칙과 3단계 통일방안	1991.04.00	한국어	발표문
186	3	[이우정 신민주연합당 창당준비위원장(가칭)과의 기자회견] 신민주연합당 창당에 즈음하여	1991.04.04	한국어	기자회견문
187	3	['평화민주당과 신민주연합당 통합전당대회' 총재 치사] 정의 승리의 역사를 창조하자	1991.04.09	한국어	연설문

연번	시기 구분	서명	행적일	언어	저작유형
188	3	['평화민주당과 신민주연합당 통합전당대회' 총재직 수락] 희망을 주는 정치	1991.04.09	한국어	연설문
189	3	[제13대 국회 상임위원회 제154회 제1차 국방위원회] 1. 현안보고	1991.04.29	한국어	국회회의록
190	3	[제13대 국회 상임위원회 제154회 제4차 국방위원회 회의록] 1. 현안보고(계속)	1991.05.06	한국어	국회회의록
191	3	[추도사] 강경대 열사의 뜻을 기리며	1991.05.14	한국어	추도사
192	3	[광주민중항쟁 11주기 추도사] 광주 영령들의 고귀한 희생에 보답하는 길	1991.05.18	한국어	추도사
193	3	['뉴욕타임스(The New York Times)' 기고] Sabotage in Seoul	1991.05.23	영어	기고문
194	3	['노태우 정권 규탄 공안통치 종식 국민대회']	1991.05.26	한국어	연설문
195	3	['월간조선' 7월호 인터뷰] 김대중의 통일정책을 따진다	1991.06.03	한국어	대담/인터뷰
196	3	['동아일보' 6월 26일자] (김대중 신민당 총재에게 듣는다) "대안 없는 퇴진 무책임한 일"	1991.06.25	한국어	대담/인터뷰
197	3	['한겨레' 6월 29일자] (김대중 신민총재 본지 회견) 특정인 배제 통합론 수용 못해	1991.06.27	한국어	대담/인터뷰
198	3	[제13대 국회 제155회 제6차본회의 회의록] 1. 국제연합헌장 수락 동의안	1991.07.13	한국어	국회회의록
199	3	[외신기자클럽 초청 연설] 수구대연합에 맞서는 민주대연합을 위하여	1991.07.25	한국어	연설문
200	3	[리차드 게파트(Richard Gephardt) 외 50명의 미 하원의원에게 한국의 민주화 및 인권상황에 대하여 알리는 내용의 편지]	1991.07.30	영어	서신류
201	3	['신동아' 기고] 김대중의 심경고백 「왜 나만 퇴진해야 하는가」	1991.08.01	한국어	기고문

연번	시기 구분	서명	행적일	언어	저작유형
202	3	[연설 초고 : 민주주의의 중요성과 통일 3단계 원칙]	1991.08.08	영어	연설문
203	3	[광복 46주년 기념 기자회견] 민주대연합을 제창한다	1991.08.17	한국어	기자회견문
204	3	[김대중의 외교협회 연설관련 확인 및 자료요청 관련 오스머 맥 퀘이드(Osmer-McQuade)의 서신에 대한 김대중의 회신]	1991.08.21	영어	서신류
205	3	[신민당, 민주당 범민주 통합수권 야당결성 선언]	1991.09.10	한국어	성명서
206	3	[김대중, 이기택 공동대표의 특별대담] 민간 민주정부 수립 위해 통합	1991.09.12	한국어	대화록
207	3	['월간조선' 10월호] 나의 대권전략	1991.09.13	한국어	대담/인터뷰
208	3	['시사저널' 9월 26일, 10월 3일자] "여권의 순수 대통령제 검토할 용의 있다"	1991.09.13	한국어	대담/인터뷰
209	3	[모스크바대학교(Moscow State University) 연설] 민주주의만이 성공의 길	1991.09.18	한국어	연설문
210	3	[미국 외교협회 초청연설] A Proposal For Re-unification : Three Principles And Three Stages	1991.09.25	영어	연설문
211	3	['옵서버' 11월호 인터뷰] (인물연구) 통합야당 김대중 대표의 향후	1991.10.08	한국어	대담/인터뷰
212	3	[여의도클럽 초청토론회 연설] 민주주의로 가는 세계, 통일로 가는 한국	1991.10.10	한국어	연설문
213	3	['말' 11월호] (특집 : 14대총선 어떻게 준비할 것인가) 민주당 핵심 7인의 집권전략	1991.10.11	한국어	대담/인터뷰
214	3	[제13대 국회 상임위원회 제156회 제2차 국방위원회 회의록] 1. 1990년도 세입세출결산(계속) 가. 병무청	1991.10.18	한국어	국회회의록

연번	시기 구분	서명	행적일	언어	저작유형
215	3	[제13대 국회 상임위원회 제156회 제3차 국방위원회 회의록] 1. 1992년도 예산안 가. 국방부	1991.10.21	한국어	국회회의록
216	3	['월간중앙' : '중앙일보' 논설위원 전육과의 대담] (김대중대표에게 듣는다) 김영삼 씨와 대선에서 또 한판 붙을 확률은 반반	1991.11.00	한국어	대담/인터뷰
217	3	[빌리 브란트(Willy Brandt) 전(前) 서독 총리에게 쓴 서신]	1991.11.05	한국어	서신류
218	3	[인간개발연구원 주최 '전국경영자세미나'] 도전받는 한국경제와 기업인의 윤리	1991.11.13	한국어	연설문
219	3	총체적 실패로 끝난 노정권 4년을 진단하며	1991.11.16	한국어	기자회견문
220	3	[관훈클럽 연설] 2000년의 희망과 우리의 과제	1991.12.06	한국어	연설문
221	3	['여대생과의 대화 모임'] 우리나라 여성에게 하고 싶은 말	1991.12.14	한국어	연설문
222	3	['사회평론' 1월호 : 정운영 한겨레신문 논설위원과의 대담] 노동운동의 자유가 민주주의의 척도	1992.01.01	한국어	대담/인터뷰
223	3	[1992년 신년사] 민주개혁의 1992년을 위하여	1992.01.01	한국어	연설문
224	3	[민주당 지방의회의원 연수특별 강연]	1992.01.10	한국어	연설문
225	3	[1992년 연두기자회견] 1992년과 우리 당의 진로	1992.01.13	한국어	기자회견문
226	3	['월간조선' 2월호 대담] 6共정부와의 대화시대는 이제 끝났다"	1992.01.13	한국어	대담/인터뷰
227	3	[한국경제과학연구원 주최 정책세미나 강연] 92년의 한국-그 도전과 응전	1992.01.18	한국어	연설문
228	3	[공화국 연방제안 설명 및 노태우 정부의 노선비판] South Korea Must Become West Germany of Asia	1992.01.**	영어	성명서

연번	시기 구분	서명	행적일	언어	저작유형
229	3	['코리아 투데이(Korea today)' 기고] Korea in 1992 : Prospects for Reunification	1992.02.01	영어	기고문
230	3	['길' 3월호 대담] TK척결 특별법을 제정하겠다	1992.02.14	한국어	대담/인터뷰
231	3	['월간 민주광장' 3월호] (특별인터뷰 : 민주당 두 대표의 14대총선 출사표) "거대여당 횡포 막겠다"	1992.02.16	한국어	기고문
232	3	['아시안 월스트리트 위클리(The Asian Wall Street Journal Weekly)' 기고] Korea Needs a Long-Term U.S.Military Presence	1992.02.25	영어	기고문
233	3	[14대 국회의원선거 공천자 대회 연설]	1992.03.02	한국어	연설문
234	3	['경향신문' : 14대 총선 출사표] (14대총선 3당 대표의 출사표) 견제세력 키워 실정 심판을	1992.03.08	한국어	성명서
235	3	[러시아 '이즈베스티야(Известия)' 기고] 'Корейская модель' не годится для России	1992.03.12	한국어	기고문
236	3	['동아일보' : 김대중·이기택 기자회견 요지문] "내각제개헌기도 봉쇄에 전력"	1992.03.21	한국어	기고문
237	3	['경향신문' 3월 26일자] (막 내린 3·24 격전… 3당대표에 듣는다) 대화·협상의 정치 기대	1992.03.25	한국어	대담/인터뷰
238	3	['14대 국회의원 당선자대회' 축사] 위대한 국민의 승리	1992.03.30	한국어	연설문
239	3	[한국신문편집인협회 초청 연설] 우리 경제 살리는 길	1992.04.10	한국어	연설문
240	3	[모스크바대학교(Moscow State University) 평생명예교수직 수여식 수락연설]	1992.04.13	한국어	연설문
241	3	[한국교총 주최 교육정책 토론회] 2000년대를 향한 교육정책의 방향	1992.04.18	한국어	연설문
242	3	['시사저널' 5월 7일자 : 김재일 정치부 차장과의 대담] (김대중 민주당 공동대표) "누가 나와도 이긴다"	1992.04.23	한국어	대담/인터뷰

연번	시기 구분	서명	행적일	언어	저작유형
243	3	['정일형 박사 10주기 추모 강연회' 예사]	1992.04.23	한국어	추도사
244	3	['한국논단' 월례 조찬 강연회] 집권확신, 김대중의 신(新) 한국 정치론	1992.04.28	한국어	연설문
245	3	[로스앤젤레스 흑인 폭동 사태 현지조사 및 교포 위문 후 귀국보고문]	1992.05.07	한국어	성명서
246	3	['월간조선' 6월호 : 권영기 차장대우와의 대담] (인터뷰 : 김대중 민주당 대표 최고위원) "비토 그룹의 의혹·불신 사라졌다"	1992.05.11	한국어	대담/인터뷰
247	3	[제14대 대통령후보 출마 선언문] Why Am I Running for the President?	1992.05.16	영어	연설문
248	3	['뉴스메이커' 6월 5일자 : 연극인 손숙과의 시사대담] (정치특집: DJ인터뷰) 경상도 농민, 전라도 농민보다 잘 삽니까?	1992.05.21	한국어	대담/인터뷰
249	3	['우먼센스' 6월호 : 'KBS' 이숙영 아나운서와의 대담] 김대중·이희호 부부 : 아무도 모르는 우리 부부 프라이버시를 처음으로 공개합니다	1992.05.23	한국어	대담/인터뷰
250	3	[민주당 대통령 후보 지명 전당대회 대통령 후보 수락 연설] 위대한 한민족의 시대를 열자	1992.05.26	한국어	연설문
251	3	[빌리 브란트(Willy Brandt) 전(前) 서독 총리에게 쓴 서신]	1992.05.27	영어	서신류
252	3	['월간중앙' 7월호 : 정순균 기자와의 대담] (대권후보의 육성② 김대중 민주당 대표) "대통령 안 되더라도 지역감정은 이용 않겠다"	1992.06.09	한국어	대담/인터뷰
253	3	[경제정의실천시민연합 주최 각당 '대통령 후보 초청 정책토론회' 토론] 지금은 책임 있는 정책 대안 내놓을 때	1992.06.13	한국어	토론문
254	3	['여성동아' 7월호 : 탤런트 임경옥과의 대담] 민주당 대통령후보 김대중 공동대표 vs '대발이' 여동생 임경옥 인기탤런트	1992.06.19	한국어	대담/인터뷰

연번	시기 구분	서명	행적일	언어	저작유형
255	3	[‘민주당 대통령 후보 초청 정책토론회’ 기조연설] 내가 대통령이 되면 무엇이 달라지나–김대중 편	1992.07.01	한국어	토론문
256	3	[‘사람과 산’ 8월호 대담] (특별인터뷰 : 대권주자의 환경정책) “산사람에게 산을 돌려주겠다”	1992.07.03	한국어	대담/인터뷰
257	3	[‘세계와 나’ 8월호 : 이건효 세계일보 편집위원과의 대담] (특별인터뷰/집권구상을 듣는다) 국민을 하늘처럼 모시겠습니다.	1992.07.13	한국어	대담/인터뷰
258	3	[‘동아일보’ 회견] (이래야 경색 정국 풀린다) 날치기에 들러리 설수는 없어. 단체장선거 약속부터 지켜라	1992.08.02	한국어	대담/인터뷰
259	3	[제한적인 임명동의안의 인준 건 처리, 여야 동수로 구성되는 국회정치특위의 운영, 그리고 지방자치제도법의 일방적인 강행 처리 금지 등을 내용으로 하는 3개항에 대한 김대중·김영삼의 합의서]	1992.08.11	한국어	합의문
260	3	[김영삼 민자당 대표·정주영 국민당 대표와의 3당 대표회담 후 정치특위 구성 합의서]	1992.08.12	한국어	합의문
261	3	[민주당 통일국제위원회 토론회] 토론–새로운 한일관계, 어떻게 할 것인가?	1992.08.17	한국어	연설문
262	3	[민주당 대통령 후보로서의 기자회견] 난국수습을 위한 비상정치회의의 소집을 제의하며	1992.08.26	한국어	기자회견문
263	3	[러시아 외무성 산하 외교대학원 박사학위 논문개요] 한국사회에서의 민주주의의 생성과 발전원리에 관하여(1945~1991)	1992.08.**	한국어	논문
264	3	[러시아 모스크바 출국길 성명서]	1992.09.06	한국어	성명서
265	3	[러시아 외무성 산하 외교대학원 박사학위 논문심사회 주제발표문]	1992.09.08	한국어	발표문
266	3	[‘월간조선’ 10월호 : 이홍 기자와의 대담] (직격인터뷰 : 김대중 대표의 통일관을 묻는다) “보안법 폐지해도 체제안보 가능하다”	1992.09.14	한국어	대담/인터뷰

연번	시기 구분	서명	행적일	언어	저작유형
267	3	[메릴랜드주립대학교(University of Maryland) 국제발전 및 분쟁연구소 주관 세미나] New wolrd order and Korea-U.S.Relations	1992.09.18	영어	연설문
268	3	[국회에서 가진 기자회견] 대화합의 정치로 난국을 타개하겠다	1992.09.21	한국어	기자회견문
269	3	['서울신문' 9월 27일자 : 강수웅 정치부장과의 대담] 김대중 민주당대표 특별회견	1992.09.26	한국어	대담/인터뷰
270	3	['요미우리신문(讀賣新聞)' 10월 1일자] (対北朝鮮融和策を推進) 金大中氏会見の要旨	1992.09.30	일본어	대담/인터뷰
271	3	['코리아 투데이(KOREA TODAY)' 기고] Financial market Liberalization : A Needed Democratic Step	1992.09.**	영어	기고문
272	3	[바바라 박서(Barbara Boxer)의 선거 승리를 축하하는 서신]	1992.10.02	영어	서신류
273	3	['경향신문' : 윤구 정치부장과의 대담] (본지 창간 46돌 김대중 후보 인터뷰) "당선되면 「거국연정(聯政)」 구성"	1992.10.07	한국어	대담/인터뷰
274	3	[제14대 국회 제159회 제6차 본회의 회의록] 1. 국정에 관한 교섭단체 대표연설(계속)	1992.10.14	한국어	국회회의록
275	3	[합동참모본부 국정감사 회의록] 제14대 국회 국정감사 국방위원회 회의록	1992.10.21	한국어	국회회의록
276	3	[국방부 국정감사 회의록] 제14대 국회 국정감사 국방위원회 회의록	1992.10.22	한국어	국회회의록
277	3	[한국민주청년단체협의회 주최 토론회 기조연설] 나라의 미래는 청년들의 몫이다	1992.11.11	한국어	연설문
278	3	[여성유권자연맹 초청 토론회] 여성의 지위와 권익향상을 위하여	1992.11.16	한국어	토론문
279	3	[경제정의실천시민연합 주최 '3당 대통령후보 초청 정책토론회'] 정의로운 시장경제의 발전을 위하여	1992.11.17	한국어	토론문

연번	시기 구분	서명	행적일	언어	저작유형
280	3	[민주당 대통령 후보 입후보 등록 후 기자회견]	1992.11.20	한국어	기자회견문
281	3	['한겨레' 11월 26일자] (3당대선주자 연쇄 인터뷰) 민주당 공약·정책 개혁성 뚜렷	1992.11.25	한국어	대담/인터뷰
282	3	['MBC' 12월 1일자 대통령 후보 TV 연설] 대화합의 정치를 펴나겠습니다	1992.11.30	한국어	연설문
283	3	[관훈클럽 초청 '대선후보 토론회'] 대화합과 변화의 시대를 함께 엽시다	1992.12.02	한국어	연설문
284	3	['KBS' 1TV 대통령 후보 TV 연설] 우리 경제, 어떻게 살릴 것인가	1992.12.06	한국어	연설문
285	3	['동아일보' : 김영삼, 김대중, 정주영 3당 후보 동시 서면 대담] "시민의식 성숙 지역감정 누그러졌다"	1992.12.07	한국어	대담/인터뷰
286	3	[민주당 공동대표최고위원직 사퇴 기자회견] 민주당 대표 최고위원 직을 사임하며	1992.12.14	한국어	기자회견문
287	3	['동아일보' : 제14대 대통령 선거 관련 서면 대담] (3당후보 유세현장 동시 서면인터뷰) "막판 혼탁 분위기 큰 걱정"	1992.12.14	한국어	대담/인터뷰
288	3	[제14대 대통령 선거 공식운동 종료 기자회견] 대통령 후보로서의 공식 유세 활동을 끝내면서	1992.12.17	한국어	기자회견문
289	3	['한국일보' : 제14대 대통령 선거 연설] 대화합 새역사 「이기는 반공」 자신	1992.12.17	한국어	연설문
290	3	['경향신문' : 제14대 대통령 선거 관련 긴급 서면대담] (후보들의 체험적 대선평가) "부족한 선거자금이 가장 큰 고통"	1992.12.17	한국어	대담/인터뷰
291	3	[제14대 대선 패배 후 정계은퇴 성명서]	1992.12.19	한국어	성명서
292	3	['외교정책(FOREIGN POLICY)' 1992년 봄호(86호)] THE ONCE AND FUTURE KOREA	1992.**.**	영어	기고문
293	3	[정계은퇴 후 영국 출국 성명서] 영국으로 떠나면서	1993.01.26	한국어	성명서

연번	시기 구분	서명	행적일	언어	저작유형
294	3	[베를린사회연구소 주최 '통일문제 토론회'] 통일에 관한 독일의 경험과 한국의 전망	1993.02.24	한국어	연설문
295	3	[케임브리지대학교(University of Cambridge) 캐서린 버크(Catherine Burke) 교수와의 면담록]	1993.03.04	영어	대화록
296	3	[케임브리지대학교(University of Cambridge) 조너단 스타인버그(Jonathan Steinberg) 교수와의 면담록]	1993.03.09	영어	대화록
297	3	[에든버러대학교(University of Edinburgh) 피터슨(W.Peterson) 교수와의 면담록]	1993.03.23	영어	대화록
298	3	[모건그렌펠앤드컴퍼니(Morgan, Grenfell & Company) 전 극동책임자 로버트 비니언(Robert Binyon)과의 면담록]	1993.03.30	영어	대화록
299	3	[앤서니 기든스(Anthony Giddens) 교수와의 면담]	1993.03.31	영어	대화록
300	3	[케임브리지대학교(University of Cambridge) 존 던(John Dunn) 교수와의 면담 요약]	1993.04.06	영어	대화록
301	3	[케임브리지대학교(University of Cambridge) 연설] My Part in the Struggle for Democracy in Korea	1993.05.10	영어	연설문
302	3	[바츨라프 하벨(Václav Havel) 체코 대통령과의 면담 요약]	1993.05.14	한국어	대화록
303	3	[영국 왕립국제문제연구소(Chatham House) 연설] Korea, U.K, and the EC	1993.06.02	영어	연설문
304	3	[런던대학교(University of London) 연설] A New Approach Towards North Korea	1993.06.06	영어	연설문
305	3	[옥스퍼드대학교(University of Oxford) 연설] German Unification, European Integration and their Relevance for Reunifiying Korea	1993.06.14	영어	연설문

연번	시기 구분	서명	행적일	언어	저작유형
306	3	[케임브리지대학교(University of Cambridge) 송별행사 인사말] Farewell Speech	1993.06.22	영어	연설문
307	3	[하버드대학교 국제문제연구소(Harvard Institute for International Development) 로버트 퍼트남(Robert Putnam) 소장 대리에게 보낸 서신]	1993.06.30	영어	서신류
308	3	[이스라엘 히브리대학교(Hebrew University) 트루먼 연구소 연설] The Need For A New Policy Towards North Korea	1993.07.01	영어	연설문
309	3	['아사히신문(朝日新聞)' 인터뷰] 日米は「北」と国交を南北朝鮮統一問題で金大中氏にインタビュー	1993.07.08	일본어	대담/인터뷰
310	3	[케임브리지대학교(Cambridge University) 부총장 데이비드 윌리암스(David Williams) 내외에게 보낸 편지]	1993.07.15	영어	서신류
311	3	[하버드대 옌칭 연구소(Harvard-Yenching Institute) 부소장 에드워드 베이커(Edward Baker) 교수에게 보낸 서신]	1993.07.16	영어	서신류
312	3	['생환 20주년 기념식' 강연] 독일통일의 교훈과 우리통일의 방향	1993.08.13	한국어	연설문
313	3	['동아일보' 광복 48주년 기념 특별기고] 역사를 바로 조명해야 한다	1993.08.15	한국어	기고문
314	3	[서울대 행정대학원 초청강연] 세계사의 흐름과 동북아의 정세	1993.09.08	한국어	연설문
315	3	[연세대 동서문제연구소 초청강연 및 토론] 민족통일의 가능성과 필요성	1993.09.16	한국어	연설문
316	3	[모스크바대학교(Moscow State University) 강연] 한반도의 통일과 한·러관계의 장래	1993.09.28	한국어	연설문
317	3	['월간조선' : 정계은퇴 후 최초 인터뷰] (조갑제의 직격 인터뷰 6시간) 김대통령이 기록될 역사의 페이지와 나의 페이지는 다르다	1993.10.01	한국어	대담/인터뷰

연번	시기 구분	서명	행적일	언어	저작유형
318	3	[콜럼비아대학교(Columbia University) 연설] A Speech at Columbia University	1993.10.01	영어	연설문
319	3	['신동아' 인터뷰] 김대중이 고발하는 김대중 납치사건	1993.10.01	한국어	대담/인터뷰
320	3	A Lecture at the Southern Center for International Studies	1993.10.05	영어	연설문
321	3	[미국외교협회(Council on Foreign Relations), 조지워싱턴대학교(George Washington University) 연설] Avenues to Korean Stability?	1993.10.08	영어	연설문
322	3	[로버트 스칼라피노(Robert Scalapino) 교수와의 대담] 북한과 북한의 핵을 어떻게 볼 것인가	1993.10.11	한국어	대담/인터뷰
323	3	['로스앤젤레스 인권문제연구소 10주년 기념식'] 나의 가정과 신앙 그리고 인생	1993.10.11	한국어	연설문
324	3	['한국일보' 11월 1일자 : 장명수 편집위원과의 대담] (김대중씨 은퇴 후 첫 특별회견) "통일 이상 아닌 가능한 현실"	1993.10.29	한국어	대담/인터뷰
325	3	[중앙대 신문방송대학원 초청 강연] 당면한 핵문제와 민족통일의 전망	1993.11.11	한국어	연설문
326	3	['CBS(기독교방송)' 초청 강연] 동북아 정세에 대하여	1993.11.15	한국어	연설문
327	3	[성균관대 행정대학원 초청 강연] 우리의 민족성과 통일에의 전망	1993.11.18	한국어	연설문
328	3	['철학과 현실' 겨울호 : 김광수 한신대 철학과 교수와의 대담] 인간 김대중의 역정과 비전	1993.11.28	한국어	대담/인터뷰
329	3	[고려회 초청 강연] 통일과 민족의 운명	1993.11.30	한국어	연설문
330	3	['국민일보' 12월 8일자 : 백화종 부장과의 대담] (평민 김대중 씨의 내생각) "농촌 청사진 급해요"	1993.12.04	한국어	대담/인터뷰

연번	시기 구분	서명	행적일	언어	저작유형
331	3	['아시아 자유민주지도자회의 창립총회' 기조연설] 아시아 민주주의의 가능성을 말한다	1993.12.10	한국어	연설문
332	3	[한반도 통일, 아시아 민주화, 세계평화 3대 목표 제시] 아태평화재단 창립 선언문	1993.12.31	한국어	발표문
333	3	[노르웨이 '시큐리티 다이얼로그(Security Dialogue)' 기고] Korean Reunification : A Rejoinder	1993.12.**	영어	기고문
334	3	[북한 NPT 탈퇴 및 핵문제 관련] A Negotiated Package Deal for the North Korean Nuclear Impasse	1993.**.**	영어	연설문
335	3	[영문 자서전 초안(미발표)] My Struggle for Democracy : A Memoir of Kim Dae-jung	1993.**.**	영어	회고록
336	3	[김대중평화재단 발족목적 성명서] We Will Do Our Best to Achieve Reunification, Democracy, and Peace.	1993.**.**	영어	성명서
337	3	['월간중앙' 특별기고] 20세기의 회고와 21세기의 전망	1994.01.01	한국어	기고문
338	3	['국제신문' 특별기고] (올 한반도 정세 전망) 핵문제 해결로 통일·경협 "성큼"	1994.01.01	한국어	기고문
339	3	['영우저널' 3월 25일자 : 배진한 기자와의 대담] 아·태재단 김대중 이사장 특별인터뷰) 민족의 미래 통일에 달렸다.	1994.01.09	한국어	대담/인터뷰
340	3	[고(故) 문익환 목사 추도사] 우리 시대의 민족양심	1994.01.22	한국어	추도사
341	3	['아시아태평양평화재단 창립기념 국제학술토론회' 기조연설]	1994.01.26	한국어	연설문
342	3	[고려대 사학과 강만길 교수와의 대담] 우리 민족을 말한다	1994.01.26	한국어	대담/인터뷰
343	3	Keynote Speech On the Occasion of The Inauguration Ceremony	1994.01.27	영어	연설문

연번	시기 구분	서명	행적일	언어	저작유형
344	3	['The Emerging Asia-pacific in the 21st century' 연설] The Reality Of East Asia And Prospects For Democracy	1994.01.31	영어	연설문
345	3	[『Unification, Democracy, And Peace』 감사의 글]	1994.01.**	영어	치사
346	3	[아시아·태평양 평화재단 브로슈어 인사말] 통일·민주·평화 3대 목표달성에 최선 다할 것	1994.01.**	한국어	인사말
347	3	[오슬로국제평화연구소 세미나] Korean Unification	1994.02.01	영어	연설문
348	3	Det nordkoreanska atomproblemet och Koreas återförening	1994.02.03	스웨덴어	연설문
349	3	[홍콩 외신기자클럽] Democracy in Korea and North-South Relations	1994.02.07	영어	연설문
350	3	['동아일보' 기고] 스웨덴에서 만난 입양여성	1994.02.13	한국어	기고문
351	3	['경향신문' 2월 18일자 : 박종화 편집국 부국장 겸 정치부장과의 대담] "북핵·통일문제 「중국카드」 활용을"	1994.02.17	한국어	대담/인터뷰
352	3	['한겨레' 2월 28일자 : 고희범 정치부장과의 대담] '단계적 통일' 구체안 올해 내놓을 것	1994.02.22	한국어	대담/인터뷰
353	3	[도산기념사업회 초청 조찬] 북핵과 통일문제를 어떻게 풀 것인가	1994.02.25	한국어	연설문
354	3	[김대중 씨 사건의 해결을 촉구하는 모임 일본 결성총회·심포지엄에 보내는 메시지] '김대중 씨 사건의 해결을 촉구하는 모임'의 결성에 감사와 격려를 담아	1994.03.05	한국어	인사말
355	3	['중앙일보' 인터뷰] 베스트셀러 낸 김대중 아태평화재단이사장	1994.03.13	한국어	대담/인터뷰
356	3	[고려대 정책과학대학원 강연] 국제정세변화에 따른 남북관계와 통일	1994.03.15	한국어	연설문

연번	시기 구분	서명	행적일	언어	저작유형
357	3	[원광대 명예정치학박사학위 수여식 특강] 우리 민족의 운명을 생각한다	1994.03.17	한국어	연설문
358	3	['시사저널' 4월 7일자 : 서명섭 차장대우와의 대담] (아·태평화재단김대중이사장) "북한은 핵 포기한다"	1994.03.24	한국어	대담/인터뷰
359	3	[조지 리스터(George Lister) 한국 초청 서신]	1994.04.01	영어	서신류
360	3	['아·태 평화' 창간호 발간사] 재단 3대 목표 길잡이, 국민의 유익한 벗이 될 것	1994.04.02	한국어	발간사
361	3	[제주대 교수협의회 초청 강연] 북한 핵문제 해결의 방향	1994.04.02	한국어	연설문
362	3	['한라일보' 4월 4일자 : 강문규 정경부장과의 대담] (한라(漢拏) 응접실) 4·3은 비극… 철저한 진상규명 필요	1994.04.02	한국어	대담/인터뷰
363	3	['제민일보' 4월 4일자 회견] (강연차 내도 김대중 아태평화재단 이사장) "제주 4·3 이제는 진실 밝혀야"	1994.04.03	한국어	대담/인터뷰
364	3	['비전21 코리아 주최 환영의 밤' 만찬]	1994.04.06	한국어	연설문
365	3	[뉴욕주재 한국 상공인들과의 간담회 연설]	1994.04.06	한국어	연설문
366	3	['백범강좌 100회 기념 강연회'] 통일과 민족의 장래	1994.04.25	한국어	연설문
367	3	[아태 지역 평화 군축 공존에 관한 회의(Peace, Disarmament and Symbiosis in the Asia Pacific) 회의] Peace, Democracy and Asia	1994.04.29	영어	연설문
368	3	[경희대 사회과학연구소 초청 강연] 탈 냉전시대에 있어서의 한반도 통일방안	1994.05.04	한국어	연설문
369	3	['대전일보' 5월 6일자] "정치 다시해도 계파(系派) 업고는 안해"	1994.05.04	한국어	대담/인터뷰
370	3	[미국기업연구소 오찬] The North Korean Nuclear Problem and The Reunification of Korea	1994.05.12	영어	연설문

연번	시기 구분	서명	행적일	언어	저작유형
371	3	[카네기재단 연설] Peace and Democracy in Asia	1994.05.12	영어	연설문
372	3	[미국 내셔널프레스클럽 오찬] My Suggestion for U.S.-Asian Policies	1994.05.13	영어	연설문
373	3	[국제인권 및 민주발전센터 토론회] Peace and Democracy in Asia	1994.05.17	영어	연설문
374	3	[코리아소사이어티 오찬] The North Korean Nuclear Problem and The Reunification of Korea	1994.05.19	영어	연설문
375	3	[유니언 메달(Union Medal) 수상] 나의 신앙체험과 민주주의를 위한 투쟁	1994.05.20	한국어	연설문
376	3	['아사히신문(朝日新聞)' 5월 24일자 회견] 外交的手段での解決強調　金大中氏に北朝鮮の核問題を聞く	1994.05.24	일본어	대담/인터뷰
377	3	My Ideas for US-Asian Policies : North Korean Nulclear Issue, Face-Saving and Asian Democracy	1994.05.**	영어	발표문
378	3	[한신목회개발원 초청 강연] 성서적 희년(喜年)과 민족통일	1994.06.08	한국어	연설문
379	3	['신동아' 7월호 : 전진우 차장과의 대담] 김대중, '남북정상회담' 주장 일관의 까닭	1994.06.11	한국어	대담/인터뷰
380	3	['월간조선' 7월호 : 조갑제 부장과의 대담] (조갑제의 직격 인터뷰 : 김대중 아태평화재단 이사장의 대북관을 묻는다) 'UN결의에 의한 대북제재엔 찬성'	1994.06.12	한국어	대담/인터뷰
381	3	['한겨레 21' 7월 7일자 : 오귀환 차장과의 대담] (도전인터뷰/아시아·태평화재단 김대중 이사장) 통일의 불씨 살려야 한다	1994.06.24	한국어	대담/인터뷰
382	3	[도서출판 한길사 초청 강연] 두 세기말의 한국사를 생각한다 : 19세기말과 20세기말	1994.07.06	한국어	연설문

연번	시기 구분	서명	행적일	언어	저작유형
383	3	[에드 브로드벤트(Ed Broadbent), 조 클라크(Joseph Clark), 리차드 포크(Richard Falk), 데이비드 스타인버그(David Steinberg) 수신 FDL-AP 포럼 공식 초청 서신]	1994.07.18	영어	서신류
384	3	[연세대 경영대학원 고위경제과정 동창회 초청 강연] 우리 민족을 생각한다	1994.07.19	한국어	연설문
385	3	['뉴스메이커' 8월 4일자] (김대중 아·태재단 이사장) "남북·북미관계 잘 풀린다"	1994.07.23	한국어	대담/인터뷰
386	3	[김종충에게 보낸 서신]	1994.07.26	한국어	서신류
387	3	['시사저널' 8월 25일자 : 박준웅 부장과의 대담] "클린턴 주선, 남북 정상회담 가능성"	1994.08.14	한국어	대담/인터뷰
388	3	[제시 잭슨(Jesse Jackson) 목사에게 보내는 FDL-AP 포럼 초청 서신]	1994.08.15	영어	서신류
389	3	[주한 미 대사 제임스 레이니(James Laney)에게 보내는 서신]	1994.08.18	영어	서신류
390	3	[연희동성당 빛두레신앙인학교 초청 강연] 통일을 바라보는 신앙인의 자세	1994.08.23	한국어	연설문
391	3	['우먼센스' 9월호 단독 대담] (김대중·이희호 부부 단독 인터뷰) "정치 떠난 지 20개월, 우리 부부 함께 걸어온 감동인생"	1994.08.23	한국어	대담/인터뷰
392	3	[월간 '말' 10월호 : 본지 100호 발행기념 김승국 편집국장과의 대담] 김대중 이사장의 통일 철학을 듣는다	1994.09.05	한국어	대담/인터뷰
393	3	[아시아 태평양 민주지도자회의(FDL-AP) 초청서신]	1994.09.13	영어	서신류
394	3	['아사히신문(朝日新聞)' 9월 15일자] 金大中氏の会見内容要旨>	1994.09.14	일본어	대담/인터뷰
395	3	[헤리티지재단 초청 연설] Don't Take The Sunshine Away	1994.09.21	영어	연설문

연번	시기 구분	서명	행적일	언어	저작유형
396	3	[미국외교협회 초청 오찬] A "SUNSHINE" POLICY BASED ON FIRM DETERMAINATION	1994.09.21	영어	연설문
397	3	[장로회신학대원 초청 강연회] 민족통일의 전망과 교회의 역할	1994.09.29	한국어	연설문
398	3	[북미회담 및 단계적 통일 관련 언론기관 및 연구기관 대상 발행 팜플렛] 북핵문제와 한반도 통일	1994.09.**	한국어	발표문
399	3	[한양대 지방자치연구소와 독일 프리드리히 나우만 재단 공동주최 세미나 기조연설] Regional Development and the Role of the Self-Governing Local Government	1994.10.05	영어	연설문
400	3	['세계와 나' 11월호 : 창간5주년기념 김병무 세계일보 수석논설위원과의 대담] "북한 운명 미국 손에 달렸다"	1994.10.10	한국어	대담/인터뷰
401	3	[경제정의실천시민연합 주최 강연회] 아태시대(亞太時代)와 한반도 통일	1994.10.13	한국어	연설문
402	3	['주간조선' 10월 27일자 : 창간26주년 대특집 〈3〉 특별인터뷰] 김정일체제 무너지면 군부독재, 그래도 안되면 중국이 바로 개입합니다	1994.10.15	한국어	대담/인터뷰
403	3	[러시아연방고등교육위원회와 모스크바대 공동주최 '제3의 천년대 전야의 대학들 국제회의' 기조연설] 지구적 민주주의의 제안과 대에 대한 기대	1994.10.17	러시아어	연설문
404	3	[중국방문기 「중국과의 대화」에 실린 소감문]	1994.11.01	한국어	기고문
405	3	[아시아태평양평화재단과 중국 태평양학회 공동주최 '한중해양문화경제무역연구회의 세미나' 개막연설] 한중 경제협력의 방향	1994.11.02	한국어	연설문
406	3	[중국사회과학원 연설] 동북아시대와 한중협력의 방향	1994.11.02	한국어	연설문
407	3	[리루이환(李瑞環) 중국인민정치협상회의 주석과의 면담록 요지]	1994.11.03	한국어	대화록

연번	시기 구분	서명	행적일	언어	저작유형
408	3	[중국 난카이대(南開大學) 연설]	1994.11.03	한국어	연설문
409	3	[리수쩡(李淑錚) 중국공산당 중앙대외연락부 부장과의 면담록 요지]	1994.11.04	한국어	대화록
410	3	[장언주(姜恩柱) 외교부 부부장과의 면담록 요지]	1994.11.04	한국어	대화록
411	3	[국제정치학술지 「포린 어페어스(Foreign Affairs)」 11, 12월호 : 리콴유(李光耀) 싱가포르 전(前) 총리의 3, 4월호 인터뷰 내용 반박] (A Response to Lee Kuan Yew) Is Culture Destiny?	1994.11.05	영어	기고문
412	3	[왕빙첸(王丙乾) 전국인민대표대회 상무위원회 부위원장과 대화록 요지]	1994.11.05	한국어	대화록
413	3	[류수칭(劉述卿) 중국인민외교학회회장과의 면담록 요지]	1994.11.06	한국어	대화록
414	3	[엽공기 상해시 인민대표대회 상무위원회 주임과의 면담록 요지]	1994.11.08	한국어	대화록
415	3	[베이징대(北京大學) (1994.11.02), 푸단대(復旦大學) (1994.11.09) 강연] 한반도 통일과 중국	1994.11.09	한국어	연설문
416	3	[호휘 포동신구조직위원회 부위원장과의 면담록 요지]	1994.11.09	한국어	대화록
417	3	[상해국제문제연구소 연설]	1994.11.09	한국어	토론문
418	3	['한겨레 21' 11월 24일자] (김대중 이사장에게 듣는다) 목표는 오직 평화·통일운동	1994.11.13	한국어	대담/인터뷰
419	3	['경향신문' 11월 19일자 : 이실 편집국 부국장과 대담] 김 대통령 언제든 만나겠다.	1994.11.17	한국어	대담/인터뷰
420	3	Statement by Kim Dae-Jung for Press Briefing Foreign Correspondent	1994.11.22	영어	기자회견문
421	3	['일요신문' 11월 27일자] 꼬여가는 정국에 「장외훈수」 김대중 아태재단 이사장	1994.11.22	한국어	대담/인터뷰

연번	시기 구분	서명	행적일	언어	저작유형
422	3	['아시아태평양민주지도자회의(FDL-AP) 개회식' 환영사]	1994.12.01	한국어	연설문
423	3	[폴 사이먼(Paul Simon) 미 상원의원과의 대담 요약]	1994.12.13	한국어	대화록
424	3	[고려대 언론대학원 초청 강연] 한반도 통일과 주변 4강	1994.12.21	한국어	연설문
425	3	['한국국방연구원 영문학술지(The Korean Journal of Defense Analysis), 겨울호] The Impact of the US-North Korean Agreement on Korean Reunification	winter 1994	영어	기고문
426	3	[매들린 올브라이트(Madeleine Albright) 대사에게 보내는 서신]	1994.12.**	영어	서신류
427	3	[Acknowledgments : 『KOREA AND ASIA』]	1994.**.**	영어	치사
428	3	['월간조선' 1월호 : 조갑제 부장과의 대담] (특별인터뷰 김대중 아태재단 이사장) "김유신의 대당 결전 의지가 오늘의 한국을 만들었다"	1995.01.01	한국어	대담/인터뷰
429	3	['신동아' 1995년 신년호 특별기고] 광복 반세기 통일원년을 위한 기도	1995.01.01	한국어	기고문
430	3	['한겨레' 1995년 1월 1일자 : 최학래 편집국장과의 대담] (광복50돌·통일·21세기 전망/김대중 아·태재단 이사장에 듣는다) "2020년대 안에 통일 확신"	1995.01.01	한국어	대담/인터뷰
431	3	[강릉대 총동창회 초청 강연] 해방 50주년과 민족통일	1995.01.20	한국어	연설문
432	3	[민주주의를 위한 국가기금(The National Endowment for Democracy) 대표 칼 거쉬만(Carl Gershman)의 초청 감사 및 수락 편지]	1995.01.23	영어	서신류
433	3	[아시아태평양평화재단 창립 1주년 기념] 해방 50주년과 우리민족의 내일	1995.01.25	한국어	연설문

연번	시기 구분	서명	행적일	언어	저작유형
434	3	[김대중·코라손 아키노(Corazon Aquino)·오스카 아리아스(Oscar Arias) 공동성명서] A Statement on the Continued Detention of Daw Aung San Suu Kyi and Human Rights Conditions in Burma	1995.02.02	영어	성명서
435	3	[대한예수교장로회 총회 주최 목회자 계절대원 초청 강연] 해방 50주년과 민족의 장래	1995.02.08	한국어	연설문
436	3	[EU 상공회의소 주최 모임 : 3단계 평화통일론] How to achieve Korean Unification	1995.03.03	영어	연설문
437	3	[빌 클린턴(William Clinton) 미 대통령에게 아시아태평양민주지도자회의(FDL-AP) 소개하는 서신]	1995.03.06	영어	서신류
438	3	[평화방송·평화신문, 명동대성당 공동초청특강] 예수 그리스도의 부활과 민족의 통일	1995.03.08	한국어	연설문
439	3	[3월 15일자 아태아카데미 강좌] 아시아 민주주의의 뿌리와 전통 그리고 새로운 전개	1995.03.16	한국어	연설문
440	3	[한중문화협회 초청 특강] 아시아에서의 민주주의 가능성과 새로운 전개	1995.03.17	한국어	연설문
441	3	[한미경제연구소(KEI) 연구소장 고든 헤이크(Gordon Hake)에게 보내는 서신]	1995.03.22	영어	서신류
442	3	[아시아태평양평화재단 주최 세미나] 남북문제, 어떻게 풀 것인가?	1995.03.22	한국어	연설문
443	3	[대전시 삼성동성당 초청 특강] 그리스도의 부활과 민족통일	1995.03.31	한국어	연설문
444	3	[22년만의 일본 공식방문 도착성명] 나리타(成田) 공항 도착 성명	1995.04.10	한국어	성명서
445	3	[일본기자클럽 초청 기자회견] 국민적 협력의 신시대를…	1995.04.12	한국어	기자회견문
446	3	[도쿄외신기자클럽 연설] Fifty Years After the War	1995.04.14	영어	연설문

연번	시기 구분	서명	행적일	언어	저작유형
447	3	[일본 방문 환영위원회 주최 공개강연회] 남북 통일과 일본의 역할	1995.04.15	한국어	연설문
448	3	[한림대학교 초청 강연] 전후 50년과 21세기의 비젼	1995.04.21	한국어	연설문
449	3	[미국 하원의원 톰 폴리에타(Tom Foglietta)와 헤리티지재단 에드윈 폴너(Edwin Feulner)에게 보내는 북한 경제전문가 김영구 소개 서신]	1995.04.27	영어	서신류
450	3	예수 그리스도의 부활과 민족의 통일	1995.04.30	한국어	연설문
451	3	[뉴욕증권분석협회 초청 강연] The Korean Peninsula : Beyond the Nuclear Issue	1995.05.01	영어	연설문
452	3	[포틀랜드주립대학교(Portland State University) 명예 인문학 박사학위 수여 및 국제컨퍼런스 회의 기조연설] Korea in the Asia-Pacific Century	1995.05.04	영어	연설문
453	3	[아시아소사이어티 주최 조찬 모임] Korea in the Asia-Pacific Century	1995.05.09	영어	연설문
454	3	['시사저널' 서명숙 기자와의 인터뷰] 김대중 아태재단 이사장 "국민의 뜻이라면 내각제도…"	1995.05.23	한국어	대담/인터뷰
455	3	[필 그람(Phil Gramm)에게 보내는 민주주의를 위한 국가기금(NED) 의 활동 지지 서신]	1995.06.14	영어	서신류
456	3	[미 하원의원 빅 파지오(Vic Fazio)에게 보내는 아태민주지도자회의(FDL-AP) 소개 서신]	1995.06.14	영어	서신류
457	3	[남아프리카공화국 대통령 넬슨 만델라(Nelson Mandela) 자서전『자유를 향한 머나먼 여정』한국어판 역자 서문]	1995.06.20	한국어	서문
458	3	[For Burma Debate of June/July 1995] ASIANS SHOULD TAKE THE LEAD WITH BURMA	1995.06.**	영어	연설문
459	3	[아태평화재단소식 제10호 : 아웅산 수지 (Daw Aung San Suu Kyi) 여사 가택연금 해제 관련 성명서]	1995.07.11	한국어	성명서

연번	시기 구분	서명	행적일	언어	저작유형
460	3	[정계복귀에 즈음하여 국민에게 드리는 말씀]	1995.07.18	한국어	성명서
461	3	김대중 창당주비위 상임고문의 새정치국민회의 당사입주식 입주사	1995.07.20	한국어	연설문
462	3	['아사히신문(朝日新聞)' 7월 22일자] 金大中氏、最後の政権機会に執念 反体制の面影消え	1995.07.21	일본어	대담/인터뷰
463	3	['아태평화재단소식' 제10호 기고] 미래를 만들어 갈 젊은이들에게	1995.08.01	한국어	기고문
464	3	[월간 '말' 9월호 : 조유식, 안철홍, 김경환 기자와의 대담] (김대중 새정치국민회의 창당준비위원장 인터뷰) "나중에 국민들이 그때 김대중 이가 참 잘했다 그럴 겁니다"	1995.08.09	한국어	대담/인터뷰
465	3	['월간조선' 9월호 : 조갑제 부장과의 대담] 『김대통령은 리더로서의 덕성에 문제… 그가 나를 불러냈다』	1995.08.13	한국어	대담/인터뷰
466	3	[김대중 선생 납치사건 진상규명을 위한 시민의 모임 저 『김대중 납치사건의 진상』 발간 감사의 글] 납치된 공의의 생환을 위하여	1995.08.13	한국어	서문
467	3	['신동아'와의 인터뷰] (김대중 새정치국민회의 창당 준비위원장) 민자당 끝났다	1995.08.14	한국어	대담/인터뷰
468	3	['주간한국' 9월 7일자] 서두르지 않겠다	1995.08.21	한국어	대담/인터뷰
469	3	['주간조선' 9월 7일자 : 신정록 기자와의 대담] (김대중 새정치국민회의위원장 인터뷰) "대통령 측근들 정치자금 관련 얘기 많다"	1995.08.28	한국어	대담/인터뷰
470	3	[취임사 : 새정치국민회의 총재 취임에 즈음하여]	1995.09.05	한국어	연설문
471	3	['아태평화재단소식' 제11호 기고] 신명난 동참으로 통일의 시대를 : 광범위한 통일정책 논의로 구체적 방향제시	1995.09.05	한국어	기고문
472	3	남북관계 및 북한-미국관계에 대한 김대중 총재님의 의견	1995.09.21	한국어	대담/인터뷰

연번	시기 구분	서명	행적일	언어	저작유형
473	3	['경향신문' 10월 22일자 : 이실 편집국 부국장과의 대담] (들어봅시다) "국민지지하면 내각제 검토"	1995.10.19	한국어	대담/인터뷰
474	3	[왕잉판(王英凡) 중국 외교부 부부장과의 면담록]	1995.10.25	한국어	대화록
475	3	[저우량(朱良) 전국인민대표대회 외사위원회 주임위원 면담록]	1995.10.25	한국어	대화록
476	3	[리수쩡(李淑錚) 당중앙대외연락부장과의 면담록]	1995.10.25	한국어	대화록
477	3	[리루이환(李瑞環) 중국인민정치협상회의 전국위원회 주석과의 면담록]	1995.10.26	한국어	대화록
478	3	[중국 방문 수행기자들과의 기자간담회 일문일답]	1995.10.27	한국어	기자회견문
479	3	[우쉐첸(吳學謙) 중국인민정치협상회의 전국위원회 부주석과의 면담록]	1995.10.27	한국어	대화록
480	3	[차오스(喬石) 전국인민대표대회 상무위원장과의 면담록]	1995.10.27	한국어	대화록
481	3	[중국사회과학원 주최 오찬 연설 : 장쩌민(江澤民) 주석의 방한과 새로운 한중 관계]	1995.10.27	한국어	대화록
482	3	[10월 24일 ~ 29일 간 중국 방문 총평]	1995.10.2*	한국어	연설문
483	3	['민주연합청년동지회 제9차 전국대표자회의']	1995.11.14	한국어	연설문
484	3	[보라매 집회 '비상시국 강연회']	1995.12.03	한국어	연설문
485	3	[새정치국민회의 총재 취임사 '우리소식' vol.1 : 노태우씨 비자금발표 관련 발표문]	1995.12.05	한국어	성명서
486	3	[김대중이 보내는 서신]	1995.**.**	영어	서신류
487	3	[분단 50주년과 한반도의 평화통일] 남북관계 개선과 통일정책	1995.**.**	한국어	연설문

연번	시기 구분	서명	행적일	언어	저작유형
488	3	(문답으로 풀어본) 김대중의 '3단계 통일방안'	1995.**.**	한국어	기타
489	3	['주간조선' 1월 18일자] (4·11 총선-3당 대표 특별인터뷰) "1백 20석, 제1당 예상"	1996.01.06	한국어	대담/인터뷰
490	3	['요미우리 데일리(The Daily Yomiuri, 요미우리 신문 영문판)' 기고] President Kim must tell the whole truth	1996.02.01	영어	기고문
491	3	[1996 연두기자회견 : 경제 제1주의를 제창하면서]	1996.02.12	한국어	기자회견문
492	3	[「한·중 관계의 새로운 지평」 서문]	1996.02.23	한국어	서문
493	3	[관훈토론회 초청 기조연설] : 새정치와 경제 제1주의	1996.03.06	한국어	연설문
494	3	['월간조선' 4월호 인터뷰] (4·11 총선에 명운건 4당4인 비교 인터뷰) 새정치국민회의 김대중 : 『내 장래는 국민들이 결정해 줄 것』	1996.03.08	한국어	대담/인터뷰
495	3	[새정치국민회의 실시 설문조사 토대 질문 및 답변] 김대중 총재님 그것이 알고 싶어요!	1996.03.16	한국어	대담/인터뷰
496	3	김영삼 대통령과의 청와대 영수회담 요지	1996.04.18	한국어	대화록
497	3	['아시아의 민주화와 지역협력에 관한 국제회의' 환영사]	1996.05.02	한국어	연설문
498	3	['아태평화재단소식' 제16호 : 해공 신익희 선생 40주기 추모의 글] 지도자에 대한 추모	1996.05.13	한국어	기고문
499	3	[인권문제연구소 휴스톤 13기 이사회 개최 격려사]	1996.05.18	한국어	연설문
500	3	[경상대 강연] 21세기와 한국의 선택	1996.05.22	한국어	연설문
501	3	[국민회의 주최 '북한의 DMZ 사건과 4·11 총선 국민토론회' 기조연설]	1996.05.23	한국어	연설문
502	3	[보라매공원 연설 요지]	1996.05.26	한국어	연설문

연번	시기 구분	서명	행적일	언어	저작유형
503	3	[FIFA 집행위원에게 보내는 2002년 월드컵 유치 한국 투표 요청 서신]	1996.05.27	한국어	서신류
504	3	[아시아태평양민주지도자회의(FDL-AP) 주최 토론회] 외국인의 관점에서 본 한국의 민주주의와 인권	1996.06.08	한국어	연설문
505	3	['월간조선' 인터뷰] (4·11 총선 이후 최초 인터뷰) 중대결심토로 4시간: 김대중 총재의 대통령 중심 제 고수 선언	1996.06.11	한국어	대담/인터뷰
506	3	['뉴스메이커' 7월 11일자] (기습인터뷰 : 김대중 국민회의 총재) "정권 잡으면 거국내각할 것"	1996.06.27	한국어	대담/인터뷰
507	3	[아태민주지도자회의 회원들에게 보내는 신임 사무총장 김세웅 소개 서신]	1996.07.02	영어	서신류
508	3	[새정치국민회의 소속 국회의원들에게 배포된「제181회 정기국회 대책자료」 수록 인사말]	1996.08.20	한국어	서문
509	3	[시드니대학교(The University of Sydney) 명예 법학박사 학위 수료식 후 특별 강연] In Search of Democracy in Asia	1996.09.02	영어	연설문
510	3	경제위기 타개를 위한 특별기자회견	1996.09.16	한국어	기자회견문
511	3	['주간조선' 10월 24일자 : 이상철 주간부장과의 대담] 야당후보 단일화 반드시 이루겠다	1996.10.08	한국어	대담/인터뷰
512	3	[중국 외교학원 방문 강연] 남북한 관계개선과 중국의 역할	1996.10.14	한국어	연설문
513	3	[아시아태평양민주지도자회의(FDL-AP) 개막식] Keynote Speech : March of democracy goes on	1996.11.03	영어	연설문
514	3	[루마니아 신임대통령 에밀 콘스탄티네스쿠(Emil Constantinescu)에게 보내는 당선 축하 서신]	1996.11.19	영어	서신류

연번	시기 구분	서명	행적일	언어	저작유형
515	3	['함께 걸음' 12월호 : 김성재 한신대 교수와의 대담] (함께걸음이 만난 사람) 장애우는 세상을 바꿀 힘이 있다	1996.11.23	한국어	대담/인터뷰
516	3	['조선일보' 12월 5일자 : 홍준호 차장 대우와 대담] (정치지도자송년인터뷰) "2야(野) 대선공조 야합 아니다"	1996.12.04	한국어	대담/인터뷰
517	3	['경향신문' 12월 19일자 : 김현섭 정당팀장과의 대담] (97대선 달리는 정치인) "야(野) 공동집권해도 개혁 가능"	1996.12.16	한국어	대담/인터뷰
518	3	['뉴스메이커' 1997년 신년합본호 : 김종식 주간과의 대담] (인터뷰／김대중 국민회의 총재) "두고보세요, 반드시 단일화됩니다	1996.12.17	한국어	대담/인터뷰
519	3	['동아일보' 최영묵 기자와의 대담] "「단일화」땐 여(與) 상황도 많이 바뀔것"	1996.12.20	한국어	대담/인터뷰
520	3	['매일경제' 12월 26일자 : 이충건 정치부장과 대담] 단일화 안 되면 대선 패배	1996.12.23	한국어	대담/인터뷰
521	3	[『Democratization And Regional Cooperation Asia』 서문]	1996.**.**	영어	서문
522	3	[바츨라프 하벨(Václav Havel) 대통령, 카렐 말리(Karel Maly) 체코 카를대학교(Charles University) 총장에게 보내는 77헌장 20주년 축하 서신]	1997.01.10	영어	서신류
523	3	[아태민주지도자회의(FDL-AP)를 대표하여 빌 클린턴(Bill Clinton), 코피 아난(Kofi Annan), 매들린 올브라이트(Madeleine Albright)에게 보낸 서신]	1997.01.28	영어	서신류
524	3	['파이스턴 이코노믹 리뷰(Far Eastern Economic Review)' 기고] (The 5th Column) Fix Korea's Structural Woes	1997.01.30	영어	기고문
525	3	대만정부가 북한에 핵폐기물을 운송하는 것에 대한 언론발표문	1997.02.06	영어	성명서

연번	시기 구분	서명	행적일	언어	저작유형
526	3	['여성동아' 4월호 : 〈아침마당〉 진행자 정은아와의 인터뷰] 집사람에게 꼼짝 못하지만 공처가는 아닙니다	1997.03.17	한국어	대담/인터뷰
527	3	총체적 경제위기 극복을 위한 특별기자회견	1997.03.28	한국어	기자회견문
528	3	[나가누 마세츠오(長沼節夫)와의 인터뷰] 政界に復帰して	1997.03.**	일본어	대담/인터뷰
529	3	[아시아태평양민주지도자회의(FDL-AP), 프리드리히 나우만 재단 공동 주최 '한-독 합동 강연회']	1997.04.02	한국어	연설문
530	3	['뉴욕타임스(The New York Times)' 논설위원 데이비드 웅거(David C.Unger)와의 인터뷰]	1997.04.08	한국어	대담/인터뷰
531	3	[CNN 인터뷰]	1997.04.08	한국어	대담/인터뷰
532	3	[미국외교협회(CFR) 초청 조찬 간담회]	1997.04.08	한국어	연설문
533	3	[조지타운대학교(Georgetown University) 강연] Korea and the Future of the Pacific Basin	1997.04.09	영어	연설문
534	3	[미 상공회의소 강연] Reforming Korea's Economy	1997.04.09	영어	연설문
535	3	[미 국방대학원 강연] The Rok-U.S. Alliance and Security in Northeast Asia	1997.04.10	영어	연설문
536	3	[리처드 게파트(Richard Gephardt) 미국 민주당 원내총무 면담문]	1997.04.10	한국어	대화록
537	3	[벤자민 길먼(Benjamin Gilman) 미국 외교위원회 회장과의 면담문]	1997.04.10	한국어	대화록
538	3	['워싱턴 포스트(Washington Post)' 스테판 로젠펠트(Stephen Rosenfeld)와의 인터뷰]	1997.04.10	한국어	대담/인터뷰
539	3	['워싱턴 방문 환영의 밤' 연설]	1997.04.11	한국어	연설문
540	3	[내셔널프레스클럽 오찬] The Future of North Korea and Our preparation	1997.04.12	영어	연설문

연번	시기 구분	서명	행적일	언어	저작유형
541	3	[조지워싱턴대학교(George Washington University) 한인학생회 주최 간담회 연설]	1997.04.12	한국어	연설문
542	3	[방미일정 종료 후 귀국 전 수행기자들과의 기자회견]	1997.04.12	한국어	기자회견문
543	3	['Feel'지 5월호 : 오정해와의 인터뷰] 김대중 총재가 시집가는 오정해에게 가르쳐 주는 결혼 생활 비법 : 결혼한 여자는 옛 남자 이야기를 하면 안 돼요	1997.04.18	한국어	대담/인터뷰
544	3	['조선일보' 4월 28일자] (여야대표 정국(政局) 인터뷰) 파국 원치 않으나 진실은 밝혀야	1997.04.27	한국어	대담/인터뷰
545	3	['동아일보' 5월 10일자 : 김차웅 부국장대우 정치부장과의 대담] (대선주자에게 들어봅시다) "'공정한 게임' 보장땐 승산"	1997.05.08	한국어	대담/인터뷰
546	3	[새정치국민회의 후보선출 전당대회에서의 15대 대통령 후보 수락연설]	1997.05.19	한국어	연설문
547	3	['매일경제' 5월 20일자 : 새정치국민회의 전당대회에서 대선후보로 선출된 직후 일문일답] "야권 단일화 7~8월께 마무리"	1997.05.19	한국어	대담/인터뷰
548	3	['아사히신문(朝日新聞)' 5월 23일자] 議院内閣制に前向き 韓国大統領選で金大中氏に聞く	1997.05.22	일본어	대담/인터뷰
549	3	['경향신문' 5월 31일자 : 외신기자클럽 주관 기자회견 일문일답] "YS와 전면대결 불가피 상황"	1997.05.30	한국어	기자회견
550	3	['한겨레' 6월 2일자] (대선주자에게 듣는다) "DJP 협상 내각제시기만 남아"	1997.06.01	한국어	대담/인터뷰
551	3	['한겨레 21' 6월 26일자] (김대중 국민회의 총재 인터뷰) "단일화만 이뤄지면 압승"	1997.06.14	한국어	대담/인터뷰
552	3	['WIN' 7월호 인터뷰] (정치전문기자 고도원의 대선후보 탐구) 전 국민 참여하는 직접민주주의	1997.06.14	한국어	대담/인터뷰
553	3	[한국발전연구원 초청 강연] 21세기와 한국의 진로	1997.07.04	한국어	연설문

연번	시기 구분	서명	행적일	언어	저작유형
554	3	[메이짜오룽(梅兆荣) 중국 인민외교학회회장 취임 축하 서신]	1997.07.21	한국어	서신류
555	3	['동아일보' 7월 23일자 : 최영묵 기자와의 대담] (3당 대선후보 긴급 인터뷰) "지역대결 이젠 끝내자"	1997.07.22	한국어	대담/인터뷰
556	3	['뉴스메이커' 9월 11일자] (Cover Story : '준비된 대통령' 김대중) 김대중 국민회의 총재 인터뷰 전·노 사면 김 대통령 임기내 하라	1997.08.30	한국어	대담/인터뷰
557	3	[앨빈 토플러(Alvin Toffler)와의 대담] 21세기의 변화 대응할 통찰력 : 토플러와의 대담	1997.09.08	한국어	대화록
558	3	['정치보복 방지와 차별대우 금지 법률안' 입법 제안 기자회견 및 일문일답] 화해와 통합으로 안정과 번영을	1997.09.10	한국어	기자회견
559	3	[스티븐 코스텔로(Stephen Costello)에게 보내는 '최규선' 소개 서신]	1997.09.12	영어	서신류
560	3	['매일경제' 9월 22일자 : 이충건 정치부장과의 대담] (김대중 국민회의 총재에 듣는다) "내각제 15대에서 못 할 이유 없어"	1997.09.20	한국어	대담/인터뷰
561	3	[서울대 사회학과 한상진교수의 교양강좌 〈현대사회의 이해〉 강의] 아시아 민주주의와 인권	1997.09.26	한국어	연설문
562	3	['매일경제' 이충건 정치부장과의 대담] (김대중 "준비된 대통령으로 신광개토시대를") 의무교육 확대 사교육비 절감	1997.10.06	한국어	대담/인터뷰
563	3	['경향신문' 10월 9일자 : 고영신 정당팀장과의 대담] (대선후보에 듣는다) "670억이라니, 터무니 없는 얘기"	1997.10.06	한국어	대담/인터뷰
564	3	[한국미래정치연구회 주최 세미나 발표문] 전쟁위기 대응체제 구축을 통한 북풍정치 종식	1997.10.10	한국어	논문
565	3	[전 미주대회 '준비된 대통령 시대를 여는 해외동포의 밤' 격려사]	1997.10.11	한국어	연설문(격려사)

연번	시기 구분	서명	행적일	언어	저작유형
566	3	['한겨레' 대선보도자문위원단 주최 '대선후보 초청 토론회']('97대선 정책대결로) 후보초청토론회⑤ 김대중	1997.10.13	한국어	토론문
567	3	['김대중후보 후원 전미주대회' 화상 연설] 김대중 총재의 21세기 국가경영전략: 새로운 광개토 시대를 열자	1997.10.**	한국어	연설문
568	3	[새정치국민회의와 자민련 대통령 후보 단일화 선언 및 서명식 후 기자회견] 준비된 비전, 준비된 경험	1997.11.03	한국어	연설문
569	3	['시드니모닝헤럴드(The Sydney Morning Herald)', '오스트레일리아파이낸셜리뷰(The Australian Financial Review)' 대담] Answersto Questions : Posed by John Larkin of The Sydney Morning Herald and by Jennifer Veale of The Australian Financial	1997.11.14	영어	대담/인터뷰
570	3	['월간조선' 12월호 : 허용범 기자와의 대담] (대선 3후보에게 따진다) 내각제도 국민이 최종승인해야 가능	1997.11.14	한국어	대담/인터뷰
571	3	['매일경제' 11월 15일자 : '대선후보 초청 토론회'] 2015년 세계5강 진입 자신	1997.11.14	한국어	연설문
572	3	[팍스코리아나21 '제1차 개혁포럼'] 21세기 우리 민족의 진로	1997.11.18	한국어	연설문
573	3	[대선출마 선언 기자회견]	1997.11.26	한국어	기자회견
574	3	['아시아위크(AsiaWeek)' 서면대담] Answers to Questions : Posed by Asia Week	1997.11.27	영어	대담/인터뷰
575	3	['새정치포럼' 기고] [TV토론을 준비하며 보내는 인사말]	1997.11.**	한국어	기고문
576	3	['새정치포럼' 기고] 일하는 사람들이 보람을 느끼는 사회로 가는 길	1997.11.**	한국어	기고문
577	3	[토니 홀(Tony Hall) 미 하원의원의 11월 20일자 편지 답신]	1997.12.02	영어	서신

연번	시기 구분	서명	행적일	언어	저작유형
578	3	['한겨레21' 회견] (대통령 후보 3인의 출사표) 김대중 후보의 출사표	1997.12.04	한국어	대담/인터뷰
579	3	[장쩌민(江澤民) 주석에게 보내는 서신]	1997.12.08	한국어	서신류
580	3	['동아일보' 12월 17일자 : 최영묵 기자와의 대담] (대선 D-1 세 후보 현장 인터뷰) "누구보다 준비 많이 했다"	1997.12.16	한국어	대담/인터뷰
581	3	[5월 19일 새정치국민회의 전당대회 대통령후보 지명 후 국민에게 드리는 인사말]	1997.**.**	한국어	연설문
582	3	[1997년 4월 5일 미국방문 시 환영행사 준비에 대해 미주교포에게 보내는 감사 서신]	1997.**.**	한국어	서신류
583	3	[향우회 간부들에게 보낸 추석 인사말] 즐겁고 유익한 추석 되십시요	199*.**.**	한국어	인사말

제4시기
(1997.12~2003.02)

경제위기 극복과 민족통일을 위한 여정

1) 제4시기 저작의 개관과 특징

1997년 12월 대선에서 당선된 김대중은 대통령 당선자 시절부터 외환위기 극복을 위하여 총력을 기울였다. 김대중은 민주주의와 시장경제의 병행발전이 필요함을 강조하였고 과거 권위주의 발전 전략의 모순을 해소하고 세계화 시대의 새로운 경제 패러다임을 구축하기 위한 노력을 기울였다. 세계적인 민주화 지도자로 인정받고 있던 김대중의 국제적 명성은 해외 언론에 한국 정부의 개혁 의지에 대한 신뢰를 높이는 데에 기여했다. 김대중의 노력에 힘입어 예상보다 빠르게 2001년 8월 IMF 차입금을 모두 조기에 상환하여 외환위기로 촉발된 경제위기를 극복하는 데 성공하였다. 김대중은 4대 개혁을 통해서 한국 경제 전반에 걸친 구조 개혁을 단행하였고 IT를 새로운 경제발전 동력으로 육성하는 데에도 주력하였다. 또한 김대중은 민주주의와 인권 시장을 위한 각종 개혁조치를 단행하여 한국 민주화의 진전에 기여하였으며, 문화분야를 강조하여 창작의 자유를 보장하고 국고 지원을 대폭 확장하여 문화예술분야의 발전의 기반을 세웠다.

김대중은 남북관계와 국제관계에서도 많은 업적을 남겼다. 김대중은 대통령에 당선된 직후부터 기존의 냉전분단적인 대북정책을 폐기하고 남북의 화해협력을 통한 평화적 통일을 지향하는 햇볕정책을 내세우면서 대북 정책에 있어서 기존과 다른 패러다임을 내세웠다. 그 결과 2000년 6월에는 분단 이후 최초의 남북정상회담이 개최되었고 6·15 공동선언이 발표되었다. 그 이후의 남북관계는 획기적인 발전을 거듭하였다. 남북 간의 교류협력이 다양한 분야에서 진전되면서 한반도의 냉전적 대립구도는 크게 완화되었다. 개성공단이 건설되어 남북한 간의 경제교류는 그 이후의 남북관계 악화에도 불구하고 지속되고 있다. 또한 김대중은 김대중-오부치 선언을 통하여 한일관계를 한층 발전시키고 일본문화를 개방함으로써 일본에 한류 열풍이 일어날 수 있도록 하였다. 미국과 중국 등 주변 강국들에게 치우치지 않는 현실적인 외교 전략을 구사하여 국가 이익 증대에도 큰 기여를 하였다. 김대중은 국내외적인 민주화의 신장과 한반도 평화정착에 대한 공로를 인정받아 2000년 노벨평화상을 수상하였다. 이는 한국인으로서 최초의 노벨상 수상이었다.

이처럼 재임시기 김대중의 자료는 위와 같은 국민의 정부의 각종 업적과 활동을 파악하는 데에 중요한 의미가 있다. 재임시기 김대중의 자료는 대통령 연설문집 형태로 이미 정부에서 발간한 공식 자료가 존재하고 있다.

제4시기(1997.12~2003.02) 저작유형 건수

유형	연설문	축사	대담/인터뷰	기자회견문	대화록	성명서	서신류	발간사	기고문	기타	합계
건수	700	151	83	35	5	4	2	2	2	3	987

2) 제4시기 저작목록

연번	시기 구분	제목	행적일	언어	저작유형
1	4	[제15대 대통령 당선 후 첫 내외신 합동 기자회견 및 일문일답]	1997.12.19	한국어	기자회견문
2	4	[제15대 대통령당선자 신년사] 위대한 한국인의 저력을 보여줍시다	1998.01.01	한국어	연설문
3	4	['인터내셔널 헤럴드 트리뷴(International Herald Tribune)' 버나드 크리셔(Bernard Krisher) 기자와의 대담. 1월 5일자] An Interview With Kim Dae Jung	1998.01.04	영어	대담/인터뷰
4	4	[제15대 대통령직인수위원회 제1차 전체회의시 말씀]	1998.01.06	한국어	연설문
5	4	[제15대 대통령직인수위원회 제2차 전체회의시 말씀]	1998.01.13	한국어	연설문
6	4	[텔레비전 생중계 〈김대중 차기대통령의 국민과의 TV대화〉 요지]	1998.01.18	한국어	대화록
7	4	[제15대 대통령직인수위원회 제3차 전체회의시 말씀]	1998.01.20	한국어	연설문
8	4	['아사히신문(朝日新聞)' 1월 23일자] 韓国経済、民主化へ決意 金大中·新大統領が会見	1998.01.22	일본어	대담/인터뷰
9	4	[제15대 대통령직인수위원회 제4차 전체회의시 말씀]	1998.02.03	한국어	연설문
10	4	[제15대 대통령직인수위원회 제5차 전체회의시 말씀]	1998.02.10	한국어	연설문
11	4	[독일 '슈피겔(Der Spiegel)' 2월 23일자] Fünfmal dem Tod nahe	1998.02.16	독일어	대담/인터뷰
12	4	[제15대 대통령직인수위원회 제6차 전체회의후 격려사]	1998.02.17	한국어	연설문
13	4	['CNN' 회견] South Korea's Financial Crisis	1998.02.19	영어	대담/인터뷰

연번	시기 구분	제목	행적일	언어	저작유형
14	4	['뉴스위크(Newsweek)' 3월 2일자] The Power of Democracy	1998.02.20	영어	대담/인터뷰
15	4	['타임(TIME)' 3월 2일자] A Government By The People	1998.02.24	영어	대담/인터뷰
16	4	[제15대 대통령 취임사] 국난극복과 재도약의 새시대를 엽시다	1998.02.25	한국어	연설문
17	4	[제15대 대통령 취임 축하연] 위기극복에 다함께 나섭시다	1998.02.25	한국어	연설문
18	4	[제79주년 3·1절 기념사] 3·1운동의 대화합 정신으로 국난극복	1998.03.01	한국어	연설문
19	4	[1998년도 학군사관후보생 임관식] 문무를 겸비한 새시대의 민주국군	1998.03.02	한국어	연설문
20	4	[신임 국무위원 임명장 수여 및 다과회] 합심과 협력으로 국민에게 희망과 안정을	1998.03.03	한국어	연설문
21	4	[김종필 총리서리 임명 관련 국민 여러분께 드리는 말씀] 국정공백을 막기 위한 화합과 협력	1998.03.03	한국어	연설문
22	4	[공군중장 진급 및 보직신고 시 말씀]	1998.03.13	한국어	연설문
23	4	[육군사관학교 제54기 졸업 및 임관식] 국민의 신뢰와 사랑을 받는 민주군대의 핵심	1998.03.16	한국어	연설문
24	4	[해군사관학교 제52기 졸업 및 임관식] 바다를 통한 세계화의 첨병	1998.03.18	한국어	연설문
25	4	[주광일 제4대 국민고충처리위원회 위원장 위촉 및 신임감사위원, 이북5도 지사 임명장 및 위촉장 수여식 훈시]	1998.03.19	한국어	연설문
26	4	[공군사관학교 제46기 졸업 및 임관식] 공군력은 현대전의 중심이자 핵심전략	1998.03.20	한국어	연설문
27	4	[오부치 게이조(小淵惠三) 일본 외상 접견록]	1998.03.21	한국어	대화록

연번	시기 구분	제목	행적일	언어	저작유형
28	4	[경찰대 제14기 졸업 및 임용식] 국민과 함께 하는 국민의 경찰	1998.03.23	한국어	연설문
29	4	[청와대 출입기자 초청 오찬 간담회] 정치안정을 위한 야당의 협력 절실	1998.03.24	한국어	연설문
30	4	[제30회 국가조찬기도회] 구국의 결의와 실천을 다짐하며	1998.03.25	한국어	연설문
31	4	['파이스턴 이코노믹 리뷰(Far Eastern Economic Review)' 회견] (SOUTH KOREA) A New Helmsman	1998.03.26	영어	대담/인터뷰
32	4	[제1회 무역투자진흥대책회의] 지금의 난국을 재도약의 기회로	1998.03.27	한국어	연설문
33	4	[시·도 지사 오찬] 소신과 독자성 살린 지방행정 실시	1998.03.28	한국어	연설문
34	4	[제주 국제컨벤션센터 기공식 축하 메시지] 세계 평화와 발전을 이끄는 세계 평화의 섬	1998.03.30	한국어	축사
35	4	[영국경제인연합회(CBI) 초청 오찬] 한·영 공동이익을 위한 상호협력체제 강화	1998.04.02	한국어	연설문
36	4	[영국 금융계 인사와의 조찬 간담회] Strengthening of Economic Ties	1998.04.02	영어	연설문
37	4	[제2차 아시아 유럽정상회의(ASEM) 제1세션(경제·금융 분야)] One of the Most Important Tasks to Resolve	1998.04.03	영어	연설문
38	4	[런던대학교(University of London) 소아즈(SOAS) 초청 강연] 남북간 화해와 교류·협력 추진	1998.04.04	한국어	연설문
39	4	[제2차 아시아유럽정상회의(ASEM) 참석 후 귀국기자회견] 한국에 고위급 투자사절단 파견	1998.04.05	한국어	기자회견문
40	4	[제42회 신문의 날 리셉션] 비판없는 찬양보다는 우정있는 비판을	1998.04.06	한국어	연설문

연번	시기 구분	제목	행적일	언어	저작유형
41	4	[전국 검사장 오찬] 국민의 신뢰와 존경받는 검찰상 정립	1998.04.13	한국어	연설문
42	4	[타보 음베키(Thabo Mbeki) 남아프리카공화국 부통령 방한 기념 오찬] 아프리카·아시아간 가교의 역할 기대	1998.04.15	한국어	연설문
43	4	['제30회 한일·일한 경제인회의' 축하 메시지] 한·일 경제협력의 새로운 전기 마련	1998.04.16	한국어	축사
44	4	[세계인권선언 50주년 기념 메시지]	1998.04.16	한국어	연설문
45	4	['광주일보' 4월 20일자] 김대중 대통령 본사 창사 46주년 특별회견	1998.04.17	한국어	대담/인터뷰
46	4	[4·19혁명 제38주년 국가조찬기도회] 숭고하게 피어난 민주와 정의의 불꽃	1998.04.18	한국어	연설문
47	4	[경제 5단체장 및 원철희 농협중앙회장 초청 오찬] 무한경쟁시대는 최고만이 살아남는 시대	1998.04.20	한국어	연설문
48	4	['제31회 과학의 날' 기념식 축하 메시지] 제31회 과학의 날 대통령 메시지	1998.04.21	한국어	축사
49	4	[한국산업디자인진흥원 주최 '1998 한국디자이너대회'] 디자인 산업은 굴뚝없는 공장	1998.04.21	한국어	연설문
50	4	['백제역사 재현단지 기공식' 축하 메시지] 세계 속의 문화국가를 향한 토대	1998.04.21	한국어	축사
51	4	['파이낸셜타임스(Financial Times)' 주최 '서울 경제국제회의' 기조연설] 민주주의와 시장경제는 시대적 과제	1998.04.23	한국어	연설문
52	4	[중앙부처 3급 이상 고위공직자 대상 강연] 공무원은 개혁의 대상이 아니라 개혁의 주체	1998.04.27	한국어	연설문
53	4	[청와대 예방 후진타오(胡錦濤) 중국 국가 부주석 초청 오찬] 아시아·태평양시대의 동반자	1998.04.28	한국어	연설문
54	4	[나라와 민족을 위한 기원법회] 호국불교의 장엄한 정신으로 국난극복	1998.04.29	한국어	연설문

연번	시기 구분	제목	행적일	언어	저작유형
55	4	[일본 언론사 정치부장단 접견 말씀] 마음으로부터 화해하고 협력하는 한·일관계	1998.04.29	한국어	연설문
56	4	[제5회 나라와 민족을 위한 대구경북 국가기도회] 국민화합의 중심축은 동서화합	1998.04.30	한국어	연설문
57	4	[대구 – 포항 간 고속도로 기공식] 전국으로 세계로 뻗어가는 고속도로	1998.04.30	한국어	연설문
58	4	[『金大中氏を殺すな!』 발간사]	1998.04.**	일본어	발간사
59	4	[법의 날 수상자 및 대한변호사협회 임원 등 법조계 인사들 청와대 초청 오찬] 법은 엄격히 적용하되 자유는 최대한 보장	1998.05.01	한국어	연설문
60	4	[노사협력 유공자 청와대 초청 오찬] 노사협력으로 선진국을 향한 재도약	1998.05.02	한국어	연설문
61	4	[불기 2542년 부처님 오신 날 축하 메시지] 빈자일등(貧者一燈) 의 정신으로 국난극복	1998.05.03	한국어	축사
62	4	[제76회 어린이날 맞이 '어린이기자들과의 간담회' 축하 메시지] 어린이 여러분, 사랑합니다	1998.05.05	한국어	축사
63	4	새정치 국민회의 중앙당 후원회 행사 총재 축하 메시지	1998.05.06	한국어	축사
64	4	[군 주요지휘관 초청 오찬] 외국인 투자 유치의 기초는 튼튼한 안보	1998.05.06	한국어	연설문
65	4	[민주평화통일자문회의 운영위원 및 상임위원 초청 다과회] 지금은 남북간 화해·협력의 단계	1998.05.07	한국어	연설문
66	4	[일본 '전 왕인묘(傳 王仁墓)' 사적 지정 60주년 기념행사 축하 메시지] 한·일 문화교류 역사의 상징	1998.05.09	한국어	축사
67	4	[방송 3사 TV 생중계 '국민과의 대화'] 열린 마음으로 국민과 함께	1998.05.10	한국어	대화록
68	4	[국가경제회생 및 대통령을 위한 구국기도회] 화합과 단결로 재도약의 기회 창출	1998.05.14	한국어	연설문

연번	시기 구분	제목	행적일	언어	저작유형
69	4	[스승의 날 유공자 포상 및 오찬] 삼위일체의 전인교육 실현	1998.05.15	한국어	연설문
70	4	[국제라이온스협회 355복합지구 제1회 연차대회 축하 메시지] 용기와 희망을 주는 사랑과 봉사의 정신	1998.05·16	한국어	축사
71	4	[전국 187개 대학 총·학장 초청 오찬] 21세기를 대비해야 할 대학교육	1998.05.18	한국어	연설문
72	4	[여성계 인사 2백여 명 초청 오찬] 21세기는 여성의 시대	1998.05.20	한국어	연설문
73	4	['비즈니스위크(BusinessWeek)' 회견] Our Economy Will Gather Force	1998.05.23	영어	대담/인터뷰
74	4	[미합중국 전몰장병 추모일 메시지] 자유와 평화를 위한 고귀한 희생	1998.05.25	한국어	연설문
75	4	[도서벽지 초등학생 청와대 초청 격려] 항상 이웃을 위해 사는 사람이 되기를	1998.05.26	한국어	연설문
76	4	[국제라이온스협회 354복합지구 제22회 연차대회 축하 메시지] 사랑과 봉사의 실천을 다짐하는 뜻깊은 자리	1998.05.28	한국어	축사
77	4	[국회 개원 50주년 경축 연설] 국회는 정치개혁과 나라 안정의 중심	1998.05.29	한국어	연설문
78	4	[명동대성당 축성 100주년 및 김수환 추기경 서울대교구장 착좌 30주년 기념 미사 축하 메시지] 우리 사회의 정의를 위한 빛과 소금의 현장	1998.05.29	한국어	축사
79	4	['1998 세계 해양의 해' 기념식] 21세기 신해양시대를 열며	1998.05.30	한국어	연설문
80	4	필리핀 독립 100주년 기념 대통령 축하메시지	1998.06.01	한국어	축사
81	4	['제15차 범태평양 국제학술대회' 축하 메시지] 아시아 금융위기 극복을 위한 토론의 장	1998.06.01	한국어	축사
82	4	['뉴욕타임즈(The New YorK Times)' 회견]	1998.06.01	한국어	대담/인터뷰

연번	시기 구분	제목	행적일	언어	저작유형
83	4	[독일 경제지 '한델스브라트(Handelsblatt)' 회견] Kim will Südkorea attraktiv für Investoren machen	1998.06.05	독일어	대담/인터뷰
84	4	[국민의 정부 출범 100일과 미국 국빈 방문 기자회견 서두말씀] 취임 100일, 국난극복의 출발	1998.06.05	한국어	기자회견문
85	4	['1998 기아체험 24시간 캠프' 영상 메시지] 참다운 사랑의 체험이 되기를	1998.06.05	한국어	연설문
86	4	[국제인권연맹(ILHR) '올해의 인권상' 수상] 인권은 역사가 증명한 인류의 보편적 가치	1998.06.07	한국어	연설문
87	4	[뉴욕 메트로폴리탄 박물관 한국전시실 개관 만찬] 은근과 끈기로 대표되는 한국인의 저력	1998.06.08	한국어	연설문
88	4	[뉴욕증권거래소 주최 조찬] 한국 경제의 도전과 비전	1998.06.08	한국어	연설문
89	4	[Invest-in-Korea Forum 메시지] Rare Investment Opportunities	1998.06.08	영어	연설문
90	4	[아시아소사이어티(Asia Society), 코리아소사이어티(The Korea Society), 미국외교협회(CFR) 주최 오찬] 한반도와 동북아의 새로운 도전	1998.06.09	한국어	연설문
91	4	[미국 국빈방문 공식환영식 답사] 21세기 세계 선진대열을 향한 새로운 투쟁	1998.06.09	한국어	연설문
92	4	[앨 고어(Al Gore) 미국 부통령 주최 오찬 답사] 한국은 경제위기 극복의 가장 모범적인 나라	1998.06.10	한국어	연설문
93	4	[한·미 정상회담 공동기자회견 서두말씀] 21세기를 향한 한차원 높은 동반자 관계	1998.06.10	한국어	기자회견문
94	4	[빌 클린턴(Bill Clinton) 미국 대통령 내외 주최 국빈만찬 답사] 한·미 협력은 아시아와 세계평화에 기여	1998.06.10	한국어	연설문
95	4	[미 상공회의소 주최 조찬] 외국인 투자 유치는 한국 경제의 활로	1998.06.10	한국어	연설문

연번	시기 구분	제목	행적일	언어	저작유형
96	4	[미 의회 상하 양원 합동회의] 한국의 경제위기 극복과 미국의 역할	1998.06.10	한국어	연설문
97	4	[조지타운 대학교(Georgetown University) 인문학 명예박사학위 수여식] 아시아에서 민주주의의 가능성과 한국의 장래	1998.06.11	한국어	연설문
98	4	[(탠리 로스(Stanley Roth) 국무부 아태담당 차관보, 밥 돌(Bob Dole) 전 공화당 대통령 후보, 브루스 커밍스(Bruce Cumings) 시카고대 교수 등) 미국 주요 인사 250여 명 초청 리셉션] 민주주의와 시장경제는 국정운영의 기본	1998.06.11	한국어	연설문
99	4	[스탠퍼드대학교(Stanford University) 연설] 경제개혁의 핵심은 민주적 시장경제의 확립	1998.06.13	한국어	연설문
100	4	[스탠퍼드대학교(Stanford University) 총장 주최 오찬] 벤처기업의 역할과 양국간 협력	1998.06.13	한국어	연설문
101	4	[리처드 리오던(Richard Riordan) 로스앤젤레스 시장 주최 만찬 답사] LA시장 초청 주요인사 만찬 대통령 만찬답사	1998.06.13	한국어	연설문
102	4	['CNN' 짐 클랜시(Jim Clancy) 앵커와의 인터뷰]	1998.06.14	한국어	대담/인터뷰
103	4	[미국 국빈방문 귀국기자회견 서두말씀] 제2의 건국 정신으로 국난타개	1998.06.14	한국어	기자회견문
104	4	[대한민국수립 50주년기념] 건국 50주년을 역사의 전환점으로	1998.06.16	한국어	연설문
105	4	[아웅산 수지(Aung San Suu Kyi) 여사의 생일 기념 축하 서신]	1998.06.19	영어	서신류
106	4	[재향군인회 주관 '6·25 제48주년 참전용사 위로연'] 한반도의 안보와 평화에 대한 책임 완수	1998.06.25	한국어	연설문
107	4	[1·2기 노사정위원 21명 전원 초청 오찬] 공생공영의 길을 찾아야 할 노사정	1998.06.26	한국어	연설문
108	4	[고려대 명예경제학박사 학위 수여식 기념 강연] 총체적 국가개혁으로 21세기를 준비	1998.06.30	한국어	연설문

연번	시기 구분	제목	행적일	언어	저작유형
109	4	['99 범죄예방 지원봉사자 한마음대회'] 범죄예방은 도덕사회의 밑거름	1998.07.01	한국어	연설문
110	4	['제2회 전국 동시지방선거' 선출 지방자치단체장 취임 축하메시지] 21세기는 세계화·지방화의 시대	1998.07.01	한국어	축사
111	4	['제3회 여성주간 기념식'] 위대한 한국 여성의 힘	1998.07.03	한국어	연설문
112	4	[전국경제인연합회 회장단 초청 오찬] 정부와 재계는 나라경제 살리는 동반자	1998.07.04	한국어	연설문
113	4	[2기 민선 시·도 지사 초청 오찬] 국민 대단합을 선도하는 지방행정	1998.07.08	한국어	연설문
114	4	[한국청년회의소 간부 초청 다과회] 국제화 시대에 젊은 기업가가 가야 할 길	1998.07.09	한국어	연설문
115	4	['제52회 프랑스 아비뇽 축제' 축하 메시지] 한·불 문화교류 활성화의 계기	1998.07.13	한국어	축사
116	4	['타임(TIME)' 8월 17일자] (INTERVIEW : President KIm Dae Jung on Korea's new direction) We Will Build Our Nation	1998.07.20	영어	대담/인터뷰
117	4	[안병우 예산청장 등 청장 15인 초청 오찬] 실력과 공로만이 평가받는 공직사회 실현	1998.07.20	한국어	연설문
118	4	[중소기업인 22명 초청 오찬] 중소기업은 국가경제의 핵심적인 기반	1998.07.22	한국어	연설문
119	4	[대통령자문기구 새교육공동체 위원 위촉장 수여식] 선진국 진입의 열쇠는 교육개혁	1998.07.24	한국어	연설문
120	4	[민주평화통일자문회의 '제8기 제2차 해외지역회의' 개회사] 한반도 통일환경 조성에 앞장	1998.07.26	한국어	연설문
121	4	[워싱턴포스트(The Washington Post) 동북아시아지국국장 케빈 설리반(Kevin Sullivan)에게 보내는 답신] Time to Invest in Children	1998.08.10	영어	연설문

연번	시기 구분	제목	행적일	언어	저작유형
122	4	[10개 보훈단체 회장단 초청 오찬] 제2의 건국은 21세기를 준비하는 운동	1998.08.11	한국어	연설문
123	4	[정부수립 50주년 기념 '자랑스런 재외동포' 선정 재외동포 14인 초청 다과회] 소수민족이 현명하게 살아가는 길	1998.08.11	한국어	연설문
124	4	[정부수립 50주년 기념 '대한민국 50년 – 우리들의 이야기전' 개막식] 참으로 위대한 50년만의 민주적 정권교체	1998.08.14	한국어	연설문
125	4	['대한민국 50돌 8·15 경축식'] 제2의 건국에 동참합시다	1998.08.15	한국어	연설문
126	4	['한국경제학회 제8차 국제학술대회' 축사] 한국 경제학회 제8차 국제학술대회 대통령 축사	1998.08.18	한국어	축사
127	4	[1998년 제2회 추가경정예산안 제출에 즈음한 시정연설] 구조조정과 개혁의 성공적 마무리를 위해	1998.08.18	한국어	연설문
128	4	['98 세계 청소년 태권도 문화관광축제' 축하 메시지] 세계 태권도 가족의 화합의 장	1998.08.18	한국어	축사
129	4	[아·태지도자회의 참석자 접견 말씀] 경제발전의 바탕은 민주주의	1998.08.19	한국어	연설문
130	4	[여성언론인 등 60여 명 초청 오찬] 21세기 주역으로서의 여성의 역할	1998.08.20	한국어	연설문
131	4	[서해안고속도로 목포–무안 간 개통식] 세계로 뻗어가는 경제발전의 기지	1998.08.25	한국어	연설문
132	4	[『국민과 함께 내일을 연다』 발간사]	1998.09.01	한국어	발간사
133	4	[헌법재판소 창립 10주년 기념식] 국민의 기본권과 민주주의의 신성한 수호자	1998.09.01	한국어	연설문
134	4	[한국방송협회 주최 '제35회 방송의 날' 자축연] 방송의 역할과 사명	1998.09.02	한국어	연설문

연번	시기 구분	제목	행적일	언어	저작유형
135	4	[『제1회 공무원 문예대전 작품집』 발간 축사] 문학으로 표현한 충절과 사랑의 열매	1998.09.04	한국어	축사
136	4	[중앙선거관리위원 초청 오찬] 정치개혁으로 민주주의 발전 도모	1998.09.09	한국어	연설문
137	4	[경주 세계문화엑스포 개막제] 사랑과 평화의 시대를 향한 세계인의 축제	1998.09.11	한국어	연설문
138	4	[경주 세계문화엑스포 개막제 초청인사 오찬] 문화·관광산업은 국가의 기간산업	1998.09.11	한국어	연설문
139	4	[원전 울진 3호기 준공식] 에너지 자립기반 구축의 상징	1998.09.11	한국어	연설문
140	4	[로만 헤어초크(Roman Herzog) 독일 대통령 초청 국빈만찬] 전쟁과 경제 기적의 경험을 공유한 우방국가	1998.09.15	한국어	연설문
141	4	[한·독 산업협력위원회 중간회의] 한·독 경제협력의 새로운 전기	1998.09.17	한국어	연설문
142	4	[유엔환경계획(UNEP) 제5차 국제청정생산 고위급회의 개회식 축하 메시지] 환경보전은 인류 모두의 공동책임	1998.09.17	한국어	축사
143	4	[제3회 부산국제영화제 개막식 축하메시지 : 9월 24일 상영] 문화한국의 미래를여는 축제	1998.09.17	한국어	축사
144	4	[로스엔젤레스 '제25회 한국의 날 축제' 개막식 축하 메시지] 해외동포는 조국의 얼굴이자 민간외교관	1998.09.17	한국어	축사
145	4	[이북5도위원회 주최 '이북도민 체육대회' 축하메시지] 남북 교류·협력 확대는 통일의 밑거름	1998.09.20	한국어	축사
146	4	[민주평화통일자문회의 제8기 제2차 전체회의 개회사] 민주평통은 민족화합의 구심점	1998.09.23	한국어	연설문
147	4	['제36회 전국도서관대회' 개막식 축하 메시지] 도서관 문화 발전의 뜻깊은 계기가 되기를	1998.09.24	한국어	축사

연번	시기 구분	제목	행적일	언어	저작유형
148	4	['제79회 전국체육대회' 개막식] 단결과 화합의 스포츠 제전	1998.09.25	한국어	연설문
149	4	['제25회 관광진흥촉진대회' 2001년 한국 방문의 해 선포문] 화합하는 인류, 평화로운 세계 건설에 기여	1998.09.26	한국어	연설문
150	4	[경제특별기자회견 서두말씀] 국난극복의 진정한 힘은 신념과 용기	1998.09.28	한국어	기자회견문
151	4	[뉴욕 '코리아 페스티벌' 개막식 축하 메시지] 세계 속의 우리 문화와 전통	1998.09.28	한국어	축사
152	4	[제35회 전국여성대회] 여성의 발전은 국가 발전의 밑거름	1998.09.29	한국어	연설문
153	4	[건군 50주년 국군의 날] 조국과 국민과 함께하는 진정한 국민의 군대	1998.10.01	한국어	연설문
154	4	[제2회 노인의 날] 노인복지는 복지사회의 새로운 척도	1998.10.02	한국어	연설문
155	4	[제2의 건국범국민 추진위원회 위원 위촉장 수여식] 21세기를 위한 새로운 건국운동	1998.10.02	한국어	연설문
156	4	[주일 한국특파원 간담회 요지]	1998.10.07	한국어	연설문
157	4	[도쿄 지역 동포 간담회 격려사]	1998.10.07	한국어	연설문
158	4	[일본 기독교단체 초청 리셉션] 21세기를 향한 한·일간의 과제	1998.10.07	한국어	연설문
159	4	[아키히토(明仁) 일본 천황 내외 주최 국빈만찬 답사] 깊고 오랜 교류의 역사를 가진 이웃	1998.10.07	한국어	연설문
160	4	[한일공동기자회견 모두발언]	1998.10.08	한국어	기자회견문
161	4	[일본 경제단체 공동주최 오찬] 외국인의 투자 환경 획기적으로 개선	1998.10.08	한국어	연설문
162	4	[일본 국회 참의원 본회의 연설] 21세기의 새로운 한·일 동반자 관계 구축	1998.10.08	한국어	연설문

연번	시기구분	제목	행적일	언어	저작유형
163	4	['NHK' 주최 좌담회]	1998.10.08	한국어	대담/인터뷰
164	4	[오부치 게이조(小淵惠三) 일본 총리 주최 만찬 답사] 한·일 선린우호의 새시대 개막	1998.10.08	한국어	연설문
165	4	[방일 수행기자단 간담회 대담]	1998.10.09	한국어	대담/인터뷰
166	4	[일본 정계 지도자 초청 오찬] 21세기 신시대를 향한 한·일 협력	1998.10.09	한국어	연설문
167	4	[오사카 지역 동포 간담회 격려사]	1998.10.09	한국어	연설문
168	4	[간사이 지역 주요단체 주최 만찬] 한·일간 국민적 협력의 신시대 개막	1998.10.09	한국어	연설문
169	4	[일본 문화계 인사와의 간담회 모두 말씀과 면담록]	1998.10.10	한국어	연설문
170	4	[일본방문 귀국 기자회견 서두말씀] 21세기 좋은 이웃의 길을 트다	1998.10.10	한국어	기자회견문
171	4	[1999년도 예산안 제출에 즈음한 국회 본회의 시정연설] 국난극복과 재도약을 위하여	1998.10.19	한국어	연설문
172	4	['제53주년 경찰의 날' 기념 모범 경찰 청와대 초청 오찬] 민주경찰의 사명과 자세	1998.10.19	한국어	연설문
173	4	['1998 문화의 날' 기념식] 21세기 세계일류 문화국가를 향하여	1998.10.20	한국어	연설문
174	4	[꽃동네 현도사회복지대 준공식 축하 메시지] 복지 서비스 수준 향상의 훌륭한 전기	1998.10.20	한국어	축사
175	4	['제53주년 경찰의 날'] 민주수호의 진정한 국민의 경찰이 되기를	1998.10.21	한국어	연설문
176	4	[문화예술계 인사 초청 오찬] 문화의 교류와 문화산업의 발전	1998.10.21	한국어	연설문
177	4	[코피 아난(Kofi Annan) UN 사무총장 초청 오찬] 세계의 평화를 지키는 평화의 사도	1998.10.23	한국어	연설문

연번	시기 구분	제목	행적일	언어	저작유형
178	4	[압둘라 빈 압둘 아지즈(Abdullah bin Abdul Aziz) 사우디아라비아 왕세자 초청 오찬] 한·사우디아라비아 협력의 디딤돌 마련	1998.10.24	한국어	연설문
179	4	['제6차 한·일포럼' 축하 메시지] 한·일 간 우호 협력 강화의 기틀 마련	1998.10.25	한국어	축사
180	4	[새로운 청소년헌장 선포식 축하 영상메시지] 스스로 책임지는 청소년이 되기를	1998.10.25	한국어	축사
181	4	[멜레스 제나위(Meles Zenawi) 에티오피아 총리 내외 초청 만찬] 자유와 평화를 위한 혈맹의 우호관계	1998.10.26	한국어	연설문
182	4	['뉴스위크(Newsweek)' 11월 9일자] Open Arms, Open Doors	1998.10.28	영어	대담/인터뷰
183	4	[한국교원단체총연합회 주최 '교직안정을 위한 전국 교육자 대표자대회' 축하 메시지] 창의적인 지·덕·체 전인교육 달성	1998.10.29	한국어	축사
184	4	[아태지역 유엔개발계획(UNDP) 밀레니엄회의 주요 참석인사 초청 오찬] 21세기는 지구촌시대	1998.10.31	한국어	연설문
185	4	[오사카 '제9회 사천왕사 왔소' 축하 메시지] 한·일 민간 문화교류의 모범적 전형	1998.11.03	한국어	축사
186	4	['코리아타임스(The Korea Times)' 창간48주년 기념] Era of Universal Globalism Dawning	1998.11.04	영어	기고문
187	4	[2002년 월드컵 축구대회 주경기장 건설공사 기공식] 21세기 평화와 번영의 요람	1998.11.06	한국어	연설문
188	4	[한·미 연합군사령부 창설 20주년 축하 메시지] 한·미 안보동맹의 구심체	1998.11.07	한국어	축사
189	4	[제36주년 소방의 날 축하 메시지] 국민의 안전을 지키는 파수꾼	1998.11.09	한국어	축사
190	4	[베이징대학교(北京大學校) 연설] 동북아지역의 평화와 안정을 위한 한·중 협력	1998.11.12	한국어	연설문

연번	시기 구분	제목	행적일	언어	저작유형
191	4	[베이징 내외신 기자회견] To Take Relations a Notch Higher	1998.11.13	영어	기자회견문
192	4	[베이징 한·중 경제인 주최 오찬] 한·중 경제협력의 발전방향	1998.11.13	한국어	연설문
193	4	[한국국립국악관현악단과 중국중앙민족악단 베이징 합동공연 축하 메시지] 문화교류는 국가간 교류의 핵심적 기반	1998.11.13	한국어	축사
194	4	[상하이 한·중경제인초청 연설] 공동번영을 위한 한·중 경제협력 증진	1998.11.14	한국어	기자회견문
195	4	[아시아태평양경제협력체(APEC) 최고경영자회의 기조연설] 아시아 경제의 재도약을 위한 협력	1998.11.16	한국어	연설문
196	4	[한·홍콩 경제인 주최 연설회] 새롭게 태어나는 한국 경제	1998.11.19	한국어	연설문
197	4	[둥젠화(董建華) 홍콩특구 행정수반 내외 주최 만찬 답사] 21세기 공동번영을 위한 새로운 협력관계	1998.11.19	한국어	연설문
198	4	[중국 방문 및 아시아태평양경제협력체(APEC) 최고경영자회의 참석 후 귀국기자회견 서두말씀] 새로운 외교사 정립한 국민의 정부	1998.11.20	한국어	기자회견문
199	4	[한·미 정상회담 공동기자회견] 굳건한 한·미 동맹관계의 재확인	1998.11.21	한국어	기자회견문
200	4	[빌 클린턴(Bill Clinton) 미국 대통령 초청 만찬] 차원 높은 한·미 동반자 관계 구축	1998.11.21	한국어	연설문
201	4	['CNN'과의 회견]	1998.11.23	한국어	대담/인터뷰
202	4	[금융인 130인 초청 오찬] 자율과 개혁으로 새롭게 태어나는 금융계	1998.11.24	한국어	연설문
203	4	[한국불교종단협의회 주최 국난극복기원 참회대법회 민족 대화합 기원 메시지] 호국불교의 전통 이어받은 참회대법회	1998.11.29	한국어	연설문

연번	시기 구분	제목	행적일	언어	저작유형
204	4	[제35회 무역의 날] 수출은 우리 경제 도약의 견인차	1998.11.30	한국어	연설문
205	4	[구세군 선교 90주년 기념 축하 메시지] 따뜻하고 훈훈한 사랑을 전하는 구세군	1998.12.01	한국어	축사
206	4	[제35회 한일·일한 협력위원회 합동총회 축하 메시지] 한·일 파트너십 공동선언 실천의 장	1998.12.01	한국어	축사
207	4	['비전 코리아' 두뇌강국 실천전략 국민보고대회] 창조적 지식은 국가경쟁력의 원천	1998.12.02	한국어	연설문
208	4	['제8차 세계교회 협의회(WCC) 집회' 메시지] To Realize Justice, Peace and Freedom of Conscience	1998.12.02	영어	연설문
209	4	[저작물 스웨덴어 번역 관련 최병은에게 보내는 서신]	1998.12.07	영어	서신류
210	4	[유네스코(UNESCO) 프랑스 정부 공동 주최 세계인권선언 50주년 기념 행사 축하 메시지] 인권은 인류보편의 가치	1998.12.08	한국어	축사
211	4	[1998 전국 새마을지도자대회] 제2의 건국의 중심이 되는 제2의 새마을운동	1998.12.08	한국어	연설문
212	4	['장애인 인권헌장 선포식' 축하 메시지 : 12월 9일 상영] 21세기 참된 민주복지국가 건설의 밑거름	1998.12.08	한국어	축사
213	4	[제50회 세계인권선언 기념식] 인권보호를 위한 인류의 장전	1998.12.10	한국어	연설문
214	4	[전통예능·공예 분야 중요 무형문화재 보유자 초청 오찬] 가장 한국적인 문화가 가장 세계적인 문화	1998.12.10	한국어	연설문
215	4	[국제앰네스티 한국지부 주최 세계인권선언 50주년 기념 콘서트 축하 메시지] 인권의 소중함을 일깨우는 계기가 되기를	1998.12.10	한국어	축사

연번	시기 구분	제목	행적일	언어	저작유형
216	4	[농림수산계 인사 초청 오찬] 농림수산 분야의 지원 확대 및 방향	1998.12.11	한국어	연설문
217	4	[이웃돕기모금운동 사랑의 메시지] 어려운 이웃에게 사랑과 정성을	1998.12.12	한국어	연설문
218	4	['CBS' 창사 44주년 기념식 연설문]	1998.12.14	한국어	연설문
219	4	[천득령(Tran Duc Luong) 베트남 국가주석 내외 주최 만찬 답사] 한·베트남간 영원한 우의를 위하여	1998.12.16	한국어	연설문
220	4	[베트남 방문 및 아세안 정상회의 참석 귀국 기자회견 서두말씀] 동아시아의 결속과 화합	1998.12.17	한국어	기자회견문
221	4	[수평적 정권교체 1주년 기념식] 시련을 딛고 도약을 향하여	1998.12.18	한국어	연설문
222	4	[벤자민 음카파(Benjamin Mkapa) 탄자니아 대통령 초청 만찬] 한·탄자니아간 교류·협력 확대의 계기	1998.12.18	한국어	연설문
223	4	[제2회 부천국제판타스틱영화제 개막식 축하 영상메시지] 문화입국을 향한 또 하나의 전진	1998.12.18	한국어	축사
224	4	[한국민족예술인총연합회 창립 10주년 축하 메시지] 한국문화 세계화의 견인차	1998.12.18	한국어	연설문
225	4	[제2의 건국 범국민 추진위원회 제2차 전체회의] 제2의 건국운동은 시대적 요구	1998.12.23	한국어	연설문
226	4	[제13회 방콕아시안게임 참가 선수단 격려 오찬] 한국인의 저력을 보여준 아시안게임 성과	1998.12.28	한국어	연설문
227	4	[1999년 신년사] 찬란한 희망의 21세기를 향하여	1999.01.01	한국어	연설문
228	4	['KBS' 1TV '한·중·일 우정의 콘서트 1999' 축하 메시지] 우정과 희망을 나누는 합창	1999.01.01	한국어	축사
229	4	[대한상공회의소 주관 신년인사회] 개혁과 개건의 희망찬 새해를 맞이하며	1999.01.05	한국어	연설문

연번	시기 구분	제목	행적일	언어	저작유형
230	4	['국가정보원' 출범 축하 메시지] 국민에게 신뢰와 사랑을 받는 정보기관이 되기를	1999.01.22	한국어	축사
231	4	['세계일보' 2월 1일자 : 창간 10돌 특별회견] 김대통령 본보창간 10주년 특별인터뷰	1999.01.25	한국어	대담/인터뷰
232	4	['마산 MBC' 창사 30주년 기념 회견]	1999.01.28	한국어	대담/인터뷰
233	4	[99 건축문화의 해 선포식 축하 메시지] 삶의 질 개선과 문화경쟁력 강화의 전기	1999.01.29	한국어	축사
234	4	[영국에서 열린 '김대중 대통령 체류기념 현판식' 축하 메시지] 흔들리지 않는 지성과 미래를 향한 열정	1999.02.02	한국어	축사
235	4	[제2 건국 범국민 추진위원회 주최 '제2의 건국 한마음 다짐대회'] 제2의 건국운동은 나라를 바로 세우는 운동	1999.02.03	한국어	연설문
236	4	[재외 문화홍보관 및 한국관광공사 해외지사장 접견 말씀] 문화·관광 산업은 21세기의 기간산업	1999.02.04	한국어	연설문
237	4	['나라경제' 3월호 : 이진순 발행인과의 대담] (지령 100호 기념) 김대중대통령 특별인터뷰	1999.02.12	한국어	대담/인터뷰
238	4	[한국과학기술원(KAIST) 졸업식 축하 영상 메시지] 21세기는 무형의 지식과 정보가 지배	1999.02.19	한국어	축사
239	4	['SBS' 〈국민과의 텔레비전 대화〉] 열린 마음으로 국민과 함께	1999.02.21	한국어	대화록
240	4	[아시아·미주지역 재외공관장 초청 만찬] 한국을 세일즈하는 무한경쟁시대의 첨병	1999.02.22	한국어	연설문
241	4	[취임 1주년 내외신 기자회견] 놀라운 용기와 애국심, 그리고 헌신적인 노력	1999.02.24	한국어	기자회견문
242	4	[아시아태평양경제협력체(APEC) 투자박람회 초청 메시지] Opportunities for the 21st Century	1999.02.24	영어	기타

연번	시기 구분	제목	행적일	언어	저작유형
243	4	['민주주의와 시장경제' 국제회의 기조연설] 시장경제와 민주주의는 수레의 두 바퀴	1999.02.26	한국어	연설문
244	4	[한국방송통신대 졸업식] 21세기의 주역은 신지식인	1999.02.27	한국어	연설문
245	4	[2·28 민주의거 39주년 기념식 메시지] 자유와 정의를 향한 국민적 염원의 발현	1999.02.28	한국어	연설문
246	4	[Foreword : 『DJnomics』]	1999.02.**	영어	서문
247	4	[제80주년 3·1절 기념사] 감사와 존경을 받아 마땅한 선열들의 애국심	1999.03.01	한국어	연설문
248	4	[3·1 독립운동 기념탑 제막식 축사] 3·1운동 정신은 민족의 앞길을 밝히는 횃불	1999.03.01	한국어	축사
249	4	['KBS' 창립 26돌 기념 특별대담]	1999.03.03	한국어	대담/인터뷰
250	4	['KBS' 〈일자리 100만개 만듭시다〉 격려 메시지] 일자리 창출은 우리 모두의 희망이자 과제	1999.03.02	한국어	연설문
251	4	[세계 여성의 날 기념 한국여성단체연합 개최 '제15회 한국여성대회' 축하 영상 메시지] 여성의 권익향상이 곧 국가 인권의 향상	1999.03.07	한국어	축사
252	4	[육군사관학교 제55기 졸업 및 임관식] 육군은 국가 방위의 최후 보루	1999.03.08	한국어	연설문
253	4	[공군사관학교 제47기 졸업 및 임관식] 미래전에 대비한 군사과학 전문교육의 요람	1999.03.10	한국어	연설문
254	4	[해군사관학교 제53기 졸업 및 임관식] 해군은 국가의 안전을 보위하는 핵심전력	1999.03.12	한국어	연설문
255	4	[제11회 한국방송프로듀서상 시상식 영상 메시지] 방송이 건강해야 사회가 건강	1999.03.12	한국어	연설문
256	4	['타임(TIME)' 기고] Finally, A Faint Glimmer of Hope	1999.03.15	영어	대담/인터뷰

연번	시기 구분	제목	행적일	언어	저작유형
257	4	[경찰대 제15기 졸업 및 임용식] 호국·봉사·정의는 경찰의 불변정신	1999.03.15	한국어	연설문
258	4	[출입기자 월례간담회 말씀]	1999.03.19	한국어	대담/인터뷰
259	4	[오부치 게이조(小淵惠三) 일본 총리 내외 초청 만찬] 가까운 친구의 나라	1999.03.20	한국어	연설문
260	4	[한국자유총연맹 창립 10주년 기념 '국민대화합 한마음대회'] 국민화합은 통일시대를 준비하는 기본 과제	1999.03.31	한국어	연설문
261	4	[1999년도 제1회 추가경정예산안 제출에 즈음한 시정연설] 일자리 창출에 역점을 둔 실업대책 예산	1999.04.02	한국어	연설문
262	4	[부활절 축하 메시지] 고통당하는 이웃을 돕는 것이 사랑과 화합의 실천	1999.04.04	한국어	축사
263	4	[제36회 대종상영화제 영상 메시지] 영화는 세계 문화시장을 이끌 전략상품	1999.04.08	한국어	연설문
264	4	[호스니 무바라크(Hosni Mubarak) 이집트 대통령 초청 만찬] 무궁무진한 한·이집트의 협력 가능성	1999.04.09	한국어	연설문
265	4	[해병대 창설 제50주년 기념 메시지] 국민의 방패다운 자랑스러운 해병	1999.04.10	한국어	연설문
266	4	[새천년준비위원 위촉장 수여 및 오찬] 새 천년에 가장 중요한 것은 의식개혁	1999.04.12	한국어	연설문
267	4	[미 연기금협회 'Pension 2000' 연례총회] 한국은 앞으로 가장 유망한 투자 대상국	1999.04.12	한국어	연설문
268	4	['부산 MBC' 창사 40주년 회견]	1999.04.13	한국어	대담/인터뷰
269	4	[청와대 출입기자 월례간담회 말씀]	1999.04.14	한국어	연설문
270	4	['코리아 헤럴드(Korea Herald)' 기고] A Modern Interpretation of the Idea of Loyalty and Filial Piety	1999.04.14	영어	기고문

연번	시기 구분	제목	행적일	언어	저작유형
271	4	['KBS' 대구방송 개국 60주년 기념 회견]	1999.04.14	한국어	대담/인터뷰
272	4	[하마드 빈 칼리파 알 타니(Hamad bin Khalifa Al Thani) 카타르 국왕 초청 만찬] 훌륭한 파트너로서의 한·카타르 협력	1999.04.16	한국어	연설문
273	4	[제2의 건국 지방추진위원장 워크숍 축하 메시지] 참여하고, 바르게 살며, 다시 뛰는 정신	1999.04.16	한국어	축사
274	4	[4·19혁명 제39주년 기념 국가조찬기도회 및 초청 강연회 축하 메시지] 4월혁명의 정신은 민주와 정의, 그리고 개혁	1999.04.17	한국어	축사
275	4	['한반도 평화를 위한 동북아 평화회의' 축하 메시지] 당장의 통일보다 평화정착이 우선적 과제	1999.04.19	한국어	축사
276	4	['전주 MBC' 창사 34주년 기념 회견]	1999.04.19	한국어	대담/인터뷰
277	4	[엘리자베스 2세 영국 여왕(Queen Elizabeth II) 초청 만찬] 백년을 기다려 온 귀한 손님	1999.04.20	한국어	연설문
278	4	[제32회 과학의 날 기념식] 과학기술입국은 국가 발전의 최우선 과제	1999.04.21	한국어	연설문
279	4	[신거제대교 개통식] 재도약의 기틀을 세울 화합의 다리	1999.04.22	한국어	연설문
280	4	[한국선물거래소 개장식] 부산은 21세기 동아시아 금융과 물류의 중심지	1999.04.23	한국어	연설문
281	4	[추안 릭파이(Chuan Leekpai) 태국 총리 초청 만찬] 민주주의와 시장경제라는 공통의 가치 추구	1999.04.26	한국어	연설문
282	4	[아프리카 문화탐사 서울 공식 발표회 축하 메시지] 아프리카는 무한한 가능성의 대륙	1999.04.27	한국어	축사
283	4	[제2차 재계·정부·금융기관 간담회] 노동자와 기업가는 공동운명체	1999.04.27	한국어	연설문

연번	시기 구분	제목	행적일	언어	저작유형
284	4	[프랑스 '르몽드(Le Monde)' 5월 6일자] Je suis resolu a prevenir a tout prix un conflit en Coree; L'ex-opposant juge que l'intervention de l'OTAN en ex-Yougoslavie etait inevitable, mais il regrette que l'ONU ait ete tenue a l'ecart de la decision	1999.04.29	프랑스어	대담/인터뷰
285	4	['제10회 전국사회복지대회' 축하 영상 메시지] 주권자인 국민을 위하는 것은 정부의 의무	1999.04.30	한국어	축사
286	4	[공공부문경영혁신대회 오찬] 정부개혁은 모든 개혁의 기본	1999.05.04	한국어	연설문
287	4	[제10회 '세계 언론인 국제회의(World Report Contributers Conference)' 참석자들과의 화상회견(CNN 생중계)] 햇볕정책에 대한 국제사회의 지지와 협조 기대	1999.05.05	한국어	연설문
288	4	['제77회 어린이날' 축하 메시지] 어린이는 21세기의 주역	1999.05.05	한국어	축사
289	4	['미국의 소리(VOA)' 회견]	1999.05.06	한국어	대담/인터뷰
290	4	[전북도청 출입기자단 기자회견 모두발언]	1999.05.10	한국어	기자회견문
291	4	[국가조찬기도회] 국민화합으로 하나님의 사랑을 실현	1999.05.12	한국어	연설문
292	4	['월간조선' 6월호 : 박정희 대통령 기념사업 관계자 32명 초청 비공개 만찬 발언] 김대중 대통령 육성 술회: 박정희와의 역사적 화해	1999.05.13	한국어	대담/인터뷰
293	4	[구미 국가산업단지(제4단지) 건설사업 기공식] 21세기 국가 정보화 산업의 중심지	1999.05.14	한국어	연설문
294	4	[스승의 날 기념 메시지] 국가 백년대계를 개혁으로 바로 세워야	1999.05.15	한국어	연설문
295	4	[청와대 출입기자 월례 간담회] 한반도 평화와 공존공영의 길	1999.05.17	한국어	연설문

연번	시기 구분	제목	행적일	언어	저작유형
296	4	[민주화추진협의회 결성 제15주년 기념식 축하 메시지] 국난극복과 새로운 도약의 굳은 결의	1999.05.17	한국어	축사
297	4	[불기 2543년 부처님 오신 날 봉축 메시지] 호국 불교의 전통을 국민화합으로 계승	1999.05.22	한국어	연설문
298	4	[수범 공직자 격려 오찬] 공직자는 개혁의 주체	1999.05.24	한국어	연설문
299	4	[한·러 경제인 초청 만찬] 미래를 위한 역동적 경제협력	1999.05.27	한국어	연설문
300	4	[모스크바 국립대학교(Moscow State University) 연설] 한반도 평화를 위한 중재자	1999.05.28	한국어	연설문
301	4	[보리스 옐친(Boris Yeltsin) 러시아 대통령 내외 주최 국빈만찬 답사] 한국과 러시아는 미래지향적 동반자	1999.05.28	한국어	연설문
302	4	[겐나디 셀레즈뇨프(Gennady Seleznyov) 러시아 하원의장 주최 오찬 답사]	1999.05.28	한국어	연설문
303	4	[세르게이 스테파신(Sergey Stepashin) 러시아 총리 주최 오찬 답사] 한반도 냉전구조 해소를 위한 공동 노력	1999.05.29	한국어	연설문
304	4	['2002 월드컵 성공기원 문화시민 한마당' 축하 메시지] 문화시민의 정신이 만드는 인류의 축제	1999.05.30	한국어	축사
305	4	['동학농민군 전주입성 기념 전야제' 축하 메시지] 꺼지지 않는 민주주의 정신의 불꽃	1999.05.30	한국어	축사
306	4	[주한미군에게 보내는 전몰장병 추모일(Memorial Day) 메시지] Sacred Sacrifice	1999.05.30	영어	추도사
307	4	[몽골 국회 연설] 함께 손잡고 여는 새로운 천년	1999.05.31	한국어	연설문
308	4	[나차긴 바가반디(Natsagiin Bagabandi) 몽골 대통령 내외 주최 국빈만찬 답사] 몽골의 미래 발전을 확신하며	1999.05.31	한국어	연설문
309	4	[러시아·몽골 국빈방문 귀국보고 및 기자회견]	1999.06.01	한국어	기자회견문

연번	시기 구분	제목	행적일	언어	저작유형
310	4	[아시아태평양경제협력체(APEC) 투자박람회 개막식] 아시아 경제의 밝은 미래를 위해	1999.06.02	한국어	연설문
311	4	['제4회 환경의 날' 메시지] 환경에 대한 투자는 미래에 대한 투자	1999.06.05	한국어	연설문
312	4	['제44회 현충일' 기념 추념사] 호국영령의 가호로 제2의 건국 실현	1999.06.06	한국어	연설문
313	4	[조지프 에스트라다(Joseph Estrada) 필리핀 대통령 내외 초청 만찬] 필리핀은 수교 50년의 전통 우방국	1999.06.07	한국어	연설문
314	4	[6·10항쟁 기념 '민주대합창 1999 음악제' 영상 메시지] 민주화와 개혁은 6·10항쟁의 정신	1999.06.10	한국어	연설문
315	4	[전국 학술단체 대표자 초청 오찬] 21세기는 지식정보화의 시대	1999.06.15	한국어	연설문
316	4	[고촉통(吳作棟) 싱가포르 총리 내외 초청 만찬] 싱가포르는 아시아의 작은 거인	1999.06.15	한국어	연설문
317	4	[국제올림픽위원회(IOC) 제109차 서울총회 개막식] 평화와 번영을 추구하는 올림픽 정신	1999.06.16	한국어	연설문
318	4	[국제올림픽위원회(IOC) 제109차 서울총회 참석인사 오찬환영사]	1999.06.16	한국어	연설문
319	4	[제2의 건국 범국민 추진위원회 주최 '지식사회로 가는 열린 대화'] 세계 일류국가를 향한 다짐	1999.06.23	한국어	연설문
320	4	[6·25 제49주년 참전용사 위로연] 한반도 평화와 번영을 위한 호국정신의 계승	1999.06.25	한국어	연설문
321	4	[예지 부제크(Jerzy Buzek) 폴란드 총리 초청 오찬]	1999.06.28	한국어	연설문
322	4	[필라델피아 자유메달 수상 기념 만찬] 자유와 인권은 인류의 보편적 권리이자 가치	1999.07.04	한국어	연설문
323	4	[필라델피아 자유메달 수상] 민주주의와 자유의 횃불	1999.07.04	한국어	연설문

연번	시기 구분	제목	행적일	언어	저작유형
324	4	[캐나다 국빈방문 공식환영식 답사]	1999.07.05	한국어	연설문
325	4	[필라델피아 자유메달 수상 기념 오찬] 인권을 위한 세계인의 숭고한 투쟁	1999.07.05	한국어	연설문
326	4	[로메오 르블랑(Roméo LeBlanc) 캐나다 총독 내외 주최 오찬 답사] 인류보편의 가치를 함께 추구하는 한·캐나다	1999.07.05	한국어	연설문
327	4	[장 크레티앵(Jean Chretien) 캐나다 총리 내외 주최 만찬 답사] 1백년이 넘는 한·캐나다의 특별동반자 관계	1999.07.05	한국어	연설문
328	4	[미국·캐나다 방문 귀국보고 및 기자회견]	1999.07.07	한국어	기자회견문
329	4	[민주주의포럼 국제회의 축사] 민주주의와 시장경제는 번영과 발전의 토대	1999.07.13	한국어	축사
330	4	[의식생활개혁여성협의회 주최 '의식생활개혁 실천 여성대회'] 신지식인으로 거듭나는 정보화시대의 여성	1999.07.15	한국어	연설문
331	4	[제3회 부천국제영화제 축하 메시지] 영화산업은 창조적 문화산업	1999.07.19	한국어	축사
332	4	[제니 시플리(Jennifer Shipley) 뉴질랜드 총리 초청 만찬] 경쟁과 협력이 공존하는 아시아·태평양 지역	1999.07.21	한국어	연설문
333	4	[광복절 제54주년 경축사] 희망과 번영의 새천년을 열어나갑시다	1999.08.15	한국어	축사
334	4	['민족의 화해와 평화통일을 위한 겨레 손잡기 대회' 축하 메시지] 7천만 겨레의 힘을 하나로 모으는 손	1999.08.15	한국어	축사
335	4	[제4차 아시아태평양민주지도자회의(FDL-AP)] Everything Leads to Democracy	1999.08.17	영어	연설문

연번	시기 구분	제목	행적일	언어	저작유형
336	4	['로스앤젤레스타임스(Los Angeles Times)' 기고] The Republic of Korea's Position Regarding North Korea's Attempt to Launch Another Missile	1999.08.26	영어	연설문
337	4	[장면 전 총리 탄생 100주년 기념미사] 우리 역사에 길이 남을 민주주의 지도자	1999.08.27	한국어	연설문
338	4	[새정치국민회의 제4차 중앙위원회 총재 치사] 기쁨은 국민이 먼저, 고통은 우리가 먼저	1999.08.30	한국어	연설문
339	4	[지방이양추진위원회 민간위원 위촉장 수여식] 진정한 지방분권화의 길	1999.08.30	한국어	연설문
340	4	[아시아-태평양지역 법률가협회(LAWASIA) 제16차 총회 개회식] 법치주의는 민주주의와 인권의 보루	1999.09.08	한국어	연설문
341	4	[아시아태평양경제협력체(APEC) 최고경영자회의] 글로벌시대를 위한 제안	1999.09.11	한국어	연설문
342	4	[제니 시플리(Jennifer Shipley) 뉴질랜드 총리 내외 주최 만찬 답사] 아·태 지역의 공동번영을 위한 또하나의 전기	1999.09.13	한국어	연설문
343	4	['제17차 한·뉴질랜드 경제협력위원회' 오찬] 새 천년을 맞는 한·뉴질랜드 경제협력 방향	1999.09.14	한국어	연설문
344	4	['세계 평화의 문화 해' 1백만 서명운동 축하 메시지] 평화의 21세기를 여는 세계인의 자세	1999.09.14	한국어	축사
345	4	[마이클 하디 보이스(Michael Hardie Boys) 뉴질랜드 총독 내외 주최 국빈오찬 답사] 새천년을 향한 성숙한 협력관계	1999.09.15	한국어	연설문
346	4	[로버트 카(Robert Carr) 호주 뉴사우스웨일스주 총리 내외 주최 오찬 답사] 개혁에서 협력으로 이어지는 한·호주의 경제	1999.09.16	한국어	연설문
347	4	[로스앤젤레스 '한국의 날 축제' 개막식 축하 메시지] 세계 속으로 뻗어 가는 한국·한국인	1999.09.16	한국어	축사

연번	시기 구분	제목	행적일	언어	저작유형
348	4	[존 하워드(John Howard) 호주 총독 내외 주최 국빈만찬 답사] 21세기 번영과 발전을 위한 기회	1999.09.16	한국어	연설문
349	4	[존 하워드(John Howard) 호주 총리 내외 주최 오찬 답사] 한국과 호주는 21세기의 동반자	1999.09.17	한국어	연설문
350	4	[아시아태평양경제협력체(APEC) 정상회의 및 뉴질랜드·호주 방문 귀국보고]	1999.09.18	한국어	연설문
351	4	[네덜란드 증권회사 CLSA 주최 국제투자설명회 기조연설] 세계의 투자자들이 신뢰하는 한국의 개혁	1999.09.20	한국어	연설문
352	4	[하남국제환경박람회 개막식] 환경은 생명의 원천이자 소중한 자원	1999.09.21	한국어	연설문
353	4	[새 천년 D-100일 대국민 메시지] 평화와 번영의 새천년 새한국	1999.09.22	한국어	연설문
354	4	['제26회 관광진흥촉진대회'] 관광한국으로의 대약진	1999.09.28	한국어	연설문
355	4	[1999 청주국제공예비엔날레 개막식] 새 세기를 이끌어 갈 문화산업의 중요성	1999.09.30	한국어	연설문
356	4	[건군 51주년 국군의 날] 국방력의 원천은 국민	1999.10.01	한국어	연설문
357	4	['제3회 노인의 날' 담화] 노인복지 증진에 최선의 노력	1999.10.01	한국어	연설문
358	4	[민주화운동기념사업회 창립대회 축하 메시지] 민주투쟁의 역사를 새롭게 조명할 터전	1999.10.04	한국어	축사
359	4	[제9기 민주평화통일자문회의 개회사] 국민화합과 국내외 통일운동의 주체	1999.10.05	한국어	연설문
360	4	[이슬람 카리모프(Islam Karimov) 우즈베키스탄 대통령 초청 만찬] 21세기 새로운 차원의 동반자 관계	1999.10.05	한국어	연설문

연번	시기 구분	제목	행적일	언어	저작유형
361	4	[유엔개발계획(UNDP) 주관 빈곤퇴치 인터넷 캠페인(Netaid) 영상 메시지] 인권의 핵심은 '배고픔'의 해결	1999.10.05	한국어	연설문
362	4	[인천지하철 1호선 개통식 치사] 인천은 세계로 뻗어 가는 관문	1999.10.06	한국어	연설문
363	4	['대구라운드 글로벌 포럼' 축하 메시지] 국채보상운동의 현대화와 세계화를 위한 포럼	1999.10.06	한국어	축사
364	4	[인천방송 10월 7일 방송 : 창사 2돌 기념회견]	1999.10.06	한국어	대담/인터뷰
365	4	[한국담배인삼공사 영주 신제조창 기공식] 지역경제 활성화는 특화산업이 주도	1999.10.07	한국어	연설문
366	4	[국민화합 전진대회 축하 메시지] 반드시 극복되어야 할 망국적인 지역감정	1999.10.07	한국어	축사
367	4	['제2회 국제청년캠프' 축하 메시지] 인권은 천부의 권리이자 지상의 가치	1999.10.09	한국어	축사
368	4	['2000 FESTA' 축하 메시지] 한국과 일본은 운명적 동반자	1999.10.09	한국어	축사
369	4	['제17회 이북도민 체육대회'] 이산가족 상봉은 최고의 인도적 과제	1999.10.10	한국어	연설문
370	4	['1999 서울 NGO 세계대회' 개회식] NGO의 시민정신은 도덕성·헌신성·자발성	1999.10.11	한국어	연설문
371	4	[제80회 대통령기 전국체육대회' 개회식] 스포츠는 국력과 국민 사기의 지표	1999.10.11	한국어	연설문
372	4	[일본 교도(共同) 통신 사이타 이치로(齊田一路) 사장과의 회견]	1999.10.12	한국어	대담/인터뷰
373	4	['제4회 부산국제영화제' 개막식 축하 영상 메시지] 영화산업은 굴뚝 없는 기간산업	1999.10.14	한국어	축사
374	4	[우고 차베스(Hugo Chavez) 베네수엘라 대통령 초청 만찬] 협력의지를 바탕으로 한 우호친선	1999.10.15	한국어	연설문

연번	시기 구분	제목	행적일	언어	저작유형
375	4	[부산 민주공원 개원식] 부산은 민주화의 성지	1999.10.16	한국어	연설문
376	4	[2000년도 예산안 제출에 즈음한 시정연설] 비전과 희망을 설계하는 국회	1999.10.19	한국어	연설문
377	4	[평생교육자 신지식인운동 추진대회] 지식기반사회의 최대 밑거름은 교육	1999.10.19	한국어	연설문
378	4	[문화의 날 기념식] 문화에 대한 투자는 미래의 번영을 위한 투자	1999.10.20	한국어	연설문
379	4	['제54주년 경찰의 날' 기념식] 경찰의 가장 큰 임무는 국민의 안전	1999.10.21	한국어	연설문
380	4	[아시아·태평양 민주지도자회의 국제회의] 민주주의는 인류의 절대적인 명제	1999.10.25	한국어	연설문
381	4	[학생의 날 및 학생독립운동 제70주년 기념식] 광주에서 일어나 전국으로 번져 간 학생독립운동	1999.11.03	한국어	연설문
382	4	[한미연합사령부 창설 21주년 기념] The Linchpin of the Security Alliance	1999.11.05	영어	연설문
383	4	[제68차 인터폴 총회] 범죄 퇴치를 위한 국제적 협력 필요	1999.11.08	한국어	연설문
384	4	[제37주년 소방의 날 기념식] 소방은 국민의 든든한 보호자	1999.11.09	한국어	연설문
385	4	[린친냠 아마르자르갈(Rinchinnyamyn Amarjargal) 몽골 총리 초청 오찬] 새로운 차원의 협력시대를 연 한국과 몽골	1999.11.10	한국어	연설문
386	4	[세계은행 심포지엄] 공동번영을 위한 국가간 경쟁과 협력	1999.11.10	한국어	연설문
387	4	[제4회 농업인의 날 기념식] 세계와 경쟁하는 신지식 농업인	1999.11.11	한국어	연설문
388	4	[순국선열의 날 기념식] 죽어서 영원히 산 순국선열	1999.11.17	한국어	연설문

연번	시기 구분	제목	행적일	언어	저작유형
389	4	[바르게살기운동 전국대회] 외환위기는 국민의 애국심을 확인시킨 소중한 계기	1999.11.19	한국어	연설문
390	4	[한국교원단체총연합회 주최 '학교바로세우기 실천 전국 교육자 결의대회'] 선생님이 앞장서서 새교육을 창조합시다	1999.11.23	한국어	연설문
391	4	[충청지역 'MBC' 3사 회견]	1999.11.24	한국어	기자회견문
392	4	[새천년민주당 창당준비위원회 결성대회] 정치의 안정은 절대적인 명제	1999.11.25	한국어	연설문
393	4	[서울 외곽순환고속도로 남부구간 개통식] 사회간접자본의 확충은 밝은 미래를 약속하는 투자	1999.11.26	한국어	연설문
394	4	[필리핀 경제4단체 공동주최 오찬] 무한한 성장 잠재력을 지닌 아시아 경제	1999.11.29	한국어	연설문
395	4	[조지프 에스트라다(Joseph Estrada) 필리핀 대통령 주최 만찬 답사] 반세기를 이어 온 한·필리핀의 특별한 우정	1999.11.29	한국어	연설문
396	4	[한국기독교총연합회 창립 10주년 축하 메시지] 모범을 보여 온 한국 교회	1999.11.29	한국어	축사
397	4	[동남아국가연합(ASEAN) 및 한·중·일 정상회의 및 필리핀 국빈 방문 일정 후 귀국보고]	1999.11.30	한국어	연설문
398	4	['제36회 무역의 날' 기념식] 무역은 세계 일류 경제로 나아가는 견인차	1999.12.01	한국어	연설문
399	4	[CBS(기독교방송) 창사 45주년 기념 'CBS 비전 21대회'] 화해와 화합으로 새출발 합시다	1999.12.02	한국어	연설문
400	4	[IMF 2년 국제포럼 참석자 초청 만찬] 21세기 세계의 공동번영을 위하여	1999.12.02	한국어	연설문
401	4	[자원봉사 전국지도자대회 축하 메시지] 참된 공동체 의식의 시작은 사랑과 화합의 실천	1999.12.02	한국어	축사

연번	시기 구분	제목	행적일	언어	저작유형
402	4	['IMF 2년, 한국의 경제위기와 구조개혁 평가'를 위한 국제포럼 개막식] 위기의 강을 성공적으로 건넌 한국 경제	1999.12.03	한국어	연설문
403	4	[압둘라 2세(Abdullah II) 요르단 국왕 초청 만찬] 자유와 평화와 번영의 공동 가치 추구	1999.12.04	한국어	연설문
404	4	[둥젠화(董建華) 홍콩특구 행정수반 초청 오찬] 홍콩은 금융·교역의 중요한 파트너	1999.12.08	한국어	연설문
405	4	[대통령 당선 2주년 기념 초청 대담] 힘들었던 만큼 보람이 컸던 소중한 시간	1999.12.19	한국어	연설문
406	4	[중국 격주간지 '중화영재(中華英才)' 대담]	1999.12.20	한국어	대담/인터뷰
407	4	[제40회 전국농업기술자대회 격려 메시지] 농업은 21세기 새로운 선도산업	1999.12.21	한국어	연설문
408	4	['용서와 화해를 위한 국제회의'에 보낸 영상 메시지] 기쁨과 보람을 선물하는 용서와 화해	1999.12.23	한국어	연설문
409	4	['MBC' 라디오 〈여성시대〉 12월 29일 방송]	1999.12.24	한국어	대담/인터뷰
410	4	['MBC' 라디오 새 천년 특집 '별이 빛나는 밤에' 축하 메시지] 희망의 21세기가 열렸습니다	1999.12.24	한국어	축사
411	4	[20세기 송년 특별담화] 새 천년을 맞기 위한 우리의 다짐	1999.12.29	한국어	연설문
412	4	[미2사단부대 표창 수여식] 한·미 안보동맹은 한반도 안정의 핵심	1999.12.29	한국어	연설문
413	4	['CNN' 1월 3일자 방송 : 뉴밀레니엄 100시간 특집 방송]	1999.12.30	한국어	대담/인터뷰
414	4	[2000년 신년 메시지] 화합과 희망의 대열에 동참합시다	2000.01.01	한국어	연설문
415	4	[한일 총리 공동 영상 메시지] 한·일 양국에게 21세기는 가능성의 세기	2000.01.01	한국어	연설문

연번	시기 구분	제목	행적일	언어	저작유형
416	4	['KBS' 제3라디오 '사랑의 소리방송' 개국 축하 메시지] 나눌수록 커지는 사랑과 기쁨	2000.01.01	한국어	축사
417	4	[재외동포를 위한 신년사] Big Dreams and Hopes	2000.01.01	영어	연설문
418	4	[민관합동시무식 새 천년 신년사] 새 천년 새 희망	2000.01.03	한국어	연설문
419	4	[대한상공회의소 주관 신년인사회] 상공인의 땀방울은 일류국가 웅비의 원천	2000.01.04	한국어	연설문
420	4	['아사히신문(朝日新聞)'과의 회견 요지]	2000.01.05	한국어	대담/인터뷰
421	4	[한국과학기술단체 총연합회 주최 2000년도 과학기술인 신년인사회] 과학기술은 곧 국가경쟁력	2000.01.07	한국어	연설문
422	4	['MBC' 특집 프로그램 〈대통령과 함께 21세기를〉 주요 말씀]	2000.01.17	한국어	연설문
423	4	[태릉선수촌 대표선수 2000년 시드니올림픽 대비 훈련 개시식] 태극마크는 명예와 자랑의 상징	2000.01.17	한국어	연설문
424	4	[새천년민주당 창당대회 총재 취임사] 새천년을 책임질 국민의 정당	2000.01.20	한국어	연설문
425	4	새 천년 내외신 연두 기자회견	2000.01.26	한국어	기자회견문
426	4	[사나나 구스마오(Xanana Gusmao) 동티모르 레지스탕스연합(CNRM) 의장 및 호세 라모스 오르타(Jose Ramos Horta) 부의장 초청 오찬] 자주독립과 민주주의를 향한 열망	2000.01.29	한국어	연설문
427	4	[제16회 망향경모제 메시지] 이산가족 문제 해결이 최우선 과제	2000.02.04	한국어	연설문
428	4	[유럽·아프리카·중동 지역 재외공관장 만찬] 재외공관장은 세계 일류국가 건설의 첨병	2000.02.08	한국어	연설문
429	4	['TBS(동경방송)' 특별회견]	2000.02.09	한국어	대담/인터뷰

연번	시기 구분	제목	행적일	언어	저작유형
430	4	[압둘라흐만 와히드(Abdurrahman Wahid) 인도네시아 대통령 초청 만찬] 아시아·태평양 시대를 함께 열어 갈 두 나라	2000.02.10	한국어	연설문
431	4	['새 천년 새 희망, 환경인들의 모임'] 환경보전은 나라 발전의 출발점	2000.02.11	한국어	연설문
432	4	['인민일보(人民日報)' 대담]	2000.02.16	한국어	대담/인터뷰
433	4	[이탈리아 신문 '일 솔레 24 오레(Il Sole 24 Ore)' 대담]	2000.02.18	한국어	대담/인터뷰
434	4	[프랑스 '르몽드(Le Monde)' 회견]	2000.02.21	한국어	대담/인터뷰
435	4	[독일 '슈피겔(Spiegel)' 2월 28일자] Sie haben Angst vor uns	2000.02.22	독일어	대담/인터뷰
436	4	[독일 'ARD-TV' 회견]	2000.02.22	한국어	대담/인터뷰
437	4	[러시아 'Center-TV' 정치부 차장과의 인터뷰]	2000.02.25	한국어	대담/인터뷰
438	4	[경기도 제2청사 개청식] 경기 북부지역 발전의 새로운 계기	2000.02.25	한국어	연설문
439	4	[김대중 정부 2주년 기념 국제회의 영상 메시지] Exciting Times	2000.02.25	영어	연설문
440	4	[프랑스 '르피가로(LeFigaro)' 인터뷰] ATradi-tionDatingBackMoreThan100Years	2000.02.25	영어	대담/인터뷰
441	4	[서울대 졸업식] 서울대 교문을 나서면서 서울대 출신임을 잊어 달라	2000.02.26	한국어	연설문
442	4	['조선일보' 2월 28일자 : 창간 80돌 기념 인터뷰] (김대통령 특별회견) 2년간 다진 공동정부 깰 생각 없어	2000.02.26	한국어	대담/인터뷰
443	4	[2·28 민주의거 제40주년 기념식] 우리나라 민주화 운동의 효시	2000.02.28	한국어	연설문
444	4	[학군장교 임관식] 문무를 겸비한 국가발전의 버팀목	2000.02.29	한국어	연설문

연번	시기 구분	제목	행적일	언어	저작유형
445	4	[제81주년 3·1절 기념사] 3·1정신 계승으로 5대 과업 완수	2000.03.01	한국어	연설문
446	4	[온겨레 손잡기운동 축하 메시지] 화해와 평화의 길	2000.03.01	한국어	축사
447	4	[카를로 아젤리오 참피(Carlo Azeglio Ciampi) 이탈리아 대통령 내외 주최 국빈만찬 답사] 교류와 협력으로 새날을 열어 나가자	2000.03.02	한국어	연설문
448	4	[마시모 달레마(Massimo D'Alema) 이탈리아 총리 주최 오찬 답사] 우호협력 관계에서 동반자 관계로	2000.03.03	한국어	연설문
449	4	[마시모 달레마(Massimo D'Alema) 이탈리아 총리와의 정상회담 후 공동기자회견 모두말씀] 북한과의 수교는 한반도 평화에 크게 기여	2000.03.03	한국어	기자회견문
450	4	[교황청 국빈방문 환영식 답사] 평화와 정의와 인권의 전도자	2000.03.04	한국어	연설문
451	4	[이탈리아 로마시청 방문 환영식 답사] 인류문명에 공헌해 온 도시, 로마	2000.03.05	한국어	연설문
452	4	[독일 신문 '디벨트(Die Welt)' 회견]	2000.03.06	한국어	대담/인터뷰
453	4	[이탈리아 밀라노시청 방문 환영식 답사] 대구와 밀라노의 악수	2000.03.06	한국어	연설문
454	4	[이탈리아 롬바르디아 경제인연합회] 밀라노 프로젝트는 두 나라 협력의 상징	2000.03.06	한국어	연설문
455	4	[자크 시라크(Jacques Chirac) 프랑스 대통령 내외 주최 국빈만찬 답사] 한국과 프랑스, 민주혈맹의 벗	2000.03.06	한국어	연설문
456	4	[프랑스 경제인연합회 주최 조찬] 왜 한국은 프랑스 투자의 적격지인가	2000.03.07	한국어	연설문
457	4	[프랑스 파리시청 방문 환영식 답사] 파리는 세계화 시대의 선구적인 도시	2000.03.07	한국어	연설문

연번	시기 구분	제목	행적일	언어	저작유형
458	4	[리오넬 조스팽(Lionel Jospin) 프랑스 총리 주최 오찬 답사] 교역·투자의 파트너, 프랑스	2000.03.07	한국어	연설문
459	4	[로랑 파비우스(Laurent Fabius) 프랑스 하원 의장 주최 환영식 답사] 민주주의는 21세기의 핵심적 가치	2000.03.07	한국어	연설문
460	4	[독일의 롤란트 코흐(Roland Koch) 헤센(Hessen) 주 총리 내외 주최 오찬 답사] 21세기 한·독 협력을 위하여	2000.03.08	한국어	연설문
461	4	[독일 경제인 초청 연설] 한국시장은 독일의 아시아 진출을 위한 교두보	2000.03.08	한국어	연설문
462	4	[독일 프랑크푸르트시청 방문 환영식 답사] 프랑크푸르트는 유럽의 상업·교역 중심지	2000.03.08	한국어	연설문
463	4	[독일 베를린시청 방문 환영식 답사] 통일의 역사를 창조한 베를린 시민	2000.03.09	한국어	연설문
464	4	[에베르하르트 디프겐(Eberhard Diepgen) 독일 베를린 시장 내외 주최 오찬 답사] 베를린을 향한 한국민의 존경과 애정	2000.03.09	한국어	연설문
465	4	[독일 베를린 자유대학교(Free University of Berlin) 연설 : 베를린 선언] 독일 통일의 교훈과 한반도 문제	2000.03.09	한국어	연설문
466	4	[요하네스 라우(Johannes Rau) 독일 대통령 내외 주최 국빈만찬 답사] 한·독 경제협력의 참뜻	2000.03.09	한국어	연설문
467	4	[게르하르트 슈뢰더(Gerhard Schroder) 독일 총리와의 정상회담 후 공동기자회견 모두말씀] 한국과 독일, 미래지향적 동반자	2000.03.10	한국어	기자회견문
468	4	[유럽 4개국 순방 귀국 보고말씀] '베를린 선언'에 담긴 뜻	2000.03.11	한국어	연설문
469	4	['유교민주주의 국제학술회의' 축하 메시지] 21세기 유교가치의 재발견	2000.03.13	한국어	축사

연번	시기 구분	제목	행적일	언어	저작유형
470	4	[육군사관학교 제56기 졸업 및 임관식] 평화는 스스로 힘이 있을 때 가능	2000.03.14	한국어	연설문
471	4	[3·15 마산의거 제40주년 기념식] 마산의거 정신을 국민 대화합으로 승화시킵시다	2000.03.15	한국어	연설문
472	4	[해군사관학교 제54기 졸업 및 임관식] 이순신의 후예가 가야 할 길	2000.03.16	한국어	연설문
473	4	[공군사관학교 제48기 졸업 및 임관식] 공군은 과학기술군의 핵심전력	2000.03.17	한국어	연설문
474	4	[제33차 태평양경제협의회(PBEC) 총회 '한국의 밤' 영상 축하 메시지] 세계와 경쟁하고 협력하는 21세기형 한국경제	2000.03.18	한국어	축사
475	4	[경찰대 제16기 졸업 및 임관식] 진정한 민주경찰이란	2000.03.20	한국어	연설문
476	4	['YTN' 개국 5주년 기념 김대중 대통령 특별대담]	2000.03.20	한국어	대담/인터뷰
477	4	[세계 물의 날 기념식] 맑은물 공급이 최우선 과제	2000.03.22	한국어	연설문
478	4	[제16대 총선거 관련 대국민 담화] 21세기 한국 미래가 걸린 선택	2000.03.27	한국어	연설문
479	4	['타임(Time)' 회견]	2000.03.28	한국어	대담/인터뷰
480	4	['동아일보' 창간 80주년 기념 회견]	2000.03.30	한국어	대담/인터뷰
481	4	[아시아태평양경제협력체(APEC) 서울포럼 개막식] APEC, 나눔과 협력의 호혜정신	2000.03.31	한국어	연설문
482	4	[아시아태평양경제협력체(APEC) 서울포럼 참석자 만찬] 아·태 지역의 미래와 희망을 위한 첫걸음	2000.03.31	한국어	연설문
483	4	향토예비군 창설 제32주년 기념 축하메시지	2000.04.01	한국어	축사

연번	시기 구분	제목	행적일	언어	저작유형
484	4	['스포츠조선' 창간 10주년 기념 송형모 사장과의 대담]	2000.04.07	한국어	대담/인터뷰
485	4	[제16대 총선거 관련 대국민 담화] 정치안정이야말로 국가 발전의 기초	2000.04.17	한국어	성명서
486	4	[4·19혁명 제40주년 기념식] 찬란한 민주화 운동의 금자탑	2000.04.19	한국어	연설문
487	4	[제33회 과학의 날 기념식] 세계 일류국가 건설은 과학기술에서 출발	2000.04.21	한국어	연설문
488	4	[새마을운동 30돌 맞이 '새천년 새마을 전진대회'] 새마을운동 정신을 되살리자	2000.04.22	한국어	연설문
489	4	[제1회 전주국제영화제 축하 영상 메시지]	2000.04.24	한국어	축사
490	4	[2000 고양 세계꽃박람회 개막식] 무궁한 가능성을 지닌 화훼산업	2000.04.26	한국어	연설문
491	4	[외국인 대상 월간지 'Welcome to Korea' 창간호 축하메시지] True Kindness and Hospitality	2000.04.**	영어	축사
492	4	[제37주년 법의 날 대국민 담화] 민주제도와 경제발전의 토대	2000.05.01	한국어	연설문
493	4	부처님 오신 날 봉축메시지	2000.05.04	한국어	연설문
494	4	[제78회 어린이날 축하 메시지] 꿈을 가진 사람만이 내일을 만듭니다	2000.05.05	한국어	축사
495	4	[아르놀도 알레만(Arnoldo Aleman) 니카라과 대통령 내외 초청 만찬] 니카라과는 새 천년 공동번영의 동반자	2000.05.15	한국어	연설문
496	4	[미 경제전략연구소(ESI) 포럼 개막식 기조연설] 21세기 글로벌화의 혜택과 대가	2000.05.15	한국어	연설문
497	4	[아시아유럽정상회의(ASEM) 컨벤션센터 개관식] 개방형 신통상국가를 열어 갑시다	2000.05·16	한국어	연설문

연번	시기 구분	제목	행적일	언어	저작유형
498	4	[제32회 국가조찬기도회] 한국 교회에 주어진 소명	2000.05.17	한국어	연설문
499	4	[5·18 광주 민주화 운동 제20주년 기념식] 영원히 타오를 민주화의 불꽃	2000.05.18	한국어	연설문
500	4	[광주 5·18기념재단초청오찬]	2000.05.18	한국어	연설문
501	4	[존 하워드(John Howard) 호주 총리 내외 초청 만찬] 피흘려 맺은 우의와 실질협력의 동반자	2000.05.19	한국어	연설문
502	4	[2002년 월드컵 문화시민 한마음축제 축하 메시지] 월드컵의 성공조건은 친절·질서·청결	2000.05.28	한국어	축사
503	4	[모리 요시로(森喜朗) 일본 총리 초청 오찬] 미래지향적 한·일 관계를 위한 결의	2000.05.29	한국어	연설문
504	4	[민주화추진협의회 결성 제16주년 축하 메시지] 민주화의 빛나는 이정표	2000.05.29	한국어	축사
505	4	[주한미군에게 보내는 전몰장병 추모일(Memorial Day) 메시지] Memory of Lofty Sacrifices	2000.05.30	영어	연설문
506	4	[세계 환경의 날 기념식] 환경은 가장 소중한 자원	2000.06.05	한국어	연설문
507	4	[16대 국회 개원연설] 생산적 국회를 기대하며	2000.06.05	한국어	연설문
508	4	[제45회 현충일 추념사] 영광의 역사를 있게 한 영웅들	2000.06.06	한국어	연설문
509	4	[남북정상회담 서울 출발 대국민 인사말] 평화와 민족 화해의 첫길	2000.06.13	한국어	연설문
510	4	[평양 도착 성명] 긴 세월을 돌고돌아 이제야 왔습니다	2000.06.13	한국어	성명서
511	4	[김영남 북한 최고인민회의 상임위원장 주최 만찬 답사] 민족의 힘을 하나로	2000.06.13	한국어	연설문
512	4	[북한 주요 인사 초청 만찬] 민족의 밝은 미래	2000.06.14	한국어	연설문

연번	시기 구분	제목	행적일	언어	저작유형
513	4	[평양 출발 인사말] 민족 앞에 바친 '평양선언'	2000.06.15	한국어	연설문
514	4	[북한 방문 성과 대국민 보고] 새로운 희망과 확신	2000.06.15	한국어	연설문
515	4	[6·25 제50주년 기념사] 통한의 6월, 희망의 6월	2000.06.25	한국어	연설문
516	4	['2000년 대희년 민족의 화합과 복음화를 위한 대미사 및 걷기대회' 축하 메시지] 평화공존과 번영을 위한 길	2000.06.25	한국어	축사
517	4	[한국전쟁 50주년을 맞아 미 국민들에게 보내는 메시지] Turning the Course of History	2000.06.25	영어	연설문
518	4	[백범기념관 기공식] 백범정신 되살려 민족 대도약	2000.06.26	한국어	연설문
519	4	[남도대교 기공식] 번영과 화합의 다리	2000.06.29	한국어	연설문
520	4	[통합 농업협동조합중앙회 출범 기념식] 진정한 봉사조직으로 거듭납시다	2000.07.01	한국어	연설문
521	4	[추가경정예산안 제출에 즈음한 국회 시정연설] 민생안정과 생산적 복지의 정착을 위하여	2000.07.05	한국어	연설문
522	4	[아시아태평양경제협력체(APEC) 관광장관회의 개회식] 21세기 지식기반 관광산업 발전의 계기	2000.07.06	한국어	연설문
523	4	[제4회 부천국제판타스틱영화제 영상 축하메시지] 굴뚝없는 기간산업의 힘	2000.07.11	한국어	연설문
524	4	['파이낸셜타임스(Financial Times)' 인터뷰] 통일까지는 30년이 걸릴 수도	2000.07.17	한국어	대담/인터뷰
525	4	[신지식 직능인대회] 신지식인은 세계 일류국가의 주역	2000.07.18	한국어	연설문
526	4	['로스앤젤레스타임스(The Los Angeles Times)' 회견] Koreas to Increase Ties, South's President Says	2000.07.18	한국어	대담/인터뷰

연번	시기 구분	제목	행적일	언어	저작유형
527	4	['NHK' 회견]	2000.07.19	한국어	대담/인터뷰
528	4	[올루세군 오바산조(Olusegun Obasanjo) 나이지리아 대통령 초청 만찬] 상호보완적 협력으로 공동번영 추구	2000.07.21	한국어	연설문
529	4	[서울지하철 7호선 개통식] 세계 5대 지하철 도시의 긍지	2000.08.01	한국어	연설문
530	4	[남북정상회담 사진전 축하 메시지] '역사적 순간'의 감격들	2000.08.01	한국어	축사
531	4	[제1회 세계 청소년 문화축제 영상 축하메시지] 인류 미래가 청소년에 달렸다	2000.08.09	한국어	연설문
532	4	[제29차 서울세계지리학대회 축사] 지리학에서의 다양성 추구	2000.08.14	한국어	축사
533	4	[제55주년 광복절 경축사] 평화와 도약의 한반도 시대를 엽시다	2000.08.15	한국어	축사
534	4	[2000 세계선교대회 축하 메시지] 고난 속에서 성장해 선교 강국으로	2000.08.15	한국어	축사
535	4	[e-Business 국제포럼 기조연설] 지식정보화는 곧 국가경쟁력	2000.08.21	한국어	연설문
536	4	['요미우리신문(讀賣新聞)' 회견]	2000.08.21	한국어	대담/인터뷰
537	4	[남북공동선언 실천을 위한 불교도 대법회 축하 메시지] 벽을 허물어 민족의 에너지를 키웁시다	2000.08.24	한국어	축사
538	4	[독일 '디벨트(Die Welt)' 단독인터뷰] 우리는 북한을 흡수할 의사가 없습니다	2000.08.24	한국어	대담/인터뷰
539	4	['워싱턴포스트(The Washington Post)' 회견] 북한, 미군주둔 원해 : 한국 대통령	2000.08.30	한국어	대담/인터뷰
540	4	[새천년민주당 전당대회 치사] 꿈과 희망을 주는 정당	2000.08.30	한국어	연설문

연번	시기 구분	제목	행적일	언어	저작유형
541	4	[격월간지 'Asian Affairs' 9월호 기고] Vision for Asia-Europe Cooperation and the Role of ASEM in the 21st Century	2000.09.01	영어	연설문
542	4	[경주세계문화엑스포 2000 개막식] 세계인이 하나가 되어	2000.09.01	한국어	연설문
543	4	[공중파 방송 3사 9월 3일 방송 : 공동 초청 특별대담] (방송의 날 기획특집) 김대중 대통령에게 듣는다	2000.09.03	한국어	대담/인터뷰
544	4	[제37회 방송의 날 축하 메시지] 방송이 바로 서야 나라가 바로 섭니다	2000.09.04	한국어	연설문
545	4	[UN 밀레니엄 정상회의 개막식 기조연설] 남북정상회담과 한반도 평화정착	2000.09.06	한국어	연설문
546	4	[코리아 소사이어티(KOREA SOCIETY) 주최 만찬] 남북정상회담과 한·미 관계	2000.09.08	한국어	연설문
547	4	[미국 경제계 인사들과의 오찬] A Hub of the World's Major Markets	2000.09.08	영어	연설문
548	4	[UN 천년정상회의 귀국 보고말씀] 세계의 지지를 확인하고	2000.09.10	한국어	연설문
549	4	[경의선 철도·도로 연결 기공식] 민족의 동맥을 다시 이으며	2000.09.18	한국어	연설문
550	4	['중앙일보' 창간 35주년 기념 특별 기자회견]	2000.09.19	한국어	대담/인터뷰
551	4	[대통령자문 지속가능발전위원회 위원 위촉장 수여식] 보존과 개발의 조화로 환경선진국 건설	2000.09.20	한국어	연설문
552	4	[일본 공식 실무방문 출국 인사말] 한·일 파트너십의 새로운 정립	2000.09.22	한국어	연설문
553	4	[일본 경제인 초청 만찬] 한·일 경제계의 모범적 협력모델	2000.09.22	한국어	연설문
554	4	[재일 동포언론에 대한 격려 메시지] 한·일 관계 발전의 가교	2000.09.22	한국어	연설문

연번	시기구분	제목	행적일	언어	저작유형
555	4	[한·일 문화인과의 간담회] 21세기 한·일 문화협력의 방향	2000.09.22	한국어	연설문
556	4	[모리요시로(森喜朗) 일본 총리 주최 만찬답사] 북·일 관계개선의 획기적 업적 기대	2000.09.23	한국어	연설문
557	4	[모리 요시로(森喜朗) 일본 총리와의 정상회담 후 공동기자회견 모두말씀] 다시 확인한 한국과 일본의 동반자 관계	2000.09.23	한국어	기자회견문
558	4	[서울 월드컵 경기장 상량식] 축구강국, 문화강국의 기반	2000.09.25	한국어	연설문
559	4	[대덕밸리 선포식] 벤처산업과 지식정보화의 요람	2000.09.28	한국어	연설문
560	4	[한국경영자총연합회 창립 30주년 영상 축하 메시지] 새로운 한반도 시대와 경영인의 책무	2000.09.28	한국어	축사
561	4	[벤처기업 전국대회] 벤처는 왜 역사의 필연인가	2000.09.29	한국어	연설문
562	4	[건군 제52주년 국군의 날] 철통 같은 안보태세와 '과학군''정보군'의 실현	2000.10.01	한국어	연설문
563	4	[제2의 건국 범국민추진위원회 창립 제2주년] 제2의 건국운동이 계속 앞장서야 하는 이유	2000.10.05	한국어	연설문
564	4	[제18회 대통령기 이북도민 체육대회] 어느 때보다 큰 감격과 희망을 안고	2000.10.08	한국어	연설문
565	4	['영남일보' 창간 55주년 기념회견]	2000.10.09	한국어	대담/인터뷰
566	4	[제81회 전국체육대회 개회식] 새천년 새출발, 한민족 힘찬 도약	2000.10.12	한국어	연설문
567	4	['연합뉴스' 아시아유럽정상회의(ASEM) 서울회의 기념 대통령 회견]	2000.10.16	한국어	대담/인터뷰
568	4	[청와대 출입기자 노벨평화상 수상기념 간담회] 노벨평화상 수상 영광을 국민 여러분께	2000.10.16	한국어	연설문

연번	시기 구분	제목	행적일	언어	저작유형
569	4	[주룽지(朱鎔基) 중국 총리 내외 초청 만찬] 중국은 남북 모두에게 훌륭한 조언자	2000.10.18	한국어	연설문
570	4	[세계지식포럼 개막 영상 축하 메시지] 지식정보혁명의 파고와 대응방안	2000.10.18	한국어	축사
571	4	[자크 시라크(Jacques Chirac) 프랑스 대통령을 위한 오찬] 100년의 우정과 교류를 더욱 촉진시키자	2000.10.19	한국어	연설문
572	4	[제3차 아시아유럽정상회의(ASEM) 정상회의 개회식] 아시아와 유럽은 새천년 번영과 안정의 동반자	2000.10.20	한국어	연설문
573	4	[제3차 아시아유럽정상회의(ASEM) 참석 각국 정상 내외 및 대표단 초청 만찬] 아시아와 유럽 간 협력의 중심체로	2000.10.20	한국어	연설문
574	4	[제3차 아시아유럽정상회의(ASEM) 의장 기자회견 모두말씀] 실질적 협력이 이루어낸 성과	2000.10.21	한국어	기자회견문
575	4	[제3차 아시아유럽정상회의(ASEM) 정상회의 폐회식] 서울에서의 우정을 오래 간직하세요	2000.10.21	한국어	연설문
576	4	[제1회 지방자치단체 개혁박람회 참석인사 초청 오찬] 지방자치와 국민 대화합	2000.10.24	한국어	연설문
577	4	[원불교 금강산 통일기원 대법회 축하 메시지] 민족 화해와 통일의 밑거름	2000.10.24	한국어	축사
578	4	[제3차 한·중·일 불교우호교류위원회의 축하 메시지] 한·중·일 불교계의 화합과 교류	2000.10.24	한국어	축사
579	4	[제55주년 경찰의 날 기념식] 크게 박수받을 봉사 경찰상의 발전	2000.10.25	한국어	연설문
580	4	[군산 자유무역지역 기공식] 동북아 경제의 새로운 중심지	2000.10.26	한국어	연설문
581	4	[한국법률가대회 축하 메시지] 인권과 민주주의의 괄목할 만한 신장	2000.10.27	한국어	축사

연번	시기 구분	제목	행적일	언어	저작유형
582	4	[천주교 대희년 평신도대회 축하 메시지] 자유와 해방, 화해와 사랑의 기쁜 소식	2000.10.29	한국어	축사
583	4	[제27차 세계중소기업자대회(ISBC)] 중소기업은 경제의 뿌리	2000.10.30	한국어	연설문
584	4	['코리아타임스(The Korea Times)' 창간 50주년 회견]	2000.11.01	한국어	대담/인터뷰
585	4	[부산 센텀시티 기공식] 부산경제의 세계진출 기지	2000.11.02	한국어	연설문
586	4	['미래의 동반자 취업박람회 2000' 개회식 축하 메시지] 한국경제 미래의 진정한 동반자	2000.11.02	한국어	축사
587	4	[국산 훈련기 'KT-1' 최초호기 출하 기념식] 공군력과 항공우주산업의 희망찬 미래	2000.11.03	한국어	연설문
588	4	[라프토 인권상(Thorolf Rafto Memorial Prize) 수락 연설] '정의필승'은 역사의 철칙	2000.11.05	한국어	연설문
589	4	[한미연합사령부 창설 22주년 기념] The Core of the ROK-U.S.Security Alliance	2000.11.07	영어	연설문
590	4	[정기 국회 시정연설] 평화와 번영의 한반도 시대를 열기 위하여	2000.11.08	한국어	연설문
591	4	[제38주년 소방의 날 기념식] 안전은 세계 일류 국가가 되기 위한 기본	2000.11.09	한국어	연설문
592	4	[서해대교 개통식] 우리 기술과 국력의 상징	2000.11.10	한국어	연설문
593	4	['2000 한국광고대회' 축하 메시지] 광고인의 역할과 지식정보화 시대	2000.11.10	한국어	축사
594	4	[제5회 농업인의 날 기념식] 농업은 언제나 나라의 기본	2000.11.11	한국어	연설문
595	4	['민주주의를 위한 전세계 운동' 국제회의 영상 축하 메시지] 21세기 민주주의에의 도전과 대응	2000.11.12	한국어	축사

연번	시기 구분	제목	행적일	언어	저작유형
596	4	['SBS' 창사 제10주년 특별기획 〈대통령과의 대화〉 4대 개혁 완수는 경제회복의 선결과제	2000.11.13	한국어	연설문
597	4	[브루나이 국빈방문 및 아시아태평양경제협력체(APEC) 정상회의 참석 출국 인사말] 국익증진과 실질적 경제협력	2000.11.13	한국어	연설문
598	4	[하사날 볼키아(Hassanal Bolkiah) 브루나이 국왕 주최 국빈만찬 답사] 에너지 자원의 안정적 확보를 위한 협력 강화	2000.11.13	한국어	연설문
599	4	[인천국제공항 고속도로 개통식] 기술과 예술의 조화	2000.11.20	한국어	연설문
600	4	[동남아국가연합(ASEAN)과 한·중·일 정상회의 참석 및 싱가포르·인도네시아 국빈방문 출국 인사말] 수출증대와 투자유치를 위하여	2000.11.23	한국어	연설문
601	4	[제39차 동양·동남아 라이온스대회 축하 메시지] 라이오니즘은 새천년을 이끌 시대정신	2000.11.23	한국어	축사
602	4	[셀라판 라마 나단(Sellapan Rama Nathan) 싱가포르 대통령 주최 국빈만찬 답사] 한국과 싱가포르는 동북·동남 아시아의 가교	2000.11.25	한국어	연설문
603	4	[싱가포르 상공회의소 주최 경제인 초청 만찬 답사] 동아시아 경제의 안정·발전을 위한 공동 노력	2000.11.26	한국어	연설문
604	4	[싱가포르 동남아연구소(ISEAS) 특별강연] 한반도 평화와 동아시아	2000.11.27	한국어	연설문
605	4	[압둘라흐만 와히드(Abdurrahman Wahid) 인도네시아 대통령 주최 국빈만찬 답사] 서로에게 중요한 투자·건설 파트너	2000.11.27	한국어	연설문
606	4	[한·인도네시아 정상회담 후 공동기자회견 모두 말씀] 양국 경제협력의 새로운 계기 마련	2000.11.28	한국어	기자회견문
607	4	[인도네시아 상공회의소 주최 경제인 초청 만찬 답사] 한·인도네시아 경제협력의 새로운 발전	2000.11.28	한국어	연설문

연번	시기 구분	제목	행적일	언어	저작유형
608	4	[제37회 무역의 날 기념식] 희망과 자신감으로 다시 뜁시다	2000.11.30	한국어	연설문
609	4	[소프트 엑스포 2000 및 아시아·대양주 정보산업기구 총회] 정보산업은 새천년의 신경제 패러다임	2000.12.04	한국어	연설문
610	4	['한민족 벤처 네트워크' 개회식 영상 축하 메시지] 벤처기업은 우리 경제의 미래	2000.12.05	한국어	축사
611	4	['MBN(매일경제TV)' 개국 5주년 인터뷰]	2000.12.05	한국어	대담/인터뷰
612	4	[노벨평화상 시상식 참석 및 스웨덴 공식방문 출국 인사말] 국가위상 고양과 국익증진의 기회	2000.12.08	한국어	연설문
613	4	[노르웨이 신문 '아프텐포스텐(Aftenposten)' 인터뷰] Et liv I kamp og gudstro	2000.12.09	노르웨이어	대담/인터뷰
614	4	[노벨위원회 주최 기자회견 모두말씀] 대한민국 국민 모두가 노벨평화상의 공동 수상자	2000.12.09	한국어	기자회견문
615	4	['BBC World'와 단독회견]	2000.12.09	영어	대담/인터뷰
616	4	[노르웨이 '2000명 어린이들과의 만남' 인사말] 사랑과 평화와 희망의 상징	2000.12.10	한국어	연설문
617	4	[노벨평화상 수상] 영광인 동시에 무한책임의 시작	2000.12.10	한국어	연설문
618	4	[노벨위원회 주최 공식연회 만찬 답사] 국제사회의 지원과 격려에 감사	2000.12.10	한국어	연설문
619	4	['CNN' 회견]	2000.12.11	영어	대담/인터뷰
620	4	[노르웨이 오슬로 학생 그림 전시회 및 공연 인사말] 평화와 희망의 세상을 열자	2000.12.11	한국어	연설문
621	4	[노벨평화상 축하음악회 인사말] 평화의 뜻을 전세계에	2000.12.11	한국어	연설문
622	4	[스웨덴 의회 연설] 한반도 평화와 스웨덴	2000.12.12	한국어	연설문

연번	시기 구분	제목	행적일	언어	저작유형
623	4	[요란 페르손(Goran Persson) 스웨덴 총리 내외 주최 만찬 답사] 한·스웨덴 협력과 양국의 미래	2000.12.12	한국어	연설문
624	4	[비르기타 달(Birgitta Dahl) 국회의장 초청 오찬] Even Closer Neighbors	2000.12.12	영어	연설문
625	4	[노벨평화상 시상식 참석 및 스웨덴 공식방문 귀국 인사말] 이제 우리가 갈 길은 분명해졌습니다	2000.12.14	한국어	연설문
626	4	['올해를 빛낸 한국인상' 수상] 21세기는 위대한 한국인의 시대	2000.12.20	한국어	연설문
627	4	['KBS' 〈사랑의 리퀘스트〉 격려 메시지] 이웃을 사랑하는 사람은 위대한 영혼의 소유자	2000.12.23	한국어	연설문
628	4	[청와대 출입기자 송년 간담회] 4대 개혁 완성으로 도약의 발판 마련	2000.12.27	한국어	연설문
629	4	[2001년 신년사] 희망의 21세기를 활짝 열어 갑시다	2001.01.01	한국어	연설문
630	4	['한민족 해맞이 축전 2001' 축하 메시지] 온국민의 대화합으로 새로운 도약을	2001.01.01	한국어	축사
631	4	[대한상공회의소 주최 신년인사회] 경제개혁의 주체는 누구인가	2001.01.04	한국어	연설문
632	4	[과학기술인 신년인사회] 과학기술 경쟁력과 국가의 미래	2001.01.05	한국어	연설문
633	4	[여성지도자 신년인사회] 21세기의 주역은 여성	2001.01.10	한국어	연설문
634	4	[2001년도 내외신 연두기자회견] 원칙과 법을 준수하는 것이 강한 정부	2001.01.11	한국어	기자회견문
635	4	[환경인 신년인사회] 환경과 경제를 함께 살리는 환경정책	2001.01.16	한국어	연설문
636	4	[2002년 월드컵 성공기원 'KBS' 〈열린음악회〉 영상 축하 메시지] 월드컵과 성숙된 시민의식	2001.01.16	한국어	축사

연번	시기구분	제목	행적일	언어	저작유형
637	4	[페르난도 카르도소(Fernando Cardoso) 브라질 대통령 내외 초청 만찬] 동아시아와 중남미간의 모범적 협력모델	2001.01.18	한국어	연설문
638	4	['디지털 충남 선언' 영상 축하 메시지] 디지털 강국이 되어야 세계 일류국가가 된다	2001.01.29	한국어	축사
639	4	[에두아르도 도스 산토스(Eduardo dos Santos) 앙골라 대통령 초청 만찬] 동아시아와 남부 아프리카를 잇는 가교	2001.02.01	한국어	연설문
640	4	['2001 지역문화의 해' 출범 축하 메시지] 지역문화는 세계화 시대의 자산	2001.02.04	한국어	축사
641	4	[정보통신부 주최 '초고속 정보통신망 기반완성 기념식']지식정보강국을 향한 출발점	2001.02.09	한국어	연설문
642	4	[나차긴 바가반디(Natsagiin Bagabandi) 몽골 대통령 초청 만찬] 우호협력의 새 역사	2001.02.12	한국어	연설문
643	4	[새천년민주당 국가경영전략연구소 개소식 치사] 국가의 비전과 전략을 제시하는 '희망의 생산기지'	2001.02.15	한국어	연설문
644	4	['오마이뉴스' 창간 1주년 회견]	2001.02.19	한국어	대담/인터뷰
645	4	[충청대학교 졸업식] 전문대는 21세기형 전문인력 양성의 요람	2001.02.21	한국어	연설문
646	4	[김대중 정부 3주년 기념 국제회의 영상 메시지] Peace and Democracy on the Korean Peninsula	2001.02.22	영어	연설문
647	4	['경남신문' 3월 1일자 : 창간 55주년 김대중 대통령 특별인터뷰] 대통령중임제 등 개헌 고려한 바 없다	2001.02.22	한국어	대담/인터뷰
648	4	['충청일보' 3월 1일자 : 창간55주년 특별회견] 여야협력 바탕 냉전해체·평화체제 구축	2001.02.22	한국어	대담/인터뷰
649	4	['국민의 정부 3년' 민주당·자민련 합동기념식 치사] 화합과 상생의 정치로 국민에게 희망을	2001.02.23	한국어	연설문

연번	시기 구분	제목	행적일	언어	저작유형
650	4	[한·러 정상 공동기자회견 모두말씀] 건설적이고 상호보완적인 동반자 관계	2001.02.27	한국어	기자회견문
651	4	[블라디미르 푸틴(Vladimir Putin) 러시아 대통령 초청 만찬] 한반도 평화를 위한 러시아의 역할 기대	2001.02.27	한국어	연설문
652	4	[2001년도 학군장교(ROTC) 임관식] 완벽한 국방태세가 국가발전의 초석	2001.02.28	한국어	연설문
653	4	[제82주년 3·1절 기념사] 선열들의 희생에 보답하는 길	2001.03.01	한국어	연설문
654	4	[방송 3사 공동 특별생방송 '김대중 대통령, 국민과의 대화']희망과 용기를 가지고 함께 나아갑시다	2001.03.01	한국어	대화록
655	4	[국악 FM 방송국 개국식] 국민의 삶을 풍요롭게 해 줄 국악방송	2001.03.02	한국어	연설문
656	4	[미국 방문 출국인사] 한·미 포괄적 동반자 관계의 발전을 위하여	2001.03.06	한국어	연설문
657	4	[조지부시(GeorgeBush) 미 대통령과 첫 한미정상회담 후의 공동기자회견]	2001.03.08	한국어	기자회견문
658	4	[미국기업연구소·미국외교협회 초청 오찬] 한반도 냉전종식과 평화정착을 위한 한·미 협력	2001.03.09	한국어	연설문
659	4	[미국중부위원회와 시카고 외교협회가 공동으로 주최한 오찬에서의 연설] 미국 기업은 왜 한국 투자를 늘려야 하는가	2001.03.10	한국어	연설문
660	4	[리처드 데일리(Richard Daley) 시카고 시장 주최 만찬 답사] 한국은 투자할 가치가 있는 나라	2001.03.10	한국어	연설문
661	4	[미국 방문 귀국보고] 한·미 동맹관계의 재확인	2001.03.11	한국어	연설문
662	4	[넬슨 만델라(Nelson Mandela) 전(前) 남아프리카공화국 대통령 초청 만찬] 민주주의와 인권의 동지	2001.03.12	한국어	연설문

연번	시기 구분	제목	행적일	언어	저작유형
663	4	[육군사관학교 제57기 졸업 및 임관식] 조국수호의 간성들	2001.03.13	한국어	연설문
664	4	[육군 제3사관학교 제36기 졸업 및 임관식] 육군 정예장교 양성의 요람	2001.03.14	한국어	연설문
665	4	[밀로시 제만(Milos Zeman) 체코 총리 초청 만찬] 한국과 체코 국민이 쌓아온 우정	2001.03.16	한국어	연설문
666	4	[해군사관학교 제55기 졸업 및 임관식] 21세기 대양해군으로 가는 길	2001.03.19	한국어	연설문
667	4	[공군사관학교 제49기 졸업 및 임관식] 가슴에는 공군의 명예를, 어깨에는 조국의 미래를	2001.03.20	한국어	연설문
668	4	['매일경제신문' 창간 35주년 특별회견]	2001.03.21	한국어	대담/인터뷰
669	4	[인천국제공항 개항식] 세계가 오가는 아시아 최대의 관문	2001.03.22	한국어	연설문
670	4	[경찰대 제17기 졸업 및 임용식] 한국 경찰의 미래	2001.03.23	한국어	연설문
671	4	[정보화 교육 수혜자 초청 오찬] 지적 창의력으로 성공하는 시대	2001.03.26	한국어	연설문
672	4	[중소기업·벤처기업 대표 초청 오찬] 중소·벤처기업의 시대	2001.03.28	한국어	연설문
673	4	[성철스님 기념관 준공 축하메시지]	2001.03.30	한국어	축사
674	4	[미구엘 로드리게스(Miguel Rodriguez) 코스타리카 대통령 초청 만찬] 아시아와 중미를 잇는 다리, 한·코스타리카	2001.04.06	한국어	연설문
675	4	[제34차 태평양경제협의회(PBEC) 총회 개막식 영상 축하 메시지] 아·태 경제의 활력을 위해서	2001.04.08	한국어	축사
676	4	[러시아 'ORT-TV' 회견] 새 천년 지구촌 정상 대한민국 김대중 대통령	2001.04.10	한국어	대담/인터뷰

연번	시기 구분	제목	행적일	언어	저작유형
677	4	[국립국악원 개원 제50주년 기념식 영상 축하 메시지] 문화적 저력을 국가발전의 동력으로	2001.04.10	한국어	축사
678	4	[훈 센(Hun Sen) 캄보디아 총리 초청 만찬] 반석 위에 오른 한·캄보디아	2001.04.10	한국어	연설문
679	4	['뉴스위크(Newsweek)' 와의 회견]	2001.04.12	한국어	대담/인터뷰
680	4	[2001년 한국교회 부활절 연합예배 축하 메시지] 새로운 도약과 희망을 향하여	2001.04.15	한국어	축사
681	4	[상공의 날 수상자 및 지역상공인 초청 다과회] 기업인의 역할과 이익창출	2001.04.17	한국어	연설문
682	4	[4·19혁명 기념 국가조찬기도회 축하 메시지] 4·19혁명은 민주화 운동의 금자탑	2001.04.18	한국어	축사
683	4	[전국 초·중등학교 정보 인프라 구축 및 인터넷 연결 기념식] 세계에서 컴퓨터를 가장 잘하는 나라	2001.04.20	한국어	연설문
684	4	[제34회 과학의 날 기념식] 과학기술력과 지식경제강국	2001.04.21	한국어	연설문
685	4	[은행 관계 인사 초청 오찬] 금융이 바로 서야 기업이 바로 선다	2001.04.23	한국어	연설문
686	4	[세계무역센터협회(WTCA) 서울 춘계회의 개막식] 사이버 무역을 통한 새로운 비즈니스 창출	2001.04.23	한국어	연설문
687	4	['민족의 화해협력과 조국통일 기원 대법회'] 호국불교 정신과 남북 화해·협력	2001.04.26	한국어	연설문
688	4	[울산 월드컵 축구경기장 개장식] 월드컵은 국운융성의 호기	2001.04.28	한국어	연설문
689	4	[살라후딘 압둘 아지즈 샤(Salahuddin Abdul Aziz Shah) 말레이시아 국왕 초청 만찬] 말레이시아는 전통적인 경제협력의 동반자	2001.04.30	한국어	연설문
690	4	['부처님 오신날' 봉축 메시지] 국가적 대업과 한국 불교	2001.05.01	한국어	연설문

연번	시기 구분	제목	행적일	언어	저작유형
691	4	[법의 날 수상자 및 법조계 인사 초청 오찬] 민주주의와 인권신장의 버팀목	2001.05.02	한국어	연설문
692	4	[요란 페르손 (Goran Persson) 스웨덴 총리 및 EU 대표단 초청 만찬] 평화의 편에 선 전령사	2001.05.03	한국어	연설문
693	4	[한·스웨덴 정상 공동기자회견 모두말씀] 한반도 평화와 안정을 위한 EU의 역할	2001.05.04	한국어	기자회견문
694	4	[제79회 어린이날 축하 메시지] 훌륭하게, 행복하게 사는 길	2001.05.05	한국어	축사
695	4	[제33회 국가조찬기도회] 힘과 정성을 한데 모읍시다	2001.05.10	한국어	연설문
696	4	['한국교육신문' 창간 40주년 및 스승의 날 기념 인터뷰]	2001.05.14	한국어	대담/인터뷰
697	4	[제20회 스승의 날 기념 경기도 일산 한수초등학교 1일교사 강의] 성공적인 삶이란 무엇인가	2001.05.14	한국어	연설문
698	4	[헬렌 클라크(Helen Clark) 뉴질랜드 총리 초청 만찬] 진정한 우정	2001.05.15	한국어	연설문
699	4	[제36회 발명의 날 기념식] 발명이 곧 국력	2001.05.19	한국어	연설문
700	4	[국가인권위원회법 공포문 서명식] 사회적·경제적 인권향상을 위하여	2001.05.23	한국어	연설문
701	4	[리펑(李鵬) 중국 전국인민대표대회 상무위원장 초청 오찬] 동북아의 번영과 한·중 협력	2001.05.25	한국어	연설문
702	4	[2002 월드컵 D-365일을 맞아 국민에게 보내는 TV 영상 메시지] 한국인의 저력을 보여줍시다	2001.05.31	한국어	연설문
703	4	[제6회 바다의 날 기념식] 바다에서 미래와 꿈을 일구자	2001.05.31	한국어	연설문
704	4	[제137기 신임순경 졸업 및 임용식] 국민에게 봉사하는 경찰	2001.06.02	한국어	연설문

연번	시기 구분	제목	행적일	언어	저작유형
705	4	[비센테 폭스(Vicente Fox) 멕시코 대통령 초청 만찬] 태평양 시대의 동반자, 멕시코	2001.06.04	한국어	연설문
706	4	[민주평화통일자문회의 창설 20주년 기념 리셉션] 교류·협력으로 상생의 시대를 열자	2001.06.05	한국어	연설문
707	4	[제46회 현충일 추념사] 21세기에 민족이 나아갈 길	2001.06.06	한국어	연설문
708	4	[제2차 세계상공회의소(ICC) 총회 개회식] 세계화·지식정보화 시대의 과제	2001.06.07	한국어	연설문
709	4	[제24회 국제기자연맹(IFJ) 서울총회 개회식] 정보화 시대 언론의 역할	2001.06.11	한국어	연설문
710	4	[가뭄 극복을 위한 대국민 담화] '물절약 운동'에 나섭시다	2001.06.12	한국어	연설문
711	4	[제1회 제주평화포럼 개막식] 햇볕정책이 반드시 성공해야 하는 이유	2001.06.16	한국어	연설문
712	4	[일산 국립암센터 개원식] 암 퇴치와 의료 인프라	2001.06.20	한국어	연설문
713	4	[천주교 통일기원 대미사 축하 메시지] 새로운 민족사와 종교계의 역할	2001.06.24	한국어	축사
714	4	[2001년도 제1회 추가경정예산안 제출에 즈음한 국회 시정연설] 개혁의 고삐를 늦출 수 없습니다	2001.06.25	한국어	연설문
715	4	[6·25 제51주년 참전용사 위로연] 평화 수호의 값진 희생을 기리며	2001.06.25	한국어	연설문
716	4	[제3회 공공부문 혁신대회] 왜 공공부문 개혁이 우선돼야 하는가	2001.06.28	한국어	연설문
717	4	[대구 '매일신문' 창간 55주년 회견 : 7월 7일 게재]	2001.07.03	한국어	대담/인터뷰
718	4	[제6회 여성주간 기념식] 남녀평등은 사회발전의 원동력	2001.07.03	한국어	연설문

연번	시기구분	제목	행적일	언어	저작유형
719	4	[세계한인회장단 초청 다과회 말씀] 550만 재외동포의 힘	2001.07.10	한국어	연설문
720	4	[중앙재해대책본부 순시 격려말] 사전예방이 최선·최고의 대책	2001.07.16	한국어	연설문
721	4	[김해시 대성동 고분군 현장 '가야문화 환경정비사업 기공식'] 가야 역사를 되살리기 위하여	2001.07.19	한국어	연설문
722	4	[교육여건개선 추진계획 보고회의] 교육이 21세기 국운을 좌우	2001.07.20	한국어	연설문
723	4	[부패방지법 서명식과 다과회 말씀] 부패방지법 공포의 특별한 의미	2001.07.20	한국어	연설문
724	4	[제3차 관광진흥확대회의] 관광은 세계화 시대의 최고산업	2001.07.23	한국어	연설문
725	4	['사랑의 집짓기' 현장 방문 및 관계자를 위한 오찬] 국경을 초월한 사랑과 감동	2001.08.06	한국어	연설문
726	4	['세계도자기엑스포 2001 경기도' 개막식] 세계에 심는 한국의 도자문화	2001.08.09	한국어	연설문
727	4	[남녀고용평등법, 근로기준법, 고용보험법 등 모성보호 관련 3법 개정 기념 오찬] 여성의 시대, 여성이 앞서가는 시대	2001.08.13	한국어	연설문
728	4	[제56주년 광복절 경축사] 개혁과 화합으로 미래를 열어 갑시다	2001.08.15	한국어	축사
729	4	[6·15 공동선언 실천, 조국통일 기원 남북 불교도 8·15 동시법회 축하 메시지] 역사적 전환점에서	2001.08.15	한국어	축사
730	4	[제8차 국민경제자문회의 차세대 성장산업 발전전략회의] 고급인력 양성이 가장 중요	2001.08.17	한국어	연설문
731	4	[국제통화기금(IMF) 지원자금 상환기념 만찬] 국난극복의 주역들	2001.08.22	한국어	연설문

연번	시기 구분	제목	행적일	언어	저작유형
732	4	[한·베트남 석유개발 성공 기념식] 석유개발의 꿈과 현실	2001.08.23	한국어	연설문
733	4	[천득령(Tran Duc Luong) 베트남 주석 초청 만찬] 21세기 한·베트남의 동반자 관계	2001.08.23	한국어	연설문
734	4	[KBS 공개홀에서 열린 IMF 극복기념 〈열린음악회〉] 한국에서 배우자	2001.08.26	한국어	연설문
735	4	['아사히신문(朝日新聞)' 9월 4일자 : 하코지마 신이치(箱島信一) 사장과의 대담]	2001.09.03	한국어	대담/인터뷰
736	4	[민주평화통일자문회의 제10기 국내자문위원 전체회의] 남북관계 개선과 한민족의 미래	2001.09.06	한국어	연설문
737	4	[한·일 양국 직능인대회] 양국 직능분야 발전과 교류 증진	2001.09.10	한국어	연설문
738	4	[전국경제인연합회 창립 제40주년 기념 리셉션] 새 도약을 위한 기업인의 역할	2001.09.11	한국어	연설문
739	4	[9·11 미국 테러사태에 따른 대국민 특별담화] 위기에 강한 민족	2001.09.12	한국어	연설문
740	4	[대전 월드컵 축구경기장 개장식] 'e-월드컵'으로 IT 선진국을!	2001.09.13	한국어	연설문
741	4	[제3차 국제전자상거래연합회(GBDe) 연례회의 축하 메시지] The Most Phenomenal Trans-formation	2001.09.14	영어	축사
742	4	[세계관광기구(WTO) 총회 개회식] 관광은 평화 증진에도 기여	2001.09.24	한국어	연설문
743	4	['세계정치지도자상' 수상] 용서와 화해, 그리고 진정한 평화	2001.09.25	한국어	연설문
744	4	[UN '세계 평화의 날 20주년' 및 '문명 간 대화의 해 기념식' 축하 메시지] 한반도 평화는 역사의 큰 흐름	2001.09.27	한국어	축사

연번	시기 구분	제목	행적일	언어	저작유형
745	4	[건군 제53주년 국군의 날 기념식] 튼튼한 안보 위에서의 화해와 협력	2001.09·28	한국어	연설문
746	4	[미국 테러사태 관련 정부종합상황지원실 방문 격려사] 바늘 하나 꽂을 틈도 없도록	2001.09.29	한국어	연설문
747	4	宇都宮德馬先生 '義人不滅'	2001.10.01	일본어	추도사
748	4	['경향신문' 10월 6일자 : 창간 55주년 회견]	2001.10.04	한국어	대담/인터뷰
749	4	[2002년도 예산안 제출에 즈음한 국회 시정연설] 21세기 국운융성의 전기	2001.10.05	한국어	연설문
750	4	[제19회 대통령기 이북도민 체육대회 개회식] 한반도 평화시대와 이북도민	2001.10.07	한국어	연설문
751	4	[미국의 아프가니스탄 공격 관련 대국민 특별담화] 테러는 인류 공동의 적	2001.10.08	한국어	연설문
752	4	[2001 부산국제건축문화제 개막식 축하 메시지] 한 시대의 문화와 역사	2001.10.09	한국어	축사
753	4	[iTV 경인방송 창사 5주년 기념회견] 대통령에게 듣는다	2001.10.09	한국어	대담/인터뷰
754	4	[제82회 전국체육대회 개회식] 전국체전과 체육한국의 면모	2001.10.10	한국어	연설문
755	4	[제11차 국제동양의학 학술대회 참가자 환영행사] 동양의학의 역할과 사명	2001.10.11	한국어	축사
756	4	['한민족 글로벌 벤처 네트워크' 서울 정기총회 개막식 축하 메시지] 세계 일등상품을 위해서	2001.10.12	한국어	축사
757	4	[제38회 전국여성대회] 여성의 자부심과 희망	2001.10.12	한국어	연설문
758	4	[용담 다목적댐 준공식] 물부족 시대에 대비하는 지혜	2001.10.13	한국어	연설문
759	4	['2001 전주 세계소리축제' 개막식] 온 누리에 퍼지는 '소리사랑'의 감동	2001.10.13	한국어	연설문

연번	시기 구분	제목	행적일	언어	저작유형
760	4	[고이즈미 준이치로(小泉純一郎) 일본 총리 초청 오찬 건배사] 믿음을 바탕으로	2001.10.15	한국어	연설문
761	4	[2001 세계협동조합연맹(ICA) 서울총회 개회식] 보다 나은 지구촌 건설을 위하여	2001.10.16	한국어	연설문
762	4	[제2회 세계지식포럼 개막식 영상 축하 메시지] 지식정보화 시대와 기회의 시대	2001.10.17	한국어	축사
763	4	[상하이 아시아태평양경제협력체(APEC) 정상회의 참석 출국 인사] APEC의 공동 번영을 위한 모색	2001.10.18	한국어	연설문
764	4	[제56주년 경찰의 날 기념식] 경찰의 사명	2001.10.20	한국어	연설문
765	4	[제30회 문화의 날 영상 축하 메시지] 찾아가는 예술, 함께 하는 문화	2001.10.20	한국어	축사
766	4	[중국 'CCTV' 회견]	2001.10.21	한국어	대담/인터뷰
767	4	[상하이 아시아태평양경제협력체(APEC) 정상회의 기조연설] 테러근절과 세계경제 회복을 위한 협력	2001.10.21	한국어	연설문
768	4	[상하이 아시아태평양경제협력체(APEC) 참석 귀국보고] 상호 신뢰와 협력을 증진시키고	2001.10.22	한국어	연설문
769	4	[2001년도 제2회 추가경정예산안 제출에 즈음한 국회 시정연설] 건전소비와 경제 활성화에 역점	2001.10.26	한국어	연설문
770	4	[세계감사원장회의(INTOSAI) 수석대표를 위한 오찬] 국가 투명성의 파수꾼	2001.10.26	한국어	연설문
771	4	['문화일보' 창간 10주년 회견 : 11월 1일자] 정책 대선 되게 여야 협력 필요	2001.10.27	한국어	대담/인터뷰
772	4	[국제조선해양대제전 개막식] 세계 1위 조선강국	2001.10.30	한국어	연설문
773	4	[경남 사천비행장에서 열린 T-50 초음속항공기 출고 기념식] 21세기 항공우주 선진국을 향하여	2001.10.31	한국어	연설문

연번	시기 구분	제목	행적일	언어	저작유형
774	4	['벤처기업 전국대회' 개회식] 우리 경제의 희망과 활로	2001.11.01	한국어	연설문
775	4	[제4회 인권상 수상자 및 한국인권문제연구소 관계자 초청 오찬] 세계가 인정하는 인권국가	2001.11.02	한국어	연설문
776	4	['제5차 아세안과 한·중·일 정상회의' 참석 출국 인사] 동아시아 파트너십 구축	2001.11.04	한국어	연설문
777	4	['제5차 아세안과 한·중·일 정상회의' 기조연설] 평화·번영·발전의 공동체	2001.11.05	한국어	연설문
778	4	['한·ASEN 정상회의' 기조연설] 한·아세안 협력 강화를 위한 제언	2001.11.06	한국어	연설문
779	4	['한·ASEN 정상회의' 참석 귀국보고] 동아시아 공동 번영의 기반	2001.11.06	한국어	연설문
780	4	[전주 월드컵 축구경기장 개장식] 월드컵으로 국민적 에너지를 극대화	2001.11.08	한국어	연설문
781	4	['제39주년 소방의 날' 기념식] 세계에서 가장 안전한 나라로	2001.11.09	한국어	연설문
782	4	[서울 월드컵 축구경기장 개장식] 월드컵의 성공과 우리 대표팀의 승리를 위해	2001.11.10	한국어	연설문
783	4	[광주 월드컵 축구경기장 개장식] 광주시민의 저력과 자긍심	2001.11.13	한국어	연설문
784	4	['지식정보강국 한마음 전진대회'] 세계 제일의 지식정보강국	2001.11.21	한국어	연설문
785	4	[영동·동해고속도로 확장 개통 기념식] 번영과 화합의 길	2001.11.28	한국어	연설문
786	4	[영국 '로이터(Reuter)' 통신 및 TV 회견] 햇볕정책은 '윈-윈' 정책	2001.11.28	한국어	대담/인터뷰
787	4	['제38회 무역의 날' 기념식] 경쟁력 향상과 수출	2001.11.30	한국어	연설문

연번	시기 구분	제목	행적일	언어	저작유형
788	4	['MBC' 창사 '제40주년 기념' 회견] 국정 전념을 위해서	2001.12.01	한국어	대담/인터뷰
789	4	[유럽 순방 출국인사] 평화와 번영을 위한 여정	2001.12.02	한국어	연설문
790	4	[영국 경제인연합회(CBI) 초청 오찬간담회] 한국은 새로운 투자 기회	2001.12.03	한국어	연설문
791	4	[마이클 올리버(Michael Oliver) 영국 런던 시장 주최 만찬 답사] 한·영 협력 강화의 중심지	2001.12.04	한국어	연설문
792	4	[노르웨이 신문 '베르겐 티덴에(Bergens Tidene)'과의 인터뷰]	2001.12.05	한국어	대담/인터뷰
793	4	[영국 케임브리지대학교(University of Cambridge) 명예 박사학위 수여] 햇볕정책의 산실, 케임브리지	2001.12.05	한국어	연설문
794	4	[노벨평화상 제100주년 기념 심포지엄' 주제발표문] '대화와 협력'으로 세계 평화를 실현합시다	2001.12.06	한국어	연설문
795	4	[한·노르웨이 정상 공동기자회견 모두말씀] 한국과 노르웨이의 밝은 미래	2001.12.06	한국어	기자회견문
796	4	[하랄 5세(Harald V) 노르웨이 국왕 주최 만찬 답사] 세계 평화를 위한 100년의 노력	2001.12.07	한국어	연설문
797	4	[페렌츠 마들(Ferenc Madl) 헝가리 대통령 주최 국빈 만찬 답사] 무한히 발전해갈 한·헝가리 협력	2001.12.08	한국어	연설문
798	4	[헝가리 일간지 '넵차바드삭(Nepszabadsag)' 회견]	2001.12.08	한국어	대담/인터뷰
799	4	[헝가리 수행기자 간담회문]	2001.12.09	한국어	대담/인터뷰
800	4	[헝가리 경제계 지도자 간담회] 한·헝가리 협력 증진을 위한 양국 기업인의 역할	2001.12.10	한국어	연설문
801	4	[헝가리 부다페스트 시청 방문] 부다페스트 시민들의 우정	2001.12.10	한국어	연설문

연번	시기 구분	제목	행적일	언어	저작유형
802	4	[프랑스 '르 피가로(Le Figaro)' 12월 13일자] La Corée du Sud va devoir affronter la technologie chinoise	2001.12.11	프랑스어	대담/인터뷰
803	4	[유럽의회(EU) 연설] 세계 평화와 한·EU 협력	2001.12.11	한국어	연설문
804	4	[유럽 순방 귀국보고] 유럽과의 전면적 협력관계 구축	2001.12.12	한국어	연설문
805	4	[제1회 외국 기업의 날 영상 축하 메시지] 한국을 동북아의 투자 중심지로	2001.12.18	한국어	축사
806	4	[제3회 산업디자인 진흥대회] 한국을 21세기 디자인 강국으로	2001.12.18	한국어	연설문
807	4	[서해안고속도로 개통식] 서해안 시대가 열렸다	2001.12.21	한국어	연설문
808	4	[전자정부 구현 종합점검회의 주재 시 말씀] 전자정부 구현의 목표	2001.12.24	한국어	연설문
809	4	[군 주요 지휘관 초청 오찬] 튼튼한 안보는 세계 일류국가의 초석	2001.12.26	한국어	연설문
810	4	['2001년 장애인 가족과 함께 하는 사랑의 나눔 행사' 축하 메시지] 장애인에게 보내 드리는 희망과 용기	2001.12.29	한국어	축사
811	4	아태평화재단의 설립 의의와 아카데미 목표	2001.**.**	한국어	기타
812	4	[방송 3사 등 텔레비전과 라디오를 통해 방송된 신년 축하 영상메시지] 영광과 도약의 한 해	2002.01.01	한국어	연설문
813	4	['2002 한·일 국민교류의 해' 기념 일본 국민에게 보내는 영상 메시지] 대화, 이해, 협력	2002.01.01	한국어	연설문
814	4	[2002년도 청와대 신년인사회] 튼튼한 도약의 기반	2002.01.02	한국어	연설문
815	4	[과학기술인 신년인사회] 과학기술인의 성공과 국가의 성공	2002.01.03	한국어	연설문

연번	시기 구분	제목	행적일	언어	저작유형
816	4	[대한상공회의소 주최 신년인사회] 국운융성의 선두에 설 사람들	2002.01.04	한국어	연설문
817	4	[2002년도 내외신 연두기자회견] 21세기 국운융성의 길을 엽시다	2002.01.14	한국어	기자회견문
818	4	[언론사 월드컵 담당기자 오찬 및 합동 기자회견]	2002.01.21	한국어	기자회견문
819	4	[한·노르웨이 정상 공동기자회견 모두말씀] 한·노르웨이 실질협력의 증진	2002.01.24	한국어	기자회견문
820	4	[쉘 분데빅(Kjell Magne Bondevik) 노르웨이 총리 초청 만찬] 민주주의와 평화의 동지	2002.01.24	한국어	연설문
821	4	['민주주의 수호자상(Defender of Democracy Awards)' 수상] 인권·민주주의·평화의 21세기를 만듭시다	2002.01.25	한국어	연설문
822	4	[환경인 신년인사회] 살기 좋고 아름다운 선진 환경국으로	2002.01.28	한국어	연설문
823	4	[여성부 출범 1주년 기념식] 여성발전과 국가발전	2002.01.29	한국어	연설문
824	4	[민주화 운동기념사업회 출범식 축하 메시지] 민주영령들의 희생에 보답하는 길	2002.01.29	한국어	축사
825	4	[김좌진 장군 사당 준공 및 추모대제 메시지] 독립운동의 금자탑	2002.02.06	한국어	연설문
826	4	[라디오를 통해 방송된 설날 인사말] 정을 나누는 설날이 되십시오	2002.02.09	한국어	연설문
827	4	['월드컵 D-100일' 영상 메시지] 월드컵, 다시없는 국운융성의 기회	2002.02.20	한국어	연설문
828	4	[한·미 정상 공동기자회견 모두말씀] 한반도 평화를 위한 한·미의 공동노력	2002.02.20	한국어	기자회견문
829	4	[한·미 정상 도라산역 방문] 한반도 평화정착을 위하여	2002.02.20	한국어	연설문

연번	시기 구분	제목	행적일	언어	저작유형
830	4	[조지 부시(George Bush) 미국 대통령 초청 환영 리셉션 건배사] 한·미 우호협력 관계의 발전	2002.02.20	한국어	연설문
831	4	[서울산업대 제21회 학위수여식] 미래를 대비하는 사람들	2002.02.23	한국어	연설문
832	4	[취임 4주년을 맞아 공직자들에게 보내는 서신] 국가와 민족을 위한 봉사	2002.02.25	한국어	연설문
833	4	[제40기 학군장교(ROTC) 임관식] 변화를 관리하고 미래를 준비하는 신국방	2002.02.28	한국어	연설문
834	4	[제83주년 3·1절 기념사] 3·1정신을 계승하는 길	2002.03.01	한국어	연설문
835	4	[한국 디지털 위성방송 개국 기념식] '다채널 디지털 방송시대'의 개막	2002.03.05	한국어	연설문
836	4	[제34회 국가조찬기도회] 국민의 합심협력과 그 응답	2002.03.06	한국어	연설문
837	4	[제58기 육군사관학교 졸업 및 임관식] 인력의 정예화, 전력의 첨단화	2002.03.07	한국어	연설문
838	4	['노벨평화상 포럼' 축하 메시지] 세계 평화는 '대화와 협력'으로부터	2002.03.08	한국어	축사
839	4	[공군사관학교 제50기 졸업 및 임관식] '과학군·정보군'의 위상	2002.03.12	한국어	연설문
840	4	[해군사관학교 제56기 졸업 및 임관식] 해군력과 국력	2002.03.14	한국어	연설문
841	4	['3·15의거 제42주년 기념식' 축하 메시지] 3·15 의거와 한국의 민주화	2002.03.15	한국어	축사
842	4	['동해-1 가스생산시설' 기공식] 우리 기술에 대한 희망과 자신감	2002.03.15	한국어	연설문
843	4	[경찰대 제18기 졸업 및 임용식] 누가 국민의 진정한 수호자이며 진정한 벗인가	2002.03.18	한국어	연설문

연번	시기 구분	제목	행적일	언어	저작유형
844	4	[육군 제3사관학교 제37기 졸업 및 임관식] 조국 수호와 나라 발전의 간성들	2002.03.20	한국어	연설문
845	4	[상공의 날을 맞아 상공인들에게 보내는 서신] 경쟁력 강화를 위한 노력	2002.03.20	한국어	연설문
846	4	['제10회 세계 물의 날 기념식' 축하 메시지] 물 걱정 없는 한국을 만들자	2002.03.22	한국어	축사
847	4	[한·일 정상 공동기자회견 모두말씀] 한·일 우호협력 관계의 증진을 위하여	2002.03.22	한국어	기자회견문
848	4	[고이즈미 준이치로(小泉純一郎) 일본 총리 초청 만찬] 우호친선의 미래를 지향하며	2002.03.22	한국어	연설문
849	4	[구스타보 노보아(Gustavo Noboa) 에콰도르 대통령 초청 만찬] 환태평양 지역의 평화와 공동번영	2002.03.25	한국어	연설문
850	4	['한·중 투자포럼' 개막식 축하 메시지] 한·중 양국은 상호보완적 동반자	2002.03.26	한국어	축사
851	4	['2002 광주 비엔날레' 개막식 축하 메시지] 인류의 사랑과 화합, 세계 평화를 위한 축제	2002.03.29	한국어	축사
852	4	[주한 중국대사관 주최 '2002 한·중 국민교류의 해' 축하 메시지] 한·중 우호친선의 증진을 기대하며	2002.03.29	한국어	축사
853	4	[한·인도네시아 정상 공동 기자회견]	2002.03.30	한국어	기자회견문
854	4	[메가와티 수카르노푸트리(Megawati Sukarnoputri) 인도네시아 대통령 초청 만찬] 한반도 평화와 안정에 기여한 남북한 동시 방문	2002.03.30	한국어	연설문
855	4	['2002 한국교회 부활절 연합예배' 축하 메시지] 한반도 평화와 월드컵의 성공을 기원하며	2002.03.31	한국어	축사
856	4	[제57회 식목일 및 '세계 산의 해' 기념식] 산과 숲의 가치	2002.04.05	한국어	연설문

연번	시기 구분	제목	행적일	언어	저작유형
857	4	[향토예비군의 날을 맞아 기념 예비군 지휘관들에게 보내는 서신] 경제성장의 역군이자 국가안보의 버팀목	2002.04.06	한국어	연설문
858	4	[월드컵 성공기원 대법회] 월드컵과 불교문화의 진흥	2002.04.09	한국어	연설문
859	4	[타르야 할로넨(Tarja Halonen) 핀란드 대통령 초청 만찬] 한·핀란드 실질협력의 강화	2002.04.09	한국어	연설문
860	4	['광주일보' 창간 50주년 대통령 회견] 지방이양 일괄법 제정	2002.04.18	한국어	대담/인터뷰
861	4	[장애인의 날을 맞아 장애인 복지단체 임원에게 보내는 서신] 장애인 복지국가로 가는 길	2002.04.20	한국어	연설문
862	4	[과학의 날을 맞아 과학기술인들에게 보내는 서신] 과학기술에 21세기 국가의 명운이 달려 있다	2002.04.21	한국어	연설문
863	4	['한·일 친선협회 창립 25주년' 축하 메시지] 한·일 월드컵의 공동 성공을 기대하며	2002.04.22	한국어	축사
864	4	['윤봉길 의사 상해의거 70주년' 기념식 메시지] 세계에 드높인 독립의지	2002.04.29	한국어	연설문
865	4	[토머스 슈워츠(Thomas Schwartz) 한·미 연합사 사령관 환송 메시지] 한반도와 세계 평화를 위한 혈맹	2002.04.29	한국어	연설문
866	4	[월드컵공원 개원 기념식] 월드컵 공동신화의 명소	2002.05.01	한국어	연설문
867	4	[제80회 어린이날 축하 메시지] 큰 꿈을 갖고 튼튼하게 자라는 어린이	2002.05.05	한국어	축사
868	4	[민주당 탈당 성명서] 여야 협력을 위한 결단	2002.05.06	한국어	성명서
869	4	[유니세프 '아동보호 서약서 전달식' 영상 메시지] '어린이에게 적합한 세상'을 만들어 가자	2002.05.09	한국어	연설문

연번	시기 구분	제목	행적일	언어	저작유형
870	4	[버마(미얀마)의 아웅산 수지(Aung San Suu Kyi) 여사에게 보내는 서신] 큰 성공의 길을 확신	2002.05.09	한국어	서신류
871	4	[대한독립군 무명용사 위령탑 제막식 메시지] 영원히 기억해야 할 무명 용사들의 희생과 헌신	2002.05.17	한국어	연설문
872	4	[민주화추진협의회 결성 18주년 기념식 축하 메시지] 민추협 정신을 계승·발전시키는 길	2002.05.17	한국어	축사
873	4	[불기 2546년 '부처님 오신 날' 법요식 봉축 메시지] 2천만 불자의 힘	2002.05.19	한국어	연설문
874	4	['제37회 '발명의 날' 기념식] 지식정보화 시대의 주역	2002.05.20	한국어	연설문
875	4	[마하티르 모하마드(Mahathir Mohamad) 말레이시아 총리 초청 만찬] '동아시아 지역협력'의 실현과 공동 번영	2002.05.23	한국어	연설문
876	4	[미합중국 전몰장병 추모일을 맞아 주한미군 장병들에게 보내는 메시지] 전몰용사들의 값진 희생을 기리며	2002.05.24	한국어	연설문
877	4	[미국공영방송 'PBS-TV'를 위한 영상 메시지] Renewed Hope	2002.05.25	영어	연설문
878	4	[제7차 세계대도시협의회 서울총회 개회식] 정보화 시대의 도시행정	2002.05.28	한국어	연설문
879	4	['월드컵 평화 메시지' 전달식] 평화와 화합의 월드컵	2002.05.30	한국어	연설문
880	4	[국제축구연맹(FIFA) 회장단 초청 오찬] 세계의 안전과 화합 증진에 기여하는 축제	2002.05.30	한국어	연설문
881	4	['비즈니스위크(Business Week)' 6월 10일자] Q&A : "There Is No Room for Narrow-Minded Nationalism	2002.05.31	영어	대담/인터뷰
882	4	[월드컵 외국인 방문객 환영 메시지] 희망의 축제로 만들겠습니다	2002.05.31	한국어	연설문

연번	시기 구분	제목	행적일	언어	저작유형
883	4	[월드컵 개막식 특별초청인사 등을 위한 오찬] 다이내믹 코리아	2002.05.31	한국어	연설문
884	4	['2002 한·일 FIFA 월드컵' 개막 선언] 세계 평화와 인류 화합의 새시대	2002.05.31	한국어	연설문
885	4	[JIBS 제주방송 개국 축하 영상 메시지]	2005.05.31	한국어	연설문
886	4	[제1회 아시아 IT 장관회의에 보낸 축하 영상 메시지] 지식과 정보의 경쟁력	2002.06.01	한국어	연설문
887	4	[월드컵 참관 정상급 외빈을 위한 오찬] 희망, 평화, 화합의 축제	2002.06.01	한국어	연설문
888	4	[제47회 현충일 추념사] 거룩한 희생을 기리며	2002.06.06	한국어	연설문
889	4	[법주사 금동미륵대불 회향대법회 축하 메시지] 불자들의 염원을 한데 모으는 계기	2002.06.07	한국어	축사
890	4	[중국 'CCTV' 6월 23일 방송 : 한·중 수교 10주년 기념 자오후아용(趙化勇) 사장과의 회견] 한반도에 불고 있는 긍정적 변화	2002.06.07	한국어	대담/인터뷰
891	4	[자녀 비리 관련 대국민 사과 성명] 국민의 아량과 이해를 구하며	2002.06.21	한국어	성명서
892	4	[6·25 '제52주년 민족의 화해와 일치를 위한 대미사' 축하 메시지] 햇볕정책과 한반도 평화정착	2002.06.23	한국어	축사
893	4	[제10회 젊은 연극제 개막식 축하메시지]	2002.06.23	한국어	축사
894	4	[아시아종교인평화회의(ACRP) 제6차 총회 축하 메시지] 화해자로서의 아시아	2002.06.24	한국어	축사
895	4	[6·25 참전용사 위로연] 참전용사들의 희생과 헌신이 아니었다면	2002.06.24	한국어	연설문
896	4	[홍석현 세계신문협회(WAN) 회장 취임 축하 메시지] 한국 언론의 위상	2002.06.28	한국어	축사

연번	시기 구분	제목	행적일	언어	저작유형
897	4	[요하네스 라우(Johannes Rau) 독일 대통령 초청 만찬] 행동과 인내	2002.06.28	한국어	연설문
898	4	[일본 방문 출국인사] 월드컵 폐막식 참석의 뜻	2002.06.30	한국어	연설문
899	4	[한·일 정상회담 공동 메시지] 한 차원 높아진 한·일 관계	2002.07.01	한국어	연설문
900	4	[고이즈미 준이치로(小泉純一郎) 일본 총리 주최 만찬 답사] 월드컵 공동개최의 성과	2002.07.01	한국어	연설문
901	4	[각 지방자치단체장에게 보내는 취임 축하 메시지] 지방자치의 발전을 위하여	2002.07.01	한국어	축사
902	4	[일본 방문 귀국보고] 포스트 월드컵 운동을 제창하며	2002.07.02	한국어	연설문
903	4	['월드컵 성공개최 국민대축제' 인사말] 모두가 영웅	2002.07.02	한국어	연설문
904	4	[아시아태평양경제협력체(APEC) 고위급 전자정부 심포지엄 축하 메시지] 전자정부는 투명하고 효율적인 정부	2002.07.03	한국어	축사
905	4	[제7회 여성주간 기념식] 여성 지도자와 대한민국	2002.07.03	한국어	연설문
906	4	[월드컵 선수단 및 관계자들을 위한 오찬] 월드컵 4강에서 국력 4강으로	2002.07.05	한국어	연설문
907	4	['2002 세계한민족 과학기술자 종합학술대회' 축하 메시지] '과학기술연구 세계 네트워크' 구축을 위한 기반	2002.07.09	한국어	축사
908	4	[세계언론학회(ICA) 서울대회 개막식] 민주주의를 지탱하는 기둥	2002.07.15	한국어	연설문
909	4	['부산 아시아 경기대회 성공다짐 보고대회' 축하 영상 메시지] 부산시와 대한민국의 이미지	2002.07.16	한국어	연설문
910	4	['고(故) 이범진 주러 초대공사 순국비 제막식' 메시지] 숭고한 뜻, 거룩한 희생	2002.07.30	한국어	연설문

연번	시기 구분	제목	행적일	언어	저작유형
911	4	['2002 대한민국 과학 축전' 축하 영상 메시지] 과학기술과 경제 4강	2002.08.10	한국어	연설문
912	4	['제8회 서울 세계생태학대회 및 전시회' 축하 영상 메시지] 지구촌에 녹색의 희망이 가득 넘치기를	2002.08.12	한국어	연설문
913	4	[제57주년 광복절 경축사] 세계 일류국가를 향하여	2002.08.15	한국어	축사
914	4	['노벨상 제정 100주년 기념 전시회' 개막식 축사] 인류 평화와 빈곤문제 해결	2002.08.22	한국어	축사
915	4	['국제신문' 창간 55주년 기념 특별회견 : 8월 31일자] 지금 관심은 남북진전과 부산AG 성공	2002.08.27	한국어	대담/인터뷰
916	4	[정년퇴직 교원들에게 보내는 서신] 인생의 등불, 존경받는 스승	2002.08.31	한국어	연설문
917	4	[제21차 '세계가톨릭의사협회 총회 및 학술대회' 개회식 축하 메시지] 고통받는 이들의 편에 서서	2002.09.01	한국어	축사
918	4	[한국방송협회 주최 '제39회 방송의 날 축하연' 인사말] 방송의 공헌과 공공성	2002.09.02	한국어	연설문
919	4	[강릉 수해현장 방문 위로말씀] 고난을 딛고 시련을 넘어서	2002.09.03	한국어	연설문
920	4	[제10기 민주평화통일자문회의 국내 지역회의 개회사] 남북 철도·도로 연결의 큰 의미	2002.09.10	한국어	연설문
921	4	[9·11 제1주기를 맞아 부시 미국 대통령에게 보내는 메시지] 재난을 용기로 극복한 미국민들에게 경의	2002.09.11	한국어	연설문
922	4	[2002년도 제1회 추가경정예산안 제출에 즈음한 시정연설] 태풍피해 복구를 위한 예산	2002.09.11	한국어	연설문
923	4	['부산 아시아경기대회 서포터즈 발대식' 영상 메시지] 37억 아시아인의 화합을 위하여	2002.09.14	한국어	연설문

연번	시기 구분	제목	행적일	언어	저작유형
924	4	['2002 세계한민족축전' 환영연 축하 메시지] 대한민국의 영광과 희망	2002.09.14	한국어	축사
925	4	['RTV(시민방송)' 개국 축하 영상 메시지] 시민운동의 새 활력소	2002.09.16	한국어	연설문
926	4	[제4차 아시아유럽정상회의(ASEM) 참석 출국인사] 한반도 평화와 아시아·유럽의 공동번영을 위하여	2002.09.20	한국어	연설문
927	4	[네덜란드 거주 동포 간담회] 한국은 동북아 비즈니스의 요충지	2002.09.21	한국어	연설문
928	4	[제4차 아시아유럽정상회의(ASEM) 비공식 만찬 한반도 정세 관련 발제] 한반도 평화를 위한 ASEM의 협력	2002.09.22	한국어	연설문
929	4	[제4차 아시아유럽정상회의(ASEM) 개회식 연설] ASEM의 이상 실현과 '철의 실크로드'	2002.09.23	한국어	연설문
930	4	[제4차 아시아유럽정상회의(ASEM) 참석 귀국보고] 아시아와 유럽 국가들의 전폭적인 지지	2002.09.25	한국어	연설문
931	4	['제29회 LA 한국의 날 축제' 축하 메시지] 단합과 자긍심의 뜻깊은 축제	2002.09.27	한국어	축사
932	4	[재해성금 모금 참여 국민들에게 보내는 감사 메시지] 사상 최대규모의 참여	2002.09.30	한국어	연설문
933	4	['정부 전자조달 시스템 개통식' 축하 메시지] 전자정부 구축의 첫 결실	2002.09.30	한국어	축사
934	4	[건군 제54주년 국군의 날 기념식] 튼튼한 안보는 21세기 일류국가의 토대	2002.10.01	한국어	연설문
935	4	[2003년도 예산안 및 기금운용계획안 제출에 즈음한 시정연설] 평화와 번영과 희망의 내일을 열기 위해	2002.10.07	한국어	연설문
936	4	[재향군인회 창설 제50주년 기념식] 국가안보의 튼튼한 버팀목	2002.10.08	한국어	연설문

연번	시기 구분	제목	행적일	언어	저작유형
937	4	[재외동포재단 주관 '제1차 세계한상대회' 개회식 축하 영상 메시지] 서로 긴밀히 협력하고, 더욱 굳게 단결하자	2002.10.09	한국어	연설문
938	4	['내일신문' 창간 2주년 기념 서면 회견] 남북 화해협력과 세계 중심국가	2002.10.09	한국어	대담/인터뷰
939	4	['제39차 한·일 협력위원회 합동총회' 축하 메시지] 21세기 동반자 시대를 여는 한·일 협력	2002.10.10	한국어	축사
940	4	[노벨평화상 수상자로 선정된 지미 카터 전 미국 대통령에게 보내는 축하메시지]	2002.10.11	한국어	축사
941	4	['한국신문협회 창립 40주년 기념 리셉션' 축하말] 신문이 바로 서야 나라가 바로 선다	2002.10.11	한국어	연설문
942	4	['제2의 건국 범국민추진위원회' 위원 위촉식 및 전체회의] '제2의 건국운동'을 국민운동으로	2002.10.15	한국어	연설문
943	4	['제3회 세계지식포럼' 개막식 축하 영상 메시지] 위기를 넘어 새로운 번영을 향하여	2002.10.16	한국어	연설문
944	4	['제31회 문화의 날' 기념식 축하 영상 메시지] 문화적 경쟁력을 더욱 높여 나가자	2002.10.19	한국어	연설문
945	4	['제57주년 경찰의 날' 기념식] 참된 민주경찰의 사명	2002.10.21	한국어	연설문
946	4	['제2회 부산 세계합창올림픽' 개막식 축하 메시지] 2002 부산 합창올림픽 대통령 축하 메시지	2002.10.21	한국어	축사
947	4	[백범기념관 준공식] 민족의 가슴속에 뿌리내린 백범의 나라사랑	2002.10.22	한국어	연설문
948	4	['제8회 부산 아·태 장애인 경기대회' 선수단 결단식 축하 메시지] '평등을 위한 힘찬 도전'에 박수를	2002.10.23	한국어	축사
949	4	[제10차 아시아태평양경제협력체(APEC) 정상회의 참석 출국인사] 평화와 공동 번영을 위한 아·태 협력	2002.10.24	한국어	연설문

연번	시기 구분	제목	행적일	언어	저작유형
950	4	[부산 아·태 장애인경기대회 경축전야제 축하 영상메시지]	2002.10.25	한국어	연설문
951	4	[제10차 아시아태평양경제협력체(APEC) 정상회의 제1차 전체회의] 테러근절을 위한 범세계적 공조	2002.10.27	한국어	연설문
952	4	[제10차 아시아태평양경제협력체(APEC) 기업인 자문위원회(ABAC)와의 대화] 아시아·태평양 지역 경제의 미래	2002.10.26	한국어	연설문
953	4	[제10차 아시아태평양경제협력체(APEC) 정상회의 제2차 전체회의] APEC의 공동 번영을 위한 필수조건	2002.10.27	한국어	연설문
954	4	['제2회 월드 사이버 게임즈' 개막식 축하 영상메시지] 사이버 게임은 지식산업의 꽃	2002.10.28	한국어	연설문
955	4	[제10차 아시아태평양경제협력체(APEC) 정상회의 참석 귀국보고] 한반도 평화를 위한 아시아·태평양 협력 틀 마련	2002.10.30	한국어	연설문
956	4	['민원 서비스 혁신 시스템' 개통식 축하 메시지] 명실상부한 전자정부 시대의 개막	2002.11.01	한국어	축사
957	4	['초고속 인터넷 가입자 1,000만 돌파' 기념행사] 선진 지식정보강국 도약의 발판	2002.11.06	한국어	연설문
958	4	['한·미 연합사령부 창설 제24주년 기념식' 축하 메시지] 한반도와 세계 평화를 위한 한·미 동맹	2002.11.07	한국어	축사
959	4	['제1회 세계 과학의 날' 기념식 축하 영상 메시지] 과학기술이 미래를 좌우하는 시대	2002.11.08	한국어	연설문
960	4	['2002 메세나대상' 시상식 축하 영상 메시지] 더 높은 삶의 질을 위하여	2002.11.08	한국어	연설문
961	4	[제83회 전국체육대회 개회식] 다시 한 번 체육한국의 영광을	2002.11.09	한국어	연설문
962	4	[제2차 민주주의공동체 비정부포럼 개회식] 시민사회는 평화와 번영, 민주주의의 근간	2002.11.10	한국어	연설문

연번	시기 구분	제목	행적일	언어	저작유형
963	4	[제2차 민주주의공동체 각료회의 개회식] 민주주의 이상을 실현하는 길	2002.11.11	한국어	연설문
964	4	[제2차 민주주의공동체 회의 참석인사를 위한 만찬] 21세기를 민주주의가 실현되는 세기로	2002.11.11	한국어	연설문
965	4	[제17차 세계자원봉사단체협의회(IAVE) 세계자원봉사대회 개회식] 자원봉사는 인류애의 실천	2002.11.12	한국어	연설문
966	4	[동아시아 정보격차 해소 심포지엄 개회식 축하 메시지] 정보격차 해소를 위한 건설적 협력	2002.11.14	한국어	축사
967	4	['2002 한·일 시민교류 페스티벌-조선통신사의 길' 행사 축하 메시지] 신뢰하고 존경하는 이웃으로서 미래를 향하여	2002.11.17	한국어	축사
968	4	[프랑스 '레제코(Les Echos)' 11월 29일자] 김대중 대통령-대북 협상외에 선택은 없다	2002.11.20	한국어	대담/인터뷰
969	4	['제1차 한·중·일 비즈니스 포럼' 개회식 축하 메시지] 동북아 경제의 장래를 위한 첫걸음	2002.11.22	한국어	축사
970	4	['제39회 무역의 날' 기념식] 새로운 기록, 빛나는 업적	2002.11.29	한국어	연설문
971	4	[분당 서울대병원 준공식] 노인 의료복지의 새로운 전기	2002.12.04	한국어	연설문
972	4	[액체추진 로켓 개발 유공자들에게 보내는 서신] 국민에게 자긍심을 심어 준 쾌거	2002.12.06	한국어	연설문
973	4	['제2회 외국 기업의 날' 축하 메시지] 외국 기업도 우리나라에 있으면 우리 기업	2002.12.09	한국어	축사
974	4	[정부중앙청사 별관 준공식 및 외교통상부 청사 현판식] 행정의 생산성을 높일 기회	2002.12.11	한국어	연설문
975	4	[천득령(Tran Duc Luong) 베트남 국가주석에게 보내는 한·베트남 수교 10주년 축하 메시지] 한·베트남의 21세기 포괄적 동반자 관계	2002.12.21	한국어	축사
976	4	[신년 축하 메시지] 희망의 새 아침입니다	2003.01.01	한국어	축사

연번	시기 구분	제목	행적일	언어	저작유형
977	4	[2003년도 신년인사회] 평화, 경제번영, 민생안정	2003.01.02	한국어	연설문
978	4	[대한상공회의소 주최 신년인사회] 자신감과 희망의 힘	2003.01.06	한국어	연설문
979	4	[2010 동계올림픽 유치 위해 자크 로게(Jacques Rogge) 국제올림픽위원회(IOC) 위원장에게 보내는 서한] 2010년 평창에서 만납시다	2003.01.10	한국어	연설문
980	4	['한인 미국 이민 100주년' 기념행사 개막식 축하 영상 메시지] 도전정신과 희망으로 일구어낸 100년 역사	2003.01.14	한국어	연설문
981	4	[한국직능단체총연합회 신년교례회] 우리의 미래는 창창합니다	2003.01.16	한국어	연설문
982	4	[국민의 정부 5년 정책평가 보고회 주재 말씀] 21세기의 한국은 세계 일류국가	2003.01.17	한국어	연설문
983	4	[주한미군 장성 및 군 주요 지휘관 격려 만찬] 세계에 모범이 될 한·미 동맹관계	2003.01.21	한국어	연설문
984	4	['국민의 정부 무역·투자 유치 성과 보고회' 주재 말씀] 외국인투자 유치와 한국	2003.01.23	한국어	연설문
985	4	[외신기자들과 오찬]	2003.01.24	한국어	연설문
986	4	[「김대중 대통령과의 만남」 독일어판 출판기념회에 보내는 인사말] 한반도의 평화, 화해, 통일을 향한 길	2003.02.12	한국어	연설문
987	4	[퇴임을 맞아 각계 인사들에게 보내는 감사 서신] 그간의 은혜에 감사드립니다	2003.02.17	한국어	연설문

제5시기
(2003.03~2009.08)

한반도 평화와 희망의 역사를 위한 기도

1) 제5시기 저작의 개관과 특징

김대중은 2003년 2월에 퇴임하였다. 퇴임한 이후 김대중은 정기적으로 신장투석을 받는 여건 속에서도 노벨평화상 수상자이자 국제적인 평화, 민주주의 지도자로서 활발한 대외 활동을 전개하였다. 특히 김대중은 연세대학교에 아태재단의 건물과 사료를 기증하여 아시아 최초의 대통령 도서관인 김대중도서관 설립을 지원하였다. 그래서 김대중도서관을 중심으로 김대중에 관한 사료를 수집하고 정리할 수 있도록 하는 데에 큰 역할을 하였다.

한국의 대통령은 현직에 있으면 막강한 권한을 갖지만 퇴임 후에는 대체로 비극적인 모습을 보인 경우가 많아서 국가 원로로서 제대로 된 활동을 한 경우가 김대중 이전에는 없었다. 이는 한국의 헌정사에서 매우 아쉬운 대목이라고 하지 않을 수 없다. 그런데 전직 대통령 김대중은 그 이전 대통령과 다르게 활발한 국내외 활동을 전개하였다. 김대중은 각종 언론 인터뷰 및 강연 등을 통해서 한반도 평화 정착과 동북아 및 세계 평화를 위한 각종 구상을 발표하였다. 국내외 대학을 비롯한 주요 단체, 기관 등의 강연 요청이 많았는데 김대중은 일주일에 며칠씩 투석을 해야 하는 한계로 인하여 그 모든 것을 소화할 수 없었다. 그러나 남북관계 전문가이자 세계적인 평화지도자로서 남북문제 및 세계평화를 주제로 한 국내외 인터뷰를 통해서 자신의 견해를 밝혔다. 김대중은 김대중도서관과 41회에 걸친 구술을 진행하였다. 김대중의 구술은 모두 동영상으로 촬영되어 있는데, 이 자료는 역사적 사료로서의 가치뿐만 아니라 문화콘텐츠로서의 의미도 함께 갖고 있다.

퇴임시기 김대중은 고령이고 건강상의 한계도 있었지만 여전히 자신의 강연원고를 손수 준비하는 모습에는 변함이 없었다. 연설문 요지 노트를 따로 작성하여 연설문의 전체적인 방향을 미리 준비하기도 하였으며 강연에 앞서 여러 차례 연설문을 수정하는 등의 꼼꼼하면서도 치밀한 모습을 지속적으로 보여주었다. 6년 6개월여 동안 전직 대통령으로서 활동한 김대중은 2009년 8월 18일 서거하였다. 그러나 퇴임 시기 김대중은 건강이 허락하는 범위 내에서 다양하면서도 활발한 활동을 전개하여 많은 기록을 남겼다. 그리하여 이 시기 사료를 통해서 국제평화지도자로서의 김대중, 인간으로서의 김대중, 전직 대통령으로서의 김대중의 가치를 파악할 수 있다.

제5시기(2003.03~2009.08) 저작유형 건수

유형	연설문	대담/인터뷰	대화록	축사·치사	서신류	추도사	기고문	기자회견문	서문	성명서	기타	합계
건수	94	91	24	15	12	9	6	3	3	3	10	270

2) 제5시기 저작목록

연번	시기 구분	서명	행적일	언어	저작유형
1	5	제8회 늦봄 통일상 수상 소감	2003.05.31	한국어	연설문
2	5	[버마(미얀마) 아웅산 수지(Aung San Suu Kyi) 여사 구금 항의 성명]	2003.06.04	한국어	성명서
3	5	['KBS' 1TV 〈일요스페셜〉 6월 15일 방송] 6·15 남북공동선언 3주년 기념 특별대담	2003.06.12	한국어	대담/인터뷰
4	5	김대중 납치사건 30주년 기념식 메시지	2003.08.08	한국어	연설문
5	5	제7회 만해대상 수상 소감	2003.08.08	한국어	연설문
6	5	[메시지 : 김대중선생 납치 생환 30주년 및 그 진상규명운동 10주년 한·일 공동 심포지엄]	2003.08.13	한국어	기타
7	5	['2003 하버드 국제학생회의 개막식' 연설] 아시아의 미래와 한반도 평화	2003.08.21	한국어	연설문
8	5	[2003년 노벨평화상 수상자로 선정된 시린 에바디(Shirin Ebadi) 여사에게 보내는 축전]	2003.10.10	한국어	서신류
9	5	[김대중도서관 개관식 축사] 통일의 비전을 제시하는 김대중도서관	2003.11.03	한국어	축사
10	5	일본 상공회의소 청년부연합회 전국대회 축하 메시지	2003.11.08	한국어	연설문
11	5	'2003년 세계화 포럼' 축하 메시지	2003.11.11	한국어	연설문
12	5	이강훈 전 광복회장 영결식 애도사	2003.11.16	한국어	연설문
13	5	['동북아시아의 신세기' 국제 심포지엄 축하 메시지] 동북아시아와 한반도 평화	2003.11.20	한국어	연설문
14	5	칠레 대십자훈장 수락연설문	2003.12.09	한국어	연설문
15	5	[동아시아포럼(EAF) 창립 총회 연설]	2003.12.15	한국어	연설문

연번	시기 구분	서명	행적일	언어	저작유형
16	5	[모하마드 하타미(Mohammad Khatami) 이란 대통령에게 보낸 이란 케르만주 지진참사 위로 전문(電文)]	2003.12.27	한국어	서신류
17	5	['한겨레' 2004년 1월 1일자 : 박우정 논설주간과의 신년 대담] 남북협력 힘 쏟을수록 북핵 해결보탬	2003.12.30	한국어	대담/인터뷰
18	5	[고(故) 문익환 목사 서거 10주기 추모사]	2004.01.17	한국어	추도사
19	5	['니혼게이자이 신문(日本經濟新聞)' 3월 26일자 : 이즈미노부미치(泉宣道) 아시아부장과대담] 拉致解決へ韓国政府の仲介を提案	2004.03.25	일본어	대담/인터뷰
20	5	[3월 22일 북한 룡천 폭발사고 관련하여 김정일 국방위원장에게 보내는 위로 전문]	2004.04.26	한국어	서신류
21	5	한국기독교교회협의회(KNCC) 인권위원회 30주년 기념행사 축사	2004.04.29	한국어	축사
22	5	['OECD 포럼 2004' 기조연설] 21세기와 동아시아	2004.05.12	한국어	연설문
23	5	[오슬로 노벨연구소(Norwegian Nobel Institute) 강연] 햇볕정책-과거, 현재, 미래	2004.05.12	한국어	연설문
24	5	[제57차 WHO 총회 특별 연설] 건강과 빈곤 퇴치가 인류 행복의 시발점	2004.05.18	한국어	연설문
25	5	[오슬로에서 '연합뉴스']	2004.05.19	한국어	대담/인터뷰
26	5	['문화일보' 6월 11일자 : 6·15 공동선언 4주년 기념 이병규 사장과의 특별 대담] 김정일, 미(美)와 관계개선 열망	2004.06.10	한국어	대담/인터뷰
27	5	['MBC' 〈PD수첩〉 6·15 남북공동선언 4주년 기념 대담] 김대중 전 대통령에게 듣는다	2004.06.15	한국어	대담/인터뷰
28	5	[6·15 남북공동선언 4주년 기념 국제 토론회 특별 연설] 남북정상회담, 그 후 4년	2004.06.15	한국어	연설문

연번	시기 구분	서명	행적일	언어	저작유형
29	5	[경남대 극동문제연구소(IFES) 통일관 개관 축사]	2004.06.15	한국어	축사
30	5	['파이낸셜타임스(Financial Times)' 6월 19일자] Shadow across the sun	2004.06.18	영어	대담/인터뷰
31	5	[짱저민(江澤民) 중국 중앙군사위원회 주석과의 대화 요지]	2004.06.30	한국어	대화록
32	5	[중국 칭화대(淸華大) 연설] 한반도 평화와 한·중 협력	2004.07.02	한국어	연설문
33	5	[중국 'CCTV' 〈둥팡스콩(東方時空)〉 인터뷰]	2004.08.29	한국어	대담/인터뷰
34	5	[퍼그워시회의(Pugwash Conference) 54차 서울총회 개막식 기조연설] 반전 · 반핵 · 평화의 원칙과 남북화해협력	2004.10.05	한국어	연설문
35	5	['경향신문' 창간 58주년 특별대담] 김대중 전(前) 대통령 특별 대담	2004.10.06	한국어	대담/인터뷰
36	5	제5회 세계지식포럼 개막식 특별연설	2004.10.12	한국어	연설문
37	5	['CBS' 창사 50주년 기념 〈정범구의 시사자키〉 특별대담]	2004.10.22	한국어	대담/인터뷰
38	5	[스웨덴 스톡홀름 팔메 센터강연] 한반도 평화와 스웨덴에 거는 기대	2004.11.08	한국어	연설문
39	5	['노벨평화상 수상자 세계정상회의' 개막식 기조연설] 노벨평화상의 책임	2004.11.10	한국어	연설문
40	5	[제2차 동아시아포럼(EAF) 총회 연설] 동아시아와 한반도	2004.12.06	한국어	연설문
41	5	['매일경제' 신년맞이 특별대담] 미국도 북한도 우리가 설득해야 한다	2004.12.30	한국어	대담/인터뷰
42	5	['SBS' 〈수요토론-이것이 여론이다〉 1월 5일 방송] 신년특별대담특별기획 : 김대중 전 대통령에게 듣는다	2005.01.04	한국어	대담/인터뷰

연번	시기 구분	서명	행적일	언어	저작유형
43	5	[연세대 리더십센터 특별강연] 동북아시아와 젊은 리더십	2005.02.02	한국어	연설문
44	5	['NHK 위성방송' 〈BS다큐멘터리〉 1월 21일, 29일, 2월 6일 방송] 祖国統一をめざして・金大中が語る大統領時代	2005.02.06	일본어	대담/인터뷰
45	5	['MBC' 라디오 〈손석희의 시선집중〉 인터뷰] 민족 문제 상의 위해 방북할 생각 있다	2005.02.21	한국어	대담/인터뷰
46	5	[빌 클린턴(Bill Clinton) 전(前) 미국대통령의 자서전 『MY LIFE』 한국어판 출판기념회 축사]	2005.02.24	한국어	축사
47	5	['조선일보' 창간 85주년 기념 강천석 논설주간과의 특별대담] 미(美) 도 카드 내놓고 북(北) 은 '6자' 참여해야	2005.03.01	한국어	대담/인터뷰
48	5	교황 요한 바오로 2세(Pope John Paul II) 성하 서거 애도 성명	2005.04.03	한국어	성명서
49	5	[샌프란시스코 아시아재단 창립 50주년 초청 강연] 한국과 동북아 평화·안보·번영을 위한 한국의 전략적 역할	2005.04.26	한국어	연설문
50	5	[샌프란시스코대학교(University of San Francisco) 명예 인문학박사 학위 수여 후 초청연설] 아시아에서의 인권과 사회정의 추구	2005.04.28	한국어	연설문
51	5	[스탠퍼드대학교(Stanford University) 교수회관 강연] 남북 관계와 한반도 미래	2005.04.28	한국어	연설문
52	5	['샌프란시스코 크로니클(San Francisco Chronicle)' 4월 30일자] Diplomacy on North Korean nukes urged / Seoul's ex-leader says U.S. needs to take the initiative	2005.04.29	영어	대담/인터뷰
53	5	[한신대학교 개교 65돌 기념 초청강연] 한반도 평화와 민족의 미래	2005.05.12	한국어	연설문
54	5	[도쿄대학교(東京大) 강연] 한반도 공존과 동북아시아 지역 협력	2005.05.23	한국어	연설문

연번	시기 구분	서명	행적일	언어	저작유형
55	5	['아사히신문(朝日新聞)' 5월 25일자] (金大中氏インタビュ－) 進まぬ現実にもどかしさ	2005.05.24	일본어	대담/인터뷰
56	5	['TBS(동경방송)' 회견]	2005.05.24	한국어	대담/인터뷰
57	5	['한국일보' 6월 9일자 : 창간 51주년 기념 외교안보 특별 인터뷰]	2005.06.07	한국어	대담/인터뷰
58	5	['YTN' 6월 10일 방송 : 정애숙 앵커와의 대담] 6·15 남북정상회담 5주년 기념 특별 대담	2005.06.08	한국어	대담/인터뷰
59	5	6·15 남북정상회담 5주년 기념 국제학술회의 환영 만찬사	2005.06.12	한국어	연설문
60	5	독일 일등 대십자 공로훈장 수상 연설	2005.06.12	한국어	연설문
61	5	[6·15 남북공동선언 5주년 기념 국제학술회의 기조연설] 한반도 평화의 새로운 진전을 위하여	2005.06.13	한국어	연설문
62	5	['KBS' 1TV 6월 15일 방송 : 특별 대담] 6·15 남북공동선언 5주년 – 김대중 전(前) 대통령에게 듣는다	2005.06.14	한국어	대담/인터뷰
63	5	['로이터(Reuters) 통신' 기고] 한국민의 기도	2005.06.21	한국어	기고문
64	5	[7월 1일 상영 제42회 대종상 영화제 축하 영상메시지]	2005.06.28	한국어	축사
65	5	김대중컨벤션센터 개관식 격려사	2005.09.06	한국어	연설문
66	5	[넬슨 만델라(Nelson Mandela) 남아프리카 전 대통령 자서전 「만델라 자서전–자유를 향한 머나먼 길」 발문]	2005.11.**	한국어	서문
67	5	['문명과 평화 국제포럼' 영상 연설] 평화와 공존을 위한 새로운 시작	2005.12.05	한국어	연설문
68	5	['KBS' 1TV 12월 8일 방송 : 노벨평화상 수상 5주년 기념 리하르트 폰 바이츠제커(Richard von Weizsäcker) 전 독일 대통령과의 특별대담] 한반도 평화와 독일 통일의 교훈	2005.12.06	한국어	대담/인터뷰

연번	시기 구분	서명	행적일	언어	저작유형
69	5	['김대중 대통령 노벨평화상 5주년 기념 특별강연 및 만찬' 강연] 위기에 처한 평화, 어떻게 지킬 것인가?	2005.12.08	한국어	연설문
70	5	['월간중앙' 2006년 1월호 : 김진용 대표, 허의도 편집장과의 신년 인터뷰] (단독 인터뷰) 방북 초읽기 들어간 김대중 전 대통령	2005.12.15	한국어	대담/인터뷰
71	5	['MBC' 2006년 1월 2일 방송] (MBC 신년특집) 평화와 희망의 한국	2005.12.29	한국어	대담/인터뷰
72	5	[버마(미얀마) 민주화 촉구 특별성명] 미얀마 사태는 개선돼야 한다	2006.01.11	한국어	성명서
73	5	[독일 '프랑크푸르터 알게마이네 차이퉁(Frankfurter Allgemeine Zeitung)' 1월 30일자] 다시 따뜻해진다면 방북을 계획하는 한국의 김대중 전 대통령	2006.01.30	한국어	대담/인터뷰
74	5	['세계일보' 2월 1일자 : 창간 17주년 기념 정서진 편집국장과의 특별인터뷰] DJ "4월 중·하순께 방북 희망… 준비팀 가동중"	2006.01.31	한국어	대담/인터뷰
75	5	[국제엠네스티 사형제도 폐지캠페인 기고] A Contribution to the Campaign of Amnesty International for the Abolition of Capital Punishment	2006.02.20	영어	기고문
76	5	[제13대 천주교 서울대교구 교구장 정진석 추기경 탄생 축하 메시지]	2006.02.22	한국어	축사
77	5	[경북 영남대학교에서 명예 정치학박사학위 수여 기념 특별강연] 남북관계의 발전과 민족의 미래	2006.03.21	한국어	연설문
78	5	가천의대 뇌과학연구소 개원식 축사	2006.04.20	한국어	축사
79	5	['아사히신문(朝日新聞)' 인터뷰] 미국, 신뢰받는 도덕성, 지도성이 필요하다	2006.04.25	한국어	대담/인터뷰
80	5	[케리 케네디(Kerry Kennedy) 저서 『진실을 외쳐라』 서문]	2006.05.06	한국어	서문

연번	시기구분	서명	행적일	언어	저작유형
81	5	고(故) 이종욱 세계보건기구(WHO) 사무총장 별세 조전	2006.05.23	한국어	추도사
82	5	[제13차 감마나이프학회 국제회의 특별연설] 한반도의 분단이 한반도와 세계에 미친 영향, 그리고 통일은 가능한가?	2006.05.23	한국어	연설문
83	5	6·15 남북공동선언 6주년 기념 만찬사	2006.06.08	한국어	연설문
84	5	'6·15 공동선언발표 6돌 기념 민족통일대축전' 개막식 기념사	2006.06.14	한국어	연설문
85	5	'2006 노벨평화상수상자 광주정상회의' 환영 만찬사	2006.06.15	한국어	연설문
86	5	['2006 노벨평화상수상자 광주정상회의' 개회식 연설] 5·18 광주민주화 운동과 한반도 평화	2006.06.16	한국어	연설문
87	5	[〈'KBS 1TV'스페셜〉 6월 24일 방송 : 미하일 고르바초프(Mikhail Gorbachev) 전(前) 소련 대통령과의 특별대담] 한반도 평화의 조건	2006.06.18	한국어	대담/인터뷰
88	5	[제72회 세계도서관정보대회 기조연설] 지식정보화 시대의 견인차 – 도서관	2006.08.20	한국어	연설문
89	5	[파키스탄 영자지 더네이션(The Nationl) 8월 17일자 인터뷰] 국민투표, 카슈미르 지역을 위한 유일한 해결책	2006.08.21	한국어	대담/인터뷰
90	5	[네팔 영자지 '라이징 네팔(The Rising Nepal)' 인터뷰] Makecollaborative effortsto strength end emocracy : Kim	2006.08.22	영어	대담/인터뷰
91	5	['르 몽드 디플로마티크(Le Monde Diplomatique)' 9월 14일자 : 한국어판 창간호 기념 동국대 박순성 교수와의 회견] 북한 문제, 네오콘은 손떼고 한국 의견 존중하라	2006.09.07	한국어	대담/인터뷰
92	5	[부산대학교 초청 강연] 21세기와 우리 민족의 미래	2006.09.15	한국어	대담/인터뷰

연번	시기 구분	서명	행적일	언어	저작유형
93	5	['CNN' 〈토크 아시아(Talk Asia)〉 10월 7, 8, 9일 방송] 미국과 북한은 주고받는 협상을 해야 합니다.	2006.09.23	한국어	대담/인터뷰
94	5	['경향신문' 10월 9일자 : 창간 60주년 회견] DJ "미·중과 협력하되 할말은 제대로 해야"	2006.10.03	한국어	대담/인터뷰
95	5	[전남대학교 초청 강연] 한반도의 현실과 4대국	2006.10.11	한국어	연설문
96	5	['뉴스위크(Newsweek)'와의 대담] Refusal to Talk Is Unacceptable	2006.10.13	영어	대담/인터뷰
97	5	['로이터(Reuters) 통신' 서면 인터뷰] Ex-S.Korea leader says U.S.must talk to North	2006.10.14	영어	대담/인터뷰
98	5	[미국 'CBS' 방송 인터뷰 대화록]	2006.10.14	한국어	대담/인터뷰
99	5	[제7회 세계 지식포럼 개막식 축사]	2006.10.18	한국어	축사
100	5	[서울대 통일연구소 초청 강연] 북한 핵과 햇볕정책	2006.10.19	한국어	연설문
101	5	['AP통신' 인터뷰] Ex-S.Korean president says North could respond with force to UN sanctions	2006.10.21	영어	대담/인터뷰
102	5	['뉴욕 타임스(The New York Times)' 기고] President Bush : Talk to Kim Jong Il	2006.10.25	영어	기고문
103	5	2006 목포방문시 연설	2006.10.28	한국어	연설문
104	5	신안비치호텔 환영 만찬사	2006.10.28	한국어	연설문
105	5	'김대중도서관 후원의 밤' 인사말	2006.11.02	한국어	연설문
106	5	['글로벌 아시아(Global Asia)' 창간호(가을호)] Regionalism in the Age of Asia	2006.11.03	영어	기고문
107	5	[고(故) 은명기 목사 10주기 추도사]	2006.11.04	한국어	추도사
108	5	['유엔 ESCAP 교통장관회의 교통·물류 비즈니스 포럼' 특별연설] 남북관계와 '철의 실크로드'	2006.11.08	한국어	연설문

연번	시기 구분	서명	행적일	언어	저작유형
109	5	['코리아헤럴드(The Korea Herald)' 11월 16일자 : 홍정욱 발행인과의 인터뷰] (김대중 전대통령에게 들어 본 '2006 한국') 햇볕정책 제한적이지만 성공… 역사가 증명할 것	2006.11.12	한국어	대담/인터뷰
110	5	[공주대학교 교육학박사 학위 수여 후 강연] 민족의 운명과 우리 교육	2006.11.15	한국어	연설문
111	5	['아시아 21 청년지도자 포럼' 기조연설] 아시아 시대와 리더십	2006.11.18	한국어	연설문
112	5	[프랑스 '리베라시옹(Libération)' 11월 21일자] Séoul est opposé à toute action militatire	2006.11.21	프랑스어	대담/인터뷰
113	5	['블룸버그(Bloomberg)' 통신 11월 23일 방송 : 스티브 잉길(Stephen Engle) 기자와의 인터뷰] 미국은 북한 제재를 해제해야	2006.11.21	한국어	대담/인터뷰
114	5	[국가인권위원회 출범 5주년 격려사]	2006.11.24	한국어	연설문
115	5	2007 코리아 소사이어티 밴 플린트(Van Fleet) 상 수락연설	2006.12.07	한국어	연설문
116	5	['오마이뉴스 재팬' 12월 11일자 : 창간기념 특별회견] 金大中氏が語る日韓関係、米韓関係	2006.12.09	일본어	대담/인터뷰
117	5	['연합뉴스' 인터뷰] 김대중 전 대통령 송년회견 일문일답	2006.12.26	한국어	대담/인터뷰
118	5	['BBS(불교방송)' 2007년 1월 2일 방송 : 〈조순용의 아침저널〉 신년특집회견]	2006.12.30	한국어	대담/인터뷰
119	5	['한겨레' 1월 8일자 : 오귀환 편집국장과의 신년회견] 김대중 전 대통령 새해맞이 인터뷰 전문	2007.01.04	한국어	대담/인터뷰
120	5	['도쿄신문(東京新聞)' 1월 14일자] 북핵, 「전환점의 해에」	2007.01.11	한국어	대담/인터뷰
121	5	['MBC' 라디오 〈손석희의 시선집중〉 2월 5일 방송 인터뷰]	2007.02.03	한국어	대담/인터뷰

연번	시기 구분	서명	행적일	언어	저작유형
122	5	[핀란드 공영방송 '윌레이스 라디오(Yleisradio)' 인터뷰]	2007.02.08	한국어	대담/인터뷰
123	5	['교도통신(共同通信)' 고토 겐지(後藤謙次) 편집국장과의 회견] 북한은 이 기회를 놓쳐서는 안 된다	2007.02.15	일본어	대담/인터뷰
124	5	['UPI(United Press International)'지 3월 5일자 : 홀리스틱 평화연구소 게리 스파노비치(Gary Spanovich) 소장과 마이클 마샬(Michael Marshall) UPI 편집장과의 인터뷰] 북한을 껴안는 것이 미국의 이익	2007.02.22	한국어	대담/인터뷰
125	5	[국제기자연맹(IFJ) 특별총회 특별강연 및 질의응답] 6자회담은 성공할 것인가	2007.03.13	한국어	연설문
126	5	['르몽드(LeMonde)' 4월 15, 16일자] Qu'ille veuille ou non, lerégime nord-cor éenévolue surles traces de la Chine	2007.03.21	프랑스어	대담/인터뷰
127	5	['매일경제' 3월 26일자 : 창간 41주년 기념 조현재 편집국 차장과의 인터뷰] 김대중 "남북 정상회담은 상반기가 바람직"	2007.03.22	한국어	대담/인터뷰
128	5	['로마협정 50주년 EU 기념세미나' 기조연설] EU, 한반도, 그리고 동아시아	2007.03.27	한국어	연설문
129	5	['CBS(기독교방송) TV' 4월 2일 방송 : 개국 5주년 기념 민경중 TV 제작국장과의 특별 대담] 북핵문제 해법과 한반도의 미래	2007.03.31	한국어	대담/인터뷰
130	5	[전북대 명예 법학박사 학위수여 받은 후 특별강연 및 연설] 한반도 평화와 통일의 전망	2007.04.06	한국어	연설문
131	5	[매들린 올브라이트(Madeleine Albright) 전(前) 미국무장관에게 보낸 '6·15 남북공동선언 7주년 기념 국제학술회의' 초청 서신]	2007.04.13	영어	서신류
132	5	[고(故) 금연 정일형 박사 25주기 추모사]	2007.04.21	한국어	추도사
133	5	[이탈리아 '루니따(L'Unita)' 4월 25일자] Il Mandela d'Asia : le Coree possono vivere in pace	2007.04.24	한국어	대담/인터뷰

연번	시기 구분	서명	행적일	언어	저작유형
134	5	['프레시안' 5월 2일자] 사형제를 종신형제로 바꾸자	2007.04.**	한국어	기고문
135	5	[베를린 '독일외교협회 토론회' 기조연설] 한반도 비핵화와 동북아 평화의 전망	2007.05.14	한국어	연설문
136	5	[베를린 자유대학 제1회 '자유상' 수상 연설] '베를린 선언'과 한반도 평화	2007.05·16	한국어	연설문
137	5	['뉴스메이커' 6월 19일자 : 앨빈 토플러(Alvin Toffler) 박사와의 오찬 대화록] "북, 핵보유하는 한 통일 어렵다"	2007.05.31	한국어	대화록
138	5	['브레이크뉴스' 6월 2일자] 범여권 하나로 뭉쳐라! 큰그림 정치훈수	2007.06.01	한국어	대담/인터뷰
139	5	['한국일보' 6월 11일자 : 창간 53주년 회견] 6자회담 잘 되면 남북관계는 봇물이 터진다	2007.06.07	한국어	대담/인터뷰
140	5	['6·10 항쟁 20주년 기념식' 기념사] 6월 항쟁은 민주주의 확립의 결정판	2007.06.09	한국어	연설문
141	5	['SBS' 6월 13일 방송 : 특별회견] 특집 남북정상회담 7주년 '김대중 전 대통령에게 듣는다'	2007.06.13	한국어	대담/인터뷰
142	5	['미국의 소리(VOA)' 6월 14일 방송 : 6·15 남북공동선언 7주년 기념 특별 회견 전문] '북한은 핵 포기해야 산다'	2007.06.10	한국어	대담/인터뷰
143	5	['6·15남북공동선언 7주년 기념공연 및 만찬' 기념 연설]	2007.06.14	한국어	연설문
144	5	[6·10항쟁 기념자료집 『6월 항쟁을 기록하다』 발간 기념사] 6월 항쟁은 민주화 운동의 금자탑	2007.06.25	한국어	발간사
145	5	[6월 26일 상영 6월 항쟁 20주년 기념 『6월 항쟁을 기록하다』 출판기념회 영상 메시지]	2007.06.26	한국어	축사
146	5	[인도네시아 영자 주간지 '템포(TEMPO)'와의 대담] I was hard on the chaebol	2007.06.26	영어	대담/인터뷰

연번	시기 구분	서명	행적일	언어	저작유형
147	5	[몽양 여운형 선생 서거 60주기 추모 학술 심포지엄 영상메시지]	2007.07.19	한국어	추도사
148	5	[도쿄납치 생환 34주년 기념미사 및 오찬 인사말]	2007.08.11	한국어	연설문
149	5	[한명숙 전(前) 총리 저작 『사랑은 두려워하지 않습니다』 발문] 시련과 고난을 함께 이겨낸 감동적인 사랑 이야기	2007.08.13	한국어	연설문
150	5	['목포 MBC' 8월 24일 방송 : 창사 39주년 특별 인터뷰] 목포 MBC 창사 39주년 특집 대담	2007.08.16	한국어	대담/인터뷰
151	5	['CBS(기독교방송)' 라디오 〈손숙의 아주 특별한 인터뷰〉 8월 21일 방송] 행동하는 양심 앞에 부끄러움 없어	2007.08.21	한국어	대담/인터뷰
152	5	[동남아국가연합(ASEAN) 창설 40주년 기념 기조연설] 동아시아 지역 협력과 ASEAN	2007.08.27	한국어	연설문
153	5	[워싱턴 내셔널프레스클럽(National Press Club) 연설] 한반도의 평화에 서광이 보이고 있다	2007.09.19	한국어	연설문
154	5	[워싱턴 내셔널프레스클럽 오피니언 리더 초청 오찬 말씀]	2007.09.19	한국어	대담/인터뷰
155	5	[콜린 파월(Colin Powell) 전 미 국무장관과의 접견 대화록]	2007.09.19	한국어	대화록
156	5	[에드윈 퓰너(Edwin Feulner) 헤리티지재단 이사장과의 조찬 대화록]	2007.09.19	한국어	대화록
157	5	[리처드 루거(Richard Lugar), 다이앤 파인스타인(Dianne Feinstein) 등 상원 외교·재무위원 초청 오찬 대담]	2007.09.20	한국어	대화록
158	5	[존스홉킨스대 국제관계대학원(Johns Hopkins School of Advanced International Studies) 한미연구소 전문가 모임 토론]	2007.09.21	한국어	대화록

연번	시기 구분	서명	행적일	언어	저작유형
159	5	[매들린 올브라이트(Madeleine Albright) 전 국무장관, 웬디 셔먼(Wendy Sherman) 전 국무부 대북정책 조정관 접견]	2007.09.21	한국어	대화록
160	5	[로버트 루빈(Robert Rubin) 전 재무장관, 데이비드 립튼(David Lipton) 전 재무차관 접견]	2007.09.24	한국어	대화록
161	5	['ABC' 〈굿모닝 아메리카(Good Morning America) 〉 9월 25일 방송]	2007.09.25	한국어	대담/인터뷰
162	5	[뉴욕 코리아소사이어티(The Korea Society) 초청행사 연설] 한반도에 평화가 오고 있다	2007.09.26	한국어	연설문
163	5	[쉘 분데빅(Kjell Bondevik) 전 노르웨이 총리와의 대화]	2007.09.26	한국어	대화록
164	5	[빌 클린턴(Bill Clinton) 전 대통령과의 면담]	2007.09.27	한국어	대화록
165	5	[헨리 키신저(Henry Kissinger) 전 미 국무장관과의 대화]	2007.09.28	한국어	대담/인터뷰
166	5	['광주 MBC' 〈시사르포 여기는 지금〉 인터뷰]	2007.10.04	한국어	대담/인터뷰
167	5	['제2회 광주디자인비엔날레 개막식' 연설] '세계디자인평화선언' 기념 메시지	2007.10.05	한국어	연설문
168	5	['사형폐지국가 선포식' 기조연설]	2007.10.10	한국어	연설문
169	5	[고(故) 베니그노 아키노(Benigno Aquino) 필리핀 상원의원 관련 다큐멘터리 영화감독 톰 코프먼(Tom Coffman) 과의 인터뷰]	2007.10.18	한국어	대담/인터뷰
170	5	[김대중구술] *2006.09.11~2007.10.25. 총 41회에 걸쳐 진행	2007.10.25	한국어	구술
171	5	['TBS(동경방송)' 회견] 일본이 동북아 협력의 중심이 되길 바란다	2007.10.30	한국어	대담/인터뷰
172	5	[리츠메이칸대학(立命館大學) 명예 법학박사 학위 수여 후 연설] 한반도 평화와 한일관계	2007.10.30	한국어	연설문

연번	시기 구분	서명	행적일	언어	저작유형
173	5	[일본 교토 방문시 기자간담회 녹취록]	2007.10.30	한국어	기자회견문
174	5	[리츠메이칸대학(立命館大學) 총장 주최 만찬 참석 질의 응답]	2007.10.30	한국어	연설문
175	5	[리츠메이칸대학(立命館大學) 코리아연구센터 주최 오찬 답사]	2007.10.30	한국어	연설문
176	5	['세카이(世界)' 2008년 1월호] 日本はもっと道徳的に尊敬される国になってほしい	2007.10.31	일본어	대담/인터뷰
177	5	['코리아타임스(The Korea Times)' 창간 57주년 축하 메시지] Nobel Laureate Sees Role of Korea Times Growing	2007.11.01	영어	축사
178	5	['워싱턴포스트(The Washington Post)'] N.Korea Shows Signs of Opening Up, After Decades of Self-Imposed Isolation	2007.11.09	한국어	대담/인터뷰
179	5	['오마이뉴스' 11월 14일자 : 김당 기자와의 대담] 김대중 전 대통령 특별 인터뷰	2007.11.13	한국어	대담/인터뷰
180	5	[2007 창작인 포럼 '잃어버린 50년, 되찾은 10년, 고마워요 DJ' 특별 강연]	2007.11.22	한국어	연설문
181	5	[경남대 북한대학원대학교 특별강연 및 질의응답] 한반도와 동북아 – 대전환의 시대	2007.11.27	한국어	연설문
182	5	[노벨평화상 수상 7주년 기념 '버마 민주화의 밤' 연설] 버마의 민주주의는 반드시 이루어진다	2007.12.04	한국어	연설문
183	5	[2008 신년 하례회 인사말]	2008.01.01	한국어	기타
184	5	[제16대 대한민국 대통령 노무현대통령 퇴임 기념 귀향 환영 행사' 영상 메시지]	2008.02.19	한국어	축사
185	5	[제17대 대한민국 대통령 이명박 대통령 취임 축하메시지]	2008.02.25	한국어	축사
186	5	[2006 노벨평화상 수상자 광주정상회의 개최 기념조형물 화보집 발간 축사]	2008.02.**	한국어	축사

연번	시기 구분	서명	행적일	언어	저작유형
187	5	[울리히 벡(Ulrich Beck) 독일 뮌헨대학교(Ludwig Maximilian University of Munich) 사회학과 교수, 한상진 교수와의 대화]	2008.04.04	영어	대화록
188	5	['오리거니언(The Oregonian)' 4월 22일자 인터뷰] Peace still his maxim	2008.04.16	한국어	대담/인터뷰
189	5	[포틀랜드 인근 한국전 참전기념비(Korean War Memorial) 방문 감상]	2008.04.17	한국어	연설문
190	5	[포틀랜드대학교(University of Portland) 명예 인문학박사 학위 강연] 도전과 응전, 그리고 하느님	2008.04.18	한국어	연설문
191	5	[미국 포틀랜드와 시애틀 동포주최 오찬간담회 격려사]	2008.04.18	한국어	연설문
192	5	[포틀랜드 경제인 오찬 모임 연설] 6자회담과 북한 경제	2008.04·19	한국어	연설문
193	5	[포트랜드 국제문제평의회(WAC) 초청 강연] 북한 핵문제는 해결될 것인가?	2008.04·19	한국어	연설문
194	5	[하버드 케네디스쿨(John F.Kennedy School of Government) 강연] 햇볕정책이 성공의 길이다	2008.04.22	한국어	연설문
195	5	[드류 파우스트(Drew Faust) 하버드대학교(Harvard University) 총장과의 환담]	2008.04.23	한국어	대화록
196	5	[하버드대학교(Harvard University) 지인들과 오찬 대화록]	2008.04.23	한국어	대화록
197	5	[터프츠대학교(Tufts University) 플레처 스쿨(The Fletcher School) 오찬 토론]	2008.04.24	한국어	대화록
198	5	[도예가 심수관 14세 접견 대화록]	2008.05.06	한국어	대화록
199	5	['한겨레' 5월 19일자 : 창간 20주년 특별 인터뷰] 남북경색, 우리가 바뀌면 그들도 바뀔 것	2008.05.13	한국어	대담/인터뷰
200	5	[주한 독일대사관 발행 「한독 수교 125주년 기념집」 축하 기고문]	2008.06.01	한국어	기고문

연번	시기 구분	서명	행적일	언어	저작유형
201	5	['6·15 8주년 기념 특별 강연회' 연설] 6·15 이후 8년의 성과와 남북관계 발전방향	2008.06.10	한국어	연설문
202	5	[임동원 전 통일부장관 『피스 메이커』 출판기념회 축사]	2008.06.10	한국어	축사
203	5	['6·15 남북공동선언 8주년 기념 행사' 인사말] 우리 민족을 생각한다	2008.06.12	한국어	연설문
204	5	['한국정치학회소식' 제32권 2호 : 한국정치학회 회장 이정희와 건국 60주년 기념 인터뷰] 국민은 앞으로 나가고 있는데, 지도자는 잃어버린 10년이라며 과거로 후퇴하려는 것이 문제	2008.06.17	한국어	대담/인터뷰
205	5	6월 23일 상영 : '2008 신지식인 인증 및 제2회 신지식인의 날' 영상 메시지	2008.06.19	한국어	축사
206	5	['역사비평' 2008 가을호(80호) : 연세대 박명림 교수와의 정부수립 60주년 기념인터뷰] 민주적 시장경제와 평화공존에의 여정	2008.07.03	한국어	대담/인터뷰
207	5	[민주화 운동기념사업회 발간 『시대를 지킨 양심』 영문판 추천사] More Than Witnesses	2008.07.11	영어	추천사
208	5	[UC샌디에고대학교(University of California SanDiego) 스티븐 해거드(Stephan Haggard) 교수와의 면담]	2008.07.15	한국어	대화록
209	5	['경향신문' 7월 30일자 대담] 6·15, 10·4 인정 안하면 남북경색 안풀려	2008.07.29	한국어	대담/인터뷰
210	5	[프랭클린 짐링(Franklin Zimring) 캘리포니아대 법학 교수, 데이비드 존슨(David Johnson) 옥스퍼드대 교수 저작 『The Next Frontier: National Development, Political Change, and the Death Penalty in Asia』 서문] 법의 이름으로도 사람이 사람을 처형할 수 없다	2008.07.**	한국어	서문
211	5	['KBS' 1TV 〈일요진단〉 8월 10일 방송] 대한민국 60년 특별대담 : 김대중 전(前) 대통령에게 듣는다	2008.08.10	한국어	대담/인터뷰
212	5	[생환 35주년 기념미사 인사말]	2008.08.12	한국어	기타

연번	시기 구분	서명	행적일	언어	저작유형
213	5	['코리아타임스(The Korea Times)' 8월 15일자] 〈Korea Setting Shining Example for Other Nations〉	2008.08.14	영어	대담/인터뷰
214	5	['민족화해' 가을호 : 민족화해협력 범국민협의회 창립 10주년 기념 정세현 민화협 상임의장과의 대담] 통일은 망원경처럼 멀고 넓게 보고 현미경처럼 가깝고 깊게 봐야 합니다	2008.08.26	한국어	대담/인터뷰
215	5	[장 벨리보(Jean Beliveau) 캐나다 평화운동가와의 접견] 21세기는 아시아의 시대	2008.08.26	한국어	대화록
216	5	[노르베르트 람머트(Norbert Lammert) 독일 국회의장, 하트무트 코쉬크(Hartmut Koschyk) 한독의원친선협의회 회장, 노르베르트 바스(Norbert Baas) 주한 독일대사 방한단 면담록]	2008.08.28	한국어	대화록
217	5	['월간조선' 10월호] (격돌인터뷰) 북한 김정일에 '속마음' 토로한 김대중 전 대통령 : "핵무기가 밥 먹여 줍니까. 굶주린 북한 주민들이 언제까지 참나요?"	2008.09.02	한국어	대담/인터뷰
218	5	['노벨평화상 수상자 정상회의' 기조연설] 대화의 힘 : 공동의 이익을 목표로 하는 상호주의 대화	2008.09.11	한국어	연설문
219	5	[러셀 라일리(Russell Riley) 버지니아 대학교(University of Virginia) 교수의 '빌 클린턴(Bill Clinton) 미국 전 대통령 구술사 프로젝트' 팀과의 인터뷰]	2008.09.25	한국어	대담/인터뷰
220	5	[KDI 국제정책 대학원 아시아 전설의 리더들과 함께하는 공개토론회 변화의 촉진자(Catalysts of Change) 화상 대화]	2008.09.30	한국어	대담/인터뷰
221	5	['신 한·일관계 파트너십 선언 10주년 심포지엄' 특별연설] 한일, 동북아 그리고 동아시아	2008.10.08	한국어	연설문
222	5	['2008 진도 명량대첩축제' 인사말]	2008.10.11	한국어	연설문
223	5	[한신대 '평화와공공성센터' 창립기념 강연 및 질의응답] 남북관계 발전과 동북아시아의 평화	2008.10.16	한국어	연설문
224	5	['MBC' 라디오 〈김미화의 세계는 지금 우리는〉 : 방송 5주년 기념 특별대담]	2008.10.23	한국어	대담/인터뷰

연번	시기 구분	서명	행적일	언어	저작유형
225	5	['제2회 동북아지역 발전과 협력포럼' 연설] 한반도 평화와 동북아	2008.10.27	한국어	연설문
226	5	['한국일보' 11월 14일자] 북이 원하는 것은 핵도 미사일도 아닌 백성 먹여 살리는 것	2008.11.13	한국어	대담/인터뷰
227	5	[러시아투데이(RussiaToday) TV 올가 마살코바(Olga Masalkova)와의 인터뷰]	2008.11.18	한국어	대담/인터뷰
228	5	[노벨평화상 수상 8주년 기념 '한반도 평화를 위한 대강연회' 연설] 남북간 대화와 협력을 복원시키자	2008.12.16	한국어	연설문
229	5	2009년 신년 하례 인사말	2009.01.01	한국어	기타
230	5	[서울외신기자클럽(SFCC) 오찬 연설] 오바마 정권과 한반도	2009.01.15	한국어	연설문
231	5	[미국 버락 오바마(Barack Obama) 대통령, 조셉 바이든(Joseph Biden) 부통령, 힐러리 클린턴(Hillary Clinton) 국무장관, 다이앤 파인스타인(Dianne Feinstein) 상원 정보위원장에게 보낸 취임 축하 서신]	2009.01.20	영어	서신류
232	5	[페르난도 필로니 대주교(Archbishop Fernando Filoni)에게 보내는 새해 서신]	2009.02.06	영어	서신류
233	5	[드루 길핀 파우스트(Drew Gilpin Faust) 하버드대 총장에게 보내는 서신]	2009.02.09	영어	서신류
234	5	김수환 추기경 선종 애도사	2009.02.17	한국어	추도사
235	5	[힐러리 클린턴(HillaryClinton) 미 국무장관과의 통화요지]	2009.02.20	한국어	대화록
236	5	[스티븐 보스워스(Stephen W. Bosworth) 미 국무부 대북정책 특별 대표 지명 축하 서신]	2009.02.23	영어	서신류
237	5	[빌 클린턴(Bill Clinton) 전(前) 미국대통령에게 보내는 서신]	2009.03.03	영어	서신류
238	5	[이임하는 피터 로위(Peter Rowe) 호주대사에게 보내는 감사 서신]	2009.03.05	영어	서신류

연번	시기 구분	서명	행적일	언어	저작유형
239	5	[스티븐 보스워스(Stephen Bosworth) 미 국무부 대북정책 특별 대표와의 전화 통화]	2009.03.10	한국어	대화록
240	5	['오마이뉴스' 3월 23일자 인터뷰] 6·15-10·4 선언 이행한다는 전제하에 총리 특사 보내 정상회담에서 풀어야	2009.03.22	한국어	대담/인터뷰
241	5	[하버드대 케네디 스쿨(John F.Kennedy School of Government) 행정대학원 학생 40명과의 대화]	2009.03.24	한국어	연설문
242	5	[4월 2일 상영 늦봄 '문익환 목사 방북 및 4·2 남북공동성명 20주년 기념의 밤' 영상 메시지]	2009.03.28	한국어	연설문
243	5	['아사히신문(朝日新聞)' 4월 22일자 : 칼럼니스트 와카미야 요시부미(若宮啓文)와의 인터뷰]	2009.04.22	한국어	대담/인터뷰
244	5	[목포 지역인사 만찬 말씀]	2009.04.23	한국어	연설문
245	5	[하의3도 농민운동기념관 개관식 축사] 하의3도 농민운동가들에의 헌사	2009.04.24	한국어	축사
246	5	[중국 인민 외교학회 양원창(楊文昌) 회장 초청 만찬 대화 요지]	2009.05.04	한국어	대화록
247	5	[시진핑(習近平) 국가부주석과의 대화 요지]	2009.05.05	한국어	대화록
248	5	[중국 탕자쉬엔(唐家璇) 전(前) 국무위원 주최 만찬토론]	2009.05.05	한국어	대화록
249	5	[베이징대학교(北京大) 강연] 북핵해결과 동북아의 미래, 중국에 기대한다	2009.05.06	한국어	연설문
250	5	[중국 사회과학원 : 한반도 및 동북아 전문가 좌담회] 한중관계와 한반도	2009.05.06	한국어	연설문
251	5	[한반도 전문가 간담회 토론]	2009.05.07	한국어	토론문
252	5	['동아일보', '연합뉴스', '코리아타임스(The Korea Times)', 중국 '환구시보(環球時報)' 4개 언론사 초청 기자 간담회]	2009.05.08	한국어	기자회견문
253	5	['한겨레' 5월 15일자 : 창간 21주년 기념 회견]	2009.05.12	한국어	기자회견문
254	5	[빌 클린턴(Bill Clinton) 전(前) 미국 대통령과의 만찬 대화 요지]	2009.05.18	한국어	대화록

연번	시기 구분	서명	행적일	언어	저작유형
255	5	[힐러리 클린턴(Hillary Clinton)에게 보내는 서한 : "Opinion on How to Resolve the North Korean Nuke Issue" 첨부]	2009.05.18	영어	서신류
256	5	[빌 클린턴(Bill Clinton)에게 보내는 서한 : "Opinion on How to Resolve the North Korean Nuke Issue" 첨부]	2009.05.18	영어	서신류
257	5	['동아시아 공동의 역사인식, 그리고 평화와 민주주의 번영을 위한 국제학술회의' 기조 강연문] 빌리 브란트와 나, '동방정책'과 '햇볕정책'	2009.05.21	한국어	연설문
258	5	[독일 '슈피겔(Der Spiegel)' 6월 2일자 인터뷰] New Cold War on the Korean Peninsula	2009.05.23	영어	대담/인터뷰
259	5	[노무현 대통령 서거 후 하신 말씀]	2009.05.23	한국어	기타
260	5	고(故) 노무현 전(前) 대통령 조문사	2009.05.28	한국어	추도사
261	5	[미국 'NPR' 회견 : 6월 11일자 방송] Ex-South Korean President Defends Engaging North	2009.06.03	영어	대담/인터뷰
262	5	['중앙일보' 6월 8일자 : 김영희 대기자와의 6·15 남북공동선언 9주년 기념 인터뷰] 중국까지 가담한 경제 봉쇄 땐 북, 핵 포기 안 할 수 없어	2009.06.04	한국어	대담/인터뷰
263	5	[6·15 남북공동선언 9주년 기념행사] 행동하는 양심이 되자!	2009.06.11	한국어	연설문
264	5	[아웅산 수지 여사 석방 온라인 캠페인 메시지]	2009.06.15	영어	연설문
265	5	[6·15 공동선언 9주년 기념행사 준비위원 오찬 연설]	2009.06.25	한국어	연설문
266	5	마이클 잭슨 사망에 대한 애도사	2009.06.26	한국어	추도사
267	5	['오마이뉴스' 7월 9일자] DJ가 제시하는 '큰 정치인으로 성장하는 법'	2009.06.27	한국어	대담/인터뷰
268	5	[『노무현, 마지막 인터뷰』 추천사 및 추도사] "노무현 당신, 죽어서도 죽지 말라. 당신은 저승, 나는 이승에서 국민 지키자"	2009.07.03	한국어	추도사
269	5	['BBC 월드' 〈아시아 투데이(Asia Today)〉 7월 17일자 방송]	2009.07.10	한국어	대담/인터뷰

연번	시기 구분	서명	행적일	언어	저작유형
270	5	[주한 유럽연합 상공회의소 초청연설] 9·19로 돌아가자	2009.07.14	한국어	연설문

부록

1. 김대중 축약연보
2. 시기별·유형별 저작 구성표
3. 김대중 저작도서 목록

01

김대중 축약 연보

행적일	행적
1924.01.08	전라남도 무안군(현재 신안군) 하의면 후광리에서 부친 김운식과 모친 장수금의 사이에서 태어나다.
1934.05.12	하의공립보통학교(현재 하의초등학교) 2학년으로 편입하다(편입 이전 덕봉강당에서 초암으로부터 서당수업 받은 것을 인정받아 2학년으로 편입) .
1936.09.02	목포로 이사하여 목포제일공립보통학교(현재 목포북교초등학교) 로 전학하다.
1939.04.05	목포공립상업학교(현재 전남제일고등학교) 에 수석으로 입학하여 1943년 12월 23일 졸업하다.
1944.05	전남기선주식회사에 경리직원으로 취업하다.
1945.04.09	차용애와 결혼하다.
1945.08.15	해방이 되다. 해방 직후 건국준비위원회 목포지부에 참여하면서 정치 사회 활동을 시작하다. 그 후 1946년 초 좌우합작을 지지하여 조선신민당에 참여하였으나 1946년 가을 좌익세력과 갈등을 빚고 탈당하다.
1947.02	목포해운공사를 설립하여 사업을 시작하다. 1948년 말경에 상호를 동양해운으로 변경하다.
1948.01.21	장남 홍일이 태어나다.
1950.06.25	사업관계로 서울에 있던 중 한국전쟁이 발발하다. 7월 20일경부터 도보로 고향으로 남하하다.
1950.07.29	차남 홍업이 태어나다.
1950.08.10	목포에 도착하여 피신했으나 2일 만에 공산군에 붙잡혀서 조사받은 후 8월 말경에 목포형무소에 수감되다.
1950.09.28	목포형무소에서 탈출하여 구사일생으로 목숨을 구하다. 당시 220명의 수감자 중에서 80명이 함께 탈출에 성공하다.
1950.10	생환 이후 해운업을 재개함과 동시에 《목포일보》를 인수하여 1952년 3월까지 사장으로 재임하다.
1951.03	동양해운 상호를 목포상선주식회사로 변경하다.

행적일	행적
1952.05.25	이승만 대통령이 장기집권을 위하여 부산을 중심으로 한 23개 시·군에 계엄령을 선포하여 부산정치파동이 발생하다. 이 사건을 계기로 김대중은 반독재 민주화를 위하여 정계 진출을 결심하다.
1952.07	회사를 부산으로 옮기고 상호를 흥국해운으로 변경하다. 김대중은 당시 임시 수도인 부산에 머물면서 주요 인사들과의 교분을 쌓아가다.
1954.05.20	3대 민의원 선거에서 무소속으로 출마하여 낙선하다.
1955.04	서울로 올라오다. 이후 '동양웅변전문학원' 원장으로 취임하고, 한국웅변협회 부회장이 되다. 또한 한국노동문제연구소 주간으로 활동하는 등 다양한 사회활동을 전개하다.
1956.06.02	노기남 대주교실에서 김철규 신부의 집전으로 영세를 받다. 대부는 장면박사이며 세례명은 토마스 모어로 하다.
1956.09.25	민주당에 입당하다. 민주당에 입당한 후 장면의 지도하에 민주당 신파로 활동하다.
1958.04	4대 민의원 선거에서 민주당 후보로 강원도 인제에 출마하였으나 자유당 정권에 의한 후보등록방해사건이 발생하여 선거에 출마하지 못하다. 김대중은 이 사건에 대하여 '선거 무효 및 당선 무효 소송'을 제기하였고 이에 승소하여 재선거를 치르게 되다.
1959.06.05	4대 민의원 강원도 인제 재선거에 민주당 후보로 출마하였으나 낙선하다.
1959.08.28	부인 차용애 여사 사망하다.
1960.07.29	5대 민의원 선거에 강원도 인제에 민주당 후보로 출마하였으나 낙선하다.
1960.09	민주당 대변인으로 임명되어 8개월 동안 활동하다.
1961.05.13	인제지역 보궐선거에서 민주당 후보로 출마하여 당선되다. 그러나 5·16군사 쿠데타가 발생하여 국회의원 선서도 하지 못하다.
1961.05.23	군사 정권에 의해서 연행되어 조사를 받은 후 1961년 8월 5일에 석방되다.
1962.05.10	이희호 여사와 재혼하다.
1962.05.19	반국가행위 혐의로 연행되어 조사를 받은 후 1962년 6월 24일 석방되다.
1963.07.18	민주당이 재건되어 대변인에 임명되다.
1963.11.12	삼남 홍걸이 태어나다.
1963.11.26	6대 국회의원 선거에서 민주당 후보로 목포에서 출마하여 당선되다.
1964.04.20	국회 본회의에서 김준연 의원에 대한 구속동의안 상정 지연(필리버스터)을 위해 5시간 19분 동안 발언하다. 이는 국회 최장시간 발언 기록으로 인정 받아서 기네스 증서를 받다.

행적일	행적
1965.05.03	민중당이 창당되다. 김대중은 민중당에서 대변인과 정책심의위원회 의장직을 역임하다.
1967.02.07	신민당이 창당되어 대변인으로 활동하다.
1967.06.08	7대 국회의원 선거에서 신민당 후보로 목포에 출마하여 당선되다.
1969.07.19	3선개헌 반대 시국 대강연회에서 〈3선개헌은 국체의 변혁이다〉라는 제목으로 연설하다.
1969.11.01	《신동아》에 〈대중경제를 주창한다〉라는 제목의 논문을 기고하다.
1970.09.29	신민당 전당대회 2차 투표 끝에 예상을 뒤엎고 대통령 후보로 지명되다.
1971.02.04	워싱턴 내셔널프레스클럽에서 기자회견을 갖고 3단계의 단계적 통일 방안을 제시하다.
1971.04.18	서울 장충공원 유세에서 정권교체를 하지 못할 경우 박정희 대통령이 영구집권을 획책할 것이라고 강조하다. 김대중은 7대 대선에서 4대국 안전보장론과 대중민주체제 등의 구현 등을 제시해 큰 호응을 얻다.
1971.04.27	7대 대통령 선거에서 낙선하다.
1971.05.24	목포에서 광주로 이동하던 중 의문의 교통사고(정치테러) 를 당하다. 교통 사고의 후유증으로 인하여 보행에 어려움을 겪게 되다. 두 번째로 죽을 고비를 넘기다.
1971.05.25	8대 국회의원 선거에서 국회의원에(전국구) 당선되다.
1972.05.10	모친 장수금 여사 사망하다.
1972.07.13	7·4 남북성명 발표 직후 서울외신기자구락부의 초청을 받아 〈7·4남북성명과 나의 주장〉이라는 제목으로 연설을 하여 7·4 공동성명이 박정희 대통령의 영구집권에 악용하려는 데에 목적이 있다고 강조하다.
1972.10.11	1971년 5월 24일 교통사고로 가장한 정치테러로 인한 다리 부상 치료를 위해 일본 도쿄로 떠나다. 1972년 10월 17일 박정희 대통령의 유신 선포 소식을 도쿄에서 알게 된 김대중은 다음 날인 10월 18일 도쿄에서 유신 반대 성명을 발표하고 반유신 투쟁을 위하여 망명하다.
1972.11.	일본과 미국을 오가면서 반유신 활동을 전개하다. 망명 기간 동안에 김대중은 미국과 일본의 정계, 학계, 언론계 인사들에게 한국 민주화의 필요성을 강조하고 해외 동포들을 조직(한국민주회복통일촉진국민회의) 하는 등 반유신 운동을 전개하다.
1973.08.08	일본 도쿄 그랜드 팔레스 호텔에서 한국의 중앙정보부 요원에게 납치당하다. 구사일생으로 목숨을 구한 후 5일 뒤인 8월 13일 동교동 자택으로 돌아오다. 납치과정에서 김대중은 두 번의 죽을 고비를 넘기다. 첫 번째는 납치당한 호텔에서 토막살해 위기를 넘기고 그 직후 현해탄 바다에서 수장 될 위기를 넘기다.
1974.02.25	부친 김운식 옹 사망하다.

행적일	행적
1974.11.27	민주회복국민선언 대회에서 〈민주회복국민회의 발족은 3·1 독립선언과 비견〉이라는 제목으로 연설을 하다. 연설에서 독재 정권과 맞서기 위해서는 재야 세력의 단합이 필요하다고 강조하다.
1975.08.15	〈8·15 해방의 이상을 실현하자 — 통일독립, 민주주의, 균등경제, 정의사회〉라는 제하의 8·15 성명을 발표하다.
1976.03.01	명동성당에서 함석헌, 문익환, 윤보선, 정일형 등 민주인사 10인과 공동으로 '3·1 민주구국 선언'을 발표하다. 이 사건으로 구속되어 5년형을 선고받다.
1977.04.14	진주교도소로 이감되다. 진주교도소에서 김대중은 8통의 옥중서신을 보내다.
1977.12.19	진주교소도에서 서울대병원 감옥병동으로 이감되다. 서울대병원 감옥병동에서 서신작성이 금지되자 당국의 감시를 피해서 못으로 눌러 쓴 옥중서신을 작성하다.
1978.12.27	서울대병원에서 형집행정지로 석방되다.
1979.05.29	아서원에서 신민당 총재 경합에 나선 김영삼의 지지를 호소하다. 이 날 연설은 김영삼의 신민당 총재 당선에 기여하다.
1979.12.08	1979년 10월 26일 박정희 대통령 서거 이후에도 연금이 지속되다가 이날 연금이 해제되다.
1980.03.01	복권되다.
1980.03.26	YWCA 수요강좌에서 〈민족혼〉이라는 제목으로 9년 만에 대중연설을 하다. 그 이후 김대중은 한신대학교, 동국대학교 등 여러 곳에서 대중강연을 개최하여 민주화 운동을 전개하다.
1980.05.17	신군부에 의해서 체포되다.
1980.09.17	19차 선고공판에서 국가보안법, 반공법, 계엄법, 외환관리법 위반죄가 적용되어 검찰의 구형대로 사형을 선고받다.
1980.11.21	내란음모사건으로 수감된 이후 첫 번째 옥중서신을 쓰다. 수감기간 중 총 29통의 옥중서신을 작성하다.
1981.01.23	대법원 전원합의체는 서울형사지법 대법정에서 열린 상고심에서 상고를 기각하여 사형을 확정하다. 사형이 확정된 직후 정부는 사형에서 무기형으로 감형하다.
1981.01.31	육군교도소에서 청주교도소로 이감되다.
1982.12.23	형집행정지로 석방되어 미국 워싱턴으로 떠나다. 미국 망명 기간 동안 미국, 유럽을 비롯한 각국의 주요 인사들과 교류하고 해외의 주요 언론에 대한 기고 및 인터뷰, 미국 대학에서의 강연 등을 통해 한국 민주화를 위한 국제적 여론 조성에 힘쓰다. 또한 한국인권문제연구소를 설립하여 한국 민주화를 위한 미국 교포사회의 역량을 강화시키는 데에 노력하다.
1984.09.12	한국 귀국결정 성명을 발표하다.

행적일	행적
1985.02.06	미국을 떠나서 귀국길에 오르다. 2월 7일 도쿄에 도착하여 2월 8일 서울에 도착하다. 귀국 시 김대중의 암살 위기에 대응하기 위하여 하비 목사 등 미국 각계의 인사들이 귀국행 비행기에 동행하다.
1985.03.18	민주화추진협의회 공동의장에 취임하다.
1986.02.12	민추협 사무실에서 개헌 천만인 서명운동을 시작하다.
1986.07.16	민추협의 제헌절 38주년 기념식에서 기념사를 하다. 여기서 전두환 정권이 내각제 개헌을 시도할 경우 큰 저항에 직면하게 될 것임을 경고하다.
1986.11.05	전두환 정권이 직선제 개헌을 수용한다면 다음 대통령 선거에 출마하지 않는다는 조건부 불출마론을 선언하다. 이 선언은 전두환 정권에 의해서 수용되지 않았다.
1987.04.08	가택연금조치를 당하다. 6월 25일 새벽 0시에 연금이 해제될 때까지 78일간 가택연금조치 되다. 1973년 8월 13일 서울로 납치된 이후 1987년까지 김대중은 여러 차례 가택연금조치를 당하였다.
1987.06.29	노태우 민정당 대표가 6·29 선언에서 김대중의 사면복권을 발표하고 1987년 7월 9일 사면복권되다.
1987.09.08	16년 만에 광주시를 방문하여, 5·18 광주항쟁 희생자 묘역에 최초로 참배하여 유가족 및 부상자 광주시민들을 위로하다.
1987.11.12	평화민주당을 창당하고 대통령 후보로 추대되다.
1987.12.16	13대 대통령 선거에서 낙선하다.
1988.04.26	13대 국회의원 선거에서 전국구 의원으로 당선되다. 이 선거에서 제1야당으로 부상한 평민당은 여소야대 국회 상황에서 5공청산과 광주민중항쟁 진상규명 등 개혁과정에서 주도적인 역할을 하다.
1990.10.08	지방자치제 실시 등 4개 항의 요구조건을 내걸고 단식에 돌입하여 10월 20일까지 단식투쟁을 전개하다.
1991.04.09	3당 보수대연합에 대응하기 위하여 재야인 신민주연합과 연합하여 신민주연합당을 창당하고 총재로 선출되다.
1991.09.16	신민당과 민주당이 합당하여 민주당이 창당되고 이기택과 함께 공동대표 최고위원으로 선출되다.
1992.03.24	14대 국회의원 선거에서 전국구 의원으로 당선되다.
1992.05.26	민주당의 대통령 후보로 선출되다.
1992.12.18	제 14대 대통령선거에서 낙선하다. 다음날 19일 의원직 사퇴와 정계은퇴를 선언하다.
1993.01.26	영국 케임브리지대학 객원연구원 자격으로 6개월 동안 유럽공동체(EC)와 독일 통일의 과정 및 전망 등을 연구하기 위해 출국하여 1993년 7월 4일에 귀국하다.

행적일	행적
1994.01.27	아태평화재단을 창립하여 이사장으로 취임하다.
1994.05.12	워싱턴 내셔널프레스클럽에서 연설하다. 이 연설에서 한반도 전쟁 위기를 해소하기 위하여 빌 클린턴 미국 대통령에게 지미 카터 전 미국 대통령을 대북특사로 파견할 것을 제안하다.
1995.07.18	신당 창당과 정계복귀를 선언하다.
1995.09.05	새정치국민회의를 창당하고 총재로 선출되다.
1995.09.12	『김대중의 3단계 통일론: 남북연합을 중심으로』가 출간되다.
1996.04.11	15대 총선에서 낙선하다.
1997.05.19	새정치국민회의 대통령 후보로 선출되다.
1997.11.06	김종필 자민련 총재, 박태준 의원과 함께 만나 디제이티(DJT) 연대를 통한 연말 대선 승리와 정권교체를 선언하다.
1997.12.18	제15대 대통령선거에서 당선되다. 헌정사상 최초로 평화적인 정권교체를 하다. 대통령 당선 직후부터 IMF 경제위기 극복을 위한 노력을 기울이다.
1998.01.18	국민과의 대화를 하다. 한국 경제가 처한 위기상황을 언급하고 국민의 힘을 모아서 당면한 경제위기를 극복하겠다는 뜻을 밝히다.
1998.02.25	제15대 대통령에 취임하다.
1998.06.10	미국 워싱턴에서 클린턴 대통령과 회담하여 한미 투자협정을 체결하다.
1998.07.01	냉전시대의 반인권적 조치였던 사상전향제도를 폐지하다.
1998.08.15	건국 50주년 경축식에 참석하여 국난극복과 민족의 재도약을 위한 '제2의 건국'을 제창하다.
1998.10.08	오부치 일본 총리와의 정상회담을 통해 21세기를 향한 새로운 파트너십을 위한 공동선언에 합의하다.
1998.11.12	중국 국빈 방문 중 장쩌민 중국 국가주석과 정상회담에서 양국 관계를 지금까지의 선린우호관계에서 한 단계 높여 '21세기 협력동반자관계'로 설정키로 합의하다.
1998.12.16	제2차 아세안+한·중·일 정상회의에서 '동아시아 비전그룹' 구성을 제안하다.
1999.01.06	교원노조법이 국회에서 통과하여 전교조가 10년 만에 합법화되다.
1999.04.19	청와대에서 엘리자베스 2세 영국 여왕과 정상회담을 갖고 우호협력관계 증진방안과 문화교류 등에 대해 의견을 교환하다. 영국 국왕의 방한은 1883년 한–영 우호통상조약 체결 후 처음이다.
1999.05.28	러시아 옐친 대통령과 정상회담을 개최하여 내북 포용정책에 대한 러시아의 지지를 이끌어내다.
1999.09.13	동티모르 유엔평화유지군 참여를 결정하다.

행적일	행적
1999.11.23	민주노총이 합법화되다.
2000.01.15	의문사 진상규명에 관한 특별법, 민주화 운동 관련자 명예회복 및 보상법, 제주 4·3 사건 진상규명법 등 3대 민주개혁법을 제정하다.
2000.01.20	새천년민주당이 창당되어 총재로 선출되다.
2000.03.09	한반도의 냉전구조 해체와 항구적 평화 및 남북 간 화해협력을 위한 베를린선언을 발표하다.
2000.04.10	남북정상회담 개최를 발표하다.
2000.06.13	평양을 방문하여 분단 이후 최초로 남북정상회담을 개최하다. 6월 15일에 6·15 공동선언을 발표하다.
2000.07.27	국민기초생활보장법 시행규칙 제정되다.
2000.08.15	남북이산가족 상봉이 성사되다.
2000.09.08	푸틴 러시아 대통령과의 정상회담에서 경원선과 시베리아횡단철도의 연결 등 남북한과 러시아 간 경제협력을 추진키로 합의하다.
2000.09.18	경의선 연결 기공식이 열리다.
2000.10.13	한국 민주주의와 한반도 평화 및 제3세계 인권 신장에 기여한 공로로 노벨평화상 수상자로 선정되다. 12월 10일에 수상하다.
2001.01.18	중학교 무상의무교육을 2002학년도부터 3년에 걸쳐 단계적으로 실시 발표하다.
2001.03.29	인천국제공항이 개항하다.
2001.05.24	국가인권위원회법이 제정되다.
2001.08.23	IMF으로부터 차입한 자금을 당초 계획보다 3년 조기 상환하여 IMF 관리체제에서 벗어나다.
2001.11.05	제5차 아세안+한·중·일 정상회의에서 동아시아자유무역지대(EAFTA) 창설과 민·관 합동으로 구성되는 '동아시아 포럼' 설치 제안하다.
2002.02.20	방한한 부시 대통령과 경의선 남측 최북단 도라산역을 방문하다.
2002.05.06	민주당을 탈당하다.
2002.05.31	2002 한일 월드컵이 개최되다.
2002.07.27	광주 망월동 5·18 묘지를 국립묘지로 승격하다.
2002.09.29	부산 아시안게임이 개막되다.
2002.11.01	'대한민국 전자정부'(www.egov.go.kr) 시스템이 개통되다.
2002.11.06	초고속 인터넷 가입자 1천만 명을 돌파하다.

행적일	행적
2002.12.28	'남북해운합의서'가 채택되다.
2003.02.24	〈위대한 국민에의 헌사〉라는 제목의 대국민 퇴임인사 발표하고 청와대를 떠나 동교동 집으로 돌아오다.
2003.03.03	남북화해와 동북아 평화 정착에 헌신한 공로로 제7회 만해대상 평화부문 수상자로 선정되다.
2003.05.27	사단법인 통일맞이 늦봄 문익환 목사 기념사업회가 제정한 제8회 '늦봄통일상' 수상자로 선정되다.
2003.08.21	퇴임후 첫 외부강연으로서 서울 인터컨티넨탈호텔에서 열린 '2003 하버드 국제학생회의' 개막식에서 〈아시아의 미래와 한반도 평화〉라는 주제의 특별연설을 하다.
2003.11.03	연세대학교 김대중도서관 개관식에 참석하다. 김대중도서관은 김대중이 아태평화재단의 건물과 자료를 연세대학교에 기증해 설립된 아시아 최초의 대통령도서관이다.
2003.11.14	연세대학교 김대중도서관에서 방한 중인 빌 클린턴 전 미국 대통령을 만나 그동안의 협력과 우의에 대해 감사를 전하고 북핵 문제 등에 관해 의견을 교환하다.
2003.12.11	제11회 춘사 나운규 영화예술제의 공로상 수상자로 선정되다.
2004.01.29	'1980년 김대중 내란음모사건' 재심 선고 재판에 참석해 사형선고를 받은 지 23년 만에 무죄를 선고받다.
2004.06.15	연세대학교 김대중도서관과 북한 통일문제연구소 주최로 서울 그랜드힐튼호텔에서 열린 '6·15 남북공동선언 4돌 기념 국제토론회'에 참석하다.
2005.06.12	신라호텔 영빈관에서 독일 정부로부터 대십자훈장을 받다.
2006.03.21	영남대학교를 방문하여 영남대학교로부터 남북화해 협력에 대한 공로를 인정받아 명예 정치학박사 학위를 받고 〈남북관계의 발전과 민족의 미래〉를 주제로 강연을 하다.
2006.07.27	집무실에서 연세대학교 김대중도서관이 추진하는 구술사 사료작업을 위해 제1차 녹화를 하다. 이 작업은 2007년 10월 25일까지 총 41회 42시간 57분에 걸쳐서 진행된다.
2006.11.02	노무현 대통령 등 각계인사들이 참석한 가운데 열린 연세대학교 김대중도서관 전시실 개관식에 참석하고 그 이후에 연세대학교에서 열린 김대중도서관 후원의 밤 행사에 참석하다.
2006.11.04	김대중도서관을 방문한 노무현 대통령 부부와 전시실을 함께 관람하고 사저에서 오찬을 함께하다.
2007.07.19	몽양 여운형 선생 서거 60주기를 맞아 몽양여운형기념사업회 주관으로 서울역사박물관에서 열린 추모학술대회에 영상메시지를 보내다.
2007.12.04	63빌딩에서 열린 노벨평화상 수상 7주년 기념 '버마 민주화의 밤' 행사에 참석하다.

행적일	행적
2009.04.24	고향 하의도를 방문하다. 이는 마지막 고향 방문이 된다.
2009.05.04	중국 인민외교학회 초청으로 5월 8일까지 중국을 방문하다. 중국 방문 기간 중에 시진핑 중국 국가부주석 등과 회담하며 한반도 평화에 관한 의견을 교환하다. 이 중국 방문은 김대중 생전의 마지막 해외 방문이 된다.
2009.05.18	방한한 빌 클린턴 전 미국 대통령의 초청으로 하얏트호텔 양식당에서 만찬을 하고 건강문제, 한국의 민주주의, 세계금융위기, 중국 방문 등에 대해 환담을 나눈 후 북핵문제, 6자회담에 대해 대화하다. 만찬 후 북핵문제 해법을 정리한 별도의 문서를 클린턴 전 대통령에게 건네주며 힐러리 국무장관에게도 이 문서를 전달해줄 것을 부탁하다.
2009.05.29	노무현 전 대통령 영결식에 참석하다.
2009.06.11	여의도 63빌딩 국제회의장에서 '6·15로 돌아가자'를 주제로 열린 6·15 공동선언 9주년 기념행사에 참석해 〈행동하는 양심이 되자〉를 주제로 연설하다. 이는 생전의 마지막 대외행사 참석이 된다.
2009.07.13	감기 및 미열이 있어 정밀검진을 위해 연세대학교 세브란스병원에 입원하다.
2009.07.17	호흡곤란 증상이 있고 산소포화도가 급격히 떨어져 오후 1시 중환자실로 옮기다.
2009.08.18	향년 85세의 일기로 오후 1시 45분 세브란스병원 중환자실에서 가족들이 지켜보는 가운데 서거하다. 8월 23일 국회에서 국장으로 영결식이 거행되다.

02

시기별·유형별 저작 구성표

연번	유형	① ~1972.09	② ~1987.12	③ ~1997.12	④ ~2003.02	⑤ ~2009.08	합계
1	구술	0	0	0	0	1	1
2	국회회의록	410	0	32	0	0	442
3	기고문	94	37	39	2	6	178
4	기자회견문	2	9	35	35	3	84
5	기타	1	7	7	1	7	23
6	논문	1	2	2	0	0	5
7	대담/인터뷰	15	75	147	83	91	411
8	대화록	0	1	30	5	24	60
9	발간사	0	2	3	2	1	8
10	발표문	1	6	5	0	0	12
11	법률안	27	0	0	0	0	27
12	서문	0	5	7	1	3	16
13	서신류	7	347	50	2	12	418
14	성명서	15	73	17	4	3	112
15	수상	4	11	0	0	0	15
16	연설문	39	113	194	700	94	1,140
17	재판자료	0	19	1	0	0	20
18	추도사	0	6	5	1	9	21
19	축사·치사	0	2	3	151	15	171
20	토론문	5	5	6	0	1	17
합계		621	720	583	987	270	3,181

03

김대중 저작도서 목록

연번	서명	출판일	발행처	언어
1	분노(憤怒)의 메아리	1967.05.15	숭문각	한국어
2	내가 걷는 70년대	1970.09.18	범우사	한국어
3	(김대중 씨의) 대중경제 : 100문 100답	1971.03.13	대중경제연구소	한국어
4	独裁と私の闘争､韓国野党前大統領候補の記録 (독재와 나의 투쟁, 한국야당 전 대통령후보의 기록)	1973.06.28	光和堂	일본어
5	無窮花よ永遠に(무궁화여 영원히)	1980.09.10	株式会社アングィエル	일본어
6	民主救国の道 : 講演と論文 1973-1980 (민주구국의 길, 강연과 논문 1973-1980)	1980.09.20	新教出版社	일본어
7	김대중 옥중서신 : 민족의 한을 안고	1983.12.01	갈릴리 문고	한국어
8	金大中獄中書簡(옥중서신)	1983.12.19	岩波新書	일본어
9	김대중 옥중서신 : 민족의 한을 안고	1984.08.15	청사	한국어
10	Mass-Participatory Economy : A Democratic Alternative for Korea(대중경제론)	1985.12.01	The Center for International Affairs, Harvard University and University Press of America	영어
11	행동하는 양심으로	1985.06.08	금문당	한국어
12	대중경제론	1986.03.30	청사	한국어
13	Prison Writings (옥중서신)	1987.04.23	University of California Press, Berkeley·Los Angeles·London	영어

연번	서명	출판일	발행처	언어
14	(Kim Dae Jung Philosophy & Dialogues) Building Peace & Democracy(평화와 민주주의 건설)	1987.08.**	Korean Independent Monitor	영어
15	민족의 새벽을 바라보며	1987.08.15	일월서각	한국어
16	김대중 전집(총12권)	1989.**.**	사단법인 한경과연	한국어
17	김대중 연설문집 : 평화를 위하여	1989.04.12	학민사	한국어
18	김대중 연설문집 : 민족의 내일을 생각하며	1990.06.10	학민사	한국어
19	김대중 연설문집 1990–1991 : 그래도 역사는 전진한다	1991.05.01	학민사	한국어
20	공화국연합제	1991.09.25	학민사	한국어
21	金大中哲学与对话集:建设和平与民主(김대중의 철학과 대화집–평화와 민주주의 건설)	1991.10.**	世界知识出版社	중국어
22	平和と民主主義にすべてを賭けて：政治哲學と對話集(평화와 민주주의에 모든 것을 걸고:정치철학과 대화집)	1991.10.**	IN通信社	일본어
23	Южная Корея : драмы и надежды демократии(김대중, 《한국: 민주주의의 드라마와 소망》)	1992.**.**	Республика	러시아어
24	김대중 연설문집 1991–1992 : 사랑하는 젊은이들에게	1992.11.01	청도	한국어
25	한국 : 민주주의의 드라마와 소망	1992.10.29	청도	한국어
26	세계경제 8강으로 가는 길(대중경제론 증보판)	1992.11.20	청도	한국어
27	후광 김대중전집	1993.**.**	중심서원	한국어
28	새로운 시작을 위하여	1993.12.10	김영사	한국어
29	新しき出発のために(새로운 시작을 위하여)	1994.**.**	朝日新聞社	일본어
30	나의 길 나의 사상	1994.01.26	한길사	한국어
31	21世紀的亞洲及和平(21세기 아시아와 평화)	1994.10.**	北京大學出版社	중국어
32	김대중의 3단계 통일론	1995.**.**	아태평화출판사	한국어

연번	서명	출판일	발행처	언어
33	金大中,わたしの自叙伝：日本へのメッセージ	1995.03.31	NHK出版	일본어
34	Mass-Participatory Economy : Revised & Updated Edition(대중경제론)	1996.**.**	The Center for International Affairs, Harvard University and University Press of America	영어
35	A New Beginning : A Collection of Essays	1996.**.**	The Center for Multiethnic and Transnational Studies University of Southern California	영어
36	총재님 그것이 알고 싶어요 : 100문 100답	1996.09.15	도서출판 무당 미디어	한국어
37	Kim Dae-jung's "Three-Stage" Approach to Korean Reunification(3단계 통일론)	1997.**.**	The Center for Multiethnic and Transnational Studies University of Southern California	영어
38	김대중의 21세기 시민경제 이야기 : 우리 경제 어떻게 살릴 것인가	1997.03.25	산하	한국어
39	대중참여경제론(대중경제론 증보판)	1997.03.25	산하	한국어
40	民族と統一を想う(민족과 통일을 생각하며)	1997.04.30	三一書房	일본어
41	DJ의 문화·역사 에세이 : 이경규에서 스필버그까지	1997.10.24	조선일보사	한국어
42	내가 사랑한 여성	1997.11.05	에디터	한국어
43	나의 삶 나의 길	1997.11.20	산하	한국어
44	다시, 새로운 시작을 위하여	1998.**.**	김영사	한국어
45	いくたびか死線を越えて：わが人生､わが道(여러번 사선을 넘어서-나의 삶 나의길)	1998.**.**	千早書房	일본어
46	金大中自传:我的人生,我的路	1998.08.**	外文出版社	중국어

연번	서명	출판일	발행처	언어
47	НОВОЕ НАЧало(새로운 시작)	1998.**.**	республика	러시아어
48	金大中新しい時代を拓くために一民主主義·人権·民族統一(김대중 새로운 시대를 개척하기 위하여–민주주의, 인권, 민족통일)	1998.08.15	影書房	일본어
49	Brev Från Fängelset(옥중서신)	1999.01.**	The Center for Pacific Asia Studies Stock–holm University	스웨덴어
50	김대중 자서전 1, 2 : 역사와 함께 시대와 함께	1999.02.25	인동	한국어
51	Mein Leben, Mein Weg(나의 삶, 나의 길)	2000.**.**	Frankfurter Allgemeine Buch	독일어
52	Mi Vida, Mi Camino(나의 삶, 나의 길)	2000.**.**	Espasa Calpe	스페인어
53	金大中平和統一論 (김대중평화통일론)	2000.01.05	朝日新聞社	일본어
54	Selected Speeches of Kim Dae–jung, 1998–2004 : The 21st Century and the Korean People	2004.**.**	Hakgojae	영어
55	김대중 전 대통령 주요 연설·대담 1998–2004 : 21세기와 한민족	2004.12.22	돌베개	한국어
56	김대중 전 대통령 주요 연설·대담 2005–2007 : 통일 지향의 평화를 향하여	2007.05.15	한겨레출판	한국어
57	김대중 마지막 일기 : 인생은 아름답고 역사는 발전한다.	2009.08.20	故 김대중 전 대통령 국장장의위원회	한국어
58	옥중서신 1 : 김대중이 이희호에게(편지로 새긴 사랑, 자유, 민주주의)	2009.09.25	시대의 창	한국어
59	김대중 자서전 1, 2	2010.08.10	삼인	한국어
60	金大中自述:为了民主、我不后悔	2011.01.01	中央编译出版社	중국어
61	金大中自伝1,2	2011.02.25	岩波書店	일본어